다가올 금융 위기를 대비하는 원칙

BIG DEBT CRISES

RAY DALIO

레이 달리오의
금융 위기 템플릿

레이 달리오의 금융 위기 템플릿 파트 2

초판 1쇄 발행 2020년 2월 24일
초판 9쇄 발행 2023년 7월 17일

지은이 레이 달리오
옮긴이 송이루, 이종호, 임경은

펴낸이 조기흠
책임편집 유소영 / **기획편집** 박의성, 이지은, 유지윤, 전세정
마케팅 정재훈, 박태규, 김선영, 홍태형, 임은희, 김예인 / **디자인** 박정현 / **제작** 박성우, 김정우

펴낸곳 한빛비즈 (주) / **주소** 서울시 서대문구 연희로2길 62 4층
전화 (영업)02-325-5508 **(기획)**02-325-5506 / **팩스** 02-326-1566
등록 2008년 1월 14일 제25100-2017-000062호

ISBN 979-11-5784-388-6 14320

이 책에 대한 의견이나 오탈자 및 잘못된 내용에 대한 수정 정보는 한빛비즈의 홈페이지나
이메일(hanbitbiz@hanbit.co.kr)로 알려주십시오. 잘못된 책은 구입하신 서점에서 교환해드립니다.
책값은 뒤표지에 표시되어 있습니다.

⌂ hanbitbiz.com f facebook.com/hanbitbiz Ⓝ post.naver.com/hanbit_biz
▶ youtube.com/한빛비즈 ⊙ instagram.com/hanbitbiz

지금 하지 않으면 할 수 없는 일이 있습니다.
책으로 펴내고 싶은 아이디어나 원고를 메일(hanbitbiz@hanbit.co.kr)로 보내주세요.
한빛비즈는 여러분의 소중한 경험과 지식을 기다리고 있습니다.

이 도서는 3권 세트로만 판매되는 도서입니다.

다가올 금융 위기를 대비하는 원칙

BIG DEBT CRISES

RAY DALIO

레이 달리오의
금융 위기 템플릿

레이 달리오 지음 | 송이루, 이종호, 임경은 옮김

파트2 : 금융 위기의 상징적인 사례 연구

독일 부채 위기와 하이퍼인플레이션(1918~1924년)
미국 부채 위기와 대응(1928~1937년, 1930년대 대공황)
미국 부채 위기와 대응(2007~2011년, 2008년 금융 위기)

H 한빛비즈
Hanbit Biz, Inc.

일러두기

이 책의 한국어판 번역은 레이 달리오와 브리지워터 어소시에이츠의 검수를 마쳤습니다.

차 례

1부

독일 부채 위기와 하이퍼인플레이션

(1918~1924년)

독일 부채 위기와 하이퍼인플레이션 (1918~1924년)

이 장에서는 역사상 가장 대표적인 인플레이션형 불황 사례인 독일의 부채 위기와 하이퍼인플레이션을 구체적으로 검토한다. 제1차 세계대전 이후 발생한 독일 부채 위기와 하이퍼인플레이션 사태는 1920년대 중반까지 이어졌고, 1930년대 경제적, 정치적 변화를 불러일으킨 계기가 되었다. 2008년 미국 금융 위기와 1930년대 대공황을 다루기에 앞서, 이번 사례 검토는 '전형적인 인플레이션형 불황'에서 설명한 템플릿을 바탕으로 독일의 사례를 좀 더 깊이 살펴보고자 한다.

독일의 하이퍼인플레이션은 약 100년 전(제1차 세계대전에서 패한 후 연합국에 어마어마한 배상금을 물어줘야 하는) 이례적인 정치적 상황이 맞물리며 발생하긴 했다. 하지만 그 발생 원인은 부채 위기 템플릿의 개념을 제시하면서 설명한 내용과 기본적으로 동일하다. 다시 말해, 부채 사이클, 경제 활동, 시장이 역동적으로 서로 영향을 주고받으며 발생한 것이다. 인플레이션형 불황과 디플레이션형 불황 사이에 어떤 차이가 있는지 구분할 수 있다면 무엇 때문에 어떤 부채 위기는 인플레이션형 불황으로 치닫고, 어떤 부채 위기는 디플레이션형 불황으로 치닫게 되는지 명쾌하게 이해할 수 있다. 당시 벌어진 상황을 순서대로 생생하게 전달하기 위해 본문 한쪽에 관련 신문 기사를 실었다.

신문 기사

1914년 7월 29일
불안에 떠는 베를린: 대형 은행, 주가 떠받칠 것
"은행들은 독일의 '금융 위기'를 유럽에서 벌어진 전쟁의 결과로 보는 해석은 타당하지 않다고 주장하지만, 지난 24시간 동안 상황이 훨씬 심각해졌다는 것은 부인할 수 없는 사실이다. 저축은행의 예금 인출 소동이 눈에 띄게 늘어났고, 은행들은 금 지급을 극도로 꺼리고 있다."

1914년 7월 30일
현금 위주로 돌아가는 베를린 거래소
"금은 눈에 보이지 않을 만큼 귀해졌다. 베를린의 여러 저축은행에서 예금 인출 사태가 계속 벌어지고 있다."

1914년 8월 2일
독일 은행 금리 인상

1914년 8월 3일
금 쟁여 놓는 라이히스방크: '금화로 교환 말아 달라', 애국심에 호소
"독일의 재정과 경제 상황은 당연히 커다란 영향을 받게 된다. 라이히스방크는 은행 금리를 5%로, 롬바르드 금리(Lombard rate: 독일 중앙은행이 상업은행에 유가증권을 담보로 대출을 할 때 적용되는 금리)를 6%로 인상했다. 금에 대한 수요는 계속 이어지고 있지만, 현재까지 라이히스방크는 비교적 적은 양의 금을 지급해왔다."

1914년 8월 12일
독일 은행들의 지원: 전시체제 자금 조달

1915년 3월 4일
시카고에서 행해진 독일 대출: 가입을 요청하는 은행들, 교전국에 최초 지원

1915년 3월 10일
금 없는 독일 은행: 애국파, 비축한 금을 전쟁 채권으로 교환 촉구

1915년 4월 10일
막대한 부채에 직면한 독일: 부채 부담은 연 5억 달러, 세금은 2배
"사회주의 신문《포르베르츠(Vorwaerts)》는 새로운 전쟁 예산을 논하는 기사에서 전시 공채 이자, 전쟁 기간에 생기는 적자, 전후 보상금 등을 산출해보면 기존의 모든 세금을 두 배로 늘려야 한다고 내다보았다. 연간 지출 금액은 62만 5,000달러

1914년 7월~1918년 11월: 제1차 세계대전

에서 73만 달러로 증가할 것으로 예상된
다."

* 모든 기사는 <뉴욕타임스>에서 발췌한
것이다.

극적이고 대대적인 양상으로 전개된 독일 하이퍼인플레이션이 발생하게 된 계기는 제1차 세계대전(1914년 7월~1918년 11월)이었다. 독일은 전쟁 중에 금본위제를 포기하고, 엄청난 양의 대내외 부채를 축적하면서 날로 커져만 가는 재정 적자를 메우기 위해 화폐 찍어내기에 돌입하는 과정에서 통화 가치는 평가절하되고 인플레이션이 치솟는 후폭풍을 겪어야 했다. 독일 국민은 1870년에 치른 프로이센-프랑스 전쟁Franco-Prussian War을 떠올리며 이번 전쟁도 단기간에 끝이 날 것으로 예상했다. 막대한 전쟁 배상금을 떠안을 패전국은 연합국이 될 테니 독일의 부채 문제는 결과적으로 해결될 것으로 여겼다. 하지만 예상과 달리 전쟁이 장기전으로 치닫자, 독일은 국내 부채를 통해 늘어나는 비용을 조달했다. 결국 독일은 배상금을 받기는커녕 막대한 금액을 연합군에 지불해야 할 처지에 놓이게 되었다.

독일의 이야기는 (대부분 사례보다 더 극단적인 측면이 있기는 하지만) 패전국이 전쟁 부채를 축적했을 때 어떤 일이 벌어지는지를 잘 보여주는 전형적인 사례이다. 또한 해외 채권자에게 갚아야 할 외화 부채가 많은 나라에 어떤 일이 벌어지는지 잘 보여주는 사례이기도 하다. 파트 1의 '전형적인 인플레이션형 부채 사이클 국면'에서 설명한 인플레이션형 불황의 전개 양상을 이해한다면, 독일의 사례가 어떻게 전개될지 쉽게 파악할 수 있을 것이다.

배경

당시 대부분의 국가와 마찬가지로 독일도 전쟁 초기까지는 금본위제를 채택하고 있었다. 국채를 포함한 모든 지폐는 고성 금리에 따라 금으로 교환될 수 있었다. 그러나 아니나 다를까, 1914년에 이르러 중앙은행은 유통 중인 통화량 대비 금 보유고가 부족해 고정 금리로 금 태환을 보장할 수 없는 지경에 이르렀다.[1] 전쟁이 발발하자마자 똑똑한 독일 시민들은 서둘러 지폐를 금괴로 교환하려 했고, 뱅크런이 일어나기도 했다. 단 몇 주 만에 라이히스방크와 재무부가 국민에게 교환해준 금의 가치만 1억 9,500만 마르크로, 이는 전체 금 보유고의 약 10%에 달했다.[2] 1914년 7월 31일, 정부는 추가 손실과 통화 공급 축소를 막고 은행 시스템에 유동성을 공급하기 위해 금 태환을 중단했다.[3] 정부는 또한 단기 국채Treasury bills를 매입해 상업어음Commercial bills과 함께 단기 국채를 중앙은행이 찍어내고 있는 화폐에 대한 담보로 활용할 수 있도록 중앙은행에 권한을 부여해주었다.[4] 이후 화폐 찍어내기는 매우 빠르게 진행되었고, 8월 말 시중에 유통된 라이히스방크 화폐권(마르크화 지폐)은 약 30% 증가했다.

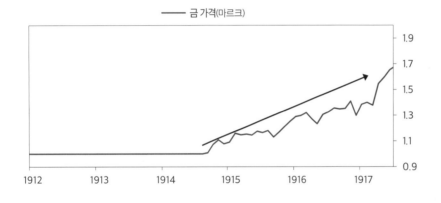

이런 양상은 전형적이다. 통화는 교환의 매개이자 부의 저장 수단이다. 통화로 지급하기로 약정된 증권(예: 특정 통화로 표시된 부채)을 투자자들이 다량으로 보유하고 있고 통화 공급량이 화폐의 가치를 담보하는 실물자산에 연동되어 있을 경우, 중앙은행은 통화를 대량으로 찍어내기 어려워진다. 투자자가 채권을 현금화하여 소비하려 한다면, 중앙은행은 대규모의 채무 불이행이 발생하게 방치하든지, 아니면 다량의 통화가 유통되게 하여 통화 가치가 떨어질 가능성을 감수하든지 둘 중 하나를 선택해야 하는 어려운 처지에 놓이게 된다. 어쩔 수 없이 통화량을 늘리는 선택을 한 뒤 1) 시중에 유동되는 통화량이 화폐를 담보하여 고정된 교환 비율이 유지될 수 있게 해주는 금 보유고보다 훨씬 더 많아지면,

그리고 2) 화폐의 가치가 떨어질 것을 우려한 투자자가 서둘러 화폐를 금으로 교환하려 하면, 중앙은행은 시중의 통화량을 줄이든지(예: 신용 긴축), 아니면 태환 정책을 중단하고 추가적으로 더 많은 화폐를 찍어내든지 둘 중 하나를 선택해야 하는 곤혹스러운 처지에 다시 놓이게 되는 결과를 피할 수 없게 된다. 결국 중앙은행은 십중팔구 신용 긴축보다는 금 태환을 중단하고 화폐를 찍어내는 방안을 선택할 수밖에 없게 된다. 그렇게 하는 것이 그나마 덜 고통스러운 방안이기 때문이다.

화폐를 대량으로 찍어내어 통화가 평가절하되면 해당 통화로 표시된 모든 물건의 가격이 오른다. 보유자산의 가치가 오르고 쓸 돈이 늘어나니 사람들은 기뻐한다. 이런 현상은 전쟁 기간에도 마찬가지이다. 전쟁을 수행하기 위해 물적 자원을 동원하려는 정책 입안자는 화폐를 찍어내어 지출할 자금을 확보한다. 이렇게 화폐를 찍어내면 은행 시스템에 유동성 위기가 발생하는 것뿐 아니라, 경기 위축이 발생하는 것도 미연에 방지하는 데 도움이 된다. 유동성 위기나 경기 위축은 전쟁에 큰 지장을 주기 마련이다. 시점의 차이가 있지만, 제1차 세계대전 참전국 대부분이 금본위제를 포기한 것도 이런 이유 때문이었다.

전쟁을 치르기 위해 독일 정부는 지출을 대폭 늘려야 했다. 실제로 1914년과 1917년 사이에 GDP 대비 정부 지출은 2.5배나 증가했다. 지출에 필요한 재정을 조달하려면 새로운 조세 수입이나 정부 차입을 늘려야 한다. 당시 독일은 엄청난 조세 저항에 부딪혔고, 국제 금융시장에서 자금을 빌릴 길도 막혀 있었기 때문에, 국내에서 국채를 발행해 전쟁 자금을 조달하는 수밖에 없었다.[5] 1914년 독일의 정부 부채 비율은 미미한 수준이었지만, 1918년에는 현지 통화 부채가 1,000억 마르크 규모로 불어났다. 이는 당시 독일 GDP의 약 130%에 달했다.

이처럼 막대한 부채가 쌓이긴 했지만, 독일이 전쟁에서 항복하고 배상금을 떠안기 전까지는 국내 통화로 표시된 부채가 대부분이었다.[6] 정책 입안자들은 이를 바람직한 상태로 보았다. 라이히스방크는 "전쟁 자금을 조달하는 데 최대

신문 기사

1918년 1월 16일
독일 식량 부족: 배급으로 버텨야 하는 사람들
"독일 국민은 거의 전적으로 빵, 고기, 감자 등 정해진 배급 식량에 의존하는 수밖에 없다."

1918년 2월 18일
독일, 대규모 적자 해결하려 새로운 세금 부과
"베를린에서 전해온 속보에 따르면, 1918년 독일의 통상적인 재정수지는 73억 3,200만 마르크로, 지난해의 약 50억 마르크와 대비된다. 이처럼 늘어난 적자는 국가 부채의 이자를 지급하는 데 쓰인 금액이 많아졌기 때문으로 알려졌다."

1918년 3월 13일
독일, 새로운 채권 발행 원해
"독일이 150억 마르크 규모의 전시 공채를 곧 발행할 예정이라고 코펜하겐 <익스체인지 텔레그래프>가 속보로 전했다. 독일의 전시 공채는 현재 총 1,090억 마르크에 달한다."

1918년 4월 21일
독일 채권 발행액 30억 마르크 웃돌아

1918년 5월 21일
독일 통화 가치 하락세
"환율로 판단하건대 독일은 서부전선에서 적국을 격파할 가능성이 없다."

1918년 6월 13일
독일 채권 발행액 총 150억 142만 5,000 마르크
"군인들을 상대로 제8차 독일 전시 공채를 발행한 결과, 독일 채권 총액이 150억 142만 5,000 마르크에 달했다는 속보가 베를린에서 전해졌다."

1918년 10월 27일
자산 넘어선 부채: 독일의 최근 재정 상태를 보여주는 지표들

1918년 10월 27일
금융 전문가들, 위기 예견: 독일 경제 나락에 떨어진 지 오래

1918년 11월 7일
독일, 재정 한계점 도달
"부채가 350억 달러를 넘어, 국가 자산의 40%를 저당 잡힌 격이다."

1918년 11월 11일
휴전 협정 체결로 전쟁 끝나다! 혁명에 휩싸인 베를린: 신임 총리 질서 촉구, 독일 황제 네덜란드로 망명

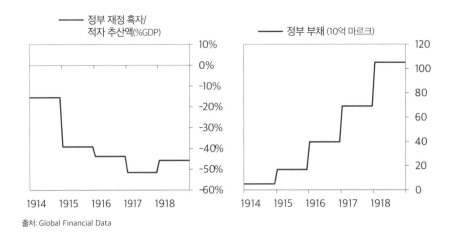

출처: Global Financial Data

약점은 해외에서 (특히 미국에 대한) 부채가 늘어나고 있다는 점이다."라고 지적했다.[7] 대외 부채 규모가 커지면, 부채를 상환해야 할 경우 미국 달러를 확보하기 위해 쟁탈전을 벌여야 했기 때문이었다. 그에 반해 전쟁 자금을 조달하기 위해 독일이 (배상금을 떠안기 전에) 빌려 쓴 독일 부채 대부분은 국내 통화인 마르크화로 표시되어 있었고 채권자도 독일인이었다.[8]

1916년 하반기까지 독일 국민은 국채를 매입하여 정부의 재정 적자를 기꺼이 지원하려 했고, 실제로 그럴 여력도 있었다.[9] 심지어 전쟁 채권을 사겠다는 신청자가 넘쳐날 정도였다. 하지만 전쟁이 장기전으로 접어들고 인플레이션이 극심해지자, 독일 재무부는 정부 부채를 국민이 오롯이 떠받칠 수 없게 되었음을 알아차렸다. 이는 전쟁이 진행되면서 적자 규모가 크게 증가한 탓도 있지만, 전쟁 기간에 인플레이션이 실질금리를 마이너스 수준까지 끌어내려 국채를 보유한 채권자들이 제대로 보상받지 못하게 된 탓도 있었다(전쟁 내내 전쟁 채권의 고정 금리는 5%였지만, 1915년 초까지 인플레이션 증가 폭은 30%를 웃돌았다).[10] 인플레이션은 주로 전쟁에 따른 혼란과 자원 부족, 핵심 군수 산업의 생산 제약, 통화 약세(1916년까지 마르크화 가치는 달러화 대비 약 25% 하락했다.)의 영향을 받았다.[11] 전쟁이 끝나면 독일 정부가 다시 금본위제를 도입해 이전과 같은 금리로 돈을 교환해주거나 인플레이션으로 인한 손해를 보상해줄 것이란 희망을 놓지 않는 순진한 채권자들도 있었다. 하지만 구매력을 거의 잃게 된 통화로 돌려받게 될 것을 우려해 국내 통화로 표시된 채권을 내다 파는 채권자들도 많았다.[12]

국내 통화는 부의 저장 수단으로서 제대로 기능하지 못했지만, 여전히 효과적인 교환 매개로써는 그 유효성을 유지하고 있었다. 덕분에 정부는 돈을 빌려 군비를 충당했지만, 투자자들이 공급할 수 있는 자금이 바닥나게 되자 라이히스방크는 부채의 화폐화를 시행하는 수밖에 없었다. 이로써 국민들로부터 자금을 조달하지 않

독일 전쟁 채권 청약 (%발행 금액)

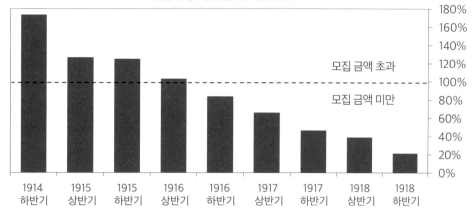

고도 부채의 화폐화로 통화량을 늘리는 효과를 얻었다. 부채의 화폐화는 인플레이션을 유발하는 효과가 있는 정책 수단이기 때문에(같은 양의 재화와 서비스를 구매해도 지불하는 화폐의 양이 늘기 때문에), 부채의 화폐화 영향으로 자기 강화적인 악순환이 발생했다. 즉 부채의 화폐화로 인해 인플레이션이 상승하고 실질금리가 낮아지면서 정부에 대한 대출이 위축되었다. 그 결과 정부는 부채의 화폐화를 추가로 시행할 수밖에 없었다. 적자가 커지면서 1914년부터 1918년까지 재정 적자는 평균적으로 GDP의 약 40%, 통화량은 전쟁 기간에 300% 가까이 증가했다.[13]

독일 국민이 국채 매입을 외면하기 시작하자, 1917년 이후 화폐를 찍어내는 속도는 빨라졌고, 중앙은행은 점점 확대되는 재정 적자로 인해 부채를 화폐화할 수밖에 없었다.[14] 1917년 중반부터 1918년 중반까지 시중에 유통되는 마르크화는 거의 두 배로 늘어났으나, 이는 실질적으로 통화 가치를 크게 떨어뜨리진 않았다. 오히려 이 시기에 러시아의 철수 소식이 전해지며 독일의 승리가 예측됐고, 마르크화의 가치는 상승했다. 독일의

출처: Global Financial Data

패색이 짙어지기 시작한 1918년 하반기에 이르러서야 마르크화의 가치는 하락하기 시작했다.[15]

전쟁이 끝나기 전 2년 동안, 채권자들이 마르크화로 지급받기를 꺼리자, 독일 정부는 외국 통화로 자금을 빌리기 시작했다.[16] 국가가 외국 통화로 돈을 빌려야 하는 상황은 좋지 않은 신호이다. 1918년까지 라이히스방크와 민간 기업들이 외국 채권자들에게 외국 통화로 빌린 금액은 약 25억 금마르크gold mark에 육박했다.[17] 금마르크는 마르크 지폐의 가치를 금으로 측정하기 위해 인위적으로 설정된 단위이다. 1914년 1금마르크는 마르크 지폐 한 장의 가치를 지녔다.[18] 그러므로 부채 규모가 50억 금마르크라는 말은 부채 규모를 금으로 표시한 것으로, 1914년 기준 50억 마르크로 매입할 수 있는 금의 양과 같았다.

국내 통화로 표시된 부채와 달리, 외국 통화와 금으로 표시된 경화 부채는 독일이 찍어낼 수 없었다. 채무자들이 빚을 갚으려면 금이나 외국 통화를 확보해야 했다. 경화 부채 비율은 전체 부채의 10%도 채 되지 않았지만, 독일의 금 보유고보다 많았다.[19] 독일이 전쟁에서 승리하여 마르크화의 가치가 오르고, 부채 부담이 감당할 수 있는 수준으로 낮아지길 바라는 수밖에 없었다. 물론 이 경우, 패전국들은 독일을 대신해 독일의 대내외 부채 대부분을 어쩔 수 없이 상환해야 한다.[20]

만일 독일이 전쟁에서 패하거나 상당한 금액의 배상금을 받아내지 못한다면 경화 부채를 상환하기는 매우 어려워질 거란 사실을 정책 입안자들은 알고 있었다. 라이히스방크 총재 루돌프 하펜슈타인Rudolf havenstein은 전쟁 배상금을 많이 받지 않는 한, 부채 상환이 매우 어려워질 것으로 내다보았다.[21] 독일 경제학자 에드가 야페Edgar Jaffé는 영국이 독일 전쟁 비용의 3분의 1에서 절반 정도를 부담하지 않는다면, '통화 붕괴라는 무시무시한 재앙'이 벌어질 것이며, 게다가 독일 국민이 가치가 절하된 돈으로 국내 부채가 상환될 거라는 사실을 알게 되고 정부 기관과 민간 기업들이 외화 부채를 상환하기 위해 외국 통화를 확보하려 한다면, 그런 결과가 불가피할 것이라고 경고했다.[22] 1918년 초까지 마르크화 가치는 달러화 대비 약 25% 떨어졌고, 물가는 3배로 뛰었다.

그러나 제1차 세계대전이 벌어지던 시기에 이러한 상황은 매우 일반적이었고, 당시 대부분의 국가가 전쟁 자금을 마련하기 위해 비슷한 정책을 시행했다. 15쪽 도표에서 확인할 수 있듯, 독일의 인플레이션이 높긴 했지만, 다른 참전국들보다 특별히 높은 편은 아니었다.[23] 참전국 중 하이퍼인플레이션으로 치달은 국가는 극소수에 불과했다. 그 이유는 곧 설명할 것이다.

나는 제1차 세계대전과 부채의 화폐화가 독일의 전후 인플레이션형 불황을 일으킨 원인이 아니라는 사실을 분명하게 밝히고자 한다. 전형적인 템플릿에서 언급했듯이, 인플레이션형 불황은 모든 국가나 통화에서 발생

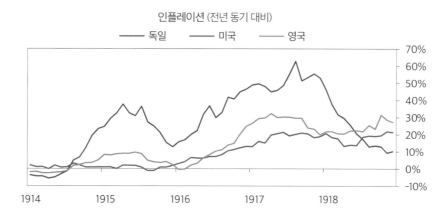

인플레이션 (전년 동기 대비)

—— 독일   —— 미국   —— 영국

할 수 있지만, 특히 다음과 같은 특징을 지닌 국가에서 가장 흔히 나타난다.

- **준비 통화가 아니다.** 전 세계적으로 이들의 통화와 부채를 부의 저장 수단으로 보유하려는 수요가 없다.

- **외환 보유고가 적다.** 자본 유출을 막을 보호 장치가 부족하다.

- **외화 부채가 많다.** 금리가 인상되거나 갚아야 할 채권의 통화 가치가 상승할 때, 해당 통화로 표시된 신용을 이용할 수 없게 될 때 부채 비용이 늘어날 위험이 있다.

- **재정 적자와 경상수지 적자가 점점 늘어난다.** 적자를 메우려면 돈을 빌리거나 찍어내야 한다.

- **실질금리가 마이너스이다.** 통화와 부채를 보유한 채권자들에게 적절한 보상이 이루어지지 않게 된다.

- **높은 인플레이션과 마이너스 통화 수익률을 기록한 이력이 있다.** 통화/채권의 가치에 대한 불신이 크다.

전쟁이 끝난 후 독일 경제는 위 모든 조건을 충족한 상태였다. 독일이 전쟁에서 패했으니 전후 시대에 마르크화는 준비 통화의 지위에 오르지 못할 게 뻔했다. 독일은 전쟁 기간에 빌린 어마어마한 금액의 외채도 모자라 연합군에 전쟁 배상금까지 추가로 지급해야 할 판이었다. 외환 보유고로는 전쟁 배상금은 고사하고 기존의 외채조차 감당할 수 없었다. 실질금리는 이미 마이너스를 찍었고, 독일 통화와 채권을 보유한 채권자들에게 돌아가는 보상은 매우 적었다. 재정 적자와 무역수지 적자도 극심해졌는데, 이는 독일이 차입과 화폐화를 통해 지출과 소비에 필요한 자금을 조달했다는 뜻이다. 투자자들은 높은 인플레이션과 화폐 찍어내기, 마르크화 보유분의 마이너스 수익률을 경험하게 되면서 독일 통화와 채권을 가치 저장 수단으로써 점차 신뢰하지 않게 되었다.

1918년 11월~1920년 3월: 베르사유 조약과 첫 번째 인플레이션

1918년 11월, 독일의 항복 소식이 전해지자 독일에서 자본이 썰물처럼 빠져나가기 시작했다. 독일 국민과 기업들은 평화 조약의 조항이 무엇이고, 전쟁에서 패한 대가로 짊어지게 될 어마어마한 채무를 독일 정부가 정확히 어떻게 상환할 것인지도 알지 못한 채, 승전국들의 통화와 자산으로 재산을 바꾸기에 급급했다. 이후 수개월에 걸쳐 마르크화의 가치는 달러화 대비 30% 하락했고, 독일 주식시장은 거의 반 토막이 났다. 국내 통화로 표시된 정부 부채 규모는 약 30% 증가했고, 중앙은행은 이러한 부채 대부분을 화폐화해야 했다. 그 결과 통화량은 약 50% 늘어났고, 인플레이션율은 30%로 치솟았다.

출처: Global Financial Data

협상 초기에는 평화 조약 조항이 그리 가혹하지 않을 것이란 낙관적인 기대가 퍼져 있었지만, 여전히 자본 이탈은 계속됐다. 독일 측 협상 담당자들은 독일군이 점령한 지역에서 발생한 피해에 한해 전쟁 배상금을 책정하고 주로 통화 대신 재화로 지급할 수 있기를 바랐다.[24] 미국의 우드로 윌슨^{Woodrow Wilson} 대통령이 자기 결정권^{self-determination}을 강조했던 터라, 많은 독일인이 적어도 국민 투표 없이 독일 영토가 합병되는 일은 없을 것이라 믿었다. 독일인들은 독일이 영토와 경제적 능력을 그대로 유지한 채 전쟁에서 벗어날 것이며, 배상금 부

1918년 11월 12일
독일에 번지는 국민적 저항

1918년 11월 23일
"혁명이 일어나기 전 몇 주 동안 전국의 독일 은행 지점에서 예금 인출 사태가 계속해서 발생했다. 이로 인해 극심한 통화 부족 현상이 초래되었을 뿐 아니라, 여러 도시 중에서도 베를린에 있는 은행들은 이른바 '놋겔트(Notgeld, 제1차 세계대전 이후 독일을 비롯한 여러 국가에서 사용된 긴급 대용 통화)'를 찍어내야만 했다." 에베르트와 하제*, 은행 몰수 부인: 전시 공채 옹호 (*프리드리히 에베르트(Friedrich Ebert)는 바이마르 공화국의 초대 대통령을 역임했다. 후고 하제(Hugo Haase)는 독일 사회주의 정치인으로, 1918년 에베르트와 프롤레타리아 혁명을 시도했으나 실패했다.)

1918년 11월 27일
독일에 상환 압박, 배상금 외면 시 연합군이 독일 영토를 점령할 수도

1918년 11월 30일
베를린의 높은 사망률: 지난해 사망자 수가 출생아 수보다 1만 5,397명 더 많아

1919년 5월 1일
독일, 연합군 설득 자신감 내비쳐

1919년 5월 1일
독일, 철강 70%와 석탄 3분의 1 잃을 판

1919년 6월 2일
다음을 걱정하는 독일: 연합국, 억제안에 적의 드러내, 독일에 퍼진 비관론
"이제 어떻게 될 것인가? 모든 사람이 이 같은 질문을 던진다. 평화 협정 대표단이 거의 만장일치로 독일의 억제안에 적대적인 태도를 보였다는 게 알려지며, 매우 비관적인 대답이 돌아왔다."

1919년 6월 6일
국외로 재산 반출하는 독일 사람들
"일부 독일인은 머지않아 불가피하게 부과될 막대한 세금에서 벗어나기를 바랄 뿐이다. 정부가 현금의 국외 송금을 허용하지 않을 것이므로, 상인들은 국외로 마르크화를 밀반출해 대폭 할인된 가격에 팔아넘긴다. 이로써 마르크화의 가치는 더욱 하락할 것이다."

1919년 6월 8일
독일이 서명 거부 시 굶주림으로 고통받을 것
"적국이 평화 협정에 주저한다면, 연합국은 훨씬 혹독하게 봉쇄를 강행할 준비가 되어 있다."

1919년 6월 15일
독일 매년 1인당 75달러 세금 부담
"비셀 장관은 혈세로 식량을 수입하는 게 과연 현명한 방안인지 의문을 제기한다."

1919년 6월 28일
베르사유에 도착한 독일 대표단: 오늘 조약 체결 예정

담이 지나치게 징벌적인 성격을 띠진 않을 것으로 기대했다.[25]

베르사유 조약의 최종안이 발표되자 독일 국민들은 큰 충격에 휩싸였다. 조약에 따르면 독일은 합병을 통해 영토의 12%, 인구의 10%, 선철 생산의 43%와 철강 생산의 38%를 잃어야 할 판이었다.[26] 게다가 독일은 전쟁이 벌어지는 동안, 독일에 재산을 몰수당한 독일 국내외 영토의 연합국 국민에게도 보상해야 했다. 반대로 외국에서 실물과 금융자산을 몰수당한 독일 국민은 보상받을 길이 없었다. 독일 정부는 전쟁이 일어나기 전에 발행된 채권에 대해 연합국은 물론이고, 심지어는 개인들에게도 상환해야 했다. 전쟁 배상금 책정을 위해 1921년에 설립된 위원회에서는 독일의 상환 능력을 평가하여 최종안을 마련하고, 독일 정부에게 배상금에 관한 의견을 내놓을 기회를 주었다. 그리고 독일은 전쟁 기간에 영토를 점령한 대가로 금, 원자재, 선박, 증권, 기타 실물자산으로 200억 마르크를 연합국에 지급하기로 했다.[27]

독일로서는 나라 전체를 점령당하거나 조약에 합의하는 수밖에 없었다. 1919년 6월 28일, 독일은 조약에 서명했다. 이는 환율시장의 붕괴를 촉발하는 계기가 되었고, 1919년 7월과 1920년 1월 사이에 마르크화 가치는 달러화 대비 90%나 하락했다. 여기에 인플레이션까지 치솟아 연말에는 140%까지 상승하기도 했다. 독일 정부가 경화로 채무를 이행하는 것이 불가능하지는 않을지라도 매우 힘든 일이었다. 채무 불이행을 우려한 독일 사람들은 서둘러 자본을 국외로 빼내려 했고, 이러한 자본 흐름은 마르크화의 가치 급락을 견인했다. 독일이 부채를 상환하려면 터무니없이 높은 세금을 부과하거나 사유재산을 몰수하는 길밖에 없었다. 실질적으로 개인 재산을 잃을 위험에 놓인 셈이니 국내 통화를 버리고 국외로 자본을 빼내려는 행동은 당연한 선택이었다.

마르크화의 가치가 하락하자 대외 채무를 지고 있던 독일 채무자들의 실질 부채 비용이 급증하기 시작했다. 이로 인해 시장에는 가능한 한 많은 외채를 청산

신문 기사

1919년 8월 3일
연합국이 틀어쥔 독일 자원

1919년 8월 9일
독일, 재무부 장관의 중앙 집중형 계획 승인
"국세로 통일하는 에르츠베르거 계획이 승인됨에 따라, 주 정부에서 세금을 부과하는 권리가 박탈된다. 이러한 결정은 격렬한 논쟁을 불러일으켰다."

1919년 8월 10일
마르크화 약세 지속
"최근 독일을 둘러싼 여러 중립국에서 독일 마르크화 가치가 꾸준히 하락했다. 평화로운 시기에는 마르크화 환율이 125상팀(Centime, 프랑스의 화폐 단위로, 100분의 1프랑에 해당)이었으나, 어제 35상팀을 찍으며 스위스 역사상 최저점을 기록했다."

1919년 8월 11일
독일 은행에 쌓인 수십억 마르크: 실제 기업 수익 달라
"중앙은행은 다음과 같이 논평했다. '국내 통화의 평가절하로 인해 운영비가 이례적으로 증가한 것은 맞다. 하지만 실질적으로 노동 생산량이 감소하고 근로일이 단축됨에 따라 노동 수요가 늘어났다. 이 또한 높아진 운영비의 중요한 원인으로 작용한다.'"

1919년 9월 7일
고강도 세금 징수: 가정집과 금고 수색도 허용돼

1919년 9월 13일
빠르게 되살아나는 독일 산업
"한 영국인은 독일의 발전 속도가 다른 어느 나라보다 빠르다고 평가했다."

1919년 9월 18일
마르크화 가치, 독일 역사상 최저점 찍어
'마티아스 에르츠베르거(Mathias Erzberger) 재무부 장관은 오늘 마르크화의 가치 하락과 다른 금융 문제를 은행가, 금융 전문가 등과 논의하기 위해 회의를 소집했다.'

1919년 9월 26일
독일 국민, 중과세에 저항: 에르츠베르거, 반대 압박 시 물러날 가능성 내비쳐

1919년 10월 20일
독일 철강 생산량 증가: 7월 생산 지표, 최근 몇 달 새 급증

1919년 11월 15일
독일 화폐 받지 않을 것: 하노버 무역상들, 가치 떨어진 마르크화 거부
"하노버 무역상들이 독일 통화로 대금을 지불하려는 외국인에게는 아무것도 팔지 않기로 결정했다. 현재 독일 통화는 낮은 환율로 거래되고 있다. 하지만 외화의 경우, 전쟁 이전의 환율을 적용해 대금 거래가 이루어질 것이다."

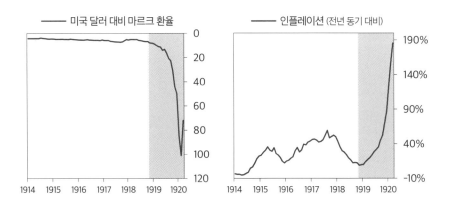

미국 달러 대비 마르크 환율 — 인플레이션 (전년 동기 대비)

하려는 채무자들로 넘쳐났다. 이러한 흐름은 마르크화의 약세를 부추기며 또다시 자본 이탈을 촉발했다. 이는 외채 비율이 높고 부채와 국제수지 위기를 겪는 국가에서 일반적으로 나타나는 현상이다. 당시 함부르크의 유명한 기업가는 이렇게 말했다. "지금 모든 사람이 빚을 갚으려 남몰래 마르크 지폐를 판다면 우리는 스스로를 파멸의 길로 몰아가는 셈이다. 이런 상황이 계속된다면 마르크화는 쓸모없어질 것이다."[29]

정확히 말하면, 이 시기에 화폐 찍어내기는 통화 약세의 근본적 원인이 아니었으며, 오히려 통화 약세가 화폐 찍어내기의 원인이 되었다고 볼 수 있다. 국내 통화를 팔아 국외로 빠져나가려는 자본 이탈이 통화 약세를 이끌면서 결과적으로 인플레이션을 부채질했다. 이것이 전형적인 인플레이션형 불황이 일어나는 방식이다.

통화/채권시장에서 돈이 빠져나가면 중앙은행은 유동성과 신용시장에 긴축이 가해지는 것을 용인하거나, 화폐를 찍어내어 자본 공백을 메우는 방법 중에서 하나를 선택해야 하는 상황에 놓이게 된다. 일반적으로 중앙은행은 자본 공백을 메우기 위해 화폐를 찍어내는 선택을 하게 되고, 이는 통화 가치 하락을 초래한다. 통화 가치의 평가절하는 수입업자와 외국 통화로 빚을 진 사람들에게는 피해를 주지만, 경제와 자산시장을 부양하는 효과뿐 아니라 경기 침체기를 극복하는 데 도움이 된다. 평가절하되면 국제 시장에서 제품을 더 저렴하게 판매할 수 있어 수출과 이윤이 늘어난다. 반면 수입 제품은 비싸지므로 국내 산업을 지원하는 효과를 일으킨다. 통화 가치의 평가절하는 국내 통화 기준으로 자산 가치를 상승시키며, 외국 통화 기준으로는 해당 국가의 금융자산이 저렴해지므로 외국 자본을 끌어모은다.

1919년 7월부터 1920년 3월까지 마르크화 가치 하락과 마이너스 실질금리는 독일 경제는 물론이고, 주식과 원자재시장을 부양하는 효과를 가져다주었다(19쪽 도표 참조).

수출 산업이 번성했고, 실업률은 감소했으며, 실질 임금이 낮은 수준을 유지하면서 기업들의 수익성도 개선

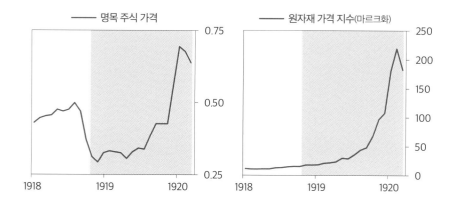

명목 주식 가격	원자재 가격 지수(마르크화)

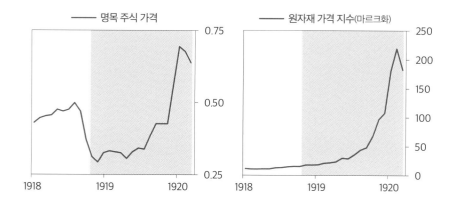

되었다. 이 같은 실업률 감소와 수출 회복세는 아래 도표에서 확인할 수 있다.
(당시 측정된 실업 통계는 모두 노동 조합원들의 실업만을 보여주므로, 독일 사회에 나타난
실업률과 고충을 실제보다 축소했을 가능성에 유의해야 한다. 하지만 아래 도표는 고용 상황
이 개선되고 있었음을 보여준다.)

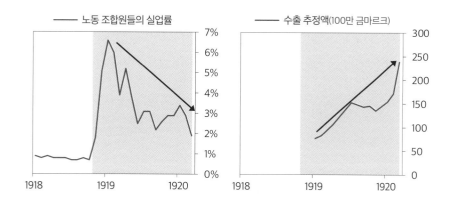

노동 조합원들의 실업률	수출 추정액(100만 금마르크)

수출을 장려하고 수입을 억제함으로써, 마르크화의 평가절하가 한 방에 독일
의 국제수지를 균형상태로 되돌려주기를 바라는 시각도 있었다. 독일의 한 저
명한 관료는 이렇게 말했다.

"나는 이 심각한 병에 걸린 우리의 통화가 독일을 향한 다른 국가들의 증오
를 해소하고, 독일과 교역하길 꺼리는 적국의 태도를 극복할 훌륭한 수단이
될 것으로 본다. 이제 미국인들은 1달러로 4.21마르크가 아닌, 6.20마르크

신문 기사

1919년 11월 29일
독일 채권시장 호황
"미국 투기꾼들에게 매력적인 독일 전시
공채와 유가증권"

1919년 12월 1일
독일, 국가 자산 매각 우려에 수출 규제 실
시
"정부는 '독일 자산 매각'이 진행되는 방식
에 경종을 울리며 마침내 철저한 수출 규
제를 가할 목적으로 임시 조치법을 제정
하게 되었다."

1919년 12월 5일
에르츠베르거, 대규모 세입 예산 제안: 독
일 전후 자금 조달 위해 소득세 60% 부과
"에르츠베르거는 독일의 전후 경제적 책
임을 논하면서 국가가 직면한 문제들을
해결하려면 전쟁 때와 마찬가지로 전 국
민의 결속과 의무감이 필요하다고 말했
다. 그는 앞으로 민주주의를 향한 진보를
가속화하고 전쟁으로 황폐해진 이 땅에
새로운 독일을 세우는 데 세제 개편안이
기여하기를 바랐다."

1919년 12월 17일
독일 채권 모집액 미달, 예상 금액 50억 달
러에 못 미치는 38억 달러 모집
"정부는 할증채 모집 실패에 크게 실망하
고 있다. 이러한 잠정치는 에르츠베르거
와 그의 동료들이 기대했던 목표치에 못
미치는 결과이기 때문이다."

1920년 1월 2일
베를린 증권거래소, 조약 기대감에 활기
찾아
"이는 평화협정 체결과 수출입 조건 개선
에 대한 기대감과 관련해, 독일이 연합국
과 합의를 이룬 덕분이었다."

1920년 1월 23일
에르츠베르거, 차분하게 반대파와 대치
중

1920년 1월 26일
독일, 조약으로 잃게 된 영토에서 철수 시
작
"베르사유 조약에 따라 자유시가 될 단치
히(Danzig)에서 오늘 아침 마지막 독일 부
대가 철수에 돌입했다."

상당의 독일 제품을 살 수 있으니 다시 독일에 애틋한 마음을 갖게 될 것이 다. "[30]

독일 정부는 국내 부채 부담과 재정 적자 문제를 해결하기 위한 대책 마련에 나섰다. 한 정부 관료는 전후 정책을 두고 "우리가 한 일이라고는 계속 화폐를 찍어내는 것뿐이었다."라고 말했다.[31] 재정 적자를 줄이고 세수를 늘려 부채를 상환할 목적으로, 마티아스 에르츠베르거 재무부 장관은 세제 종합 개편안을 제안했다. '에르츠베르거 금융 개혁안Erzberger Financial Reform'으로 알려진 이 개편안은 소득과 재산에 높은 누진세를 부과하여(최고 소득세율은 60%, 재산세율은 65%에 육박) '가진 자'에게서 '못 가진 자'에게로 부를 재분배하도록 설계되었다.[32]

1919년 12월에 통과된 에르츠베르거 금융 개혁안의 목표는 국세 수입의 직접세 비중을 75%로 늘리고(1914년 직접세 비율은 약 15%였다), 1922년까지 전쟁 배상금을 제외한 모든 정부 지출을 충당할 만큼 충분한 세수를 확보하는 것이었다.[33] 개혁안이 도입되기 전에는 정부 수입의 대부분이 수출과 수입, 석탄 등에 부과되는 종량세와 공기업들의 수익(주로 철도 운영)에서 나왔다.

통화 약세가 이로운 결과를 불러오자, 독일의 정책 입안자들은 (수입 물가 상승과 중앙은행의 화폐 찍어내기에 따른) 통화 약세와 인플레이션에 기대는 정책을 옹호하며 '가혹한 세금'의 효과적인 대안으로 내세웠다.[34] 프리드리히 벤딕슨Friedrich Bendixen도 그런 관리 중 한 명이었다. 그는 "세금으로 어마어마한 금액을 징수하려는 온갖 노력은 국가 생산성을 약화시켜 오히려 세수가 줄어들어 독일 경제를 파탄 직전으로 몰아갈 것이다. 전시 공채를 화폐화하는 것이 독일 경제를 구할 유일한 길이다."라고 주장했다.[35] 인플레이션은 자국 통화로 표시된 독일의 전쟁 부채를 청산하고 '새로운 통화를 기초로 새로운 삶을 시작할 기회'를 제공할 것이다. 중앙은행은 이 정책을 명시적으로 거부했지만, "그런 방식으로 상황이 발전할 수 있다."고 인정했다. 실제로 인플레이션은 200% 가까이 치솟았고,

1919년 말에는 국내 전쟁 부채 부담을 원래의 1918년 가치의 약 25%로 줄였다. 여러분도 상상할 수 있듯이 부유한 사람들은 자신들의 부가 부풀려지거나 빼앗기지 않기 위해 앞다투어 외국 통화나 실물자산을 사들이기 바빴다.[36]

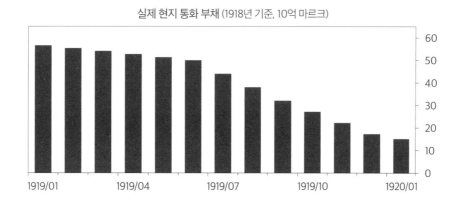

실제 현지 통화 부채 (1918년 기준, 10억 마르크)

인플레이션으로 실제 부채 부담을 '자연스럽게' 줄이기 위해, 중앙은행이 선택할 수 있는 대안은 통화 긴축 정책을 시행하고 디플레이션형 불황을 꾀하는 것이었다. 긴축 정책을 시행하면, 돈을 빌려 구입한 자산의 가치를 실제 가치와 근접한 수준으로 끌어올려 국민들의 자산 가치를 보존해줄 수 있었다. 하지만 국내 신용 창출과 국내 수요가 억제되어 심각한 실업이 초래될 위험도 있었다. 독일은 국내 통화에 롱 포지션을 취한 사람들(국내 통화로 표시된 부채를 보유한 채권자들)을 지원할지, 아니면 쇼트 포지션을 취한 사람들(국내 통화로 빚을 진 채무자들)을 지원할지 선택해야 하는 전형적인 딜레마에 직면했다. 경제 위기가 발생하면 '가진 자'에게서 '못 가진 자'에게로 부를 재분배하는 정책을 시행할 가능성이 크다. '못 가진 자'의 상황이 견딜 수 없을 만큼 악화될 뿐만 아니라, '못 가진 자'가 '가진 자'보다 훨씬 많기 때문이다.

당시에는 부채 부담을 해소하고 부를 재분배하는 일이 채권자의 재산을 보전하는 일보다 우선시되었다. 실업률은 여전히 높았고, 식량 부족 문제는 걷잡을 수 없이 커졌으며, 전선에서 돌아온 수많은 군인을 경제에 다시 통합시키려면 많은 일자리가 필요했다. 불황 시기에 전형적으로 나타나는 자본가와 노동자 계급 간 충돌도 유럽 전역에서 벌어지고 있었다. 1917년 러시아에서 공산주의 혁명이 일어난 후, 공산주의 사상이 전 세계로 퍼져나가고 있었다. 영국의 전설적인 경제학자 존 메이너드 케인스John Maynard Keynes는 당시 인플레이션과 디플레이션 중 하나를 선택해야 하는 상황을 다음과 같이 평가했다. "인플레이션은 불공평하고, 디플레이션은 부당하다. 아마도 그중 디플레이션이 더 나쁜 선택이 될 것이다. 빈곤한 국가에서 임대인(즉 자본가 겸 채권자)에게 실망을 안기는 것보다 실업을 유발하는 것이 훨씬 심각한 문제이기 때문이다."[37]

당시 경기는 매우 침체된 상황이었지만, 1919년 말부터 1920년 초까지 독일은 대부분의 국내 부채를 부풀려 새로운 세수를 확보하기 위해 종합 세제 개편안을 통과시킨 덕분에 경제 활동 수준은 서서히 회복하는 모습을 보였다. 전쟁 배상금 협상에서도 좋은 소식이 전해졌다. 연합국과 독일 간에 고조되는 긴장을 완화하기 위해 연합국은 적정 배상금이 어느 정도 수준이어야 하는지 제안서를 작성해 제출할 것을 독일에 요청했다. 존 메이너드 케인스와 같이 혹독한 배상 요구의 문제점을 지적한 전문가들은 각국 정부의 공감을 얻었고, 환율도 안정을 찾기 시작했다.[38]

하지만 독일에서는 좌익과 우익 간 갈등의 골은 여전히 깊어만 갔다. 1921년 3월, 볼프강 카프가 이끄는 우익 민족주의 단체는 바이마르 공화국을 전복하고 우익 독재에 기반한 군주제를 확립하려 했다. 그러나 노동자들이 신 정부에 협력하지 않고 총파업을 선언하면서 쿠데타는 단 며칠 만에 실패하고 말았다.[39] '카프 폭동Kapp Putsch'은 완전히 실패로 돌아갔지만, 당시 정치 환경이 얼마나 취약했는지 여실히 보여준다. 이 사건은 **디레버리징과 경기 침체가 불러오는 경제적 고통이 정치적으로 좌우 가릴 것 없이 포퓰리스트와 반동주의 지도자를 낳는다는 사실을 보여주는 대표적인 사례이다.** 당시 상황에 낙담하던 베를린의 한 기업가는 이렇게 말했다.

"우리가 다시 많은 일을 맡기 시작한 바로 이 시점에, 베르사유 조약 발효가 정치적으로 어리석은 선택이었다는 우려 섞인 목소리가 런던에서 힘을 얻으면서 환율이 안정을 찾기 시작했다. 그러나 이 시기에 군부는 악명 높은 반동주의자를 따르며 또다시 모든 것을 물거품으로 만드는 것도 모자라, 노동자들을 불필요한 총파업과 시위로 내몰고 있다. 그런 방식으로는 어떤 문제도 해결할 수 없을 것이다."[40]

1920년 3월~1921년 5월: 상대적 안정기

1920년 3월부터 1921년 5월까지 14개월 동안은 '상대적 안정기'였다.[41] 마르크화는 하락세를 멈추었고, 물가는 안정적으로 유지되었으며, 독일 경제는 다른 선진국보다 월등한 성과를 거두었다. 시장의 예측과 달리 독일은 경제적으로나 정치적으로 혼란을 겪으면서도 붕괴되지 않았고, 마르크화에 쇼트 포지션을 취한 사람들은 상당한 금액을 잃었다(마르크화 거래로 약 1만 3,000 파운드의 손해를 본 존 메이너드 케인스의 일화는 유명하다).[42]

당시 미국과 영국이 시행한 통화 긴축 정책의 영향으로, 세계 각국은 극심한 경기 위축을 겪고 있었다. 예를 들어, 1920년과 1921년 사이에 미국과 영국의 산업 생산은 각각 20%와 18.6% 감소했고, 실업률은 각각 22%와 11.8%로 증가했다.[43]

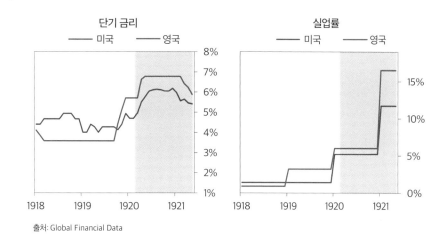

출처: Global Financial Data

다른 중앙은행들과는 대조적으로, 라이히스방크는 1922년까지 재할인율Discount rate(중앙은행이 시중 은행에 대출할 때 적용되는 금리)을 5%로 유지하며 매우 완화적인 통화 정책 기조를 이어갔다. 라이히스방크는 신용 긴축이 발생했을 때 유동성을 추가로 투입하기 위해 정기적으로 시장에 개입하기도 했다. 1921년 봄, 기업들의 유동성이 다소 경색되자, 라이히스방크는 상업 어음(미상환 어음의 3.1~9% 수준)을 서둘러 매입하는 방식으로 대응했다.[45] 재정 정책 역시 계속 확장적으로 운용되었고, 1920년과 1921년에는 배상금을 제외한 실제 정부 지출

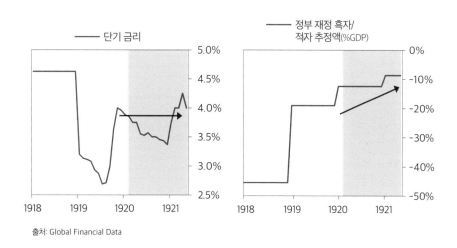

출처: Global Financial Data

도 증가했다.[46) 재정 적자는 줄어들긴 했지만, GDP의 약 10%에 육박할 만큼 여전히 막대한 규모여서 정부는 계속해서 유동 부채를 발행하여 부족한 재정을 메웠다.

이러한 경기 부양책에 힘입어 독일은 전 세계 경기 침체에서 벗어나 상대적으로 견고한 경제 여건을 누릴 수 있었다. 1919년과 1921년 사이에 산업 생산은 무려 75%나 증가했다. 하지만 아래 도표에서 볼 수 있듯이, 산업 생산과 실질 GDP가 여전히 1913년 수준을 크게 밑돌았을 만큼 경제 활동 수준은 극도로 침체한 상태였다. 그리고 독일 사회는 극심한 빈곤과 고통에 시달리고 있었다. 이 기간은 장기 경기 위축 국면에서 일어난 성장으로 해석되어야 할 것이다.

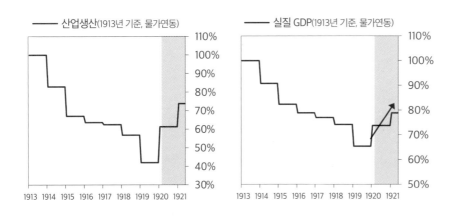

1920년 3월과 1921년 5월 사이 독일에서는 경제 활동이 증가하고 경기 부양책이 시행되면서 국내 인플레이션 세력이 전 세계 디플레이션 세력에 상쇄된 덕분에, 그다지 높은 인플레이션이 발생하진 않았다. 미국과 영국에서 건너온 수입품 가격은 약 50% 떨어졌고, 독일 경제가 선방함에 따라 자본 유입이 늘어나면서 통화 가치가 안정을 찾았다. 덕분에 통화 공급량은 천천히 증가할 수 있었다. 25쪽 도표에서 확인할 수 있듯, 상당한 수준의 경기 반등이 나타났다. 마르크화의 가치는 상승했고, 인플레이션은 하락했다. 1921년에는 물가 상승세가 멈추었는데, 이는 1914년 이후 처음이었다.

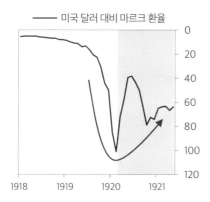

미국 달러 대비 마르크 환율

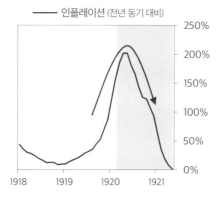

인플레이션 (전년 동기 대비)

확정을 연기해달라는 내용을 토대로 할 것이라며 <뉴욕타임스> 특파원이 신뢰할 만한 정보를 전했다. 독일은 이러한 절차를 통해 정말 지급 여력이 있는지 판단할 기회를 연합국에 제공할 것이라고 주장한다."

1921년 4월 2일
원자재·곡물 가격 신저점으로 하락: 식품 가격 대체로 약세

1921년 4월 3일
전 세계 물가 하락 폭 확대
"지난주 밀 가격이 1915년 이래 최저치로 하락한 데 이어 옥수수와 귀리 가격도 전쟁 이전 수준으로 떨어졌고, 목화는 전쟁 이전 수준보다도 저렴하게 팔리는 데다 구리 가격 역시 1914년 이래 최저치를 기록했다. 이에 각국의 전반적인 가격 하락이 어디까지 이어질지 귀추가 주목된다."

1921년 4월 3일
독일의 인플레이션
"<프랑크푸르터차이퉁(Frankfurter Zeitung)>이 산출한 독일의 평균 상품 가격은 1920년 1월 1일 평균 가격 100을 기준으로 삼는다. 현재 지표는 131을 기록했다. 반면 올해 2월에는 136, 1월에는 148, 1920년 5월에는 156을 찍으며 사상 최고치를 기록했다."

1921년 4월 9일
독일, 상부 실레지아 전역 반환 요구
"어제 저녁, 독일 대사는 상부 실레지아를 독일에 반환하라는 내용을 담은 500페이지 분량의 문서를 프랑스 외무부에 전달했다."

1921년 4월 16일
독일인들, 대출 희망

대외적으로도 독일 경제에 대한 낙관론이 확산됐다. 새로운 인기 투자처로 독일이 떠오르면서 외국인 투자자들은 기꺼이 자금을 쏟아부었고, 이는 늘어만 가는 독일의 무역 적자를 해소해주었다. 당시 일부 평론가들은 독일로 빠르게 유입되는 자본을 '상당한' 투기 버블로 바라보기 시작했고, 심지어 케인스는 이를 '역대 최대 버블'이라고 말했다. 아무 경험 없이 시장에 진입한 새로운 매수자들로 인해 시장에서는 마르크화 주문이 쏟아졌는데, 이는 전형적인 버블 징후였다. 이에 대해 케인스는 다음과 같이 말했다.

"도시에서 거리를 오가는 사람들뿐 아니라 스페인과 남아메리카의 외진 마을에 사는 이발소 보조에 이르기까지 모두 같은 생각을 했다. 그들은 독일이 위대하고 강한 나라이기에 언젠가 회복할 게 분명하며, 그땐 마르크화 역시 회복하여 커다란 이익을 안겨주리라 믿었다."[47]

이러한 자본 유입 규모를 들여다보면 1921년까지 독일의 7대 은행에 예치된 금액 중 거의 3분의 1이 외국인 소유였다.[48] 이처럼 투기 자본이 유입된 덕분에 마르크화는 상대적으로 안정을 찾을 수 있었다. 이는 성장과 인플레이션의 본질적인 상충 관계를 완화하여 중앙은행의 정책 수행을 훨씬 수월하게 만들었다(경제가 성장하려면 인플레이션을 감내해야 하고, 물가를 안정시키려면 경제 성장을 희생해야 한다. 완전 고용과 물가 안정의 상충 관계를 보여주는 '필립스 곡선$^{Phillips\ curve}$'으로 이해할 수 있다). 전형적인 템플릿에서 설명한 것처럼, 다른 모든 조건이 동일할 때, 한 국가로 자본이 유입되면 인플레이션율이 낮아지고 성장률은 상승하는 경향이 있다. 국가에서 자본이 유출되면, 정반대 현상이 일어나 중앙은행의 정책 수행을 매우 어렵게 만든다.

이처럼 강력한 자본 유입 행렬이 의미하는 바를 바꿔 말하면, 끊이지 않고 밀려드는 '핫머니$^{Hot\ money}$(한순간에 빠져나갈 수 있는 투기 자금)'에 의존해 재정 적자와 대외 적자를 메우는 양상이 해가 거듭될수록 강화되고 있었다는 사실이었다.[49] 국제수지 위기의 버블 국면에서 나타나는 전형적인 양상이 당시 독일에서도 벌어졌다. 당시 독일은 자본 유입에 점점 더 의존해 소비 수준과 경제 활동 수준을 유지하려고 했기 때문에 경제 회복은 불안정해졌고, 독일 경제의 미래 전망에 관련된 시장 분위기의 변화를 촉발할 수 있는 사소한 사건에도 민감해지게 되었던 것이다.

1920년 초, 정책 입안자들은 마르크화의 가파른 평가절상이 그다지 달갑지 않았다. 독일의 수출 경쟁력을 유지하고, 고용 성장을 지원하며, 경화의 투자 매력도를 높여 저축량을 늘리려면 마르크화의 가치가 하락해야 한다고 생각했기 때문이다. 마르크화의 가치 하락으로 인해 수출 잠재력까지 사라진 것은 아니라는 점이 그나마 '불행 중 다행'으로 여겨졌다.[50] 상공회의소가 사실상 산업이 "서서히 중단되었다."라고 말할 정도로 초기의 평가절상은 수출에 큰 타격을 입혔다.[51] 실업률은 치솟았고, 실업자로 보고된 노조원 수는 3배로 늘어났다. 이러한 이유로 경제 부처에서는 의도적으로 마르크화의 가치를 떨어뜨리고 고용을 촉진시키기 위해 1920년 3월과 6월 사이에 시장에 개입했다. 경제 부처의 개입은 효과적이었다. 마르크화 가치는 하락했고, 수출 경쟁력은 회복되었으며, 실업률은 다시 하락하기 시작했다.[52]

이 시기에 독일 정책 입안자들은 경기 부양책에 따른 인플레이션보다 디플레

신문 기사

1921년 4월 23일
브리앙*, '프랑스는 제 몫을 받을 것… 과감한 조치로 독일의 지불 능력 입증할 것'
(*아리스티드 브리앙(Aristide Briand)은 11차례에 걸쳐 총리를 지낸 프랑스의 정치가로, 제1차 세계대전 이후 베르사유 조약과 배상금 협정 체결 등 중요한 역할을 수행했다.)

1921년 4월 30일
독일 내각 물러나야 할 수도: 추가 배상금 피할 길 없어… 프랑스 요구에 굴복해야
"배상금 분쟁에 미국을 중재자로 끌어들이지 못하면서 내각 위기가 벌어진 것에 대해 오늘 저녁에 중대한 논의가 오갈 예정이다. 정치권에서는 페렌바흐(Fehrenbach) 총리와 지몬스(Simons) 외무부 장관이 프랑스가 제시한 조약에 서명하지 않는다면 누가 그들의 뒤를 이어야 하는지 의견이 분분하다."

1921년 5월 1일
5월 7일, 출병 가능성: 프랑스, 이틀 내 루르 점령 목표로 군사 작전 실시
"점령하려는 영토는 런던최고회의에서 내린 결정에 따라 정해질 것이다."

1921년 5월 2일
연합국, 독일에 최후통첩… 프랑스는 군사 동원

1921년 5월 3일
프랑스, 전쟁 기계에 시동 걸다
"독일을 상대로 하는 군사 행동에 반대한다는 미국 정부의 입장이 워싱턴에서 전해지자, 프랑스의 계획에 대한 영국의 반대가 힘을 얻고 있다."

1921년 5월 6일
브리앙, 파리에서 반대 직면
"오늘 저녁, 브리앙 총리는 케도르세(Quai d'Orsay: 프랑스 외무성이 자리한 파리 센강변 지역)에서 진행된 인터뷰에서 독일이 연합국의 조건을 수용한 후 이를 이행하지 않는다면 또 다른 공식적인 연합국 회의를 거치지도 않고 군사 행동을 취할 것이라고 선언했다."

1921년 5월 8일
독일 통화 유통 증가

1921년 5월 8일
독일 채권 전망
"연합국에 진 빚을 덜기 위해 독일이 채권을 발행하게 하려는 배상위원회의 계획을 두고 뉴욕의 국제 은행들은 어제 논평을 남겼다. 그들은 연합국 정부들이 지급을 보증한 후에야 독일 채권이 뉴욕시장에서 수월하게 팔릴 수 있을 것이라는 견해를 내놓았다."

1921년 5월 15일
독일 주식시장 호황
"독일이 전쟁 배상금을 지불할 것이라는 기대감에 마르크화가 강세를 띠고 있다."

1921년 5월 24일
프랑스, 실레지아 침공은 전쟁으로 간주한다고 독일에 경고

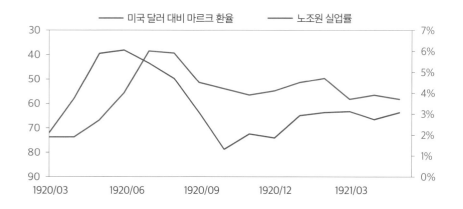

미국 달러 대비 마르크 환율　　노조원 실업률

1921년 5월 27일
독일, 내일 연합국에 2억 달러 지불 예정
"5월 31일자 배상금은 달러 표시 독일 국채로 지급될 것이다."

이선 세력의 확산을 더욱 우려했다. 치솟는 실업률과 이로 인한 잠재적 사회 불안은 인플레이션의 재발보다 훨씬 위협적으로 받아들여졌다. 당시 경제 재건을 담당하던 관료는 한 저명한 기업가에게 다음과 같이 말했다.

"이미 영국에서 발생한 극심한 위기가 우리에게 닥치지 않는다면 인플레이션은 두렵지 않다. 우리는 더욱 많은 화폐를 찍어내어 국가 경제 재건을 시작해야 한다. 이러한 과정을 거치면서 위기에 대처할 대비책을 마련할 수 있을 것이다."[53]

물론 마르크화와 인플레이션, 경제 상황의 안정화는 독일로 대거 유입되는 투기 자본과 국제수지 회복에 달려 있었다.

1921년 5월: 런던 최후통첩

배상금을 둘러싼 독일과 연합국 간의 논쟁은 1921년 5월 '런던 최후통첩The London Ultimatum'과 함께 일촉즉발의 상황으로 치달았다. 런던 최후통첩의 내용은 독일이 새로운 배상금 협의안을 받아들이지 않는다면 6일 이내에 루르 지방을 점령하겠다는 협박이 담겨 있었다. 총 배상액은 독일 GDP의 약 330%에 해당하는 1,320억 금마르크로 책정되었다. 그중 500억 금마르크가 분기별로 나누어 지급될 예정이었으며, 연간 부담액만 약 30억 금마르크에 달했다. 이 같은 부채 상환 부담은 독일 GDP의 약 10% 또는 수출 수입의 80%에 해당할 정도였다.[54] 나머지 700억 금마르크는 독일의 경제 여력이 나아졌다고 판단될 때 지급하기로 했다. 이러한 결정권은 독일이 아닌, 연합국이 쥐고 있었다. 독일은 막대한 외화 부채 부담을 떠안아야 했을 뿐만 아니라, 언제라도 부채 상환액이 3배로 늘어날 수 있다는 위협에 시달려야 했다.

연합국이 요구한 배상금은 보다 유화적인 합의에 도달할 것이라는 예상을 뒤엎을 정도로 막대한 규모였다. 지급 구조 역시 잠재 투자자와 독일 국민에게 매우 위협적으로 비춰졌다. 경제 여건이 나아지면 오히려 부채 상환 부담이 늘어날 가능성이 컸기 때문이다.[55] 다음 도표는 독일과 다른 국가들이 주요 인플레이션형 불황에 진입하기 직전에 떠안게 된 외화 부채 규모를 보여준다. 독일 바이마르 공화국에 비하면 다른 국가들의 부채 수준은 초라해 보일 정도다. 두 번째 도표는 1914년부터 1922년까지 독일의 국가 부채를 GDP 비율로 나타낸 것이다.

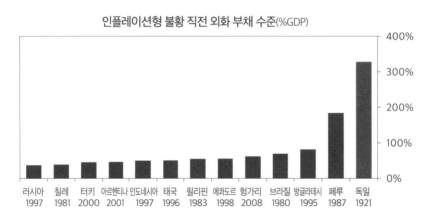

인플레이션형 불황 직전 외화 부채 수준(%GDP)

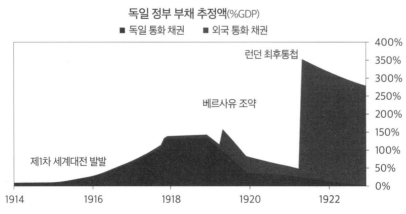

독일 정부 부채 추정액(%GDP)

배상금 부담액이 발표되자마자 마르크화는 매도되기 시작했다. 1921년 연말에 이르자 마르크화 가치는 75%나 감소했다. 같은 기간에 물가가 두 배 가까이 오르면서 또다시 인플레이션이 고개를 들었다. 베르사유 협상에 독일 대표로 참가했던 한 저명한 관료는 연합국의 최후통첩을 계기로 끝내 우려했던 최악의 상황이 벌어졌다고 말했다.

"한 국가에 빚을 떠안기는 동시에 빚을 갚을 수단까지 박탈하는 것은 말도 안 되는 일임을 온 세상에 알려야 한다. 평화조약이 현 상태로 유지된다면 통화는 완전히 무너질 것이며, 이를 피할 길은 없을 것이다."[56]

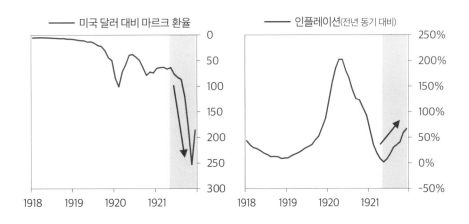

배상금 지급 일정은 국제수지 위기를 불러일으켰다. 국제수지 위기는 여러 면에서 개인, 가계, 기업이 맞닥뜨리는 심각한 지불 문제와 다를 바 없다. 필요한 자금을 마련하려면 국가는 1) 지출을 줄이거나, 2) 소득을 늘리거나, 3) 차입이나 저축을 활용하여 자금을 조달하거나, 4) 채무 불이행이나 채권자들에게 구제를 설득해야 한다. 국내 전시 공채와 달리 부채가 금마르크 지폐가 아닌 경화로 표시된 탓에 독일은 화폐 찍어내기로 부채 부담을 덜어낼 수 없었다. 정책 입안자들은 앞서 언급한 네 가지 수단을 적절히 조합하는 수밖에 없었다.

정부의 지출 축소는 매우 고통스럽고 정치적으로도 위험하다

독일 정부의 총세입 절반은 배상금으로 지불해야 하는 상황이었으므로, 변화를 꾀하려면 배상금 지불 이외의 지출은 과감하게 대폭 삭감해야 했다.[57] 배상금을 제외한 나머지 정부 지출은 대부분 실업 구제, 식량 보조금, 주택 보조금, 철도와 조선소 같은 주요 공공 기관을 위한 고용 지원금 등 필수적인 사회 재원에 투입되었다. 때문에 대규모 지출 삭감은 '정치적으로 불가능'하다고 여겨졌다. 러시아에서 볼셰비키 혁명Bolshevik Revolution이 일어나고 피로 얼룩진 내전이 계속되는 것도 모자라 독일에서도 공산주의Communist 운동이 거세지자, 정책 입안자들은 좌파 세력이 혁명을 일으킬 가능성을 우려했다. 이와 동시에 연합국에서는 점점 굴욕적인 요구를 해왔고, 이러한 요구를 받아들이는 과정에서 겪게 되는 경제적 고통은 극우 민족주의를 부채질했다. 파업과 폭동, 정치적 폭력 사태가 만연해지면서 정치적 혼란을 우려하는 분위기가 고조되었다. 1920년 여름에는 광범위한 약탈 행위가 발생함에 따라 정부는 국가 비상사태를 선포해야 했다.[58] 1921년 3월, 공산주의 단체들이 조선소와 공장 몇 곳을 장악했고, 경찰과 총격전을 벌인 끝에 해산되었다.[59] 급기야 1921년 10월에는 마티아스 에르츠베르거 재무부 장관이 1918년 항복 선언을 주도했다는 이유로 국수주의자들에게 암살당했다.[60] 이런 독일 국내의 정치적·사회적 상황을 고려할 때 독일 정부가 사회적 지출을 축소하지 않고, 라이히스방크가 재정 적자의 화폐화 정책의 중단을 거부한 것은 어찌 보면 당연한 선택이었다.

세금 부담은 이미 매우 높았다

지출을 축소하는 정책이 국민의 지지를 얻기 어렵듯, 세금을 추가로 부과하여 세수를 확대하는 정책도 마찬가지이다. 문제는 앞서 설명한 1919년 에르츠베르거 개혁안에서 이미 조세 부담을 대폭 늘렸다는 점이다. 이처럼 늘어난 세금 부담은 지출을 축소할 때와 마찬가지로 정치적·사회적으로 위험을 초래했다. 추가 세금 인상안은 독일 의회를 통과하기 매우 어려웠고(에르츠베르거 개혁안은 야당의 거센 반대에 부딪혀 무효화되었다.), 자본 도피를 가속화할 가능성이 컸다. 케인스는 "역사상 그 어떤 악랄한 정부도 이러한 상황에서 국민 소득의 절반에 가까운 돈을 앗아갈 수는 없었을 것이다."라고 말하며 세금 인상으로 배상금을 충당하기는 불가능하다고 말했다.[61]

기존 저축액은 매우 제한적이며, 충분한 규모의 대출 확보도 불가능했다

부채 상환에 활용할 저축은 사실상 없었다. 기본적으로 베르사유 조약은 전쟁 전에 독일이 소유했던 모든 국외 자산을 압류하거나 동결했고, 독일이 채권자인 모든 부채를 무효화했다. 외화로 저축한 사람들(주로 수출업자)은 배상금 부담을 떠안은 독일 정부가 재산을 몰수할 가능성을 우려하여 외국 은행 계좌에 수입을 보관하려

했다. 중앙은행이 확보한 금 보유고는 첫 번째 이자 지급을 감당하기에도 부족했다.

국제 사회는 배상금 부담을 분산하기 위해 독일의 신용을 확대하려는 의지조차 없었다. 여기에는 두 가지 이유가 있었다. 첫째, 대부분의 선진국 경제는 자국의 전쟁 부채(주로 미국에 빚진 부채)로 골머리를 앓고 있었고, 심각한 경기 침체까지 겪고 있었다. 둘째, 독일 정부와 독일인 대부분은 신용도가 낮았다. 이를테면, 독일은행 총재가 제2차 배상금 분할 지급을 위해 영국은행에 5억 금마르크 규모의 단기 대출을 요청했지만, 영국은행은 이를 '정중히 거절'했다.[62] 당시 영국의 재무부 장관은 이렇게 말했다. "문제는 악순환이 벌어지고 있었다는 점이다. 독일은 외채를 늘리지 못하면 화폐 찍어내기를 중단할 수 없고, 부채를 상환할 수 없게 된다. 그렇게 부채를 상환하지 못하면 외채를 늘릴 수 없는 악순환에 빠져 있는 상황이다.[63]

물론 독일은 침략 위험에 처해 있었으므로 일방적으로 채무를 이행하지 않은 것은 불가능했다. 독일의 지도자들은 격분하며 계속해서 배상금 지급 조건을 재협상하려 했다. 하지만 프랑스를 비롯한 승전국들은 불과 몇 년 전에 끝난 전쟁의 아픔을 떠올리며 한 치도 물러서려 하지 않았다.

지급 문제에 직면한 가계와 달리, 국가는 기존 통화량을 조절하여 통화 가치에 영향을 줄 수 있다. 이 덕분에 국가는 국제수지 위기를 관리할 수 있는 정책 수단을 추가로 확보할 수 있다. 라이히스방크는 금리를 인상하고 신용 긴축 정책으로 마르크화 가치 방어를 시도할 수 있었다. 금리를 인상하면 마르크화로 표시된 자산/예금 보유 수익률을 끌어올릴 수 있고, 결국 자본 이탈은 억제되고 해외로부터의 자본 유입은 더 확대되는 효과가 있었기 때문이다. 게다가 금리 인상 조치는 국내 수요를 줄이고 수입을 감소시켜 무역수지 적자를 해소하는 효과도 있었다. 그런데 이 과정에서 소비가 상상할 수 없을 정도로 위축되는 역효과가 나타나 빈곤과 갈등에 찌든 독일 사회에 감당할 수 없는 결과를 안겨줄 가능성도 있었다.

남은 유일한 대안은 평가절하와 화폐 찍어내기를 단행하는 것이었다. 그렇게 하면 해외로의 자본 이탈에 따른 유동성 축소 가능성을 완화할 수 있었다.

앞서 템플릿에서 다루었듯이, 하이퍼인플레이션으로 치닫는 사례들에서 볼 수 있는 중요한 특징은 정책 입안자들이 소득과 지출, 부채 상환 사이의 불균형을 해소하지 않는다는 점이다. 대신 장기간에 걸쳐 지속적으로 화폐를 대량으로 찍어내어 지출을 떠받친다. 물론, 특정 목표를 달성하기 위한 화폐 찍어내기는 국제수지 위기라면 빠지지 않고 등장하는 전형적인 현상인데 남용하지만 않는다면 경기 위축이 극심해지는 것을 방지할 수 있는 유용한 방법이다. 경기부양을 목표로 하는 화폐 찍어내기/화폐화가 너무 과도할 경우, 그리고 디레버리징 관리를 위한 다른 정책 수단, 특히 긴축, 대출 제한, 채무 불이행 같은 디플레이션을 유발하는 정책 수단에 비해 경기부양을 목표로 하는 평가절하의 폭이 매우 클 경우에, 가장 극심한 형태의 인플레이션형 불황이 찾아올 가능성이 있고 실제로도 그렇게 된다.

배상금 지급 일정 압박에 독일 정부는 전적으로 화폐 찍어내기에만 의존하여 위기를 관리했다. 긴축, 예금 인출, 외채, 채무 재조정 같은 정책을 실행하기가 매우 어려웠기 때문일 것이다. 정책 입안자들은 화폐 찍어내기가 인플레이션을 부추길 수 있음을 알고 있었지만, 그나마 덜 끔찍한 선택이라고 확신했다. 나는 그들이 디플레이션 세력과 인플레이션 세력 사이에서 더 나은 균형을 찾으려 하지 않은 것이 실수였다고 생각한다.

1921년 6월~1921년 12월: 악성 인플레이션의 출현

1921년 하반기에는 전형적인 악성 인플레이션이 전개되었다. 독일은 도무지 갚을 수 없을 만큼 막대한 규모의 외채를 지고 있었고, 이는 통화 가치 하락을 불러오며 인플레이션과 유동성 위기를 초래했다. 중앙은행은 상업 활동이 크게 위축되지 않도록 돈을 찍어내어 부채를 인수하는 방식으로 유동성을 공급했다. 중앙은행의 이러한 조치는 추가적인 자본 이탈, 인플레이션, 유동성 축소, 화폐 찍어내기를 또 한차례 촉발시켰고, 이로 인해 악순환이 가속화되었다. 이 과정에서 중앙은행은 첫 번째 배상금을 지급하기 위해 금 보유고의 상당량을 쏟아부었다.

이러한 악순환은 1년 후에 일어난 상황에 비하면 그 여파는 상대적으로 제한적인 편이었다. 주로 외국인들이 독일 자산을 매입하면서 독일의 국제수지를 떠받치고 있었기 때문이다. 하지만 배상금 지급과 국내 자본 이탈의 영향으로 이 기간 동안 마르크화 가치는 75%나 하락했고, 인플레이션이 가속화되어 연간 100% 하락에 육박했다. 탄광과 공업 요충지인 상부 실레지아Upper Silesia의 영토권을 놓고 진행된 주민 투표에서 과반수가 독일 영토로 남기를 희망했다. 하지만 국제연맹League of Nation이 이 지역을 폴란드에 이양하기로 했다는 소식이 전해지자, 1921년 10월 마르크화 가치는 가장 큰 폭으로 하락했다.[64]

인플레이션이 상승하면서 소매 구매가 급증했다. 이러한 수요 회복은 경제 활동이 활발해진 게 아니라, 인플레이션이 구매력을 잠식하기 전에 소득과 저축이 실물로 흘러 들어갔다는 신호였다. 함부르크 미국 협의회

The American Council of Hamburg는 이 상황을 '어마어마한 양의 소매 구매'로, 〈함부르기서 코레스폰덴트Hamburgischer Correspondent〉는 '무시무시한 물욕'으로 일컬었다.[65] 얼마 후, 이러한 상황은 '총체적 청산general liquidations'의 한 예로 묘사되었다. 외국인들은 저렴해진 마르크화로 많은 물건을 샀고, 독일인들이 인플레이션에 대비해 물건을 미리 사들이는 바람에 가게 진열대는 텅 비었다. 베를린에서 일하던 한 관료는 '고평가된 통화를 손에 쥔 외국인들이 소매상을 약탈해가는 모습'에 충격을 받았다고 말했다. 그리고 한 영국인은 "상품이 매진되는 가게가 많았고, 오후 1시에서 4시까지 문을 닫는 가게도 있었다. 그리고 한 고객에게 같은 종류의 물건을 두 개 이상 판매하지 않으려 했다. 독일 사람들은 앞으로 가격이 더 오르거나 재고가 바닥날 것을 우려해 아예 가게 앞에 드러눕기까지 했다."라고 목격담을 전하며 안타까워했다.[66]

이러한 인플레이션 압력으로 내구 소비재와 실물자산 구매가 큰 폭으로 증가했다. 자동차 판매는 사상 최대치를 기록했고, 직물은 이미 수개월 치 주문을 미리 받았으며, 면직 회사들은 새로운 주문을 거절할 정도였다. 거의 모든 산업에서 생산 능력을 최대로 가동하여 늘어나는 상품 수요를 맞추기 위해 초과 근무를 해야 했다.[67] 이렇게 폭증한 경제 활동은 경제 호황이 아니라, 인플레이션 헤지가 가능한 자산으로 자금이 몰려든다는 신호였다. 바이에른 출신의 한 관료는 다음과 같이 말했다.

"마르크화의 추락은 자본가 계급 사이에 불안감을 조성했다. 그들은 돈을 써버리려고 안달이었다. 마르크화가 사라질 때를 대비해 지폐를 모두 처분하고 교환할 수 있는 물건을 확보하기 위해 현재와 미래에 필요한 물건뿐만 아니라 살 수 있는 건 무엇이든 다 사들였다."[68]

중앙은행은 시장 금리를 5%로 고정하고(유동성을 강화할 때는 구매를 늘림으로써)

1921년 6월 1일
독일, 배상금 지급 준비 중
"협상 기한이 지나고 헛된 희망을 버려야 할 때가 다가오자, 독일은 배상금 지급과 관련된 채무 이행을 고심하고 있다."

1921년 6월 20일
독일, 추가 신용 모색⋯ 외국계 은행, 라이히스방크가 보유한 은 담보 설정
"독일은 이미 지난 배상금 지급에 대외 채권의 상당 부분을 다 써버렸다. 신용으로 유동 자금을 얼마나 이용할 수 있는지가 관건으로, 이는 많은 논란을 일으키고 있다."

1921년 6월 23일
이익 급증하는 독일 산업을 찾아라
"독일 현지 상황을 둘러본 상업위원회는 독일의 모든 공장과 작업장이 전력을 다해 일하고 있으며, 경제 발전을 가로막는 장애물이 없다면 독일은 머지않아 다른 유럽 국가들을 제치고 상업적으로 우위에 설 것이라고 보고했다."

1921년 6월 23일
독일, 200억 세금 더 걷을 것⋯ 비르트*, 국가 경제 회의의 배상위원회에 알려
"배상금 조달은 딱히 보람도 없을뿐더러 복잡하고 힘겨운 일인 만큼, 비르트 총리의 '배상 정부'는 매우 철두철미하고 진지하게 이 막중한 과제에 임하고 있다."
(*카를 요제프 비르트(Karl Joseph Wirth)는 독일 역사상 최연소 총리를 지낸 인물)

1921년 6월 25일
독일 배상금 지급 방식 변경
"8억 마르크는 달러 대신 유럽 통화로 전환될 수 있다. 이로 인해 관련된 국가들은 자국 통화가 평가절하를 겪을 위험은 있지만, 달러 시세가 낮아질 것으로 예상된다."

1921년 6월 26일
독일, 세계 무역 선도
"독일 경제의 회복력은 미국상무부(Department of Commerce)가 집계한 수출입 통계에서 나타난다. 통계에 따르면 독일 정부와 수출입 업체들이 대외 무역의 선봉에 서 있는 모습이 잘 드러난다."

1921년 6월 30일
독일 배상금 지급에도 환율 안정적
"독일은 두 번째 분할 배상금으로 4,400만 금마르크에 달하는 금액을 성공적으로 지급했으며, 첫 배상금 지급이 이루어졌을 때처럼 환율은 요동치지 않았다."

인플레이션이 대체로 10배 더 상승함에 따라 채권의 실질 수익률은 떨어지고 실제 대출 비용(즉 실질금리)도 급락했다.[69] 이처럼 조건이 유리해지면서 대출이 크게 증가했다.[70] 그 결과, 실제 투자는 전쟁 이전 시기에 비해 최고치에 도달했고,[71] 월 부도율은 75%나 감소했다.[72] 하지만 생산적인 투자는 거의 없었다. 기업들은 '사용 가치use value'보다는 '내재 가치intrinsic value'를 고려해 빌린 돈을 자본 설비에 투입했다. 자산 대부분을 자본 설비가 아닌 채권 같은 부채 자산으로 보유한 기업들은 엄청난 손실을 보았다. 이 시기는 '마르크화에서 기계로의 도피'라고 불린다. 인플레이션을 거치며 과도한 투자로 이어졌지만, 실적은 저조했다.[73] 이 모든 과정은 당연히 인플레이션을 가속화하여 악순환을 강화했다.

실물에 대한 수요가 증가하자 실물을 생산하는 산업에서의 고용이 증가했다.[74] 실업률은 감소했고, 노동자들은 임금 인상과 노동 시간 개선을 촉구하며 협상력을 키웠다. 1921년 여름, 고용주와 노동자 간 교착 상태가 수차례 이어지면서 명목 임금이 크게 인상되었다. 그러나 임금은 올랐지만 인플레이션을 따라잡기에는 인상폭이 충분하지 않았고, 노동자들의 실질 소득은 약 30% 감소했다.[75] 이러한 상황은 '가진 자'와 '못 가진 자' 사이의 긴장을 더욱 고조시켰다.

마르크화의 붕괴로 확실한 이득을 본 경제 부문은 수출이 유일했다. 국제 시장에서 독일 제품의 가격이 저렴해지면서 해외 판매가 증가했다. 통화 가치가 큰 폭으로 하락했음에도 수출 회복세가 뚜렷하게 나타나지 않았던 데는 두 가지 이유가 있었다. 첫째, 제품 가격이 저렴해졌어도 독일산 수출 제품을 향한 적개심이 커서 통화 가치 평가절하에 따른 잠재적 이익을 제한했다. 둘째, 다른 선진국에서도 극심한 세계 경기 침체로 인한 디플레이션의 영향으로 인건비가 감소하는 추세를 보였기 때문에 마르크화의 평가절하에 따른 잠재적 경쟁력과 이익은 제한되었다.

1921년 하반기 주식시장은 한 시사평론가의 말대로 '마구잡이식 투기'가 일어나고 있었다.[76] 하반기에 주가는 인플레이션을 조정하면 거의 3배 가까이 올랐고, 8월에는 베를린 증권거래소에 너무 많은 주문이 폭주하면서 일주일에 3일은 문을 닫을 수밖에 없었다. 11월에는 영업일이 일주일에 하루로 줄었고, 은행들은 오전 10시 이후에는 주식 주문을 받지 않았다. 한 신문에서는 다음과 같이 보도했다. "엘리베이터 보이와 타이피스트, 소규모 임대주는 물론이고 상류 사회의 부유한 부인에 이르기까지, 오늘날 모든 사람이 유가증권Industrial securities에 투자하고, 공식적인 증권 시세 목록을 마치 귀중한 편지인 것처럼 연구하고 있다."[77]

이러한 강세장은 경제의 기초 체력이 개선되었거나 미래 경제 상황에 대한 낙관적 기대로 조성된 것이 아니었다. 화폐라는 자산에서 이탈하려는 현상, 즉 화폐에 대해 매수 포지션을 피하고 매도 포지션(예: 차입)을 취하려는 현상이 반영된 결과였다. 당시 목격한 상황을 다음과 같이 묘사한 사람도 있었다.

"오늘날 주식시장에서 일어나는 투기는 마르크화에서 벗어나려는 체계적인 흐름이다. 투자 수익률이 마르크화 가치와 같은 비율로 감소하는 이 시기에는 아무리 재정적으로 건전한 자본가일지라도 하루하루 궁핍해지고 싶지 않

1921년 7월 7일
독일, 연간 800억 마르크 세금 징수
"비르트 총리는 채무를 이행하려면 반드시 마르크화 징수를 늘려야 한다고 단언했다. 하지만 직접세를 늘리면 중산층을 잃게 되고, 간접세를 늘리면 프롤레타리아 계급을 잃게 되는 곤란한 지경에 처해 있다."

1921년 7월 20일
미스터리한 독일의 신용 은폐
"국내 은행들은 대거 인출된 돈이 국외로 빠져나가고 있다고 여긴다."

1921년 7월 25일
호황에 진입한 독일 산업
"비용을 인위적으로 저렴하게 낮춘 노동 인력과 석탄은 많은 분야에 부흥을 일으킨 토대이다."

1921년 8월 6일
독일 부채 여전히 증가
"6월에는 부채 규모가 83억 3,904만 마르크 늘어난 총 1,350억 3,106만 마르크가 되었다."

1921년 8월 7일
독일 세금 계획, 여전히 실레지아에 달려 있어
"경기 침체기 내내 배상금을 부담하고 재정 적자를 메우기 위해, 비르트 정부는 계속해서 독일 국민에게 수십억 마르크를 전가할 새로운 세금 제도를 고안하는 문제로 사투를 벌였다. 그리고 이제 그 힘겨운 과제의 첫 단추를 끼웠다."

1921년 8월 28일
독일 전역에 불 지핀 에르츠베르거 사망 논란
"암살 책임은 민족주의자들에게 있다. 이번 사건이 급진주의적 성향의 대중에게 미칠 영향은 분명하다."

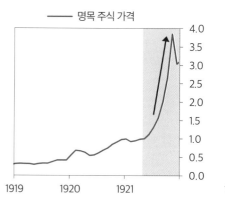

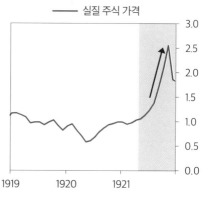

다면 실물자산을 취득해야 한다. 이러한 움직임만으로 증권 업계는 보기 드

문 활황을 맞았다."[78]

1921년 말에 이르자, 경제 상황이 악화되고 마르크화에 대한 신뢰가 무너지고 물가가 급등하면서 독일은 경제적·정치적으로 붕괴될 위기에 처했다. 당시 인플레이션 비율은 거의 100%에 육박했다. 총체적 파국을 막을 길은 외국인 투자자가 기꺼이 마르크화를 계속해서 사들여서 그 자금으로 GDP의 약 10%에 달하는 독일의 막대한 대외 적자를 메우는 방법밖에 없었다. 다음 도표에서 볼 수 있듯, 독일 국내에서는 마르크화에 대한 신뢰가 바닥으로 떨어졌지만, 많은 외국인이 계속해서 독일 자산을 저렴한 가격에 매입했다.

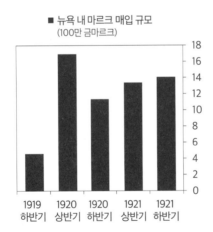

■ 뉴욕 내 마르크 매입 규모
(100만 금마르크)

1922년 1월~1922년 5월: 배상금 지불 유예 협상

독일에서 벌어진 혼란에 당황한 연합국은 독일 경제가 감당할 만한 수준으로 배상금을 낮출 필요가 있다고 결론지었다.[79] 이것은 고무적인 일이었다. 당시 배상금 부채 상환은 도무지 피할 수 없는 가장 치명적인 문제였기 때문이다. 현 상

태를 그대로 유지하다가는 경제 전체가 붕괴될 위험이 있었다. 그리고 이는 유럽 중심부에서 벌어진 정치적 혼란을 악화시키는 동시에, 앞으로 배상금을 회수하지 못하게 만들 수도 있었다. 하지만 구제 범위는 물론이고, 가능하다면 그 대가로 독일에 무엇을 요구해야 하는지에 대해 연합국 간에 상당한 의견 차이가 있었다.

문제의 핵심은 독일에 보복을 가하고 독일의 국력을 억제해야 하는 욕구와 경제적 현실을 감안해 타협할 필요가 있다는 인식 사이에 팽팽한 긴장감이 감돌고 있었다는 점이다. 이와 같은 채무자와 채권자 간 대립은 디레버리징 과정에서 전형적으로 나타나는 현상이다. 당연히 채무자(독일)는 배상금을 최대한 낮춰달라고 요구했고, 채권자(연합국)는 채무국의 경제를 지급 불능 상태로 몰아넣지 않으면서 가능한 한 많은 배상금을 받아내려 했다. 모든 국가가 이러한 벼랑 끝 전술로 맞섰다. J. P. 모건 주니어J.P. Morgan, Jr.는 당시 이러한 역학관계에 대해 한 측근에게 다음과 같이 말했다고 한다.

"연합국은 돈을 갚을 수 없는 약한 독일을 원하는지, 아니면 돈을 갚을 수 있는 강한 독일을 원하는지 결단을 내려야 한다. 약한 독일을 원한다면 독일을 경제적으로 취약하게 만들어야 한다. 하지만 독일이 돈을 갚을 수 있기를 원한다면 경제가 활기를 띠어 성과를 낼 수 있도록 허용해야 한다. 하지만 이는 강한 독일을 의미하며, 경제적으로 탄탄한 독일은 군사적으로도 강국이 될 것이다."[80]

1922년 1월, 프랑스 칸에서 열린 회의에서 독일의 배상금 조정 문제가 논의되었다. 배상위원회는 독일이 새로운 세금 인상안을 도입하고(부유층을 대상으로 하는 10억 금마르크 강제 대출 포함), 지출과 화폐 찍어내기를 줄이고, 라이히스방크를 정부로부터 독립된 기관으로 정식 승인한다는 조건으로 그해 남은 기간에 갚아

신문 기사

1922년 1월 7일
독일 요청 거절돼: 배상위원회, 다음 지급일 연기 신청 거절
"배상위원회는 독일의 회신을 받기 전까지 지급 유예 기간과 총 예상 금액, 보증 종류 등에 관해 이전의 입장을 고수하며 지급 연기 가능성 검토를 거부한다는 뜻을 전했다."

1922년 1월 10일
독일 대표단 칸으로 출발
"베를린은 돌연 칸 회의에 대한 무분별한 낙관론에 휩싸였고, 이러한 분위기는 오늘 마르크화에 영향을 주면서 부르즈(증권거래소)에 반영되었다."

1922년 1월 29일
독일, 1922년도 배상금 지급 거부: 연합국에 금액 경감 및 지원 확대 요청
"독일은 강제적인 세금 부담을 늘리고 국내 채권을 추가로 발행하여 유동 부채를 줄이겠다는 금융 안정 재건 계획을 배상위원회에 전달했다."

1922년 2월 6일
독일 재정을 둘러싼 새로운 난제
"정부는 화폐를 직접 찍어내는 데 의지하는 수밖에 없을 것이다."

1922년 2월 13일
독일 물가 다시 상승세
"사람들은 물가가 더 오를까 두려워 물건을 사들이고 있다."

1922년 2월 27일
독일 물가 다시 상승, 시장은 정부 보조금 인출과 고정 가치 자산으로 몰려
"마르크화의 움직임과는 별개로, 생산과 무역 활동이 재개되고 1921년 마르크가 폭락하던 시기에 나타난 다른 증상들이 더해지면서 지난주 독일 상품시장은 가격이 급등하는 방향으로 나아갔다."

1922년 2월 28일
제노바 전망, 독일인에게 실망 안겨
"각료들이 회의에서 배상금 논의를 제외한 것을 두고 비관적인 전망이 나왔다. 마르크화는 여전히 약세를 보이고 있다."

1922년 3월 2일
독일 내 배상 협상 반대 목소리, 연합국과의 잠정 합의안에 산업계 아우성
"독일의 재건부(German Reconstruction Ministry) 대표단에 의해 잠정적으로 합의된 물질적 배상 협약이 실제로 시행될 경우 독일 수출이 치명타를 입는 것은 물론이고, 경제적 종속과 궁극적으로 경제 붕괴를 불러온다는 것이 독일 산업계의 전망이다."

1922년 3월 10일
독일의 희망 꺾은 연합국의 답신
"향후 미국의 회의 참여를 기대하고 있다."

1922년 3월 22일
독일에 화폐 발행 제한 요청: 연합국 이사회 지불 유예 방침

야 하는 부채 상환액을 75% 삭감해주기로 잠정 합의했다.[81] 이 같은 타협안은 대부분 상징적인 행위에 불과했다. 합의된 세금 증액으로는 재정 적자를 해소하기에는 턱없이 부족했다. 라이히스방크 총재 루돌프 하펜슈타인은 더 많은 독립성이 주어진 것에 반색하며, 정책 입안자들의 제약을 받지 않으면서 필요한 만큼 화폐를 찍어내어 유동성을 공급할 수 있게 되었다고 밝혔다.[82]

의미 있는 배상금 구제안에 대한 낙관론이 다시 부상하면서 마르크화의 하락세를 멈춰 세웠다. 1월 말이 되자 마르크화 가치는 1921년 최저치 대비 30% 상승했고, 인플레이션은 연간 140%로 여전히 높았으나 가파른 상승세는 꺾였다. 일단 인플레이션의 악순환이 중단되면서 독일 경제에 절실히 필요했던 숨 돌릴 틈이 생긴 것이다. 협상을 진행하면서 독일 정책 입안자들은 연합국에 추가적인 양보를 요구했고, 궁극적으로 인플레이션 위기를 불러온 책임은 중앙은행의 화폐 찍어내기가 아니라 국제수지에 있다고 강력하게 주장했다. 3월 29일, 독일 의회 연설에서 발터 라테나우Walter Rathenau 외무부 장관은 독일 의원들에게 다음과 같이 말했다.

"우리는 돈의 가치가 바닥으로 떨어진 원인을 계속해서 단순히 화폐 찍어내기의 탓으로 돌리고 있다. 화폐 찍어내기를 멈추고 예산을 적절히 관리하면 이 불행한 사태가 끝난다는 게 우리에게 제시된 해결책이다. 이것은 경제적으로 매우 잘못된 착각이다! 어떻게 하면 외채의 지원 없이 계속해서 금을 지급하는 동시에 환율까지 그대로 유지할 수 있을까? 지금까지 그런 방법은 시도조차 없었으며, 가능하지도 않다. 수출로 벌어들인 돈으로 금을 사거나 빌리지 않는 한, 금을 생산하지 않는 국가가 금으로 지급할 방법은 없다. 더욱이 독일은 무역 흑자를 기록하지도 않았고, 자금을 빌릴 형편도 되지 못한다."[83]

경제와 시장의 작동 원리는 단순했고, 기본적으로 지금이나 그때나 똑같다. 앞서 설명한 대로 국내 통화로 표시된 부채는 중앙은행이 쉽게 소각할 수 있지만, 외화로 표시된 부채는 그럴 수 없다.

2월부터 5월까지, 마르크화를 둘러싼 기대는 주로 배상금 협상 소식에 따라 움직였다.[84] 포괄적 합의가 이루어질 것이라는 긍정적인 소식이 전해지면 마르크화는 반등했고, 인플레이션 기대치는 하락했다.[85] 그리고 합의 가능성이 낮다는 부정적인 소식이 새롭게 전해지면, 마르크화는 하락했고 인플레이션 기대치는 상승했다.[86]

이처럼 시장 분위기가 달라지면서 마르크화 가치는 10~20%씩 수차례 변동했다. 5월 말에는 배상금 협상에 대한 비관적인 전망이 고조되면서 마르크화는 달러화 대비 약 40% 하락했다.

다음 도표는 배상금 협상에 대한 새로운 소식이 어떻게 마르크화에 영향을 미쳤는지 보여준다. 도표에서 볼 수 있듯이 기본적으로 배상금 협상에 대한 새로운 정보가 전해질 때마다 시장은 크게 요동쳤다. 이러한 변동성을 극복하며 거래해야 하는 상황을 한번 상상해보라!

1922년 6월~1922년 12월: 하이퍼인플레이션의 시작

1922년 6월, 배상금 협상에 대한 기대감은 마르크화가 폭락하면서 함께 무너져 내렸다. 이는 다음 세 가지 사건 때문이었다.

첫째, 연합국 중에서 늘 배상금 삭감을 가장 주저했던 프랑스는 독일의 지불 능력을 두고 배상위원회가 내린 결정을 더 이상 받아들이지 않겠다고 선언했다.[87] 프랑스는 독일이 지불해야 할 배상금 규모를 직접 결정하고, 독일이 채무를 이행하지 않으면 독일 소유의 자산을 압류하겠다는 뜻을 내비쳤다. 특히 가장 생산적인 자산으로 꼽히는 루르 공업 지대의 탄광이 그 대상이었다.[88] 이제 지불 유예 가능성이 사라진 독일은 프랑스가 요구하는 금액을 무조건 지불하거나, 가장 중요한 영토 일부를 점령당할 위험을 감수해야 했다.

둘째, 미국 금융가 J. P. 모건 주니어가 이끄는 국제위원회가 설립되어 독일 경제를 재건하고 외채 부담을 줄이기 위한 금 담보 대출의 확대 가능성을 조사했다. 하지만 이러한 금 담보 대출은 지불 유예 협상의 진전 여부에 달려 있었다. 협상에 진전이 없으면 대출 상환은 거의 확실하게 불가능했다. 프랑스의 선언에 따라 대출위원회는 독일에 대출을 연장해주는 것이 불가능하다는 결론을 내려야 했다.[89]

셋째, 6월 24일 발터 라테나우 외무부 장관이 한 우익 단체에 의해 암살당했다. 라테나우는 적대적인 연설을 하긴 했지만, 연합국의 신뢰를 받는 데다 자국에서의 지지 기반이 탄탄한 몇 안 되는 독일 정치인 중 한 명이었다.[90] 배상위원회와 합의를 중재하고 독일 의회의 승인을 얻어낼 수 있는 사람을 꼽는다면 단연 라테나우였다. 그의 암살 사건은 당시 독일을 지배하는 민족주의와 극단적인 포퓰리즘의 위협을 보여준다.

이전과는 달리, 외국인 투자자들은 이제 독일에서 자신들의 자본을 서둘러 **빼내기**에 급급했다. 앞서 언급한 바와 같이, 독일 은행에 예치된 금액 중 약 3분의 1이 외국인 소유였고, 외국인 투기는 독일 경제와 국제수지를 뒷받침하는 거대한 원천이었다. 이후 몇 달 동안, 예금의 약 3분의 2가 인출되었고 자본 유입은 멈추었다.[91] 이와 동시에 독일인들의 자본 이탈은 가속화되었고, 부유층은 1월에 합의된 몰수세Confiscatory tax가 부과되기 전에 서둘러 재산을 국외로 빼내려 했다. 이에 마르크화는 무너졌고, 하이퍼인플레이션이 시작되었다.

결과적으로 독일 은행 시스템에 심각한 유동성 위기가 발생하면서 뱅크런 사태로 이어졌다. 중앙은행의 화폐 찍어내기는 마르크화의 국외 유출과 물가 상승 속도를 쫓아갈 만큼 빠르지 못했다. 7월까지 은행들은 주3일 근무제로 운영할 수밖에 없었고, 충분한 현금을 보유하고 있지 않아 예금자들에게 예금을 돌려줄 수 없으며, 기업 고객들에게 주급을 지급할 수 없을 것이라는 사실을 알려야 했다.[92] 심지어 몇몇 은행은 자체적으로 마르크화를 찍어내기 시작했는데, 이는 물론 불법이었다. 유동성 위기는 자기 강화적으로 진행되었다. 은행들이 부채를 갚는 데 어려움을 겪자, 예금자들은 하나둘 예금을 인출하기 시작했고, 그 수는 점차 더 늘어나 유동성 위기를 더욱 악화시켰다.

1922년 8월, 독일 경제는 금융 붕괴 일보 직전이었다. 중앙은행은 마르크화를 더 신속하게 찍어내어 정부 부채 증가분을 화폐화하는 방식으로 위기에 대응하는 수밖에 없었다.

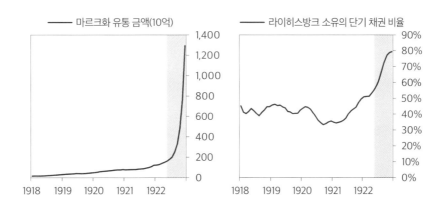

중앙은행은 상업 어음을 대량으로 매입하기 시작했다. 그해 가을, 유동성 위기가 악화되자 중앙은행은 빠르게 은행 시스템에 직접 신용을 추가로 확대했다. 연말이 되자, 라이히스방크는 시중에 유통되는 모든 상업 어음의 약 3분의 1을 보유하기에 이르렀다. 라이히스방크가 은행 시스템에 공급한 신용의 증가 폭도 1,900%에 달했다.[93] 중앙은행의 개입으로 화폐 공급을 10배로 늘림으로써, 금융 시스템의 붕괴를 방지하는 데 도움이 되었다(42쪽 상단 도표 참조).

과거 통화 가치 하락과 화폐 찍어내기가 한바탕 경제를 휩쓸고 가면서 인플레이션이 현저하게 상승했지만, 하이퍼인플레이션 단계까지는 진입하지 않았다. 하지만 이번에 일어난 통화 가치 하락과 화폐 찍어내기는 인플레이션 폭등으로 이어졌다. 외국 자본 유출을 상쇄하기 위해 유동성이 대규모로 투입된 데 그 원인이 없는

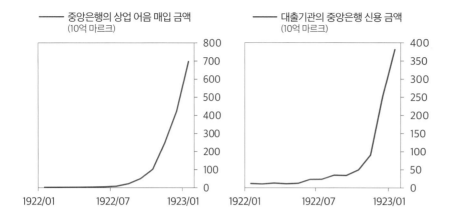

중앙은행의 상업 어음 매입 금액 (10억 마르크)	대출기관의 중앙은행 신용 금액 (10억 마르크)

것은 아니었지만, 인플레이션 심리가 달라진 데 더 큰 원인이 있었다. 이전에는 대부분의 사람이 어느 정도 인플레이션이 관리되고 있다고 믿었지만, 이제는 걷잡을 수 없는 지경에 이르렀다고 여긴 것이다.

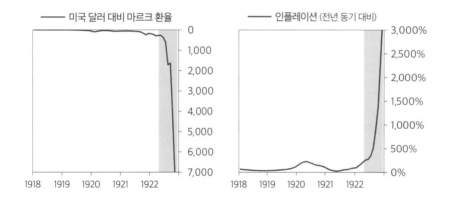

돈을 찍어낼 때마다 더 많은 돈이 경제 활동으로 흘러가기는커녕 해당 통화에서 벗어나려 하는데, 이는 인플레이션형 불황에서 전형적으로 나타나는 현상이다. 국내 통화를 보유한 사람들은 국내에 저축하고 투자한 사람보다 현금을 매도(예: 약세 통화로 차입)하고 실물자산이나 국외 자산을 매수하는 사람들이 더 많은 수익을 올린다는 사실을 알게 되면서 점차 생산적인 자산에 새로 찍어낸 돈을 투자하기보다는 금 같은 실물자산과 외화를 사들이기 시작한다. 외국인 투자자들은 반복해서 큰 손해를 봤기 때문에 더 이상 돌아오지 않는다.

신문 기사

1922년 8월 21일
달러 사고 마르크화 파는 독일 사람들
"겁에 질린 사람들이 외화 투자에 몰리고 있다."

1922년 8월 21일
푸앵카레, '모든 독일인이 지불해야'
"일각에서는 독일의 전쟁 범죄를 처벌하지 말고 독일이 빚진 배상금을 양보하라고 조언하지만, 프랑스는 이러한 조언에 귀 기울여서는 안 된다. 프랑스는 독일이 대가를 치르게 할 방법을 찾아야 하며, 또 찾을 것이다."

1922년 8월 30일
마르크화 품귀 현상으로 시름하는 베를린
"오늘날 유통되는 마르크화의 부족 현상이 매우 심각한 단계에 이르자, 라이히스방크는 요구 금액의 40%만 현금으로 지불했다."

1922년 9월 2일
베를린 인근 마을에서 일어난 식량 폭동: 1명 사망, 20명 부상, 경찰 폭도에 발포
"높은 생활비를 견디지 못한 사람들이 폭동을 일으켜 첫 번째 유혈 사태가 발생했다. 베를린을 비롯한 독일 각지에서 식량 폭동이 일어났다."

1922년 9월 7일
모든 기록을 깬 독일 화폐 찍어내기
"8월 마지막 주에 발행된 새 화폐는 총 229억 7,800만 마르크에 달했다."

1922년 9월 8일
독일, 실업 문제 대비

1922년 9월 11일
독일, 8월 한 달간 물가 2배로 뛰어
"일반 상거래에서 금을 교환 매개체로 사용하는 경우가 늘고 있다."

1922년 9월 13일
독일 소비자, 달러 기준에 대항: 마르크화에 대한 신뢰 저해하는 정부 정책에 항의
"오늘 독일 소비자들은 국내 물가를 고정하는 기준으로 달러를 사용하는 것에 항의하며 달러 환율에 대해 공세를 퍼부었다."

1922년 9월 14일
독일 통화량에 140억 마르크 추가
"9월 첫째 주 증가 폭이 사상 두 번째로 높았다."

1922년 10월 16일
외국 통화 사용할 것: 독일 기업들, 계속 외국 통화로 가격 책정할 계획 밝혀
"정부가 외국 통화를 기준으로 국내 재화 판매 가격을 책정하는 새로운 관행을 금지했음에도 이러한 행태는 계속될 것으로 보인다."

1922년 10월 28일
또다시 기록 깬 독일 화폐 찍어내기
"10월 셋째 주에 발행된 새 화폐는 총 354억 6,696만 9,000마르크에 달했다."

8월 초 물가가 한 달에 50% 이상 급등하면서 정책 입안자들은 경제가 하이퍼인플레이션에 빠지기 직전임을 알아차렸다. 하지만 계속 돈을 찍어내는 방법 말고는 다른 대안이 없다고 느꼈다.[94] 왜 화폐 찍어내기를 멈추지 않았을까?

일단 인플레이션형 불황이 하이퍼인플레이션의 단계에 이르면 화폐 찍어내기를 중단하기는 매우 어려워진다. 극단적인 자본 이탈과 극심한 인플레이션이 서로 되먹임되어 증폭되면 돈은 본연의 가치를 잃어가는 데도 구하기가 더 어려워지기 때문이다. 1922년 여름, 케인스가 하이퍼인플레이션 초기 단계에 있던 함부르크를 방문했을 때, 당시 상황을 다음과 같이 생생하게 묘사했다.

"상점 안 가격은 매시간 바뀌었다. 주말에 이번 주 임금으로 무엇을 살 수 있을지 알 수 없었다. 마르크화는 가치가 없는 동시에 부족하기까지 하다. 한편 상점들은 마르크화를 받고 싶어 하지도 않고, 일부는 마르크화라면 어떤 가격에도 물건을 팔려고 하지 않는다. 반면에 은행들이 쓸 수 있는 현금이 너무도 부족해지자, 라이히스방크는 액수가 1만 마르크를 넘을 경우 수표를 현금화하지 말 것을 조언했다. 대형 기관 몇 곳은 주간 임금 지불을 위해 고객이 낸 수표를 현금으로 바꿔줄 수 없었다."[95]

화폐 찍어내기를 중단하면 극심한 현금 부족으로 이어지고, 금융 시스템과 모든 상업 활동의 총체적 붕괴를 불러올 것이다. 당시 한 경제학자는 다음과 같이 지적했다.

"화폐 찍어내기를 중단하면 머지않아 국민 모두가 상점, 종업원, 노동자 등에게 더 이상 돈을 지불할 수 없게 된다. 간단히 말하면, 몇 주 후에는 돈을 찍어내는 행위 이외에 공장, 광산, 철도, 우체국, 중앙 정부, 지방 정부 등 모든 국가 활동과 경제 활동이 중단될 것이다."[96]

사람들은 하이퍼인플레이션이 중앙은행들의 과도하고 무분별한 화폐 찍어내기로 인해 발생한다고 여기는 경향이 있다. 그렇다면 화폐 찍어내기를 중단하면 하이퍼인플레이션을 막을 수 있어야 한다. 하지만 그렇게 간단한 방법으로 해결된다면 하이퍼인플레이션은 거의 일어나지 않았을 것이다! 어떤 악성 인플레이션 상황에서는 오히려 몇 가지 끔찍한 선택지 중에서 그나마 가장 나쁘지 않은 정책 수단으로 화폐 찍어내기를 선택해야 하는 힘든 상황으로 정책 입안자들을 몰아넣기도 한다.

독일 바이마르 공화국은 돈을 찍어내지 않음으로써 잠재적인 경제 붕괴뿐 아니라 정치적 분열이라는 대가를 치러야 했다. 배상금을 지불하지 않으면 독일 영토를 점령하겠다는 프랑스의 협박이 거듭 이어졌던 터라, 화폐 찍어내기 중단은 곧 침략의 빌미를 제공하는 셈이었다. 이에 따라 생산적인 배상금 협상이 이루어지길 바라는 기대감도 낮아졌다. 한 저명한 기업가는 당시 상황을 이렇게 표현했다.

"함부르크 시장이 병원에 있는 환자들에게 병을 앓는 것을 멈추라고 말할 수 없듯, 이제 라이히스방크는 인플레이션을 멈출 수 없다. 프랑스가 독일을 침공할 가능성이 있는 한, 독일 통화의 안정을 논할 수 없다."[97]

9월이 되자, 독일은 전형적인 하이퍼인플레이션의 악순환에 빠지고 말았다. 자본 유출이 극심해지고 물가가 급등하면서 중앙은행은 극단적인 비유동성과 신속한 화폐 찍어내기 중에서 선택할 수밖에 없었다. 전자는 경제 활동이 완전히 붕괴되는 결과를 초래하기 때문에 사실상 선택할 수 없다. 하지만 화폐 공급이 증가하여 가치가 평가절하된 상황에서 돈을 보유하려는 사람도 없었다. 이로 인해 화폐 유통 속도가 점점 빨라지게 되면서 자본 이탈, 화폐 찍어내기, 인플레이션이 더 심화되었다.

다음 도표에서 이러한 관계를 매우 생생하게 확인할 수 있다. 인플레이션과 통화 공급이 기하급수적으로 증가했기 때문에 로그값으로 표시했다. 통화 약세가 인플레이션으로 이어지고 인플레이션이 통화 공급량 증가로 이어진 것이지, 그 반대 방향으로 작용한 게 아니었다. 무모한 화폐 찍어내기는 하이퍼인플레이션의 주요

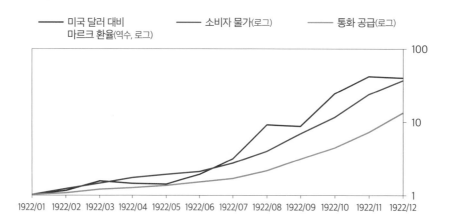

원인이라기보다 디플레이션 유발 효과가 있는 은행을 비롯한 경제 주체들에 의한 대규모의 채무 불이행과 디플레이션형 경제 붕괴를 막는 데 필요한 조치였다.

돈과 신용은 교환의 매개체와 가치 저장 수단이라는 두 가지 역할을 수행한다는 점을 기억하자. 악순환이 가속화되면서 마르크화는 가치 저장 수단의 지위를 완전히 상실했다. 이에 사람들은 돈을 실제 상품이나 외환, 자본 설비 같은 대체 투자 수단으로 서둘러 교환했다. 곧이어 기하급수적으로 상승하는 인플레이션율로 인해 마르크화로 거래하는 것은 비실용적인 일이 되었다. 그래서 마르크화는 교환의 매개체로서의 지위를 잃게 되었다. 외화(특히 달러)는 물론이고, 임시 통화도 일상적인 거래와 가격 시세 책정에 일반적으로 사용되었다. 예를 들어, 라이히스방크 지점들은 기업들이 급여를 지급하는 데 필요한 실제 현금을 충분히 보유하고 있지 않음을 알게 되었다.[98] 중앙은행과 재무부는 일부 고액 예금자들이 자체적으로 돈을 찍어내는 행위를 허용했다. 이러한 지폐는 '낫겔트Notgeld'라고 불렸으며, 말 그대로 '긴급 통화'를 의미한다.[99] 이에 사람들은 마르크화가 사라지지는 않을까 고민하기 시작했다. 〈프랑크푸르터 차이퉁〉은 1922년 10월까지 일어난 당시 상황을 이렇게 썼다.

"독일의 경제 활동은 마르크화의 생존을 위한 고군분투이다. 마르크화는 독일 화폐로 남을 것인가, 아니면 소멸할 것인가? 지난 몇 달 동안 예상을 뛰어넘을 정도로 국내 거래에서 광범위한 분야에서 외화가 마르크화를 대체했다. 특히 달러로 계산하는 방식은 기업의 내부 회계 실무뿐만 아니라, 무역, 산업, 농업 분야에서 가격을 제시하는 방식으로 자리 잡았다."[100]

1922년 10월 12일, 악성 인플레이션을 진정시키기 위해 정부는 시장에 개입하여 점점 늘어나는 외화로의 자본 이탈을 필사적으로 막으려 했다. 외화를 사

신문 기사

1922년 10월 30일
독일 마르크화 가치 하락의 이유: 연방준비제도 이사회, 재정 적자와 인플레이션, 배상금, 무역 수지 등이 이유
"미국 연방준비제도 이사회는 10월 고시에서 독일 재정, 배상금, 무역 수지, 국외로의 자본 유출을 독일 마르크화의 가치가 대폭 하락한 주요 원인으로 들었다."

1922년 11월 10일
독일, 또다시 연합국에 실망 안겨
"배상위원회는 비르트 총리의 짧막한 최후통첩만을 받아든 채 별다른 성과 없이 내일 파리로 귀국한다. 비르트 총리는 배상 문제에 대한 임시방편과 최종 해결책을 찾고 마르크화를 영구적으로 안정시키기 위해 국제 금융협력단의 완전한 지불 유예 선언과 지원 활동에 입각한 계획을 내놓았다."

1922년 11월 10일
프랑스, 독일 압박 태세
"푸앵카레 총리는 오늘 상원 연설에서 독일로부터 배상금을 받을 유일한 희망은 브뤼셀 회의에 달려 있다고 말하면서, 만일 합의에 실패한다면 프랑스는 다시 독자적으로 행동에 나설 준비가 되어 있다고 선언했다."

1922년 12월 2일
푸앵카레, 독일 압박 의사 내비쳐
"마르크화 안정과 배상금 대출은 독일의 재정 관리에 따라 달라질 것이다."

1922년 12월 4일
돈, 독일에서는 귀하신 몸
"민간 은행은 수수료율을 여전히 20%로 유지하고 있다. 은행 금리가 올라갈 가능성도 있다. 인플레이션율은 라이히스방크의 민간 은행에 대한 재할인율 때문에 증가하고 있다."

1922년 12월 11일
독일 인플레이션 모든 기록 경신
"화폐 발행, 재무부 단기 채권에 대한 대출, 상업 어음 할인 등 각종 지표가 역대 최고치를 경신했다."

1922년 12월 17일
독일 부채 여전히 증가세
"12월 초순에만 부채 규모가 1,230억 마르크 늘어났다."

1922년 12월 23일
독일 재정 적자 1조 마르크에 달해
"심지어 일반 지출은 세수의 두 배를 훌쩍 넘는다."

1922년 12월 25일
맹렬하게 치솟는 독일 인플레이션
"라이히스방크의 어음 할인이 한 주 만에 1,720억 마르크로 확대되었고, 통화량은 1,230억 마르크로 증가했다."

1922년 12월 27일
독일, 자발적 채무 불이행 선언
"1922년도 독일의 목재 지급을 자발적 불이행으로 보는 것에 위원회가 3 대 1로 찬성함으로써 프랑스는 오늘 연합국 배상위원회 투표에서 중요한 승리를 거두었다."

들이는 독일인들에게는 규제가 가해졌다.[101] 이러한 자본 통제는 인플레이션형 불황을 통제하려는 전형적인 정책 수단이지만, 성공하는 사례는 매우 드물다. 그 이유는 1) 자본 통제는 일반적으로 접근하기 쉽지만 효과가 제한적이고, 2) 사람들을 잡아놓으려 할수록 탈출하려는 욕구만 더욱 키울 수 있기 때문이다. 돈을 국외로 옮길 수 없게 되면 은행에서 돈을 인출할 수 없게 될 때와 비슷한 심리를 불러일으켜 두려움을 낳고 뱅크런으로 이어진다.

주식시장은 인플레이션에서 벗어나는 몇 안 되는 국내 탈출구 중 하나였다. 6월 이후로 주식은 실질적으로 50% 하락한 후 10월 하순에 반등했지만, 1921년 가을과 마찬가지로 이 반등은 근본적인 경제 상황이나 향후 경기 전망과는 아무 관련이 없었다. 이 반등은 부채 위기 동안 벌어진 전반적인 주식시장의 실질적 하락이라는 맥락에서 보면 극히 미미했다. 실제로 1922년 가을에는 하이퍼인플레이션에 따른 시장 혼란이 생산성에 큰 타격을 입히면서 실질 수익이 급감했다.[102]

다음 도표를 보고 당시 겪어야 했던 경제 상황을 상상해보자.

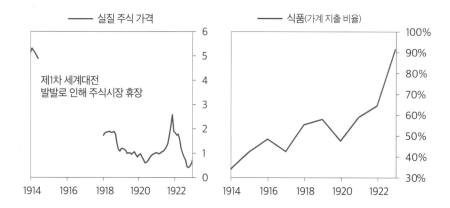

1923년 1월~1923년 8월: 루르 점령과 인플레이션 말기

1923년 1월, 이미 경제가 혼란에 빠진 상황에서 독일이 보상금 명목으로 약속한 목재를 제때 공급하지 못하자, 프랑스와 벨기에 연합군은 독일을 침공하여 독일의 주요 산업 지역인 루르를 점령했다. 프랑스는 이러한 조치를 통해 더 협조적으로 배상금을 지불하도록 독일을 압박하는 동시에, 배상금 명목으로 석탄을 받아내기를 원했다. 독일은 '소극적 저항^{passive resistance}'을 선언하며 이러한 조치에 맞섰다.[103] 루르 지방의 광부들은 파업으로 프랑스 정부가 점령의 대가를 가능한 한 비싸게 치르도록 이끌었다. 하지만 광부들과 고용주들에게 돈이 지급되어야 했기 때문에 이러한 저항을 이어 나가려면 정부의 보조금이 절실했다. 파업의 영향으로 독일 석탄 공급의 절반 정도를 수입으로 충당해야 했으므로, 이는 국제수지에 또 다른 부담으로 작용했다.[104] 그 결과, 정부 지출이 증가하고 국제수지는 악화되었다. 게다가 유동성까지 부족해지면서 라이히스방크는 돈을 더 많이 찍어내야 했고, 이미 천문학적인 수준이었던 인플레이션은 더욱 치솟았다.

프랑스의 침략을 계기로 독일은 배상금을 협상할 기회를 얻었다. 경제가 파탄나기 직전인 국가의 영토를 점령한 것을 두고 비난이 쏟아졌기 때문이다. 라이히스방크는 시간을 벌기 위해 (신용 위험도를 반영하여 국제 가격보다 대폭 할인된 가격에) 달러 표시 채권을 발행했고, 그 자금으로 마르크화를 사들였다. 즉 중앙은행이 달러화에 통화를 고정하려 한 것이다. 1923년 1월부터 6월까지 라이히스방크는 약 4억 금마르크에 달하는 외환과 중앙은행 준비금을 매도하며 달러에 연계된 마르크화의 가치를 방어하려 했다. 중앙은행은 금리를 18%로 인상했다. 그러나 인플레이션이 10,000% 가까이 오르는 상황이었음을 감안할 때, 이러한 금리 인상은 상징적인 조치에 불과했다.[105] 당시 라이히스방크 총재는 이렇게 말했다.

"시장 개입의 목적은 마르크화의 영구적이고 최종적인 안정화가 아니었다. 그러한 정책은 배상 문제가 제대로 해결될 때 비로소 효과를 볼 것이다. 시장 개입은 되도록 오래 안정기를 유지하도록 독일 경제를 회복시키고, 시장에서 무모하고 부도덕한 투기를 몰아내고, 국가 경제를 끊임없이 옥죄어 온 물가 상승으로부터 독일 국민을 보호하기 위함이었다."[106]

외환시장에 개입함으로써 마르크화의 하락이 멈추었고(실제로 시장에 개입한 첫 3개월간 50% 상승했다.) 짧은 디플레이션 시기가 찾아오면서 마르크화에 쇼트(매도) 포지션을 취한 투자자들에게는 확실한 타격을 입혔다.[107] 하지만 5월이 되자, 라이히스방크가 달러 표시 채권의 원금과 이자를 지급할 준비금reserve을 보유하고 있지 않아 페그제(고정환율정책)를 유지하기 어렵다는 사실이 명백해졌고, 결국 시행된 지 6개월 만에 폐지되었다. 그리고 하이퍼인플레이션은 1923년 11월에 36,000,000,000%에 육박할 만큼 맹렬한 기세를 떨쳤다.[108]

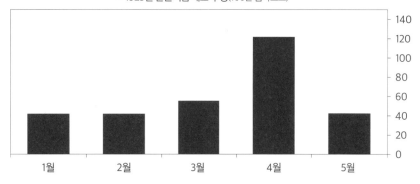

■ 1923년 순준비금 매도 추정(100만 금마르크)

이제 독일 경제는 하이퍼인플레이션의 영향으로 경화 부채가 늘어나게 되었고, 프랑스는 빚을 받아낼 때까지 필요하다면 루르를 계속 점령하겠다는 의지를 재차 표명했다. 여름 내내 독일은 산발적으로 외환시장에 개입을 시도했지만, 인플레이션을 억제하거나 환율 급락을 막기에는 역부족이었다.[109] 당시 독일 대통령은 재무부 장관에게 '마르크화의 완전한 붕괴'를 저지할 수 있는 새로

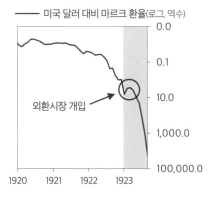
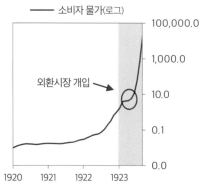

—— 미국 달러 대비 마르크 환율(로그, 역수)

—— 소비자 물가(로그)

외환시장 개입

외환시장 개입

1923년 2월 15일
독일, 루르 수출 장벽에 항의… '프랑스가 다른 연합국에 지급할 수단 앗아가'

1923년 2월 22일
독일 '456억 마르크 지급 완료'… 독일 공식 발표, '조약에 따른 손실 금액이 총 565억 마르크로 증가'

1923년 3월 1일
프랑스, 독일 석탄 금지 조치 해제… 점령 전 부과된 40% 세금을 연합군에 지불 시 출하 허용

1923년 4월 9일
미국, 독일에 전쟁 피해 보상금 11억 8,773만 6,867달러 요구, 침몰선 루시타니아(Lusitania)호 포함
"미국은 세계대전 때 미국 정부와 자국민이 입은 피해에 대한 보상금으로 독일 정부에 11억 8,773만 6,867달러를 요구하기로 잠정 확정했다. 이러한 취지는 각국의 주장을 서로 조정하기 위해 조직된 혼합 청구위원회(Mixed Claims Commission)의 독일 대표에게 전달되었다."

1923년 4월 16일
독일의 공공 적자: 회계 연도 세수보다 지출이 6조 2,500억 마르크 웃돌아

1923년 4월 30일
새 독일 은행 금리에 거는 기대, 은행 관료들 '18% 금리로 신용과 통화 팽창 억제할 것'
"지난주 라이히스방크가 할인율을 12%에서 18%로 인상한 것에 독일 관료들은 큰 기대를 걸고 있다. 이번 주부터 시행되는 정부 법령은 외환 거래를 더욱 제한하고 외화 보유분 등록을 요구하므로, 금리 인상 정책에 힘을 보탤 것으로 예상된다."

1923년 5월 15일
독일 연간 자살 인구 8만 명에 달해… 전쟁 전 1,200명 대비 대폭 증가, 빈곤이 주된 원인으로 밝혀져

1923년 5월 21일
독일 증권거래소, 주 3일만 개장

1923년 6월 25일
독일 마르크화 가치 하락에 물가 급등… 10일 만에 물가 41% 상승, 지난주 상승 폭보다 커

1923년 6월 25일
독일의 어수선한 통화의 영향, 오랜 투자금 100% 증발

1923년 8월 1일
독일 마르크 지폐 인쇄공 파업, 베를린 사람들은 역사상 최악의 파업으로 평가

운 대책을 마련하라고 지시했다. 하지만 재무부 장관은 "이미 마르크화의 완전한 붕괴가 진행 중"이라고 답했다.[110]

1922년 7월부터 1923년 11월까지 마르크화 가치는 달러화 대비 99.99999997% 하락했고(달러 비용이 1조 5,700억% 증가), 물가는 3,870억%나 상승했다! 이 숫자들이 의미하는 바를 살펴보면 다음과 같다. 1913년에는 총 60억 마르크에 달하는 돈이 독일 경제에 유통되었다. 1923년 10월 말이 되자, 1913년에 유통된 돈을 모두 합쳐도 1kg 호밀빵 한 덩이밖에 살 수 없었다.[111] 이러한 혼란 속에서 독일 국민들은 엄청난 고통과 충격을 견디며 살아야 했다. '참담한' 바이마르 공화국 시대를 비판한 나치 정치인들의 주장은 후에 이러한 인플레이션 경험을 통해 사실로 입증되었다.

1923년 말~1924년: 하이퍼인플레이션의 종결

1923년 말이 되자, 하이퍼인플레이션은 독일 사회에 견딜 수 없을 만큼 고통스러운 상황을 안겨주었다. 실업률이 급증했고, 인플레이션은 1,000,000%를 크게 웃돌았으며, 실질 세수는 급속도로 감소했다.[112] 식량이 점차 부족해졌고, 마르크화 거래는 불가능에 가까웠다.[113] 효과적인 교환 수단이 없어지면서 국가 경제는 서서히 동력을 잃어갔다. 그 결과, 각계각층의 사람들이 고통을 겪으면서 망연자실했다. 한 지방 시장은 "살면서 이렇게 많이 굶주리고 방황하는 사람들을 본 적이 없다."라고 말할 정도였다.[114] 경제 위기로 머지않아 대규모 폭동이나 혁명이 일어날 것은 불 보듯 뻔한 일이었다.[115] 후에 독일 노동부 장관을 지낸 루돌프 비셀Rudolf Wissell은 당시 지배적이었던 정서를 다음과 같이 지적했다. "현재 경험하고 있는 인플레이션은 바이마르 공화국을 죽이고 있다. 인플레이션이 우리 공화국의 무덤을 파고 있는 셈이다."[116]

신문 기사

1923년 8월 2일
독일을 위한 두 가지 통화 계획: 쿠노 내각, '금에 준하는' 무제한 대출 제안, 대용 지폐 사용 예정, 일각에선 실패 예상, '쓸모없는 통화는 하나로 충분, 더 늘리지 마라'
"고통스러울 정도로 더디고 멀리 돌아가는 길이지만, 독일 정부는 지금의 마르크화를 버리고 완전히 새로운 통화를 만들기 위해 모든 노력을 기울이고 있다. 새로운 통화는 경제에 더 많은 신용을 공급하는 계기가 될 것으로 기대된다."

1923년 8월 16일
독일의 정책 변화
"신임 독일 총리는 우선 국내 정치에 온 힘을 다해야 한다고 말했다."

1923년 8월 20일
마르크화 회복 이후 독일 주가 강세

1923년 8월 20일
새 통화를 위한 마지막 독일산 금: 재무부 장관 힐퍼딩*, 마르크 지폐 매입에 새 통화 쓰지 않기로, 고정 환율제 기반 계획, 베를린 시내 전차 요금 10만 마르크로 인상, 정부 지원금 요청
"힐퍼딩 재무부 장관은 죽어가는 마르크화를 살리기 위해 독일 정부가 처분할 수 있는 소량의 금으로 외환시장에서 가치가 폭락한 마르크화를 사들일 계획이 있다는 소문을 일축했다. 반면 그는 금을 새로운 독일 통화의 기반으로 만들겠다고 밝혔다.
(*루돌프 힐퍼딩(Rudolf Hilferding)은 바이마르 공화국 시절에 재무부 장관을 2번 역임한 독일 정치인이자 경제학자이다. 마르크화 안정을 위해 렌텐마르크를 창안했다.)

연합국은 실질적인 배상금 경감 조치 없이는 독일 정부가 경제의 총체적 붕괴를 막지 못한 채 속수무책일 것이라고 결론지었다. 1923년 11월, 연합국은 배상금 지급을 유예하고 독일과 채무 재조정 협상을 재개했다.[117] 이러한 조치로 독일 정부는 겨우 숨을 돌릴 수 있었다.

독일 정부는 인플레이션을 억제하기 위해 다음과 같은 다섯 가지의 중요한 조치를 취했다. 각 단계는 이전 단계와 논리적으로 이어진다.

1) 애초에 위기를 초래한 배상금 부담을 줄이기 위해 정책 입안자들은 연합국과 다시 협상하여 부채 상환 부담을 GDP의 1%로 줄이는 데 성공했다. 주체할 수 없을 만큼 과도한 배상금 부담을 이제 감당할 수 있게 되자…

2) …새로운 통화인 '렌텐마르크Rentenmark'가 도입되었다. 렌텐마르크는 금 표시 자산과 토지로 보장되며 가치가 달러에 연동된다. 하지만 투자자들이 새 통화가 부채 상환을 위한 화폐화라고 믿게 되면 이 정책은 실패할 수 있으므로…

3) …발행할 수 있는 렌텐마르크의 통화량과 화폐화할 수 있는 부채의 양에 대해 엄격한 제한이 가해졌다. 하지만 정부가 지불 능력이 있어야만 중앙은행이 부채의 화폐화를 확실히 피할 수 있기 때문에…

4) …독일 정부는 세수를 늘리고 지출을 삭감하기 위해 극도로 고통스러운 감축 정책을 단행했다. 마찬가지로 중앙은행은 기업에 대출할 금액의 상한선을 정해놓고 대출 금리를 인상했다. 새로운 통화에 대한 신뢰를 쌓기 위해…

5) …중앙은행은 연합국으로부터 외화를 빌리고, 하이퍼인플레이션 기간 동안 국외로 돈을 빼낸 독일인들에게 예금액을 본국으로 송환할 것을 권고하며 외화 자산을 축적했다.

신문 기사

1923년 8월 29일
굶주림에 독버섯 먹고 죽는 독일 사람들

1923년 9월 17일
새로 제안된 독일 통화 금으로 보장, 정부로부터 독립된 새 은행에서 발행

1923년 9월 23일
독일의 새통화 단위 보덴마르크, 국내 전역 부동산 담보 대출로 금 은행 보장
"독일의 새로운 통화 단위 '보덴마르크(Bodenmark)'는 순금 0.358그램을 함유하고 있으며, 1보덴마르크는 100보덴페니히(Bodenpfennig)와 같다. 오늘 통화 은행 설립을 위한 조치가 공개되면서 이러한 사실이 알려지게 되었다."

1923년 9월 26일
독일 전역에서 루르 평화 협정 받아들이기로
"독일 연방의원들은 오늘 열린 슈트레제만* 총리와의 회담에서 소극적 저항 정책을 포기하는 데 만장일치로 동의했다. 동시에 국가 화합을 수호하겠다는 결의를 다졌다고 이날 오후 공식 발표했다."
(*구스타프 슈트레제만(Gustav Stresemann)은 1920년대 총리와 외무부 장관을 지낸 인물로, 루르 지방에서 소극적 저항 정책을 포기하고 통화 안정책을 시행하여 경제 회복의 토대를 마련했다.)

1923년 10월 10일
루르 지방을 둘러싼 첫 합의: 광산 업체 두 곳 작업 개시, 배상금 현물로 지급하기로
"오늘 프랑스 정부는 데구트 장군*이 어제 업무 재개와 배상금 현물 지급 건을 두고 루르 산업체 두 곳과 만족스러운 합의를 이루어냈다고 연합국의 공동 대리인인 배상위원회에 통보했다. 데구트는 위원회에 다른 비슷한 협약을 진행할 계획도 알렸다."
(*장 데구트(Jean Degoutte)는 프랑스 장군으로서 제1차 세계대전 때 활약했고, 루르 점령 당시 프랑스군을 지휘했다.)

1923년 10월 13일
새로운 독일 통화 제안: 런던 금융사, 독일 정부 부처의 제안 전해
"런던에 있는 국제 은행들의 설명대로, 슈트레제만 정부의 새로운 독일 통화 정책은 다음과 같은 준비 작업이 필요하다. 농업, 산업, 무역, 은행업은 통화인 베룽스방크(Währungsbank)를 설립할 수단을 제공해야 하며, 베룽스방크는 새로운 화폐를 '기초 마르크' 또는 '보덴마르크' 형태로 발행할 것이다."

1923년 10월 15일
독일 주가, 달러와 동반 상승: 루르 합의 임박에 시장 활기 찾아, 채권 가격도 상승

1923년 10월 16일
독일, 가치 없는 마르크화 발행 중단하기로
"오늘 저녁, 독일 내각은 이른바 금 연금 은행을 인가하는 법안을 승인했다. 라이히스방크는 인플레이션을 즉시 축소할 수 있도록 정부의 단기 채권 할인을 중단할 것이다."

앞서 시행한 단기간의 통화 페그제와 자본 통제 같은 일회성 조치만으로는 문제를 해결하기에 역부족이었다. 독일은 기존 통화를 폐지하고, 실물자산으로 가치를 뒷받침하며, 화폐화와 신용 창출, 정부 지출을 엄격하게 제한하는 등 포괄적이고 적극적인 정책으로 전환해야 할 필요가 있었다. 수년간의 경제 위기를 거치면서 사람들은 실제로 사용할 수 있는 통화를 열망하게 되었다는 점도 정책 변화에 도움이 되었다. 하지만 배상금 부담이 크게 줄어들지 않았다면 어떤 정책도 시도할 수 없었을 것이다. 독일 정부가 도무지 갚을 수 없는 막대한 외채를 지고 있음이 알려진 상황에서 과연 독일 통화를 보유하려는 투자자나 예금자가 있을까?

다음은 이러한 각 조치들을 시간순으로 자세히 설명한 것이다.

1) 배상 채무 구조조정

연합국과의 협상은 장기간에 걸쳐 더디고 힘겹게 진행되었다. 하지만 독일은 하이퍼인플레이션에 종지부를 찍을 정책의 변화를 꾀하는 데 필요한 몇 가지 중요한 양보를 협상 초기에 얻어냄으로써 숨 돌릴 틈이 생겼다.[118] 배상금 구제가 없었다면 인플레이션을 유발한 구조적 동인은 그대로 남았을 것이고, 새로운 통화가 가치 저장 수단으로써 신뢰를 줄 가능성도 매우 낮았을 것이다.

1923년 9월, 프랑스와 협상을 벌이는 바이마르 정부에 루르의 독일 기업가들이 협력하면서, 협상에 상당한 진전이 있었다.[119] 루르 지방 산업계 거물들은 배상금 지급을 두고 오랜 기간 프랑스에 어느 것도 내주지 않으며 저항해왔다. 하지만 상황이 계속 악화되고 노동자들이 폭동을 일으키기 시작하자, 기업가들은 외교가 필요하다는 것을 인식하고 석탄 수송을 재개하기로 합의하는 데 이르렀다.[120] 10월 중순이 되자, 바이마르 정부는 루르 점령에 대한 '소극적 저항'의 재정 지원을 완전히 마무리함으로써 프랑스와의 회담에서 진전을 이끌어낼 길을 여는 동시에 거액의 비용을 줄일 수 있었다.[121]

1923년 10월 29일
독일 '렌텐방크' 곧 운영 예정: 통화 개혁을 위한 정부의 첫걸음

바이마르 정부는 루르에서 이루어낸 진전을 바탕으로 신속하게 정책을 추진해나갔다. 11월 말, 영국과 프랑스 협상 대표단은 독일의 배상 의무를 검토하고 점차적으로 부담을 줄이기 위해 새로운 배상위원회인 도스Dawes위원회를 설립했다.[122] 결과적으로 도스위원회는 배상금 지급 유예에 합의했는데, 이로써 독일은 안정화 기간 동안 쉽게 재정 균형을 이룰 수 있게 되었다.[123] 덕분에 이후 10개월 동안 독일은 배상위원회에 경화 부채를 상환하지 않아도 되었다. 1924년 8월에 도스안Dawes Plan(제1차 세계대전 이후 독일의 전쟁배상금 지불에 관한 계획안)이 본격적으로 시행되자, 독일의 배상 부담은 크게 줄어들었다.[124] 상환 기간이 연장되었고, 배상금 지급액은 1924년과 1925년 독일 국민총생산GNP(국민총생산은 한 해 동안 한 국가의 국민이 생산한 재화와 서비스를 시장가격으로 평가한 총액)의 1% 수준으로 경감되었다. 이는 1923년에 비해 90% 이상 부채 상환 비용이 감소한 것이었다.[125]

독일은 여전히 1,300억 금마르크를 지불해야 했지만, 장기간에 분산해서 지불할 수 있게 되면서 채무 이행이 가능해졌다. 다음 도표는 1921년과 1923년 사이에 독일이 지급해야 했던 금액(연합국이 독일에 배상금 전액을 지급을 요구한 경우)과 실제로 지급한 금액(런던 지급 일정London Schedule에 따라, 연합국이 독일이 지급 능력을 갖추었다고 판단하기 전까지 지급을 유예하는 경우)을 비교한 것이다. 이러한 변

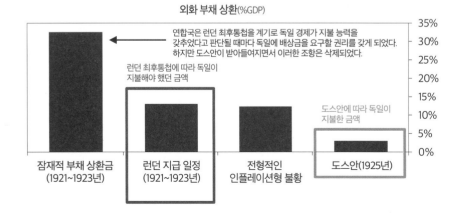

외화 부채 상환(%GDP)

연합국은 런던 최후통첩을 계기로 독일 경제가 지불 능력을 갖추었다고 판단할 때마다 독일에 배상금을 요구할 권리를 갖게 되었다. 하지만 도스안이 받아들여지면서 이러한 조항은 삭제되었다.

런던 최후통첩에 따라 독일이 지불해야 했던 금액

도스안에 따라 독일이 지불한 금액

잠재적 부채 상환금 (1921~1923년)

런던 지급 일정 (1921~1923년)

전형적인 인플레이션형 불황

도스안(1925년)

신문 기사

1923년 11월 5일
독일 신규 통화 발행 시, 새 마르크화가 구화폐를 대체할 것

1923년 11월 7일
쿨리지 대통령, '독일 원조해야': 식량 문제 심각해져 올겨울 구호 식품 필요할 듯
"쿨리지 대통령은 각료들이 미국 정부에 전달한 공식 보고서를 통해 독일의 상황이 역대 최악으로 심각하다는 사실을 알게 되었다. 오늘 백악관은 성명에서, 겨울이 지나기 전에 국제 사회가 독일 국민을 도와야 할 것이라는 의견을 밝혔다."

1923년 11월 14일
배상위원회, 독일 초청: 체납 이유 해명을 위한 심의 요청 승인

1923년 11월 19일
독일, 새로운 통화 발행: 발행 조건과 환산율에 재계 당혹
"목요일에 신규 발권 은행이 새로운 1억 4,200만 렌텐마르크화를 발행해 정부에 전달했으며, 라이히스방크는 단기 채권 할인과 이에 따른 마르크화 발행을 중지했다. 이제 독일의 새로운 통화 실험이 시작된 것이다."

1923년 12월 3일
독일의 '실질 임금': 노동자 임금, 금 환산 시 전쟁 전 수준의 44~60.875%로 추정

1923년 12월 10일
독일 물가 추가 하락, 사회 부담은 줄었으나 금융 전문가들의 전망은 비관적
"일부 재화 가격이 절반으로 떨어졌을 만큼 물가가 크게 하락하면서 지난주의 사회적 긴장 상황은 상당히 완화되었다."

1923년 12월 14일
쿨리지 렌루트*에 독일 구호 목적의 민간 기부 승인 의사 알려
(*어빈 렌루트(Irvine Lenroot)는 위스콘신 출신의 미국 상원의원)

1923년 12월 14일
독일 국고 바닥나, 간신히 재정 유지 중으로 알려져
"재정 상황이 최악으로 치달으면서 독일 정부는 국민에게 특별 세금을 부과할 수밖에 없으나, 그조차도 국가 운영을 떠받치기에는 충분치 않을 것이다. 이미 정부 관료들과 공무원의 월급이 크게 줄었고 수천 명이 해고되었지만, 당장 열흘 동안 긴급 지출을 감당하기도 버거울 만큼 국고는 거의 바닥났다."

1923년 12월 17일
다수의 독일 통화, '긴급 발행' 통화가 라이히스방크 유통 통화 중 5분의 1 차지

1923년 12월 23일
도스와 오웬, 독일 재정 지원 담당에 적격
"연합국은 난해한 독일의 재정 문제 해결을 지원하기 위해 재계에서 성공의 귀감이 되는 두 명의 미국인을 선택했다. 미국 재계에서 뛰어난 인물로 손꼽히는 찰스 게이츠 도스(Charles Gates Dawes)와 오웬 D. 영(Owen D. Young)이다."

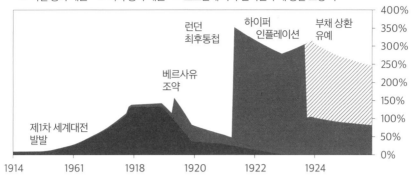

독일 정부 부채 추정액(%GDP)

■ 독일 통화 채권 ■ 외국 통화 채권 ∕∕ 도스안에 따라 연기된 부채 상환 조정 시

화가 얼마나 중요했는지, 부채 상환 규모가 어떻게 전형적인 인플레이션 유발형 디레버리징 수준으로 전환되었는지, 1924년 도스안에 따라 배상금 지급이 유예된 후 독일은 얼마를 지불해야 했는지 보여준다. 도스안이 외화 부채 상환 부담을 획기적으로 줄였음을 위 도표에서 확인할 수 있다.

배상 부채 상환액이 대폭 줄어들고 국내 채권 가격이 대부분 상승 곡선을 그리면서 독일의 부채 부담은 크게 완화되었다.

2) 새로운 통화 만들기

강력한 지원을 통해 새로운 통화를 만드는 것은 인플레이션 유발형 디레버리징에 시달리는 국가들이 인플레이션을 끝내기 위해 선택하는 가장 전형적인 방법이다. 독일 바이마르 공화국의 경우, 1923년 8월에 통화 교체 과정이 시작돼 1924년 10월에 종료되었는데, 약 3단계에 걸쳐 실시되었다.[126]

마르크화 교체를 위한 첫 번째 단계는 뚜렷한 계획보다는 필요에 의해 추진되었기 때문에 체계적이지 못했고 수동적으로 이루어졌다. 1923년 여름, 독일 내에서도 마르크화로 거래하기는 매우 어려워져 주요 기관들은 여러 단점에도 불구하고 다른 대체 통화를 찾아야 했다.[127] 많은 기관이 자국 통화 대신 외국 통화에 의존했다. 1922년 말부터 독일의 주요 산업계에서 대부분 외화로 가격을 책정하기 시작했고, 1923년에는 독일 내 도매 거래 상당수가 달러, 프랑, 플로린 같은 통화로 이루어졌다.[128] 외화를 취급할 수 없는 기관들은 최후의 수단인 '긴급 통화'에 의존했다. 이러한 긴급 통화는 지방 정부, 무역협회, 기업 등에 의해 공급되었고, 이론적으로는 실물자산으로 간주되었다.[129] 긴급 통화는 종종 불법적으로 조달되기도 했지만, 마르크화보다 사용이 용이했

다. 1923년 가을에는 거의 2,000가지의 긴급 통화가 독일에서 유통되었다.[130]

　독일 정부는 가치가 안정된 통화의 필요성을 인식하고 긴급 통화라는 이 비공식적인 시스템을 공식 통화로 승인하려 했다. 1923년 8월, 정부는 달러에 연동된 소액 부채 증서small-denomination debt, 즉 화폐권을 발행하기 시작했다. 더 나은 해결책을 찾을 때까지 소액 채권이 임시 통화로 쓰이길 바랐다.[131] 이러한 '금 담보 대출Gold Loan'은 직접 유통되거나 다른 긴급 통화를 보다 안전하게 담보해줄 수 있는 수단으로 사용될 수 있었다.[132] 이 화폐권은 결국엔 '베르트 베스텐디히wertbeständig(안정적 가치)'라고 찍힌 인장에 지나지 않았을 뿐 아니라 부채의 상환을 담보하기 위해 '자본세를 추가로 인상'할 수도 있다는 정부의 약속에 불과했지만, 안정적 가치를 유지했다. [133] 사실 대중은 믿을 만한 가치 저장 수단이 너무도 절실했기 때문에 이 화폐권은 돈으로 사용되기보다는 비축되는 경향이 있었다. 때문에 이 화폐권은 발행되자마자 대부분 유통되지 않고 자취를 감추었다.[134]

　1923년 10월 15일, 새로운 통화로 전환하는 두 번째 단계가 시작되었다. 정부는 새로운 국립 은행인 '렌텐방크Rentenbank'의 설립과 11월 15일에 유통을 앞둔 가치가 안정된 신규 통화인 렌텐마르크의 발행 계획을 발표했다.[135] '안정적 가치'를 지닌 통화를 만들려는 이전의 노력과 달리, 렌텐마르크는 훨씬 야심찬 정책이었고 기적과 같은 성공을 앞두고 있었다.[136] 결정적으로 렌텐마르크는 고정된 양의 마르크화나 물리적 자산과 서로 교환될 수 있었다. 때문에 렌텐마르크를 뒷받침하는 실물 담보는 금 담보 대출 성격의 화폐권처럼 신규로 발행된 화폐권뿐만 아니라, 이미 유통되고 있는 모든 마르크 지폐에도 적용되었다. 특히 렌텐마르크는 마르크화 지폐와 1 대 1조의 비율, 달러와는 4.2 대 1의 비율로 가치가 고정되었다. 이러한 교환 비율은 렌텐마르크의 금 가치가 전쟁 전 평화로운 시기의 마르크화 가치와 동일한 수준이었고, 이는 매우 상징적이고 의미심장한 것이었다.[137]

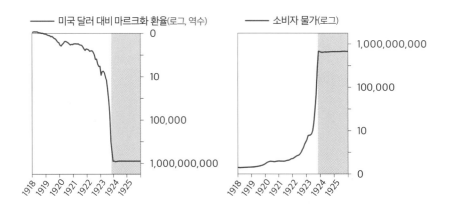

그 후 몇 달 동안 고정 환율은 유지되었다. 12월에는 렌텐마르크와 교환 비율이 조정된 마르크화 지폐 모두가 해외 시장에서 액면가대로 거래되었고, 인플레이션은 안정적인 수준으로 떨어졌다.[138]

3) 화폐 찍어내기의 제한

새로운 통화가 계속 성공할 수 있었던 비결은 렌텐방크가 비교적 적은 양의 화폐를 찍어낸 데다 실물자산으로의 가치를 확실하게 보장한 데 있다. 렌텐방크가 확대할 수 있는 신용 규모를 총 24억 마르크로 제한하는 등 새로운 통화 발행에 따른 부채 규모가 크지 않았다는 것도 성공의 비결이었다.[139] 이전의 금 담보 대출 성격의 화폐권과 달리, 렌텐마르크는 독일 내 모든 농업과 산업용 부동산의 5%를 직접 담보로 설정했다('렌텐'은 이러한 담보 대출에 대해 매년 지급되는 상환금을 의미한다).[140] 이런 직접 담보보다 더 중요한 것은 라이히스방크의 금 보유고로 통화를 암묵적으로 보장한다는 점이다. 1923년에는 마르크화를 버리고 새 통화로 옮겨가는 사람들이 많아지면서 통화의 실질 가치는 크게 감소했고, 그 덕분에 정부의 준비금만으로도 전액을 보장할 수 있게 되었다.[141] 렌텐마르크의 도입 이후, 라이히스방크는 불법적인 긴급 통화를 단속하기 시작했다. 또한 시중에 있는 금 담보 대출 성격의 화폐권을 회수하면서 유통되고 있는 통화의 가치는 더욱 감소했다.[142]

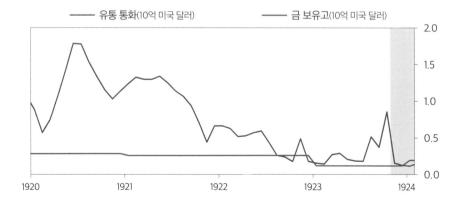

유통 통화(10억 미국 달러) ─── 금 보유고(10억 미국 달러)

1923년에는 달러화로 환산한 본원통화monetary base(중앙은행이 발행하는 일차적인 통화 공급을 가리킨다.)가 독일의 금 보유고와 비슷한 수준으로 감소했음을 55쪽 도표에서 확인할 수 있다.

1년간의 안정기를 거친 후, 독일 정책 입안자들은 통화 전환을 위한 세 번째 단계에 돌입했다. 1924년 10월 11일, 정부는 렌텐마르크와 1 대 1 비율로 구매할 수 있는 또 다른 새로운 경화인 라이히스마르크Reichsmark를 선보였다. 형식적으로 부동산 담보부 채권으로 보장되었던 렌텐마르크와 달리, 새로운 라이히스마르크는 라이히스방크에서 직접 금괴로 교환할 수 있었다. 라이히스마르크는 전쟁 이전 시기의 마르크화와 정확히 동일한 양의 금으로 바꿀 수 있었다.[143] 시중에 유통되던 나머지 마르크화는 1925년 6월 5일까지 모두 회수되었고, 렌텐마르크 역시 10년에 걸쳐 단계적으로 폐지되었다.[144]

하지만 새로운 통화만으로는 시장의 지속적인 안정을 도모할 수 없었다. 렌텐마르크와 라이히스마르크는 개혁 과정에서 중요한 경화였지만, 유일한 경화는 아니었다. 통화는 발행기관의 신뢰에 달려 있다. 통화를 금으로 교환해줘야 하는 채무가 많지 않았다는 사실(즉 새로운 통화로 표시된 부채가 많지 않았다는 사실)은 중앙은행이 인플레이션 유발 효과가 있는 부채의 화폐화와 디플레이션 유발 효과가 있는 채무 불이행 중에서 하나를 선택할 필요가 없었다는 뜻이었다. 통화량이 통화를 담보하는 실물자산의 양에 의해 제약을 받았다는 것도 통화량이 안정적으로 유지될 수 있음을 의미했다. 1923년 가을, 렌텐방크는 신뢰를 얻는 과정에서 어려움을 겪었지만, 펀더멘털이 탄탄한 덕분에 성공을 거두었다.

4) 화폐화 종료

인플레이션 유발형 디레버리징 상황에 놓인 국가들이 새로운 통화에 대한 신뢰를 쌓으려면 부채의 화폐화를 중단할 필요가 있다. 정부가 부채 상환을 위해 중앙은행에 화폐 찍어내기를 강요할 수 있다면, 새로운 통화는 평가절하되고

신문 기사

1924년 2월 18일
독일, 12월 수출 흑자: 금마르크 기준, 1923년 수출입 사실상 균형 달성

1924년 2월 18일
독일 부동산 담보대출 15%로 가치 회복, 기대치 10% 웃돌아: 마르크화로 공채 상환 중단
"공식 법령의 한 가지 차이점은 담보대출 가치가 원래 가치의 15%로 회복된다는 점이다."

1924년 2월 18일
독일 전시 통화 사라질 것: 올해 5월 초 '다를렌스카센(Darlehnskassen)' 폐지 예정
"독일 통화가 정상으로 돌아가는 것과 관련하여 한 가지 중요한 소식이 전해졌다. 1914년 8월, 수월한 신용 대출을 목적으로 설립된 다수의 다를렌스카센이 5월 초에 모든 운영을 중단할 예정이다."

1924년 2월 18일
독일, 다시 비용 절감: 평균 생활비 작년 11월보다 34.5% 줄어

1924년 2월 20일
독일 세수 증가, 전후 처음으로 수십만 금마르크 흑자 예상

1924년 2월 25일
독일 무역 회복세 지속: 섬유 무역 호황으로 산업계 완만한 회복세
"독일 통화와 재정, 기업 상황은 지난주에도 회복세를 유지했다. 통화 가치와 재정 상황은 빠르게 회복하고 있으며, 섬유와 의류 부문을 제외한 산업계는 다소 더디지만 개선되고 있다. 호황을 맞은 생산 업체들은 이미 주문을 거절하기 시작했다."

1924년 2월 26일
영국, 독일의 지급 서약에 수입세 26%에서 5%로 인하

1924년 2월 28일
연합국, 독일 재정 감사 진행할 수도… 도스위원회, 전문 관리 감독 수락

1924년 3월 10일
독일 산업 회복세 지속, 최근 실업률 지표 급감, 철강 무역 회복세 보여
"무역 상황은 독일 전역에 걸쳐 계속 개선되고 있다. 정부 보조금을 받는 실업자 수가 1월 15일에는 158만 2,852명이었지만, 2월 15일에는 130만 1,270명을 기록했다는 사실이 이를 입증한다. 일부 실업자 수도 63만 5,839명에서 25만 7,840명으로 감소했다."

실물로 가치를 보장하는 방식도 버려질 위험이 있다. 이것이 바로 중앙은행을 정치로부터 독립시켜야 하는 중요한 이유 중 하나이다.

화폐화가 중단된다는 사실은 두 가지 중대한 발표를 통해 재확인되었다. 첫 번째는 비공개 발표였고, 두 번째는 공개 발표였다. 먼저 1923년 8월 18일, 라이히스방크는 1924년부터 정부 부채를 추가로 할인하지 않겠다는 계획을 바이마르 정부에 알렸다.[145] 이 보고서는 비공개로 전달되었다. 하지만 산업계를 중심으로 빠르게 퍼져 나갔고, 정책 입안자들은 재정 개혁의 필요성을 진지하게 재고하게 되었다.[146] 두 번째 소식은 1923년 10월 15일에 전해졌다. 새로운 렌텐방크가 정부의 총부채 금액을 12억 렌텐마르크로 제한할 것이라고 중앙은행 관계자들이 공개적으로 언급한 것이다. 이 새로운 정책으로 11월 15일 이후 라이히스방크의 국가 부채 화폐화는 전면 금지되었다.[147]

한동안 독일 국민은 물론이고 정부조차도 중앙은행과 렌텐방크가 이러한 약속을 이행할지 확신할 수 없었다. 렌텐방크는 상한선인 12억 렌텐마르크를 정부에 즉시 빌려주었다.[148] 1923년 12월이 되자, 정부는 4억 렌텐마르크를 추가로 요청했다.[149] 그러나 렌텐방크는 이러한 정부의 요청에 꿈쩍하지 않았다. 이는 독립된 중앙은행의 새로운 시대가 열렸으며, 걷잡을 수 없었던 장기간의 화폐화가 막을 내렸음을 세상에 성공적으로 알리는 계기가 되었다.

5) 적자 해소

인플레이션 유발형 디레버리징 시기에 중앙은행이 부채의 화폐화를 중단하면 정부는 적자를 해소하기 위해 새로운 채권자를 찾거나, 중앙은행을 장악하여 부채의 화폐화를 계속할 수 있다. 일반적으로 인플레이션 유발형 디레버리징 시기에 새로운 채권자를 찾기는 불가능하며, 부채의 화폐화는 문제를 지연시킬 뿐이므로 궁극적으로 예산의 균형을 맞출 필요가 있다.

1923년 말, 바이마르 정권은 재정 적자를 해소할 필요가 있다는 결론을 내렸다. 선택의 여지가 없었다. 부채가 크게 경감된 덕분에 이제 적자를 줄이는 일도 가능해졌다. 당시 독일 재무부 장관은 이렇게 말했다. "만일 정부 지출을 가차 없이 삭감하고도 인플레이션 경제에서 헤어 나오지 못한다면, 우리 앞에는 총체적 혼란만이 펼쳐질 것이다."[150]

1914년 전쟁이 발발한 이후로 정부는 재정 적자에 시달렸다.[151] 이로 인해 1923년 8월, 정부는 인플레이션에 연동하여 특정 세금을 부과하고 긴급세까지 추가로 부과함으로써 문제를 해결하려 했다.[152] 10월이 되자, 모든 세금이 인플레이션에 연동되었다.[153]

정부는 비용을 줄이기 위해 공격적인 조치도 취했다. 직원의 25%를 해고하고, 나머지 직원들의 급여를 30%나 삭감했다.[154] 바이마르 정권은 루르에서 '소극적 저항'에 가담한 노동자들에 대한 상당한 금액의 보조금 지급도 중단했다.[155] 이러한 긴축 정책은 매우 고통스러워서 예전 같았으면 1, 2년도 채 버티기 어려웠을 것이다. 하지만 1923년 말까지 하이퍼인플레이션의 영향으로 너무도 큰 고통과 혼란을 겪었던 독일 국민들은 물가를 다시 안정시키기 위해서라면 무슨 일이든지 기꺼이 하려 했다.

하지만 가장 중요한 것은 점진적인 인플레이션과 비교적 안정적인 환율이 기존 조세 수익률에 어떤 효과를 미치는가 하는 점이었다.[156] 일시적인 안정은 일종의 선순환을 만들어냈다. 인플레이션 비율이 낮아지면서 실질 세수가 늘어난 덕분에 예산 압박이 줄었다. 그리고 앞으로 정부가 화폐화를 피할 수 있을 것이라고 믿는 국민도 늘어났다. 11월 렌텐마르크의 도입 이후, 실질 세수는 빠르게 증가했다. 1923년 10월에는 1,500만 금마르크에 불과했던 실질 세수가 1923년 12월에는 3억 금마르크를 훌쩍 넘겼다.[157]

1924년 1월이 되자, 정부는 흑자를 달성했다.[158]

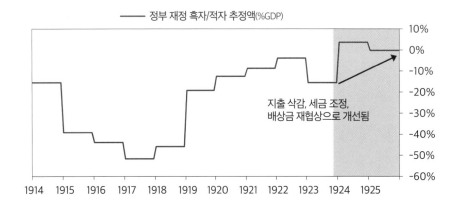

— 정부 재정 흑자/적자 추정액(%GDP)

지출 삭감, 세금 조정,
배상금 재협상으로 개선됨

6) 신용 긴축 Tightening Credit

관료들은 민간 대출이 인플레이션의 압력을 가중하지 않도록 신용 접근성을 대폭 제한하기로 했다. 이러한 신용 긴축은 두 가지 방식으로 이루어졌다. 1924년 2월, 정부는 먼저 민간 보유 채권 중 일부를 '재평가'하겠다고(채무자들은 채권자들에게 액면가face value보다 많은 금액을 갚아야 했다.) 발표했다.[159] 재평가되는 채권으로는 하이퍼인플레이션 시기에 가치가 거의 바닥으로 떨어진 주택 담보대출과 은행 예금, 산업 채권 등이 포함되었다.[160] 이 정책은 분노한 채권자들을 달래기 위해 시행되었지만, 신용을 긴축하는 결과를 만들어냈다.[161] 부채 축소가 신용을 완화하고, 통화를 약화시키고, 인플레이션을 높이는 효과가 있는 것처럼 부채 재평가debt revaluation는 신용을 긴축하고, 통화의 가치를 떠받치며, 인플레이션을 낮추는 효과가 있다.

두 번째 방식은 더욱 중대한 영향을 끼쳤다. 1924년 4월 7일, 라이히스방크는 민간 부문으로 확대할 신용 금액을 제한하기로 했다. 이는 기존 부채를 회수하기 위해 독촉하지는 않지만, 이전 부채가 상환된 경우에만 새로운 신용을 제공하겠다는 조치였다.[162] 이처럼 새로운 신용 창출을 두고 엄격하게 제한이 가해지자, 단기적으로 기업들은 어려움을 겪었다. 1924년 5월에는 약간 마이너스로 돌아서기도 했지만, 이러한 조치 덕분에 독일의 인플레이션은 의미 있는 수준으로 안정을 찾았다.

7) 외환 보유고 축적

앞서 설명한 계획과 정책, 협약 등은 모두 독일 경제가 점진적으로 기반을 탄탄하게 다지는 데 도움이 되었다. 하지만 이러한 시도가 영구적으로 경제를 안정시킬 것이라고 확신하는 사람들은 그리 많지 않았다. 실제로 1923년 11월과 1924년 10월 사이에 독일이 안정화 체제를 시행하자, 투기 세력은 계속해서 마르크화에 베팅했다.[164] 독일이 상당한 규모의 외환 보유고를 확보하지 않는 한,

이러한 투기 세력은 독일의 지속적인 안정을 위협할 뿐이었다.

두 가지 대대적인 전환을 통해 독일은 바닥난 외환 보유고를 다시 축적할 수 있었다. 첫 번째 전환은 민간이 보유한 외화를 라이히스방크로 옮기면서 일어났다. 독일 내 기관들과 개인들은 점차 새로운 렌텐마르크를 거래 수단으로 신뢰하게 되면서 하이퍼인플레이션 시기에 모아두었던 외화를 새 통화로 교환하기 시작했다.[165] 1923년 11월과 1924년 1월 사이에만 라이히스방크의 외환 보유고는 2,000만 금마르크에서 거의 3억 금마르크로 늘어났다.[166] 이러한 외환시장의 흐름은 1924년 초 인플레이션이 상승하고 개인들이 다시 외화를 사들이기 시작하면서 멈추었다. 하지만 앞서 설명한 바와 같이, 독일 내 긴축으로 신용에 압박이 가해지고 인플레이션이 안정화되면서 외환 보유고는 다시 늘어났다.[167]

두 번째 중대한 전환은 도스안을 통해 이루어졌다. 도스위원회는 독일의 배상금 부담을 덜어주었을 뿐 아니라, 상당한 금액의 외화 대출을 확대해주었다.[168] 1924년 10월에 집행된 대출은 8억 금마르크 상당의 외화로, 주로 달러와 파운드, 프랑 등으로 구성되었다.[169] 그렇게 많은 금액은 아니었지만, 투기 세력들의 공격을 막아내고 라이히스방크의 신뢰성을 개선하기에는 충분했다.[170] 이는 외국인 투자자들에게도 긍정적인 신호였다. 도스안이 시행된 후, 4년 동안 미국 투자자들은 상대적으로 높은 수익률을 좇아 독일 채권에 자금을 쏟아부었다.[171]

1924년이 되자, 위기는 거의 끝이 났다. 독일은 짧은 회복기에 접어들었지만, 10년 후 대공황이 닥쳤다. 이 두 번째 위기는 경제를 황폐화시켰을 뿐만 아니라, 우익과 좌익 포퓰리스트의 부상과 히틀러의 집권, 그리고 뒤이어 일어난 모든 사건을 야기했다. 하지만 이는 다른 이야기이므로, 이 책에서는 다루지 않을 것이다.

1부 참고문헌

발더스턴^{Balderston}, T. "War Finance and Inflation in Britain and Germany, 1914~1918." The Economic History Review 42, no. 2 (May 1989): 222–244. https://doi.org/10.2307/2596203.

브레시아니-투로니^{Bresciani-Turroni}, Constantino. The Economics of Inflation: A Study of Currency Depreciation in Post-War Germany. 세이어스^{Millicent E. Sayers} 옮김. London: Allen and Unwin, Ltd., 1937.

아이켄그린^{Eichengreen}, Barry. Hall of Mirrors: The Great Depression, the Great Recession, and the Uses-and Misuses-of History. New York: Oxford University Press, 2016.

펠드먼^{Feldman}, Gerald D. The Great Disorder: Politics, Economics, and Society in the German Inflation, 1914~1924. New York: Oxford University Press, 1997.

퍼거슨^{Ferguson}, Niall. Paper and Iron: Hamburg Business and German Politics in the Era of Inflation, 1897~1927. Cambridge: Cambridge University Press, 1995.

그래햄^{Graham}, Frank D. Exchange, Prices, and Production in Hyper-Inflation: Germany, 1920~1923. Princeton, NJ: Princeton University Press, 1967.

홀트프레리히^{Holtfrerich}, Carl-Ludwig. The German Inflation, 1914~1923. Berlin: Walter de Gruyet, 1986.

케인스^{Keynes}, John Maynard. The Collected Writings of John Maynard Keynes. Vol. 17, Activities 1920~1922: Treaty Revision and Reconstruction. London: Macmillan, 1977.

푸케^{Peukert}, Detlev J.K. The Weimar Republic: The Crisis of Classical Modernity. New York: Hill and Wang, 1993.

뤼피퍼프^{Rupieper}, H.J. The Cuno Government and Reparations 1922~1923: Politics and Economics. The Hague, The Netherlands: Martinus Nijhoff, 1979.

테일러^{Taylor}, Frederick. The Downfall of Money: Germany's Hyperinflation and the Destruction of the Middle Class. New York: Bloomsbury Press, 2013.

웨브^{Webb}, Steven B. Hyperinflation and Stabilization in Weimar Germany. New York: Oxford University Press, 1989.

1부 미주

1   펠드먼, 《The Great Disorder》, 30.
2   펠드먼, 전게서(前揭書)32.
3   브레시아니-투로니, 《The Economics of Inflation》, 23.
4   브레시아니-투로니, 전게서 23.
5   펠드먼, 전게서 38.
6   펠드먼, 전게서 38.
7   펠드먼, 전게서 45.
8   펠드먼, 전게서 47.
9   홀트프레리히, 《The German Inflation》, 177.
10 펠드먼, 전게서 42.
11 펠드먼, 전게서 52-54.
12 테일러, 《The Downfall of Money》, 16.
13 브리지워터 예상치. 브레시아니-투로니 전게서 25 참조. 퍼거슨, 《Paper and Iron》, 118-20.
14 홀트프레리히, 전게서 117.
15 테일러, 전게서 31.
16 펠드먼, 전게서 45-46.
17 펠드먼, 전게서 45.
18 펠드먼, 전게서 44.
19 브리지워터 예상치. 펠드먼, 전게서 45-46 참조.
20 펠드먼, 전게서 47-49.
21 펠드먼, 전게서 49.
22 펠드먼, 전게서 48-49.
23 웨브, 《Hyperinflation and Stabilization》, 4; 퍼거슨, 전게서 120.
24 펠드먼, 전게서 146.
25 펠드먼, 전게서 146.
26 펠드먼, 전게서 148.
27 펠드먼, 전게서 148.
28 브레시아니-투로니, 전게서 54.
29 펠드먼, 전게서 178.
30 퍼거슨, 전게서 150.
31 퍼거슨, 전게서 186.
32 퍼거슨, 전게서 276.
33 웨브, 전게서 33, 37.
34 홀트프레리히, 전게서 132-3.
35 펠드먼, 전게서 151.
36 펠드먼, 전게서 152.
37 홀트프레리히, 전게서 132-3.
38 펠드먼, 전게서 206.
39 펠드먼, 전게서 207.
40 펠드먼, 전게서 207.
41 홀트프레리히, 전게서 71.
42 퍼거슨, 전게서 245.
43 홀트프레리히, 전게서 209.
44 퍼거슨, 전게서 285.
45 퍼거슨, 전게서 286.
46 웨브, 전게서 33.
47 케인스, 《Collected Writings》, 48.
48 퍼거슨, 전게서 243.
49 퍼거슨, 전게서 270.
50 퍼거슨, 전게서 287.
51 퍼거슨, 전게서 295.
52 퍼거슨, 전게서 287.
53 퍼거슨, 전게서 289.
54 웨브, 전게서 107.
55 상환 일정에 관한 논의는 퍼거슨, 전게서 311-2 참조.
56 퍼거슨, 전게서 310.
57 웨브, 전게서 37; 퍼거슨, 전게서 313.
58 퍼거슨, 전게서 298.
59 퍼거슨, 전게서 308.
60 퍼거슨, 전게서 343.
61 케인스, 전게서 92.
62 퍼거슨, 전게서 321.
63 펠드먼, 전게서 445.
64 웨브, 전게서 56.
65 퍼거슨, 전게서 337.
66 펠드먼, 전게서 389.
67 자세한 역학 분석은 브레시아니-투로니, 전게서 188-197 참조.
68 펠드먼 인용, 전게서 389.
69 브레시아니-투로니, 전게서 294.
70 브레시아니-투로니, 전게서 294.
71 홀트프레리히, 전게서 205.
72 그래햄, 《Exchange, Prices, and Production》, 28.
73 브레시아니-투로니, 전게서 297.

74 브레시아니-투로니, 전게서 305-6.

75 퍼거슨, 전게서 335-6.

76 펠드먼, 전게서 390.

77 브레시아니-투로니, 전게서 260.

78 펠드먼 인용, 전게서 390.

79 아이켄그린, 《Hall of Mirrors》, 134.

80 펠드먼 인용, 전게서 446.

81 발더스턴, 《War Finance》, 21; 아이켄그린, 전게서 134.

82 펠드먼, 전게서 445.

83 펠드먼 인용, 전게서 433.

84 펠드먼, 전게서 505.

85 펠드먼, 전게서 418.

86 펠드먼, 전게서 418.

87 웨브, 전게서 56.

88 웨브, 전게서 56.

89 퍼거슨, 전게서 318.

90 웨브, 전게서 57.

91 퍼거슨, 전게서 338.

92 퍼거슨, 전게서 383.

93 퍼거슨, 전게서 341.

94 브레시아니-투로니, 전게서 81.

95 퍼거슨 인용, 전게서 339-340.

96 브레시아니-투로니, 전게서 80-82.

97 펠드먼 인용, 전게서 355.

98 웨브, 전게서 14.

99 웨브, 전게서 14.

100 홀트프레리히, 전게서 75.

101 퍼거슨, 전게서 360.

102 브레시아니-투로니, 전게서 366-7.

103 웨브, 전게서 58.

104 뤼피퍼프, 《The Cuno Government》, 113.

105 펠드먼, 전게서 640-1.

106 펠드먼, 전게서 643.

107 퍼거슨, 전게서 371.

108 퍼거슨, 전게서 371.

109 웨브, 전게서 60.

110 퍼거슨 인용, 전게서 376.

111 웨브, 전게서 3.

112 아이켄그린, 전게서 146-7; 브레시아니-투로니, 전게서 368.

113 브레시아니-투로니, 전게서 336.

114 펠드먼, 전게서 768.

115 펠드먼, 전게서 704.

116 펠드먼, 전게서 728.

117 아이켄그린, 전게서 149.

118 협상에 관한 상세한 내용은 펠드먼, 전게서 453-507, 658-669, 698-753 참조.

119 아이켄그린, 전게서 148.

120 아이켄그린, 전게서 148.

121 아이켄그린, 전게서 148.

122 퍼거슨, 전게서 405; 아이켄그린, 전게서 149.

123 아이켄그린, 전게서 149.

124 푸케, 《The Weimar Republic》, 286.

125 아이켄그린, 전게서 150.

126 웨브, 전게서 61; 브레시아니-투로니, 전게서 353.

127 펠드먼, 전게서 784-5.

128 브레시아니-투로니, 전게서 342-3.

129 브레시아니-투로니, 전게서 343.

130 브레시아니-투로니, 전게서 343.

131 웨브, 전게서 61.

132 브레시아니-투로니, 전게서 343-4.

133 브레시아니-투로니, 전게서 344.

134 브레시아니-투로니, 전게서 344.

135 브레시아니-투로니, 전게서 343; 웨브 전게서 63.

136 브레시아니-투로니, 전게서 346.

137 브레시아니-투로니, 전게서 343.

138 웨브, 전게서 63.

139 홀트프레리히, 전게서 316.

140 웨브, 전게서 62; 펠드먼, 전게서 752, 787-8. 특히 렌텐마르크의 가치 역시 제대로 보장되지는 않았다. 렌텐마르크가 담보로 삼은 금 표시 부동산 담보 채권은 5% 이자를 지급했지만, 다른 안정적인 가치를 지닌 대출의 시장 금리는 그보다 훨씬 높았기 때문에 이러한 부동산 담보 채권은 액면가보다 낮은 가격에 거래되었다. 렌텐마르크의 실제 교환 가치는 액면가를 크게 밑돌았다. 따라서 새로운 통화의 가치를 지탱하기 위해서는 라이히스방크가 암묵적으로나마 금 보유고를 지원하는 것이 매우 중요했다. 렌텐마르크의 가치 보장에 대한 자세한 설명은 브레시

아니-투로니, 전게서 340-1 참조.

141   브레시아니-투로니, 전게서 346.

142   브레시아니-투로니, 전게서 348-9.

143   브레시아니-투로니, 전게서 354.

144   브레시아니-투로니, 전게서 354.

145   웨브, 전게서 61-62.

146   웨브, 전게서 62.

147   홀트프레리히, 전게서 316-7.

148   아이켄그린, 전게서 147.

149   아이켄그린, 전게서 147.

150   펠드먼, 전게서 770.

151   브레시아니-투로니, 전게서 356.

152   웨브, 전게서 61.

153   웨브, 전게서 62.

154   아이켄그린, 전게서 146.

155   아이켄그린, 전게서 146.

156   아이켄그린, 전게서 146-7.

157   브레시아니-투로니, 전게서 356.

158   브레시아니-투로니, 전게서 356-7; 아이켄그린, 전게서 146.

159   브레시아니-투로니, 전게서 322.

160   브레시아니-투로니, 전게서 322.

161   브레시아니-투로니, 전게서 322-3.

162   웨브, 전게서 71.

163   웨브, 전게서 71; 브레시아니-투로니, 전게서 353.

164   브레시아니-투로니, 전게서 348-351.

165   브레시아니-투로니, 전게서 349.

166   브레시아니-투로니, 전게서 349.

167   브레시아니-투로니, 전게서 350-2.

168   아이켄그린, 전게서 150.

169   아이켄그린, 전게서 150.

170   아이켄그린, 전게서 150.

171   아이켄그린, 전게서 151

2부

미국 부채 위기와 대응
(1928~1937년)

미국의 부채 위기와 조정(1928~1937년)

이 장에서는 디플레이션 유발형 디레버리징의 전형적인 사례인 미국의 대공황을 중심으로 1920년대부터 1930년대의 부채 사이클을 자세히 설명한다. 앞서 '전형적인 대형 부채 사이클'에서 제시한 템플릿과 관련된 사례를 세부적으로 파악할 기회가 될 것이다. 대공황이 일어난 지 거의 한 세기가 지났지만, 발생 원리는 기본적으로 2008년 금융 위기와 다르지 않았다. 파트 2의 다른 사례들과 마찬가지로, 당시의 상황을 시간의 순서대로 설명해두었다(이번 장에서는 금융업계에 종사하며 겪은 개인적 경험에 기초했다기보다는 몇 년 동안 수집한 대공황 관련 서적에 기초해 작성했다). 동시에 상자글에 언론 기사와 연방준비제도의 보도자료를 발췌해 제시해두었다.

1927~1929년: 버블

제1차 세계대전과 1920~1921년의 침체 이후 미국 경제는 급속한 기술 주도 성장을 경험했다. 중산층이 성장하였고, 소도시와 시골로 전기가 보급되면서 신기술 시장이 열렸다. 라디오는 따끈따끈한 신기술의 산물로 떠오르면서 전국적으로 보유량이 1922년 6만 대에서 1928년 750만 대로 증가했다.[1] 자동차 산업도 급성장하여, 1929년에는 자동차 보유 대수가 2,300만 대에 이르렀다. 이는 1920년과 비교했을 때 약 3배에 달하는 수치로, 미국인 평균 5명당 1명꼴로 자동차

신문기사 & 연방준비제도 월보

1925년 1월 31일
라디오 코퍼레이션 이익 100%
"라디오 코퍼레이션 오브 아메리카는 어제 전년도 수익 보고서를 공시해 총 5,484만 8,131달러의 영업 이익을 기록했다고 밝혔다. 1922년의 1,483만 857달러, 1923년의 2,639만 4,790달러와 비교해 주목할 만한 수치다."
〈뉴욕타임스〉

1926년 1월 10일
지갑을 여는 국민들 덕에 생산량 신기록
"작년 자동차 업계는 종전 기록인 1923년 대비 10만 대, 작년 대비 50만 대 늘어난 약 380만 대의 승용차를 생산함으로써 다시 한 번 생산량 신기록을 경신했다."
〈뉴욕타임스〉

1926년 7월 25일
상무부 연감, 올해 생산성 정점: 산업 생산량과 교역량, 전시 경제 수준을 능가
"오늘자 상무부 연감에서는 '1925년 미국의 산업 및 교역 활동은 전쟁 특수 효과를 누렸던 과거 몇 년까지 포함해 역사상 가장 높은 수준에 도달했다'고 보도했다."
〈뉴욕타임스〉

1926년 8월 20일
경기 확장 계속될 듯
"내셔널 뱅크 오브 커머스(National Bank of Commerce)와 어빙 은행-콜롬비아 신탁회사(Irving Bank-Columbia Trust Company)의 경기 검토에 따르면 올해 남은 4개월간 국내 경제는 확장 국면으로 접어들 것으로 예상된다. 그들은 일부 산업을 제외한 모든 무역 지표가 긍정적으로 나타나고 있다고 언급했다."
〈뉴욕타임스〉

1927년 1월 3일
은행계도 새해 호황 예상
"내셔널 시티은행(National City Bank)은 어제 신년사를 통해 새해에도 어김없이 경제 전망이 밝을 것이라고 발표했다."
〈뉴욕타임스〉

1927년 1월 14일
포드, 16년간 3억 7,592만 7,275달러 벌어
〈뉴욕타임스〉

를 소유했음을 나타낸다.[2] 기술의 발전은 생산성의 폭발적인 증가를 이끌었다(1928년 공장의 시간당 생산량은 1922년에 비해 75% 증가했다). 각종 신문들이 기술 혁신에 대한 기사로 도배되면서 경제에 대한 낙관적 시각이 팽배해졌다.

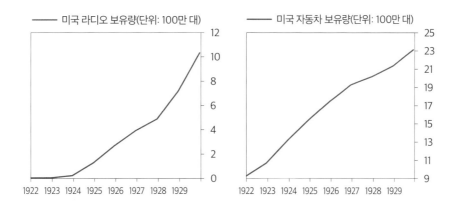

이와 같은 기술 붐이 한창이던 부채 사이클의 초기 단계(대략적으로 1922년부터 1927년까지)에는 경제 성장세는 탄탄하고 인플레이션은 억제된 양상을 보였다. 자본가, 노동자 할 것 없이 모두 거두어들이는 결실이 많았다는 의미에서 이 시기를 '풍년Fat years'이라고 표현하기도 한다.[3] 기업 이윤은 전후(戰後) 최고점을, 실업률은 최저점을 기록했으며, 실질임금은 20% 이상 상승했다. 버블 이전인 1923년부터 1926년까지는 부채가 오롯이 생산성 향상에 투입되어 빠르게 소득이 증가했으며, 그에 걸맞은 수준에서 적정한 부채 증가세를 유지했다. 동시에 주가는 별다른 변동성 없이 높이 치솟았다. 1922년 초와 1927년 말 사이 미국의 주식투자자들이 거둔 수익률은 150%를 넘을 정도였다. 특히 당시 가장 잘나갔던 기술주이자, 증권 업계에서 흔히 '라디오'라 불리던 라디오 코퍼레이션 오브 아메리카Radio Corporation of America와 제너럴 모터스General Motors가 주도주 역할을 했다.[4]

그러는 사이 버블이 고개를 들기 시작했다. 전형적인 사례와 마찬가지로, 버블의 근본 원인은 생산성 향상과 기술 발전이 어지러울 정도로 빠르게 진행되고 사람들이 레버리지에 의존한 베팅을 멈추지 않은 데 있었다. 한 기고가는 미국 경제가 '새 시대'를 맞이했다는 사람들의 믿음을 다음과 같이 기술했다. "새 시대가 열렸다. … 영원한 번영에 접어들게 된 것이다. 호황과 불황이 되풀이되던 과거는 끝났다. 미국인들의 부와 저축은 꾸준히 늘어나고, 주가도 지속적으로 상승할 것이다."[5]

다른 나라들이 보기에도 미국은 아주 매력적인 투자처였다. 당시 미국을 비롯해 세계 대부분의 국가에서 금본위제를 채택하고 있었다. 금본위제를 시행한다는 말은 화폐를 대량으로 찍어내어 대출기관의 대출 채권 가치가 훼손되는 일은 없을 것이라고 안심시키기 위해 각국의 정부가 화폐를 고정된 비율의 금으로 교환해주기로 약속했다는 의미이다. 금이 세계 각국에서 미국으로 유입되었는데, 그것은 투자자들이 금을 주고 달러를 매수했기 때문이었다. 이렇게 미국으로 유입된 금은 1929년 주식시장 붕괴 이전 버블 시기의 사태 전개 양상의 향방을 결정하는 중요한 역할을 하게 된다. 하지만 지금 단계에서 자세히 다루지는 않을 것이다.

금이 너무 빨리 고갈되자 걱정이 된 프랑스, 독일, 영국 등 다른 나라들은 달러의 투자 매력도를 떨어뜨리기 위해 미국 연방준비제도에 달러 금리를 낮추어줄 것을 요청했다. 1927년 봄 연방준비제도는 금융자산 구매에 활용되는 부채의 증가보다 경제 성장과 인플레이션에 주안점을 두고 할인율을 4%에서 3.5%로 낮췄다. 물론 이로 인해 미국에서 신용 창출을 부채질하는 연쇄 효과가 나타났다. 하지만 중앙은행이 이런 식으로 부주의하게 정책을 결정하는 것은 버블 시기에 나타나는 전형적인 행태로, 버블을 키우라고 돈을 쥐여주는 것이나 마찬가지이다.

경제 성장은 완화 정책에 힘입어 가속화되었으며, 전국의 신문 기사와 라디오 방송은 견실한 경제에 대한 보도로 가득 찼다. 1928년 하반기에 산업 생산은 9.9% 증가했으며 자동차 생산량은 사상 최고치를 기록했다. 사람들은 호황을 맞아 도취감을 만끽했다. 1929년 초 〈월스트리트 저널Wall Street Journal〉은 미국 경제의 강점을 다음과 같이 설명했다.

"우리가 기억하기로는 지금처럼 강한 경제 여건 속에서 새해를 기분 좋게 시작한 적이 없었다. … 모든 산업이 풀가동 중이며, 철도 수송량은 최고 기록을 세웠다."[6]

연방준비제도의 완화 기조는 주식시장을 상승장으로 이끌었다. 당시 주식시장은 버블의 전형적인 징후를 빠짐없이 보여주었다. 앞서 내가 규정했던 버블의 특성을 다시 한번 살펴보자.

1. 가격이 통상 기준에 비해 높다.

2. 가격은 통상 기준보다 높지만, 미래 가격 상승에 비해 낮게 평가되었다.

3. 낙관적인 심리가 만연해 있다.

4. 자산 구매 자금을 부채에 의존해 레버리지비율이 높다.

5. 구매자들은 미래 가격 상승에 투기하거나 대비하기 위해 이례적으로 선물 거래를 확대한다(예: 재고 누적, 선물 계약 체결).

6. 이전에는 없던 새로운 구매자들이 시장에 진입한다.

7. 통화 완화 정책은 버블을 키우는 역할을 하고, 통화 긴축 정책은 버블을 터뜨리는 역할을 한다.

1927~1928년 사이 주가가 거의 두 배나 오르자, 주식은 증거금을 이용해 자금을 조달하여 몇 배 또는 몇십 배의 가격으로 거래되었다. 많은 주식이 30배 이상의 가치로 평가되었다. 주가가 30배나 오른 종목도 많았다.[7] 1929년 오하이오주립대학의 찰스 에이머스 다이스Charles Amos Dice 교수의 유명한 저서 《주식시장의 새로운 국면New Levels in the Stock Market》은 상승 기대감이 만연한 주식시장의 모습을 포착했다. 그는 주식투자가 대중적으로 확대된 덕분에 주가 상승이 어느 정도 안정적 국면에 접어들었으며, "올라가면 내려오기 마련이라는 주식시장의 격언은 예전에는 주식의 움직임을 예측하는 기준이었는지는 몰라도 이제는 한물간 이야기가 되었다."라고 주장했다.[8]

신규 매수자들이 주식시장에 넘쳐났고, 그중 대다수는 주식투자를 해본 적이 없는 햇병아리 투자자였다. 한마디로 버블의 징후를 전형적으로 보여주는 현상이다. 증권사들은 미래의 투기 유망주들을 끌어들이기 위해 재빨리 전국으로 세력을 확장했다. 월스트리트 밖으로 진출한 지사 수는 1928~1929년 사이에 50%

신문기사 & 연방준비제도 월보

1928년 2월 25일
투신사 법안 의견 대립
"앨버트 오팅어(Albert Ottinger) 법무장관이 제안한 투신사 관련 법안에 대해 오늘 공화당 입법 지도부와 주정부 은행 당국(State Banking Department)은 의견 충돌을 보였다. 그러나 다수당 대표인 존 나이트(John Knight) 상원의원은 법무부 장관이 제출한 법안이 통과되도록 공화당 내에서 추진을 진행 중이라고 분명히 밝혔다. 그는 '투자 신탁이 차지하는 역할이 점점 커지고 있으며, 지속적으로 세력을 확장하고 있다. 그들은 어느 정도 감시를 받을 필요가 있다'라고 전했다."
〈뉴욕타임스〉

1928년 2월 29일
투신사 신규 설립
〈뉴욕타임스〉

1928년 3월 13일
다수 종목 거침없이 상승 행진, 일일 거래량 최고치 경신
"지난주의 거래소 상황이 투기 심리에 미칠 영향에 대한 우려는 전일 시황으로 말끔히 불식되었다. 전일 거래량은 387만 5,000주에 도달하여 이전의 모든 기록을 갈아치웠다."
〈뉴욕타임스〉

1928년 3월 25일
투기 과열이 시장을 지배: 벼락부자들의 성공 사례 영향으로 투자 열기 역대 최고
〈뉴욕타임스〉

1928년 5월 4일
기업들 실적 개선 발표 이어져
"어제 공시된 올해 1분기 기업들의 수익과 매출 실적은 전년 동기 대비 뚜렷한 개선을 보였다."
〈뉴욕타임스〉

1928년 7월 25일
투신사, 수익 증가 보고
〈뉴욕타임스〉

1928년 7월 26일
은행 건전성 높이 평가
"전미 주립은행감독연합(National Association of Supervisors of State Banks)의 회계 담당관 R.N. 심스(R.N. Sims)가 발표한 연례 보고서에 따르면 국내 은행들의 자본, 예금액 등 총 재원은 그 어느 때보다 풍부하다."
〈뉴욕타임스〉

1928년 9월 2일
자동차 제조업계 신기록 행진 중
"올해 자동차 업계 전체가 보여준 놀라운 성과를 반영하듯, 몇몇 자동차 제조업체는 8월 동안 생산량 최고 기록을 세웠다."
〈뉴욕타임스〉

1928년 9월 14일
신생 투신사 출범: 아메리칸 얼라이언스(American Alliance), 이미 수탁액 475만 달러 확보
〈뉴욕타임스〉

이상 증가했다.[9] 1929년 한 증권사 중개인은 이렇게 말했다. "주식으로 큰돈을 벌었다는 사람들을 어디에서나 볼 수 있었다. 저녁 식사나 카드 게임 자리, 골프장, 전차 내, 우체국, 이발소, 온갖 공장과 상점 등 곳곳에서 주식 얘기가 들렸다."[10]

이 기간 동안 높고 빠르게 증가하는 레버리지를 이용해 주식 매수 자금을 조달했다. 게다가 규제와 보호를 받는 은행 시스템이 아닌 비정규 대출 채널을 통해 레버리지가 이루어지는 경우가 점점 많아졌다. 전형적으로 많은 레버리지가 발생하는 새로운 대출시장이 빠르게 성장하는 것도 버블의 징후이다. 보증이나 자산들을 한데 모아 패키지화하는 방법을 통해 은행들은 대체로 이런 신종 자산들이 안전해 보이게 할 수 있다. 스트레스 테스트를 할 기회인 위기가 없으면 이러한 자산들이 실제로 얼마나 안전한지 알기 어렵다. 이런 '금융 혁신'은 규제 당국에 의해 모니터링을 통해 실태를 파악하여 관리되지 않으면, 향후에 위기를 낳게 되는 것이 일반적이다. 은행과 투기자들은 공생 관계로 손쉽게 많은 돈을 벌었다(즉 은행들은 투기자들에게 대출을 내주며 예대마진을 높게 매겨 돈을 벌고, 투기자들은 레버리지를 이용해 주식을 매수해 주가를 끌어올려 돈을 벌었다). 1929년에 콜론Call loan(금융기관이나 증권회사 상호 간에 거래되는 단기의 자금 대출)과 투자신탁은 정규 은행 시스템 밖에서 존재하며 가장 빠르게 성장하는 대출 채널이었다.[11]

당시 기준으로 비교적 참신한 혁신이었던 콜론시장은 대형 대출 채널로 성장하며 투자자들에게 주식 매입 자금 대출Margin Debt(주식 매매 대금 중 일부만 증거금으로 내고 증거금을 제외한 나머지 금액은 대출을 받아서 조달하는 대신 해당 주식을 담보로 맡기는 주식 신용 거래)에 접근할 수 있는 길을 열어주었다. 콜론 대출 조건은 시장 금리와 증거금 요건을 감안하여 매일 조정되며, 익일 만기 대출의 경우 대출기관은 언제든 상환을 '요청call'할 수 있었다. 콜론은 대출기관과 채무자 사이에 자산과 부채의 불일치를 발생시켰다. 채무자는 콜론으로 빌린 돈으로 위험 자산을 구매하고, 대출기관은 금리를 추가로 부담해서라도 돈을 빌리려는 위험한 채무자에게 콜론을 제공했기 때문이다. 이처럼 버블 국면에서 대출기관과 채무자가 스스로 자초한 자산과 부채의 불일치로 인해 위기 국면에서 압박을 받게 되는 현상이 발생한다. 이런 현상은 부채 위기에서 빠지지 않고 등장하는 단골손님이다.

새로운 투자자들이 콜론 대출시장에 진입하여 많은 투기자에게 돈을 빌려주었다. 콜론은 단기 자금 중 금리가 가장 높았을 뿐 아니라, 대출기관이 필요에 따라 상환 요청이 가능하다는 이점 때문에 기업들이 여유 자금을 굴릴 수 있는 안전한 투자처로 큰 인기를 얻었다.[12] 런던, 홍콩 등의 해외 자본도 계속해서 유입되었다. 훗날 한 역사가는 다음과 같이 설명했다. "거대한 황금 강줄기가 월스트리트로 흘러들었고, 그 덕에 미국인들은 증거금만 내면 주식을 보유할 수 있었다."[13]

연방준비제도의 규제 시스템 밖에 존재하는 대출기관(비은행권 및 해외 자본)에서 나온 자금이 전체 콜론시장에서 차지하는 비중이 1928년 초 24%에서 1929년 10월 58%로 증가했다.[14] 이로 인해 금융시장의 리스크가 증가했는데, 그 이유는 이런 대출기관들이 자금 압박을 받아 유동성이 필요할 경우 연방준비제도가 이 기관들에 자금을 대여해줄 수 없다는 데 있었다.

다음 도표는 버블 국면에서 벌어진 주식 매입자금 대출이 폭발적으로 증가하면서 주가가 동반 상승하는 모습을 보여준다.

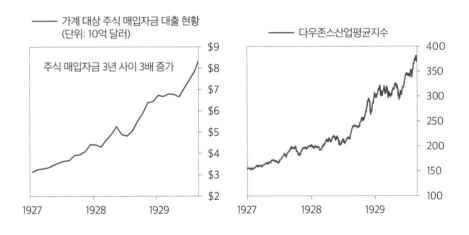

콜론 외에도 투자신탁은 버블기에 급속하게 성장하면서 새로운 투기자들을 시장에 끌어들이는 역할을 한 또 다른 금융 혁신이었다. 영국에서 처음 시작되어 인기를 얻기 시작한 투자신탁은 자체 주식을 발행해 투자자에게 그 주식을 팔고 그로부터 확보된 자금을 다른 기업의 주식에 투자하는 회사이다.[15] 저명한 경제학자인 어빙 피셔는 투자신탁이 제공하는 '폭넓고 체계적인 분산투자'는 자금이 많지 않아도 다양한 기업의 주식에 투자하는 효과를 얻을 수 있게 해주었다며 찬사를 보냈다.[16] 주식시장이 호황을 누리면서 투자신탁 건립 건수가 폭발적으로 증가했다. 1929년에 이르러서는 일주일에 거의 다섯 군데꼴로 새로운 투자신탁이 설립되었다. 그리고 투자신탁 설립을 통해 조성된 자본금이 신규로

신문기사 & 연방준비제도 월보

1929년 1월 4일
존 무디의 시장 예측, 1929년도 전년 못지 않을 것이라 확신
"무디스 인베스터서비스의 사장 존 무디는 1923년 이래로 미국의 상징과도 같았던 번영은 완만한 조정을 거치는 정도 외에는 앞으로도 큰 이변 없이 계속될 것이라고 말했다."
<뉴욕타임스>

1929년 1월 7일
체이스 은행(Chase Bank) 자산 규모 역대 최고
<뉴욕타임스>

1929년 2월 2일
연방준비은행의 경고
"어제 연방준비은행이 최근 기업들의 초단기 대출 행태에 대해 주의를 환기하는 발언을 했음에도 시장의 총 대출액이 줄거나 이들이 제때 상환될 기미는 보이지 않는다. 그럼에도 불구하고 중앙은행 당국의 발언은 어제 큰 관심을 끌었고, 1년 전만 해도 비합리적으로 간주하던 이 새롭고 특이한 대출 관행에 대해 새로운 관점의 필요성을 이끌어 냈다."
<뉴욕타임스>

1929년 2월 15일
연방준비은행, 장시간 논의 끝에 5% 금리 유지하기로
"어제 저녁 월스트리트에서 신경을 곤두세운 채 지켜본 뉴욕 연방준비은행 이사회 회의는 장장 5시간 동안 이어진 끝에 재할인율을 기존과 같이 5%로 유지하기로 결정하며 마무리되었다."
<뉴욕타임스>

1929년 2월 27일
새로운 형태의 대형 투신사 탄생: 철회 가능한 자발적 투자의 기본 원칙에 충실한 농민 대부 신탁 회사, 수탁 관리 및 분산투자 운영을 위한 복합 펀드 구성
<뉴욕타임스>

1929년 3월 14일
장밋빛 산업 보고서와 완화된 단기 대출 시장 덕에 증시 상승
<뉴욕타임스>

1929년 3월 15일
우선주 상환 예정
<뉴욕타임스>

1929년 3월
할인율 및 매입률 조정
"2월 15일 뉴욕 연방준비은행은 어음 매입률을 45일 만기 기준 4.75% ~ 4.875%에서 5%로, 그 이상의 만기물은 5.125%로, 다시 5.75%로 인상했다. 댈러스 연방준비은행은 3월 2일부로 모든 만기물에 대해 할인율을 4.5%에서 5%로 인상하였다."
<연방준비제도 월보>

1929년 3월 26일
금리 14%로 급등하며 주가 폭락
"지난주에 조짐을 보였지만, 투기자들은 심각하게 고려하지 않은 주가 폭락 시나

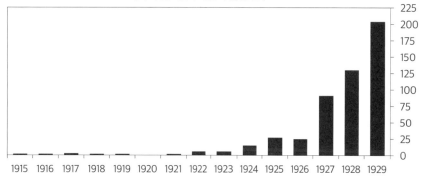

미국의 연도별 투자신탁 설립 건수

리오가 신용 긴축과 맞물려 어제 사상 최악의 하락 폭을 기록하며 현실이 됐다. 과거에 이보다 더 큰 수준의 낙폭은 거래소 역사상 단 두 번 있었다."
<뉴욕타임스>

조성된 전체 자본금의 3분의 1에 이를 정도였다.[17]

투자신탁 측에서는 자신들의 분산투자로 인해 금융 시스템이 더 안전해졌다고 주장했다. 그러나 버블 국면에서 수익률을 극대화하기 위해 많은 투자신탁이 레버리지를 활용했기 때문에 투자자 입장에서는 예전에 없었던 리스크가 새로 생긴 것이나 마찬가지였다. 그리고 투기자들은 주식이라는 투자 수단이 갖는 속성을 인지하지 못한 채 최근의 추세가 계속될 것이라고 믿었다. 그로 인해 투기자들은 이미 활용한 투자신탁의 레버리지에 주식 매입자금 대출까지 이중으로 활용하는 우를 범하며 리스크를 증폭시켰다.[18]

주가가 치솟는 과정에서 투기자들은 어마어마한 수익을 창출하며 더 많은 구매자들을 시장으로 끌어들였다. 주가가 상승할수록 투기자들은 주가가 계속해서 오를 것이라고 생각해 더 공격적으로 베팅했다.

동시에 주가가 오르면 주식 발행도 늘어나기 때문에 주가가 고공행진을 하자 발행되는 주식수도 늘어났다.[19] 논리적으로는 주가가 상승하면 대출 기준이 높아지지만, 버블이 이런 국면까지 치닫게 되자 주가가 올라갈수록 대출 기준은 더 낮아지는 현상이 벌어졌다. 대출기관은 대출이, 채무자는 부채를 활용한 주식 매입이 돈벌이가 된다는 점을 알게 되었기 때문이다.

레버리지를 활용한 대출이 행해지는 곳은 대부분 그림자 은행 시스템이었다. 반면 당시 은행들은 외형적으로는 레버리지 비율이 높지 않았다. 1929년 6월 당시 은행들은 1920~1921년 경기 침체 이전보다 외형적으로는 훨씬 더 건전성이 높았다. 엄청난 수익률을 기록했을 뿐 아니라 자본 비율도 높아졌으며(14.9%에서 17.2%), 정기 예금이 차지하는 비중이 높아짐에 따라(23.3%에서 35.7%) 은행 입장에서는 부채를 당장 상환해야 할 필요성이 낮아졌다.[20] 애널리스트들은 1929년에 있었던 일련의 대형 은행 합병 사례들로 인해 은행의 강세가 더 지속될 것으로 내다봤다.[21] 일반적으로 호경기에 은행의 수익과 재무 상태는 건실하게 보인다. 자산 가치가 높게 형성되어 있고, 이를 든든히 뒷받침하는 예금이 있기 때문이다. 그러나 뱅크런으로 예금액이 소진되고 은행의 자산 가치가 떨어지는 시점이 되면 문제가 불거진다.

연방준비제도 이사회 이사들은 주식 투기를 부채질하는 단기적 성격의 대출을 억제해야 할 필요성에 대해 논의했지만 단기 금리를 선뜻 인상할 수 없었다. 아직 경기가 과열 상태는 아니고 인플레이션도 억제되어 있어서 고금리가 투기꾼만 아니라 모든 채권자에게도 해를 끼칠 우려가 있었기 때문이다.[22] 최악의 부채 버블은 인플레이션 상승 때문이 아니라 부채 증가로 인한 자산 가격의 상승과 함께 나타나는 것이 전형적이다. 중앙은행은 부채의 성장을 용인하는 실수를 저질렀다. 왜냐하면 중앙은행은 인플레이션과 성장률에만 주안점을 두었기 때문이다. 부채의 위기를 자초한 책임이 있는 중앙은행은 정작 부채가 성장하고 있다는 점을 신경 쓰지 않았다. 부채가 원금과 이자를 상환하기에 충분한

1929년 3월 27일
주식시장 폭락 후 반등, 거래량 824만 6,740주
"장 마감 직전 많은 종목에서 5~20포인트 회복되며 오늘의 하락 폭을 만회했지만, 그 반등 타이밍은 오전 중 수많은 투자 및 투기 세력의 투매 행렬이 이미 지나간 뒤였다."
〈뉴욕타임스〉

1929년 3월 28일
은행의 자금 지원으로 증시 힘차게 반등
"지난 월요일과 화요일 한 차례 격렬한 폭풍이 지나간 후, 어제 시장은 진정을 되찾았다. 주요 대장주들이 충분한 지원으로 버텨주고 월스트리트의 은행들이 필요할 때 언제든 현행 금리로 대출을 지원할 준비가 되어 있음이 분명해지자 투자 심리도 다시 되살아났다."
〈뉴욕타임스〉

1929년 4월 21일
9월 1일에 채권 만기 도래하는 유에스 스틸(U.S. Steel): 115달러에 상환 주식 소각, 총 1억 3,400만 달러의 역대급 기록
〈뉴욕타임스〉

1929년 4월 22일
1928년도 투신사 수익 현황
"1928년 미국 투신사들은 평균적으로 투하자본 순이익률 11.2%, 미실현 이익을 합치면 총 25%을 기록했다."
〈뉴욕타임스〉

1929년 4월 23일
투신사 주식 상장 관련 법제화 초안 계획
"투신사에 이해관계가 있는 회원사들에 의해 여러 측면에서 압박을 받아온 뉴욕 증권거래소가 거래 대상 증권의 종류에 대해 원칙적으로 합의함으로써 투신사 주식에 공식적인 상장 자격을 부여하기로 결정한 것으로 전해진다. 이 사안은 시장 가치 20억 달러 이상의 유가증권과 관련되어 있는 만큼 종전 이후 뉴욕 증권거래소 이사회가 직면한 가장 중요한 문제 중 하나다."
〈뉴욕타임스〉

1929년 4월 25일
머피 앤드 컴퍼니(Murphy & Co.) 투신사 설립: 그레이머 코퍼레이션(Graymur Corporation), 500만 달러 이상의 초기 자본으로 사업 개시 예정
〈뉴욕타임스〉

1929년 6월 21일
알드레드(Aldred) 투신사, 146만 4,000 달러 수익 실현: 유틸리티주 네 군데 투자 후 성과 수혜 톡톡
〈뉴욕타임스〉

1929년 6월 24일
새로운 투신사 탄생: 허드슨 할렘 밸리(Hudson-Harlem Valley Corp.), 신탁 은행 지분 인수 예정
〈뉴욕타임스〉

― 인플레이션(전년 동기 대비)

소득을 창출하고 있는지도 신경 쓰지 않았다.

연방준비제도는 재할인율을 높이는 대신 은행을 통한 신용 공급을 제한하는 거시 건전성(규제) 조치를 시행했다. 이러한 규제 조치 중에는 대출 승인율을 낮추고 신용 대출 상품에 대한 감독을 강화하는 것도 포함되었다.[23] 연방준비제도는 지역 은행에 보내는 공개서한을 통해 "국가 신용이 지나칠 만큼 투기적 성격의 주식 담보대출 용도로 흡수되고 있다."라고 비난했다. 그리고 이러한 성격의 대출에 자금을 제공하기 위해 연방준비제도에서 돈을 빌리려는 은행은 대출이 거절될 수 있다고 경고했다.[24] 그러나 이러한 정책은 그다지 효과가 없었다.

1929년 후반: 고점, 그리고 붕괴

조이면 터진다

1928년 연방준비제도는 통화 긴축 정책에 돌입하여, 2월에서 7월 사이 금리를 5%로 1.5% 올렸다. 연방준비제도는 경제 성장을 저해하지 않는 범위에서 투기성 신용의 확대를 막고자 했다. 이듬해인 1929년 8월에 다시 6%로 인상했다. 단기 금리가 상승하여 수익률 곡선이 완만해지거나 장·단기 금리가 역전되면 유동성이 부족해진다. 현금처럼 보유 기간이 짧은 자산은 수익률이 증가하므로 그 수익도 커진다. 보유 기간이 긴 자산(예: 채권, 주식, 부동산)에 비해 이런 자산들이 상대적으로 보유하기에 매력적이 되면서 자금이 금융시장에서 빠져나가고, 그 결과 자산의 가치가 떨어진다. 자산 가격이 떨어지면 음(−)의 자산효과를 만들어내고, 소득과 지출을

더 감소시켜 다시 경제에 되먹임된다. 이렇게 되면 버블이 터지는 방향으로 상황이 반전된다.

결국 버블을 터뜨린 것은 긴축이었다. 발생 과정은 다음과 같다.

불길한 징조가 처음 나타난 것은 1929년 3월이었다. 연방준비제도 이사회 이사들이 자세한 내용은 공개하지 않은 채 워싱턴 본부에 모여 매일 회의를 한다는 소식이 월스트리트에 전해졌다. 그러자 투기적 부채에 대한 단속이 시작될 것이라는 소문이 촉발되었다.[25] 증시는 2주간 서서히 하락했다.

연방준비제도는 이례적으로 토요일에 회의를 열었고, 이후 주가는 3월 25일과 26일에 연이어 급락했다. 주식시장은 패닉에 휩싸이며 다우지수가 4% 이상 하락했으며, 콜금리는 20%까지 치솟았다. 거래량은 기록적인 수준에 도달했다.[26] 레버리지를 활용하는 소규모 투자자들에게 마진콜Margin call이 쇄도하면서 자산 강매 현상이 나타나기 시작했고, 결국 그 영향으로 주가는 폭락하기에 이르렀다. 연방준비제도에서 어떤 조치도 취하지 않기로 결정하자, 뉴욕 연방준비은행의 총재였던 찰스 미첼Charles Mitchell 내셔널 시티 은행장은 2,500만 달러의 대여금을 시장에 공급할 준비가 되어 있다고 발표했다.[27] 이로써 시장이 안정을 되찾으며, 금리가 떨어지고 주가는 반등했다. 주가는 다시 오름세로 돌아섰지만, 이 사건은 주식시장이 신용 축소에 얼마나 취약한지를 잘 보여준 전조가 되었다.

성장세는 다소 주춤해졌지만 경제는 1929년 중반까지 강한 면모를 유지했다. 〈연방준비제도 이사회 월보Federal Reserve Bulletin〉 6월호에 따르면 4월 한 달간 산업 생산과 공장 고용률이 사상 최고 수준을 유지했으며, 1분기 내내 부진했던 건설 경기도 급격한 회복세를 보였다.[28]

5월에 또 한 번 매도세가 시장을 강타했지만 오래가지 못했다. 반등세가 가속화되는 양상을 보이며 마침내 버블은 폭발 단계로 진입했다. 증시는 6월에 11%, 7월에 5%, 8월에 10%씩 각각 상승했다. 이런 반등세가 가능했던 요인은 가계의 주식 매입자금 대출이 3개월 동안 12억 달러 이상 증가하는 등 레버리지 활용이 가속화된 데 있었다.

통화 긴축 정책은 계속되었다. 8월 8일, 뉴욕 연방준비은행은 거시 건전성 감독 정책이 투기성 대출을 감소시키지 못했다는 것을 확실히 깨닫고 재할인율을 6%로 올렸다.[29] 동시에 높은 주가와 금리에 대한 우려로 증권사는 콜론 요건을 강화하고 증거금 요건도 인상했다. 전년도에 10%로 낮추었던 증거금 요건을 대부분의 증권회사에서 45~50%로 인상했다.[30]

9월 3일 다우지수가 381포인트로 장을 마감하며 주식시장은 고점에 달했다. 이 수준으로 다우지수가 회복하는 데 25년이 걸렸다.

특정 사건이나 충격이 주식시장의 버블 붕괴를 일으키는 주범이 아니라는 점을 기억해야 한다. 가격이 상승하면 레버리지를 활용한 매수세가 나타나지만, 매수세의 가속화가 지속 불가능해지는 것이 버블 국면에서의 전형적인 양상이다. 그 이유는 투기자와 대출기관의 레버리지 비율이 더 이상 올릴 수 없는 수준 또는 그에 준하는 수준까지 이르렀기 때문이다. 또한 긴축 정책으로 인해 레버리지 비율을 올리는 것이 경제적으로 효과적이지 않기 때문이다.

악재성 소식이 연이어 전해지며 투자자의 신뢰가 떨어지자, 9월과 10월 초에 증시는 차츰 내리막길로 들어섰다. 9월 5일, 통계학자 로저 뱁슨Roger Babson은 전국 비즈니스 컨퍼런스National Business Conference에서 '금융 긴축'으로 인한 증시 하락을 경고하는 연설을 했다. 실제로 얼마 후 대량 매도세로 주가가 2.6% 떨어졌으며, 이를 '뱁슨 폭락Babson break'이라고 한다. 세계의 금융 제국 런던조차 9월 20일 클래런스 해트리Clarence Hatry의 사기 혐의 사건으로 붕괴되면서 시장은 혼란에 휩싸였다. 그리고 일부 영국 투자자들은 미국의 보유자산을 팔아 현금으로 회수했다.[31] 9월 26일 영국 은행은 8년 만에 재할인율을 5.5%에서 최고치인 6.5%로 인상했으며, 유럽의 일부 다른 국가들도 같은 수순을 밟았다.[32]

신문기사 & 연방준비제도 월보

1929년 9월 6일
뱁슨, 증시 '폭락' 예상: 피셔의 견해는 반대
"통계학자로저 뱁슨은 오늘 웰즐리(Wellesley)의 뱁슨 파크(Babson Park)에서 열린 제16회 전국 비즈니스 컨퍼런스에 앞서, 주식시장의 '대폭락'이 언제든 올 수 있으므로 이제 현명한 투자자라면 대출로 산 주식을 정리하고 투기성 신용 거래를 그만둘 것이라고 말했다. 반면 미국을 대표하는 경제학자이자 시장 분석가 중 한 명인 예일대의 어빙 피셔 교수는 '현재 주가는 지나치게 고평가된 상태가 아니므로 폭락은 전혀 일어날 리 없다.'라고 말했다."
<뉴욕타임스>

1929년 9월 6일
암울한 전망 속 주가 폭락
"어제 오후 증권거래소에서는 마른하늘에 날벼락처럼 매도 폭탄이 터지면서 1시간 만에 시가총액 수백만 달러가 증발했다. 거래소 역사상 가장 혼란에 휩싸인 하루였으며, 정오까지만 해도 여유롭게 숫자 놀음에 편승하던 수많은 개미 투자자를 시장 밖으로 내몰게 만들었다. 마감 직전까지 회오리 같았던 오후장이 지나고 4시가 다 되도록 시세판의 종가는 예측 불가였다. 약 200만 주에 달하는 반대 매매의 급류가 거래소를 강타했다."
<뉴욕타임스>

1929년 10월 4일
금년 최악의 폭락이 주식시장을 강타
"어제 뉴욕 증권거래소에서 개장과 동시에 미미하게 꿈틀대던 하락의 기세는 매 시간 점점 강도가 높아지더니 오후 들어 급격한 폭락장으로 변했다. 장 마감 직전 반대 매매 매물이 시장을 휩쓸며 시가총액 수백만 달러가 증발했다. 단 2시간 만에 올해 가장 큰 낙폭을 기록했다. 신용 거래가 매주 증가함에 따라 금융시장의 긴축이 지속되고 지난 2주 동안 시장 변동이 심했던 만큼, 이 폭락은 이미 예고된 일이었다."
<뉴욕타임스>

1929년 10월 8일
회복세는 현재 진행형
"주식시장은 며칠간의 보합세 이후 토요일부터 상승세가 재개되었다. 많은 종목에서 장 막바지에 10포인트까지 상승이 이루어졌으며 대부분 종목은 그날의 고가로 마감되었다."
<뉴욕타임스>

1929년 10월 13일
은행 실적 꾸준한 상승 추세, 3분기 예금도 증가세 보여, 증시는 보합
<뉴욕타임스>

이 두 사건이 복합적으로 작용한 결과 매도세가 촉발되며 10월 중순까지 주가를 고점 대비 10% 끌어내렸다. 주요 신문을 통해 드러난 투자자들과 칼럼니스트들의 견해는 최악의 상황은 끝났으며, 최근의 변동성이 시장에 약이 되었다는 것이 중론이었다. 10월 15일, 경제학자 어빙 피셔는 "주식시장이 앞으로는 하락하지 않을 안정적 고점에 도달한 것으로 보인다"라고 주장했다.[33]

그런 다음 시장이 바닥으로 추락했다. 이 시기는 하루하루가 매우 다사다난했던 만큼, 여러분의 이해를 돕기 위해 당시의 상황을 나의 설명과 신문기사를 통해 전달할 것이다.

주식시장의 붕괴

주가는 10월 19일 토요일 급락하여 역대 두 번째로 높은 거래량을 보였고, 하방 압력은 자기 강화적인 양상을 띠며 하락세를 더 부채질했다. 장 마감 후 마진콜(추가 증거금 요구)이 급증하면서 레버리지를 이용한 주식투자자들은 증거금을 채워 넣든지(물론 그 돈을 구할 길은 없다), 아니면 주식을 처분하든지 양자택일해야 했다. 이로 인해 매도 물량이 쏟아졌다.[34] 일요일 〈뉴욕타임스〉에는 "매도 물량이 시장을 집어삼켜 주가가 하락했다."라는 헤드라인으로 기사가 실렸다.[35] 그래도 증권업자들은 월요일에 다시 장이 개장하면 시장이 회복될 것으로 예상했다. J. P. 모건의 토머스 라몬트Thomas Lamont 회장은 주말에 후버 대통령에게 보낸 서한에서 현 경제 상황을 두고 '앞날이 밝다.'라고 표현했다.[36]

한 주가 시작되는 10월 21일, 개장과 동시에 대량 매도가 시작되었다. 한 애널리스트는 월요일의 매도 주문이 '압도적이고 공격적'이었다고 설명했다.[37] 거래량은 다시 신기록을 세웠다. 또 한 차례의 마진콜 세례가 시장을 엄습했고, 이에 따라 레버리지를 활용해 투자한 투자자들이 곤경에 처하며 매물이 쏟아져 나왔다.[38] 그러나 월요일 장이 끝날 무렵 시장은 반등을 시작해, 결과적으로 토요일보다 하락 폭이 작았다.

화요일에 장은 소폭 상승했다. 수요일은 개장할 때만 해도 분위기가 차분했으나, 최악의 고비가 지나갔다는 희망은 장 마감 직전에 무참히 깨졌다. 장 마감 1시간 동안 매도 주문의 급증으로 증시가 폭락하고, 또 한 차례 마진콜이 발동하면서 강매를 촉발했다.[39] 다우지수는 일일 하락률로는 사상 최대치인 20.7포인트가 하락(6.3%), 305.3에서 마감했다.

매도세가 워낙 강했고 장 마감 직전 갑자기 발생했기 때문에 그날 밤 전례 없는 규모의 마진콜이 나왔다. 또 목요일 시장이 개장했을 때 투자 포지션을 방어하기 위해 투자자들은 추가적인 담보를 제공해야 했다.[40] 이로 인해 많은 투자자가 주식을 처분할 수밖에 없게 됐다.

거래소 전 직원은 목요일 아침에 쏟아질 매도 주문과 마진콜의 폭풍 전야를 앞두고 준비를 단단히 하라는 주의를 받았다. 만약의 사태를 대비해 뉴욕 금융지구 전역에 경찰이 배치되었다. 훗날 뉴욕 증권거래소의 윌리엄 크로포드William R. Crawford 감독관은 당시 개장 직전 분위기에 대해 "긴장감이 가득했다."라고 설명했다.[41] 결국 붕괴와 패닉이 시장을 덮쳤다.

개장 초 분위기는 차분했으나, 매물 폭탄이 곧 시장을 휩쓸었다.[42] 전국에서 쇄도하는 매도 주문 때문에 주가가 하락하고, 새로운 마진콜이 야기되면서 주가 하락을 더 부채질했다. 매도세가 어찌나 사나웠던지 중개소 직원들은 주문을 소화하느라 진땀을 뺐다. 한 전화 상담원은 당시 현장을 생생히 전했다. "영문을 알 수 없었다. 모든 것이 무너지고 있었다."[43] 증시 폭락에 대한 소문과 뉴스가 퍼지면서 금융지구에 군중이 구름같이 모여들었다.[44] 이후 검은 목요일로 알려지게 되는 이날, 주요 지수는 오전 중에 10% 이상 하락했다.

정오 무렵이 되자 대형 은행 중역들은 J. P. 모건 사옥에서 소모임을 갖고 시

신문기사 & 연방준비제도 월보

1929년 10월 13일
주택담보대출, 좋은 수익률 입증: 주식 및 채권보다 투자 수익이 더 좋다는 설문 조사 결과 나와, 104개 주요 회사의 보유분을 표본으로 사용한 보험사 통계 보고서 공개
〈뉴욕타임스〉

1929년 10월 20일
대규모 현금화로 증시 폭락, 거래량 최고치 근접
"어제 주식시장을 아수라장에 빠뜨린 폭락 사태는 분명 상습적으로 등장하는 매도 물량 폭탄과 반복적으로 쇄도하는 반대 매매 때문에 발생한 것으로 보인다."
〈뉴욕타임스〉

1929년 10월 22일
증시 다시 급락, 종가는 강한 매수 지원에 힘입어 반등 마감
〈뉴욕타임스〉

1929년 10월 23일
찰스 미첼 내셔널 시티 은행장, 유럽에서 귀국 후 증시 하락에 일침: '많은 종목의 주가가 저평가되어 있다.'
〈뉴욕타임스〉

1929년 10월 23일
증시 급등 후 장 후반 하락 반전
〈뉴욕타임스〉

1929년 10월 24일
반대 매매 물량 속 폭락, 수십억 달러 증발
"지난 한 달 동안 이어진 하락장에 두려움을 느낀 수많은 투자자가 어제 오후 공포 매도 물량을 대거 쏟아내며 역사상 가장 큰 폭의 증시 하락을 가져왔다. 최고의 배당주조차도 주가에 상관없이 매도되었으며, 그 결과 최소 몇 포인트에서 최대 96포인트까지 하락하는 엄청난 폭락 사태가 발생했다."
〈뉴욕타임스〉

1929년 10월 24일
밀 가격, 매도세에 하락: 증시 폭락의 영향으로 곡물가격도 급락
"오늘 증시의 급락을 반영, 밀시장의 종가 역시 4 내지 4.25센트 하락하여 이번 분기 최저치를 기록했다."
〈뉴욕타임스〉

1929년 10월 25일
긴장 완화에 힘 모으는 금융계
"월스트리트는 어제 매도 주문 세례에 주식시장이 압도되자 증시의 추가 하락을 저지하기 위해 선도 은행들에 급히 자금을 수혈했다. 그리고 시장 추세를 반전시킬 만한 조치를 논의하고자 J. P. 모건 사옥에서 긴급 회동을 소집하였다."
〈뉴욕타임스〉

장 안정화 계획을 세웠다. '은행연합The Bankers' Pool'이라고 불리는 그들은 1억 2,500만 달러어치의 주식을 매입하기로 했다. 그리고 오후 장 초반 거래소 직원들은 은행을 대신하여 가장 최근의 가격보다 높은 가격에 대량으로 매수 주문을 걸기 시작했다.[45] 이 계획에 대한 뉴스가 퍼지면서 다른 투자자들도 적극적으로 매수세에 가담하면서 다우지수가 상승했다. 결국 33포인트 하락한 272에서 저점을 찍었다가 299로 반등 마감해, 전일 대비 6포인트 하락하는 데 그치며 선방했다.[46] 그러나 나중에 알고 보니 이것은 시장을 강화하기 위해 시도했다가 실패한 수많은 사례의 서막에 불과했다. 다음 사진은 다음 날 〈뉴욕타임스〉의 1면 기사이다.

"최악의 증시 폭락을 막은 은행들, 1,289만 4,650주 매물 폭탄, 증권 업계는 경제 여건에는 문제없다는 입장"

목요일 폐장 후 약 35개 증권사 대표가 모여 시장을 안정화시키기 위한 두 번째 계획을 세우기 시작했다. 최악의 상황이 지나갔다고 확신한 그들은 금요일 〈뉴욕타임스〉 첫 면에 전면 광고를 실어, 대중에게 지금이 매수 적기라고 자신 있게 알렸다.[47] 같은 날 후버 대통령은 "국가 경제의 근본적인 토대인 상품의 생

신문기사 & 연방준비제도 월보

1929년 10월 25일
폭풍우가 지나고 낙관적인 증권계
"일부 대형 금융기관의 대표들과 기업 경영진들 사이에는 분명 분위기가 희망적이며 최악의 고비는 넘겼다는 것이 대체적 의견이었다. 증권 업계에서는 시장의 본질적 취약점이 아닌 대중의 공포 심리 때문에 매도세가 통제 불능 상태가 되었다고 보고 있다."
〈뉴욕타임스〉

1929년 10월 25일
투신사의 공격적 매수, 증시 하락에 준비금 투입
〈뉴욕타임스〉

1929년 10월 26일
시장 안정에 증시 상승, 은행계는 지속적인 지원 약속: 후버 대통령, '경제 기반 탄탄해'
〈뉴욕타임스〉

1929년 10월 27일
은행계, 폭락장 심폐소생 노력
"손에 땀을 쥐게 했던 지난 한 주를 금융 역사에 기록한다면, 마지막 장은 붕괴된 주식시장을 살리기 위해 시내 주요 은행들이 한데 뭉쳐 연합을 결성했다는 유례없는 결말로 장식될 것이다."
〈뉴욕타임스〉

1929년 10월 27일
주말, 완만한 거래 움직임 속 하락세
〈뉴욕타임스〉

1929년 10월 27일
주식투자자들, 고정 수익률을 보장하는 채권으로 눈 돌려
"지난주에 주식시장을 지배한 침울한 분위기와 달리, 뉴욕 증권거래소의 채권시장 및 장외 거래시장은 올해 들어 최고 수준의 거래량과 가격 상승을 기록했다."
〈뉴욕타임스〉

1929년 10월 28일
낮은 수익률이 주가 하락 유도: 독일의 시선, '미국 증시 폭락은 비정상적으로 고평가된 투신사 주식 때문'
〈뉴욕타임스〉

1929년 10월 29일
증시 하락, 생가죽 선물 시장에도 영향: 거래량 총 172만 파운드, 15~40포인트 하락 마감
〈뉴욕타임스〉

1929년 10월 30일
연방준비제도 개입 불필요 판단: 뉴욕 연방준비은행에서 6시간 회의 끝에 재할인율 조정 유보, 당국 입장은 낙관적
〈뉴욕타임스〉

산과 유통은 기초가 건전하고 탄탄하다."라고 말했다.[48] 그 일주일 동안 증시는 안정적이었고, 일요일 신문은 다시 한 주 동안 저점에 도달한 주가가 지지대를 뚫고 반등할 것이라는 낙관적인 기사를 실었다.[49]

그러나 28일 월요일, 대다수의 투자자에게서 매도 주문이 쇄도함에 따라 주가 폭락과 패닉이 재발했다. 특히 이 와중에 당장 기업에 대출금을 돌려줘야 하는 증권사들로부터 상당한 매도 물량이 나왔다.[50] 거래량은 하루 동안 900만 주에 달했으며(마감 직전 300만 주 체결)[51] 검은 월요일로 알려진 이날, 다우지수는 13.5%(하루 낙폭 사상 최대치) 하락을 기록했다. 장 마감 후 은행연합은 다시 모여 낙관론을 자극했지만, 추가적인 주식 매입 조치를 발표하지는 않았다.[52]

월요일 밤 또 다른 막대한 마진콜이 쏟아져 나왔고, 화요일 개장 전에 단기 대출금 중 1억 5,000만 달러가 시장에서 회수됐다.[53] **연방준비제도는 유동성을 제공함으로써 신용 붕괴에 대응하려 했다. 조지 해리슨**George Harrison **뉴욕 연방준비은행 총재는 개장을 앞둔 새벽 3시에 이사들과 비상소집회의를 열어 단기 금융시장에서 신용경색을 완화하기 위해 국채를 매입해 1억 달러의 유동성을 공급하겠다고 발표했다. 사실 그러려면 워싱턴 연방준비제도 본부의 승인이 필요

STOCK PRICES SLUMP $14,000,000,000 IN NATION-WIDE STAMPEDE TO UNLOAD; BANKERS TO SUPPORT MARKET TODAY

Sixteen Leading Issues Down $2,893,520,108;
Tel. & Tel. and Steel Among Heaviest Losers

A shrinkage of $2,893,520,108 in the open market value of the shares of sixteen representative companies resulted from yesterday's sweeping decline on the New York Stock Exchange. American Telephone and Telegraph was the heaviest loser, $448,905,162 having been lopped off of its total value. United States Steel common, traditional bellwether of the stock market, made its greatest nose-dive in recent years by falling from a high of 202¼ to

PREMIER ISSUES HARD HIT

Unexpected Torrent of Liquidation Again Rocks Markets.

"시가총액 140억 달러 증발, 은행은 오늘 시장에 지원 사격 예정"

<뉴욕타임스> 1929년 10월 29일자. <뉴욕타임스> 판권 소유. 미국 저작권법의 허가 및 보호에 의해 사용되었습니다. 명시적인 서면 허가 없이 이 콘텐츠의 무단 복제, 재배포, 재전송은 금지됩니다.

신문기사 & 연방준비제도 월보

1929년 10월
연방준비은행, 포트폴리오 구성에 변화
"증가하는 재인 대출의 수요에 못 미치는 신용 공급을 연방준비은행들이 공개시장에서 채권을 매입함으로써 해결하였다. 7월과 8월에 할인율이 감소한 후, 연방준비은행은 재빨리 채권 인수에 적극 나섰으며, 그 결과 연방준비은행의 채권 보유액은 8~9월 두 달 사이 2억 달러 이상 증가했다."
<연방준비제도 월보>

1929년 10월 30일
추가 하락으로 요동치는 증시, 일일 거래량 최고치
"어제 장 마감 직전까지도 반대 매매의 격동은 전혀 진정될 기미가 보이지 않았다. 이날 실거래량은 1,640만 주로 지난 목요일의 1,280만 주를 훨씬 넘어섰으며, 대표적인 여러 상위 종목에서 25~40포인트 하락이 발생했다."
<뉴욕타임스>

1929년 10월 30일
기본 여건은 건전하므로 믿고 지켜보자는 대체적 의견, '참사' 수준은 아직 아냐: 국가 번영에 영향을 미치지 않는 일시적인 하강 국면에 불과
<뉴욕타임스>

1929년 10월 30일
콘웨이(Albert Conway) 보험 감독관, 적극 매수 의견: 현재 가격 수준이 투자 적정가라고 제시
<뉴욕타임스>

1929년 10월 31일
급격한 회복세, 일부 종목은 계속 하락, 금리 6%, 파운드화 강세
"어제 시장에서 확인된 중요한 사실은 선의의 매수자가 주문한 물량이 패닉에 가까운 반대 매매 행렬에 제동을 거는 데 좋은 효과를 발휘했다는 것이다. 이번 주 광란에 가까웠던 폭락장은 분명 반등으로 마감할 것으로 보인다."
<뉴욕타임스>

1929년 10월 31일
은행주 5~500포인트 상승, 거래 활발
"어제 화요일 많은 거래량을 보였던 은행주들이 주가를 회복했다. 활발한 매수세에 힘입어 종목별로 적게는 5포인트, 많게는 500포인트 올랐다. 내셔널 시티 은행이 다시 거래량 상위 종목에 오른 가운데, 종가는 85포인트 상승 마감했다. 반면 투신사 주식은 등락이 들쑥날쑥했다."
<뉴욕타임스>

했지만, 기다릴 여유가 없었다. 대신에 그는 공개시장투자위원회Open Market Investment Committee(연방공개시장 위원회FOMC의 전신) 계정을 활용하지 않고 국채를 매입했다.[54] 평시의 안전성을 보장하기 위해 설계된 견제와 균형의 원리는 즉각적이고 적극적인 행동이 요구되는 위기의 상황에는 적절성이 떨어진다. 그러다 보니 1920년대 후반에 취해진 부채 위기와 그 여파에 대한 대응책은 대부분 미봉책이었다.

연방준비제도의 유동성 투입은 신용 여건을 완화하고 여러 기업의 도산을 막았을지는 몰라도, 검은 화요일로 알려진 주식시장의 붕괴를 막기에는 역부족이었다. 개장과 동시에 대량의 매물이 쏟아지면서 증시는 추풍낙엽처럼 떨어졌다.[55] 은행연합이 매도세로 돌아섰다는 소문이 패닉을 부채질했다.[56] 뉴욕 증권거래소 회원들은 정오에 모여 거래소를 폐쇄하는 방안을 논의했지만, 그러지 않기로 결정했다.[57] 예전에는 버블을 키워 수익률을 끌어올렸던 레버리지가 역풍으로 작용하면서 특히 투자신탁들은 큰 타격을 입었다. 골드만삭스 트레이딩 코퍼레이션Goldman Sachs Trading Corpo-ration은 42% 하락했고, 블루리지Blue Ridge는

STOCKS COLLAPSE IN 16,410,030-SHARE DAY, BUT RALLY AT CLOSE CHEERS BROKERS; BANKERS OPTIMISTIC, TO CONTINUE AID

"1,641만 30주 거래량 속 주식시장 붕괴, 그러나 장 마감 직전 반등으로 증권사들 안도, 은행계는 낙관적이며 자금 지원 계속"

<뉴욕타임스> 1929년 10월 30일자. <뉴욕타임스> 판권 소유. 미국 저작권법의 허가 및 보호에 의해 사용되었습니다. 명시적인 서면 허가 없이 이 콘텐츠의 무단 복제, 재배포, 재전송은 금지됩니다.

신문기사 & 연방준비제도 월보

1929년 11월
경기 동향 요약
"9월 들어 산업 생산은 평분기 수준보다 증가세가 주춤했다. 이달 생산량은 작년 같은 분기 수준을 상회했으며, 3분기의 생산량은 전년 대비 약 10% 증가했다. 건설 수주량은 계속해서 감소했다. 은행 융자는 9월 중순에서 10월 중순까지 증가하여 증권 거래 대출이 크게 증가했음을 반영했다."
<연방준비제도 월보>

1929년 11월
할인율 및 매입률 조정
"뉴욕 연방준비은행은 11월 1일자로 모든 등급 및 만기의 어음에 대해 할인율을 6%에서 5%로 낮췄다. 90일 이하 만기의 어음 매입률에 대해서는 10월 25일부터 5.125%에서 5%로, 다시 11월 1일부로 4.75%까지 인하했다. 한편 4개월 이하 만기물은 11월 1일부터 5.125%에서 4.75%로, 5~6개월 만기물은 5.5%에서 5%로 인하하였다."
<연방준비제도 월보>

1929년 11월 1일
영국은행 금리 6%로 인하: 예상 밖의 인하 소식에 거래소는 환영 분위기, 증시 상승
"영국은행 이사회는 힘겨운 5주 동안 6.5%로 유지하던 금리를 오늘 아침 6%로 낮추는 과감한 조치를 취했다."
<뉴욕타임스>

1929년 11월 5일
하루 종일 주가 2~17포인트 단계적 하락, 내일부터 사흘간 거래 시간 3시간으로 단축, 폭락장 이후 반등 없어
"전일 주식시장은 예상치 못한 매물 폭탄과 막판의 매수 주문 취소로 매수세가 사라지면서 개장과 동시에 급락했고, 이후 5시간 동안 회복될 기미 없이 하락세가 멈추지 않았다."
<뉴욕타임스>

1929년 11월 22일
상장 채권 거래 활기 속 상승: 재무부 채권 인기, 5개 종목이 최고가 기록
"상장 채권시장은 어제 상당한 거래량이 추가 상승을 견인했으며 미 국채는 다시 활발한 수요를 보였다."
<뉴욕타임스>

1929년 11월 29일
후버 대통령의 계획을 보는 유럽의 시선: 기업계, 일시적 경감 정책일 뿐 근본적 치유책은 못 돼
<뉴욕타임스>

1929년 12월 1일
후버 대통령의 안정화 계획은 실행에 신중함이 있어야 … 기본 취지는 좋으나 새로운 건설 및 경기 확장책에는 차별화된 접근 필요
<뉴욕타임스>

한때 70%나 하락했다가 약간 회복했다.[58] 다우지수는 하루 낙폭으로 역사상 두 번째 수준인 11.7% 하락 후 마감했다. 전체 시장은 이틀 만에 23% 하락했으며 레버리지를 활용한 투기 세력과 그들에게 대출해준 금융기관이 문제에 봉착하게 되었다.

하락 장 중 시장이 반등하는 현상은 대형 부채 위기의 불황 국면에서 반복해서 발생하는 전형적인 현상인데, 이런 하락 장세 중 반등 현상이 수요일 주식시장을 반등세로 이끌며 주가를 12.3% 끌어올렸다. 그러자 뉴욕 증권거래소는 다음날은 정오에 거래를 개장하되 금요일과 토요일에는 밀린 서류 작업을 마무리하기 위해 거래소를 잠정 폐쇄하겠다고 발표했다.[59]

목요일에 미국과 영국의 중앙은행은 모두 금리를 인하했다. 연방준비제도는 6.5%에서 6%로 재할인율을 낮춘 영국 은행과 손발을 맞추기 위해 6%에서 5%로 은행 금리를 떨어뜨렸다.[60] 또한 거래소 직원들은 콜론에 대한 미지불액이 전주보다 10억 달러 이상 줄었다는 소식을 반겼다. 최악의 강제 판매 행렬이 지나갔다는 믿음이 반영된 시장은 다시 급등했다.

그러나 지난주의 반등세를 틈타 매도 기회를 노리던 투기꾼들이 월요일 개장에 맞춰 경쟁하듯 몰려들며 증시는 다시 급락했다. 따라서 그 주 수요일까지 다우지수는 15% 하락했다. 다음 주에도 하락장은 계속됐다.

주식과 콜론에서 발을 뺀 투자자들이 더욱 안전한 투자처를 모색하면서 철도 채권 및 기타 우량 채권들은 폭락장 속에서도 좋은 성과를 보였다. 동시에 상위 등급과 중하위 등급 회사채(BAA 이하) 사이의 수익률은 1929년에 가장 차이가 크게 벌어져, 위험군 회사채는 보합 내지 하락했다. 신용 리스크가 있는 주식이나 채권은 인기가 떨어지고 재무부 채권 등 비교적 신용 리스크가 낮은 자산이 부상하는 현상은 시장 원리에 따라 불황 국면에서 나타나는 전형적인 현상이다.

─── 다우존스 산업평균지수

주식시장의 폭락은 당연히 재정적·심리적으로 경제에 악영향을 끼치기 시작했다. 정계와 산업계에서는 늘 그랬듯이 계속 경제가 건재하다고 얘기했지만, 통계는 거짓말을 하지 않았다. 산업 생산은 7월이 정점이었다. 한 주가 시작되는 11월 4일 발표된 화물 적재량과 철강 수요 등 더욱 시의성 있는 지표들은 경제 활동이 둔화되고 있음을 보여주었다. 설상가상으로 상품시장도 급락했다. 11월 중순까지 다우지수는 9월 고점을 기준으로 거의 반 토막이 났다.

시장 붕괴에 대한 정부의 대처

시장 붕괴와 경기 침체에 대한 후버 행정부의 대처가 지금은 비판을 받고 있지만, 당시에는 좋은 평가를 받았고 유의미한 증시 반등도 이끌어냈다. 11월 13일, 후버 대통령은 한시적으로 각 소득 계층별로 1% 감세와 1억 7,500만 달러 규모의 공공 건설 지출 확대를 제안했다.[61] 이틀 후에는 '산업, 농업, 노동계 대표자들과 간단한 사전 협의'를 마련해 경기 침체에 맞서기 위한 계획을 논의하겠다고 발표했다.[62] 다음 주 그들이 모였을 때 후버 대통령은 기업인들에게는 자본 투자나 임금의 삭감을 삼갈 것을, 노조 지도자들에게는 파업이나 임금 인상 요구를 자제할 것을 당부했다.[63] 12월 5일, 후버 대통령은 당시 가장 유명한 400명의 기업인 회의를 소집했는데, 이는 나중에 미국 상공회의소 회장을 중심으로 1920년대 비즈니스 업계의 최고 거물 72명으로 구성된 리더십 위원회로 발

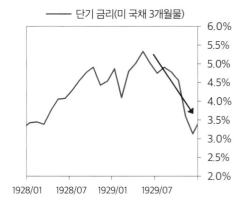

— 단기 금리(미 국채 3개월물)

신문기사 & 연방준비제도 월보

1929년 12월 1일
후버 대통령의 업적
"금융 붕괴 후에도 국민이 안심하도록 신속하고 단호하며 능숙하게 대처한 후버 대통령은 백번 칭송받아야 마땅하다. 현재의 재앙을 수습하기 위해 가능한 모든 노력을 유도하는 것을 목표로, 과거 상무부 장관 시절 엿볼 수 있었던 본인만의 수완을 새롭게 발휘해 기업계와 금융, 산업, 농업, 노조 분야의 대표들을 워싱턴으로 소집했다."
〈뉴욕타임스〉

1929년 12월 1일
후버 대통령 계획의 협조 일환: 폭스 시어터(Fox Theatres, Inc.), 토건 사업에 1,500만 달러 지출하기로
〈뉴욕타임스〉

1929년 12월 4일
후버 대통령 교서에 만족하는 월스트리트, 증시 상승
"월스트리트 분위기는 어제 후버 대통령의 의회 교서에 만족스러운 기색이다. 월스트리트는 은행법 개정, 철도 합병, 공공시설의 감독에 관한 대목을 특히 주목했다. 오전 내내 보합세를 보였던 증시는 교서 낭독 동안 활발하게 상승하기 시작하여 종가까지 오름세를 유지했다."
〈뉴욕타임스〉

1929년 12월 5일
후버 대통령, 임금 삭감 계획 없어: 테일러 소사이어티 참석한 헌트(Edward Eyre Hunt) 박사, '대통령, 장관 시절부터 임금 삭감 반대 입장 유지'
"어젯밤 호텔 펜실베이니아에서 열린 테일러 소사이어티(Taylor Society, 경영학자 프레드릭 테일러[Frederick Winslow Taylor]의 이름을 딴 과학적 관리론을 계승한 학술 단체) 회의에서 연설한 웨슬리 미첼(Wesley C. Mitchell) 박사는 후버 대통령이 경기 하강의 위험을 초기에 막기 위해 국가 경제 전담팀을 조직하려는 노력에 대해 산업 균형을 향한 중요한 실험이라고 총평했다."
〈뉴욕타임스〉

1929년 12월 10일
스탠더드 오일, 지원 부족: 불황 속 자사 주식 매입하겠다는 직원 129명밖에 없어
〈뉴욕타임스〉

1929년 12월 13일
영국은행, 금리 5.5%에서 5%로 인하: 11주 동안 세 번째 하락, 런던 금융계 경악
〈뉴욕타임스〉

1929년 12월 31일
채권 등락 반복: 내국채 약세, 외국채 강세
"어제 채권 가격은 종목별로 격차가 커서, 내국채는 평균적으로 약세, 외채는 상승세를 보였다. 자유 공채(Liberty bond, 미국이 제1차 세계대전 당시 모집한 공채)와 국채는 거래 둔화로 눈에 띄는 움직임이 별로 없었다."
〈뉴욕타임스〉

전했다.[64] 이러한 후버 대통령의 정책 배합은 연방준비제도에 대한 신용 완화를 위한 지원과 맞물려 한동안 성공적이었다.

앞서 언급한 바와 같이, 뉴욕 연방준비은행은 시장이 붕괴하는 동안 유동성을 적극적으로 제공했다. 그리고 한 달 안에 재할인율을 6%에서 5%로, 다시 4.5%로 낮췄다.

이러한 정책 조치들은 증시를 부양하기 위한 민간 부문의 다른 노력들과 결부되었다. 특히 11월 13일 존 록펠러John D. Rockefeller는 스탠더드오일Standard Oil Co. 주식 100만 주를 50달러에 매수 주문을 걸었다(사실상 50달러 선에서 매물대를 만들었다).[65] 11월 13일 시장은 바닥을 찍고 12월에 20%의 반등이 시작되었다. 이로써 낙관론으로 대세가 기울었다.

1930~1932년: 불황

1930년 새해가 되자, 주가가 50%나 하락했으니 조정 국면이 끝났다는 게 전반적인 인식이었다. 실제로 이 믿음은 그해 4월까지 강한 반등을 이끌어낼 수 있었다.[66] 아직 기업 실적이 악화될 것이라고 판단할 근거가 많지 않아 주가는 저평가된 듯 보였으며, 투자자들의 관점은 가장 최근 경기 침체의 기억으로 치우칠 수밖에 없었다. 즉 1907년과 1920년 두 번의 침체 모두 증시가 약 50% 하락했다가 최악의 상황이 끝났기 때문에, 사람들은 대부분 이번에도 비슷한 국면이 전개될 것이라고 생각했다.

정책 입안자들은 낙관론에 날개를 달기 위해 경기 부양을 위한 조치를 계속했다. 3월에 연방준비제도는 금리를 3.5%로 인하하여, 단 5개월 만에 총 금리 인하율이 2.5%에 달했다(이를 두고 연방준비제도 내에서도 너무 과한 부양책은 아닌지, 그리고 달러 약세를 무릅쓸 것인지 여부로 논란이 있었다).[67] 3월 25일 의회는 주 도로 건설과 토건 계획안 두 건을 통과해, 총 재정 부양책을 GDP의 약 1%로 끌어올리게 된다.[68]

전미 경제학회American Economic Association와 연방준비제도 소속 경제학자들은 경기 부양책이 경기 반등에 충분히 도움이 될 것이라는 의견에 동의했다. 1월 1일자 〈뉴욕타임스〉는 "기업의 잇따른 도산이나 심각한 실업이 보이지 않고, 주식시장의 강한 반등으로 침체기가 끝났다고 판단할 수 있다."라고 지적하면서 주식시장 붕괴 국면 이후 투자 심리의 변화 양상을 포착했다.[69]

낙관론의 또 다른 조짐은 은행이 실제로 1930년까지 투자를 확대하고 있었다는 점이다. 회원 은행Member bank(통화 감독청에 의해 인가된 모든 상업은행은 연방준비제도의 회원은행이 되어야 한다.)이 보유한 외국 채권, 지방 채권, 국채, 철도 채권이 모두 증가했다.[70]

4월 10일이 되자 다우지수는 290포인트를 넘어섰다. 그러나 경기 부양의 노력과 전반적인 낙관론에도 불구하고 경기 침체는 지속되었다. 1분기 기업 실적은 기대에 못 미쳤으며 4월 말부터 주식시장도 다시 하락하기 시작했다. 디레버리징의 초기 단계에서 투자자와 정책 입안자들은 실물 경제가 앞으로 얼마나 약화될지에 대해 과소평가했다. 이로 인해 짧은 반등은 금세 주저앉았고, 초기 대응책만으로 이를 해결하기에는 역부족이었다.

1930년 하반기에 경기는 확실히 약화되기 시작했다. 5월부터 12월까지 백화점 매출은 8%, 산업 생산은 17.6% 감소했다. 연중 실업률은 10% 이상 증가한 14%, 설비 가동률은 12% 감소한 67%를 기록했다. 주택담보대출시장이 붕괴 양상을 보였다. 그래도 이 시기에는 가벼운 경기 침체에 더 가까웠다. 예컨대 소비자 지출 수준은 이전 불황보다 낮은 수준은 아니었지만, 많은 업체가 아직 심각한 타격으로 어려움을 겪지 않았다. 다음 도표를 보면 백화점 매출과 산업 생산이 하락하긴 했지만 아직 이전 침체기의 최저 수준까지 무너지지 않았음을 알 수 있다(1930년은 강조를 위해 음영으로 표시했다).

경기가 약화되면서 주식시장에서는 다시 매도 행렬이 시작되었다. 1930년 10월이 되자 주가는 1929년 11월에 도달했던 최저치보다 더 떨어졌다. 이렇게 주식시장은 맥없이 한 해를 마무리했다. 상품시장도 급락했다. 이쯤 되니 시장 분석가와 투자자 모두 빠른 회복에 대한 희망이 물 건너갔다는 것을 깨달았다.[71] 그러나 후버 대통령만큼은 여전히 낙관적이었다.

연방준비제도의 금리 인하 덕에 국채시장은 강세를 보였지만, 스프레드는 계속해서 확대되었다. 스프레드의 확대로 인해 대부분의 기업과 소비자가 금리가 인상된 현실을 마주하게 되었다. 예를 들어, 장기 주택담보대출 금리가 상승했고, 주식시장 붕괴 이후 꽤 좋은 성과를 보이던 지방 채권 수익률은 신용 불안이 심화되면서 더 상승했다. 일부 산업은 신용 상태가 악화되면서 특히 더 큰 타격을 받았다. 만기 연장이 필요한 부채를 막대하게 짊어진 철도 업계의 신용 조건은 더 엄격해졌고, 순수익은 감소하고 있었다.[72] 철도는 필수 산업으로 간주되었기 때문에 정부는 구제 금융으로 긴급 자금을 지원하려고 했다(이 시기 철도 산업이 처한 상황은 2008년 금융 위기 때 자동차 산업이 직면했던 어려움과 유사했다).

보호주의의 부상

심각한 경기 침체기에서 흔히 볼 수 있는 현상으로, 보호주의와 반이민 정서가 증폭하기 시작했다. 정치인들은 다른 국가들의 반경쟁적 행위를 들먹이며 외부로 비난의 화살을 돌리는가 하면, 관세를 높여야 침체된 제조업과 농업을 되살릴 수 있고, 이민을 제한해야 실업 문제를 해결하는 데 도움이 될 것이라고 단언했다.[73]

보호주의 정서는 스무트 홀리 관세법Smoot-Hawley Tariff Act이 통과되면서 본격적으로 뚜렷해져, 약 2만 개 품목에 대해 수입 관세가 부과되었다. 투자 업계와 경제학계에서는 모두 관세의 20% 인상이 세계 무역 전쟁을 유발하고, 이미 쇠약해진 세계 경제를 더욱 둔화시킬 것이라 우려했다.[74] 5월 초 법안 통과가 임박해지자, 경제학자 1,028명은 후버 대통령에게 법률안 거부권을 행사해줄 것을 청원하는 공개서한을 보냈다.[75] 외국 정부들도 반대 의사를 표명하며 보복 조치를 암시했다.[76] 그러나 관세(특히 수입 농산물)는 후버 대통령의 공약 중 하나였기 때문에, 스무트 홀리 관세법에 대한 여론의 반발이 심화되는 중에도 선뜻 약속을 철회할 수 없었다.[77]

법안 통과가 확실시되자 주식시장은 매도세로 전환되었다. 전 주에 5% 하락한 다우지수는 대통령이 관세법안에 서명하기 바로 전날인 6월 16일에 7.9% 추가 하락했다. 다음 차트는 미국 수입품에 부과된 평균 관세율을 1800년대까지 거슬러 올라가 보여준다. 경기 침체기 동안 관세가 종종 인상된 적은 있지만, 스무트 홀리 관세법은 관세를 거의 기록적인 수준으로 끌어올렸다.[78]

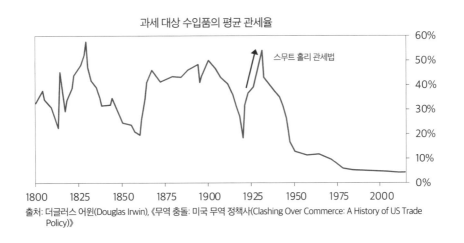

과세 대상 수입품의 평균 관세율

스무트 홀리 관세법

출처: 더글러스 어윈(Douglas Irwin), 《무역 충돌: 미국 무역 정책사(Clashing Over Commerce: A History of US Trade Policy)》

미국은 곧 보복성 보호 정책의 물결에 직면했다. 특히 가장 강도 높은 초기 대응을 보인 국가는 미국 수출의 20%를 차지하며 당시 최대 교역 상대국이던 캐나다였다. 캐나다 정부는 미국산 수입품 16개 품목에 대해서 관세를 올리는 동시에, 대영 제국의 수입품에 대해서는 관세를 낮췄다.[79] 그 후 몇 년 동안 비슷한 정책이 시행되면서 경기 위축으로 인한 국제 무역의 붕괴가 가속화되었다.

1930년 후버 정부는 경기 침체기에서 흔히 볼 수 있는 또 하나의 보호주의적 대응 패턴인 이민 제한(합법 및 불법 체류자를 막론하고)을 실행했다. 9월 9일 후버 대통령은 관광, 유학, 전문 인력 비자를 제외한 이민의 금지 조치를 내리며, 이는 실업에 대처하기 위한 불가피한 조치라고 해명했다. 그는 나중에 회고록에서 "당시 모든 이민자는 직간접적으로 생활 보호 대상자나 다름없었다. 입국하자마자 스스로가 생활 보호 대상자가 되거나, 일자리를 구한다면 다른 사람들을 생활 보호 대상자로 전락시켰기 때문이다."라고 밝혔다.[80]

도산하는 은행들

은행들은 증시 붕괴 이후에도 대체로 잘 버텨냈지만, 그들에게 대출을 받은 사람들이 불황의 직격탄을 맞으면서 경기 후퇴를 체감하기 시작했다. 1930년 은행 순이익은 전년도에 비해 약 40% 감소했지만 여전히 건전한 상태를 유지했다.[81] 심지어 일부 대형 은행은 배당금을 늘리기도 했다. 은행들은 당시 경제와 시장 상황을 감안할 때 끄떡없어 보였으며, 분석가들은 경기 침체기에 든든한 지원군 역할을 해줄 것이라고 기대했다.[82] 초기에 도산한 은행의 대부분은 부동산 대출 금액이 많거나 가뭄 피해로 손실을 입은 중서부 및 지방에 소재한 은행들이었다.[83] 이처럼 은행의 도산은 일부에서 시작되었지만 신용 문제가 확대되면서 점점 규모가 커졌다.

1930년 12월이 되자 은행 도산 문제는 전체 경제에 무시할 수 없는 위험이 되었다. 그리고 은행에 대한 불안감이 확산되며 뱅크런이 일어났다. 보호 장치가 없는 금융기관이 뱅크런에 시달리게 되는 현상은 디레버리징형 불황 국면의 전형적인 현상으로 이런 은행들은 불과 며칠 사이에 도산할 수도 있다.

은행들의 도산 사태를 본격적으로 파고들기 전에 금본위제부터 설명할 필요가 있다. 금본위제는 1930년대 부채 위기가 어떻게 발생했는지를 밝혀내는 데

신문기사 & 연방준비제도 월보

1930년 5월 5일
경제학자 1,028명, 후버 대통령에게 관세법안 거부권 행사 청원
"스워스모어 대학(Swarthmore College) 경제학과 부교수인 클레어 윌콕스(Clair Wilcox) 박사는 오늘 전미 경제학회 소속 학자 1,028명을 대표하여, 후버 대통령, 스무트 상원의원, 홀리 하원의원을 향해 스무트 홀리 관세법안 통과를 격렬히 반대하는 성명서를 발표했다. 학자들은 이 법안이 의회에서 통과되더라도 대통령이 거부권을 행사해 줄 것을 촉구하고 있다."
〈뉴욕타임스〉

1930년 6월
경기 동향 요약 보고
"5월 산업 생산은 4월의 증가치와 거의 같은 수준으로 감소했다. 이번 분기 제조업 고용률은 평분기보다 많이 줄었고, 물가 하락도 계속되었다. 금리는 더 떨어져 5년 만에 가장 낮은 수준을 기록했다."
〈연방준비제도 월보〉

1930년 6월 10일
세계 우호 차원에서 관세 삭감 촉구
〈뉴욕타임스〉

1930년 6월 14일
관세법안, 상원에서 44 대 42로 통과: 유럽은 1차 보복 돌입
〈뉴욕타임스〉

1930년 6월 15일
관세법안 통과로 증시 약세
〈뉴욕타임스〉

1930년 6월 16일
후버 대통령, 관세법안에 서명 예정
〈뉴욕타임스〉

1930년 7월 29일
파업 방지 계획 잠정 타결: 건축업, 노사 분쟁 중재 노력에 합의
"오늘 스트랜드 호텔에서 열린 건축업 고용주와 전국 건축 노조 대표 간의 종일 마라톤 협상에서 '모든 관할권 분쟁의 중재' 사안이 만장일치로 최종 합의되었다고, 회의 종료 무렵 발표되었다."
〈뉴욕타임스〉

1930년 9월 10일
후버 대통령, 취업 이민 일시적 중단 지시
"후버 대통령이 실업 구제책의 일환으로 이민을 가급적 제한하라고 지시함에 따라, 국무부는 입국 후 '생활 보호 대상자'가 될 가능성이 높은 이민자들에게 비자 발급을 제한하는 법 규정을 더 엄중하게 적용하기로 했다."
〈뉴욕타임스〉

1930년 10월
지속적인 통화 완화
"단기 금융시장의 상황은 9월 내내 계속 완화적으로 유지되었다. 연방준비은행에 대한 재할인 대출 수요는 연중 동일 시기에 보통 우상향 추이를 보이지만 이번에는 거의 변동이 없었으며, 연방준비은행의 채권 보유량 증가는 회원 은행에 대한 재할인율의 추가 인하에 반영되었다."
〈연방준비제도 월보〉

Bank Failures Set High Records in 1930, Totaling 934, With $908,157,788 Liabilities

There were 3,446 more commercial failures in the United States, exclusive of banks, in 1930 than in 1929, and the liabilities of the companies in default in 1930 exceeded those of the preceding year by $185,000,000. The number of failures was 15 per cent higher and the total indebtedness was 38.3 per cent greater.

along with liabilities and assets, for the last sixteen years:

Year.	No.	Assets.	Liabilities.
1930	26,355	$442,799,681	$668,283,842
1929	22,909	226,028,151	483,250,196
1928	23,842	255,477,569	489,559,624
1927	23,146	256,739,633	520,304,268
1926	21,773	202,345,485	409,232,278
1925	21,214	248,066,570	443,744,272
1924	20,615	337,945,199	543,225,440
1923	18,718	388,382,154	539,386,806
1922	23,676	407,357,995	623,896,251
1921	19,652	409,038,316	627,401,883
1920	8,881	198,504,114	295,121,805

"1930년 은행 도산 사상 최대, 총 934건, 부채 9억 815만 7,788달러"

중요한 역할을 하기 때문이다. 파트 1에서 설명한 것처럼 부채가 자국 통화로 표시된 경우 일반적으로 디레버리징이 잘 관리될 수 있다. 금본위제 내에 있으면 채권자가 상대방에게 채무액을 금으로 지불하도록 요구할 수 있으므로(대개 계약서에 서면으로 명시), 지나친 화폐 찍어내기는 사람들로 하여금 돈을 금으로 바꾸게 할 것이다. 그리고 당국이 마음대로 화폐를 찍어낼 수 없다는 점에서 외화 표시 부채를 안고 있는 것과 유사하다. 따라서 금본위제가 붕괴되기 전까지 정책 입안자들이 쓸 수 있는 카드는 제한적이었다.

이 시기 가장 충격적인 은행 사태는 약 40만 명의 예금 고객으로 최대 규모를 자랑하던 미합중국은행Bank of the United States의 파산이었다.[84] 12월 10일 시작된 뱅크런은 유언비어가 발단이었다. J. P. 모건과 체이스 은행을 포함해 월스트리트를 대표하는 금융기관들은 이 은행을 구제하는 데 필요한 3,000만 달러를 투입할 것인지 결정하기 위해 뉴욕 연방준비은행에 모였다. 이 자리에 모인 상당수의 금융기관은 미합중국은행이 단순히 유동성이 부족한 게 아니라 지급 능력이 없다고 생각했기 때문에 도산하게 놔두어야 한다고 주장했다.[85] 반면 뉴욕은행 감독관 조셉 브로데릭Joseph Broderick은 "미합중국은행을 폐쇄하면 10군데 이상의 다른 은행도 줄줄이 문을 닫게 될 것이다. … 저축은행들에도 파장을 일으

신문기사 & 연방준비제도 월보

1930년 12월 11일
헛소문으로 곤혹 치른 은행
"한 소규모 자영업자가 어제 미합중국은행(Bank of U.S.) 브롱스 지점에 가서 직원에게 자신의 주식을 처분해달라고 요청했다. 그러나 주식이 좋은 투자 수단이라며 매도를 만류하는 조언을 들었다. 그는 은행을 나온 후 자신의 매도 주문을 은행에서 거부했다고 부풀려 소문을 퍼뜨린 것으로 보인다."
<뉴욕타임스>

1930년 12월 11일
증시 거래량 감소 폭 4주 만에 최대, 옥수수와 면화 가격 하락세
<뉴욕타임스>

1930년 12월 12일
미합중국은행 폐점
"각 은행들이 영업을 조기 재개하기를 희망한다는 성명을 발표하는 한편, 시내 주요 은행들은 예금 고객들을 안심시키기 위한 임시 방책으로 고객들에게 예금액의 50%에 해당하는 대출 편의를 제공하기로 했다. 미합중국은행은 이름과 달리 연방정부와 아무런 관련이 없다. 폐점 당시의 총 예금액은 약 1억 6,000만 달러였다."
<뉴욕타임스>

1930년 12월 17일
증시 폭락: 은값 급락, 면 가격 상승
"어제 주식시장은 지난달 초 폭락장 속에서 거래량이 고점을 찍은 11월 10일 이후 가장 많은 거래량을 기록하며 확실한 약세를 보였다. 전일 시장에서는 4~6포인트 하락한 종목이 많았으며, 일부 종목은 하락 폭이 훨씬 컸다. 오늘의 하락장은 한동안 인기 있던 일부 우량주까지 포함해, 모든 종목에 영향을 미쳤다. 정도의 차이는 있지만 마감 전 반등을 보인 종목도 있었다."
<뉴욕타임스>

1930년 12월 23일
뱅커스 트러스트 필라델피아 폐점
"뱅커스 트러스트 필라델피아(Bankers Trust Company of Philadelphia)의 이사들이 밤샘 회의 후 자발적으로 은행 업무를 주정부 은행 당국에 이양하기로 결정하면서, 오늘 본점과 19개 지점 중 어느 곳도 문을 열지 않았다."
<뉴욕타임스>

1930년 12월 24일
월스트리트 소식: 은행 폐점
"월스트리트는 어제 첼시 투자 금융신탁회사(Chelsea Bank and Trust Company)의 영업 중단 소식을 무덤덤하게 받아들였다. 고객들에게는 분명 안타까운 사건이지만 금융 세계에서는 별다른 반응이 없었다. 첼시 은행은 전적으로 뉴욕 금융 지구와 동떨어진 존재였기에 폐점 소식이 다른 은행에 미치는 영향이 거의 없다. 뉴욕 은행들에 비해 소규모인 데다가 교환소나 연방준비제도의 회원 은행도 아니다."
<뉴욕타임스>

킬 수 있다(시스템적으로 중요한 기관이기 때문)."라고 주장했다. 그는 이 은행이 지급 능력에 문제가 없어 보인다고 말하기도 했다.[86] 그러나 동료들은 그의 의견에 동의하지 않았고, 결국 다음 날 미합중국은행은 문을 닫았다. 단일 은행의 도산으로 역사상 가장 큰 규모였다.[87] 〈뉴욕타임스〉는 훗날 이 사건을 '대공황기 최초의 도미노 효과'라고 불렀다.[88] 또한 자국 금융 시스템에 대한 국민들의 신뢰를 확실히 바꿔놓은 전환점이었다.

은행은 부채(예: 단기 예금)와 자산(예: 비유동성 대출) 간의 유동성 불일치 때문에 구조적으로 뱅크런에 취약하다. 때문에 부채를 제때 상환할 만큼 자산을 충분히 빨리 매각할 수 없다면 아무리 건전한 은행이라도 도산할 수 있다. 금본위제하에서 연방준비제도는 화폐를 찍어내는 데 제약을 받았기 때문에 유동성 문제에 직면한 은행에 최종 대부자로서 자금을 대여해주는 데도 제약을 받을 수밖에 없었다. 게다가 법적으로도 제약을 받았다. 예를 들어, 당시 연방준비제도는 회원 은행에만 직접 자금을 대여할 수 있었지만, 회원 은행은 전체 상업은행의 35%뿐이었다.[89] 따라서 은행들은 도산을 면하기 위해 민간 부문에서 돈을 차입하고 보유자산을 '투매'로 팔아치워야 했다.

1930년이 저물 무렵 정치적 지형이 바뀌기 시작했다. 경기 침체가 유권자들의 마음속에 크게 자리 잡았던 만큼, 민주당은 11월 중간 선거에서 의석을 휩쓸었다. 이는 2년 뒤에 있을 대통령 선거에서 프랭클린 루스벨트 후보의 승리를 예고하는 신호탄이었다.[90]

1931년 1분기: 계속되는 경기 악화로 자취를 감추는 낙관론

1931년 초 미국과 유럽의 경제학자, 정치인 및 기타 전문가들은 여전히 경제 상황을 수습할 수 있다고 생각했다. 때문에 조만간 경제가 정상 궤도로 돌아올 것이라는 희망을 갖고 있었다. 지난 분기의 은행 도산은 전체 금융 시스템을 손상시키지 않을 대수롭지 않은 사건이라고 여겼다.

3월 들어 모든 경제지표가 고용, 임금, 산업 생산 등에서 상승 국면을 가리키고 있었다. 뱅크런으로 감소한 예금액은 총 예금의 10%를 넘지 않았다.[91] 신문 기사들은 경제 신뢰가 향상되었다고 했다. 3월 23일자 〈뉴욕타임스〉는 불경기가 바닥을 찍었고, 미국 경제가 정상 궤도로 오르는 중이라고 단언했다.[92] 앞으로 '기나긴 회복' 기간에 예상되는 이익을 누리기 위해 여러 투자신탁이 신규 설립되었다.[93]

주식시장이 회복되면서 낙관론도 힘을 얻었다. 2월 말 다우지수는 12월 저점 대비 20% 이상 상승했다. 다음 도표는 다우지수의 상승을 보여준다.

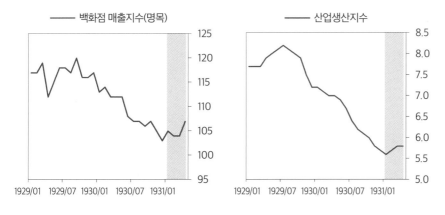

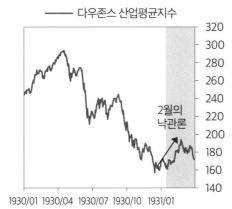

신문기사 & 연방준비제도 월보

1930년 12월
최근 금융계 동향
"12월 들어 전반적인 금리 수준은 통계가 생긴 이래 최저치를 경신했다. 이러한 단기 금융시장에서 완화 정책이 지속되는 가운데, 증권시장의 신용 거래 대출에 대한 수요는 더욱 감소했다. 이는 5년 만에 증권사 대출이 가장 낮은 수준으로 급감한 것에서도 확인할 수 있다."
<연방준비제도 월보>

1931년 1월
올해 경기 위축 예상
"11월과 12월 대부분 제조업에서 생산량과 고용이 계속 감소했다. 많은 주요 상품군의 도매 물가도 지난 두 달 연속 하락했다. 앞서 1년 반 동안 경기는 급속한 확장 국면을 지나 1929년 여름 중반부터 침체되기 시작하다가, 작년 봄의 반짝 회복세를 제외하면 하반기엔 내내 빠른 속도로 하강 국면에 접어들었다. 거의 모든 산업 분야가 하락세에 동참했다. 고용이 감소하고 근로자와 농민 총소득도 줄었다. 동시에 전 세계 도매 물가도 상당히 하락했으며, 소매 물가도 그 정도는 덜했지만 역시 이러한 하락세를 반영했다."
<연방준비제도 월보>

1931년 1월 25일
월스트리트는 현재 낙관적 전망 대세, 연방준비제도의 정책 방침과 대조적
"지난주 월스트리트는 몇 달 만에 처음으로 낙관적인 분위기가 완연했다. 금융인과 기업인들이 이전에는 자신들의 의견이 금융계에 중요한 영향을 끼치는 점을 감안해 과감히 예측성 발언을 하지 못했다면, 이제는 공개적으로 강한 주장을 펴면서 비관론자들과 대립각을 세우고 있다. 평소 말을 아끼는 편인 조지 베이커(George F. Baker) 퍼스트 내셔널 은행장조차도 이례적으로 '경기 상황이 견고한 회복 조짐을 보이고 있다'고 공개적으로 천명했다."
<뉴욕타임스>

1931년 2월 11일
증시 상승, 개인들 매수세로 돌아서
"최근 1년 만에 처음으로 개인과 기관이 활발한 동반 매수세를 보인 결과, 어제 다시 한 번 활기를 되찾은 뉴욕 주식시장은 전체적으로 2~6포인트, 경기 민감주의 경우 7~14포인트 상승했다."
<뉴욕타임스>

1931년 2월 25일
활발한 상승세: 330개 종목, 올해의 신고가 기록
<뉴욕타임스>

1931년 3월
경기 동향 요약
"1월 산업 활동은 계절성을 감안한 예년보다 소폭 증가하는 데 그쳤으며, 제조업 고용률과 급여액도 감소했다. 시장 금리는 1월 중순에서 2월 중순까지 내리 하락했다."
<연방준비제도 월보>

그러나 반등세는 오래가지 않았다. 유럽의 심상치 않은 정세와 기업들의 1분기 실적 부진으로 다우지수는 3월까지 가파르게 하락했다. 그리고 2월 최고치보다 11.3% 하락한 172.4로 분기를 마감했다.

경제 정책에 대한 논쟁의 가열

불황기에 정치권은 현명한 경제 정책 시행의 걸림돌로 작용하거나 극단적 정책을 탄생시키는 등의 행태를 보일 가능성이 있다. 정치권의 이런 행태는 중대한 위험 요인으로 작용해 불황을 심화시킬 수도 있다.

경기 위축이 1년 넘게 이어지자 정치권에서의 설전이 격렬해졌다. 이때까지 미국의 실업자 수는 600만 명이 넘었으며, 정계와 산업계 간에는 해결책에 대한 합의를 이루지 못하고 있었다.[94] 이 논쟁을 이해하는 것은 정책 입안자들이 취

한 조치로 인해 결국 위기가 악화되는 이유를 알아내는 데 중요하다. 또한 대형 부채 위기에 대처하는 정책 입안자들이 왜 그렇게 틀에 박힌 실수를 자주 저지르는지를 파악할 수 있게 해준다.

재정 정책을 둘러싼 핵심 논점은 경기 부양을 위해 연방정부가 재정 지출을 크게 늘려야 하는지 여부였다. 민주당 의원들은 물론 일부 공화당 의원도 합세하여 대통령에게 어려운 상황에 처한 사람들을 '직접 구제'할 대책을 늘려줄 것을 촉구했다. 그 말은 물론 정부의 재정 적자와 채무가 확대되어야 함을 의미했다. 또한 그 말은 부가 재분배될 수 있도록 게임의 규칙을 바꿔야 한다는 의미도 담고 있었다. 즉 유사한 사태들이 재발하는 것을 방지하기 위해 뼈저린 교훈을 줘야 한다는 도덕적 해이에 입각한 시각에서 접근해서는 안 되며 일단 정부가 재정 지출을 확대해 더 큰 위기를 막아야 한다는 의미였다. 반면 돈을 그저 쓰기만 할 뿐, 그 결과가 생산성 향상으로 이어지지 않으면 낭비에 불과한 것이라고 굳게 믿는 사람들도 있었다. 따라서 후버 대통령은 초기에는 재정 부양책을 찬성했지만, '전대미문의 부패와 낭비를 불가피하게 초래할' 연방 정부의 대규모 직접 구제에는 반대했다. 대신 민간 부문의 투자와 안정적 고용 유도, 주정부와 지방 정부의 지원에 대한 신뢰 확보, 이민 제한, 대출 촉진을 위한 거시 건전성 등을 배합한 이른바 '간접 구제'를 옹호했다.[95]

예산 적자에 대한 우려 때문에 경기 부양을 위해 지출을 제한했음에도, 1931년까지 연방 정부의 적자 규모는 GDP 대비 3%로 늘어났다. 세수입이 1929년에 비교해 거의 절반으로 감소한 데다, 전년도에 승인된 공공 지출이 약 10억 달러 늘어났기 때문이다. 앤드류 멜론Andrew Mellon 재무부 장관은 예산의 균형 유지가 경제 신뢰를 회복하는 첫걸음이라고 믿었다.[96] 후버 대통령은 훗날 회고록에서 "국가의 안정을 위해서는 예산의 균형을 맞춰야 했다."는 입장이었음을 밝혔다.[97]

재정 적자에 대한 우려로 인한 긴축 정책의 강행은 대형 부채 위기의 불황 단

신문기사 & 연방준비제도 월보

1931년 3월 1일
적정 임금 법안 의회 통과
"연방 계약에 따라 공공사업을 수행하는 지자체라면 모든 근로자와 기술자에게 가장 높은 수준의 임금을 제공한다는 베이컨-데이비스(Bacon-Davis)의 적정 임금 법안이 오늘 오후 하원 투표에서 호명 절차를 생략하고 통과되었다. 이 법안은 이미 상원에서 통과된 만큼 이제 후버 대통령에게 전달될 예정이다."
<뉴욕타임스>

1931년 3월 2일
멀러(William S. Muller) 증권거래소장, 1930년 보고서에서 올해 경기 전망 낙관: 전형적인 경기 순환론과 다른 양상에 기대해도 좋아
<뉴욕타임스>

1931년 3월 13일
기업계, 특별 구제책 마련
"현재의 위기를 슬기롭고 현명하게 대처하려는 일부 기업은 해고 직원들에게 직접 구제책을 제공하고 해고를 체계화하기 위한 계획을 세우는 두 가지 목표를 달성하려 하고 있다."
<뉴욕타임스>

1931년 3월 19일
예산 7억 달러 적자 우려: 전문가들, 예상치 못한 소득세 수입의 감소를 암시
<뉴욕타임스>

1931년 3월 23일
독일의 재정 적자: 이월된 부분 포함, 2억 5,100만 마르크 부족
<뉴욕타임스>

계에서 흔히 보이는 대응책이다. 물론 긴축 정책이 정답처럼 보이겠지만, 한 사람의 지출은 곧 다른 사람의 소득이기 때문에 지출 삭감이 소득 감소로 이어진다는 점을 간과하는 게 문제이다. 결과적으로 소득 대비 부채 비율을 현저히 낮추려면 뼈아픈 지출 삭감이 동반되어야 한다.

대공황으로 초래된 그 모든 고통에도 불구하고 절박한 위기의식은 아직 완전히 퍼지지 않았다. 1931년 상반기에 경제는 여전히 위축되었지만 전년보다는 그 정도가 덜했다. 후버 대통령은 간접 구제책으로 효과가 충분할 것이라고 확신했기에, 추가적인 재정 정책이 필요하다고 생각하지 않았다.[98] 나중에 다시 설명하겠지만, 결국 이때부터 논쟁의 균형추가 한 방향으로 기울었고, 후버 정부는 부양책보다 긴축 정책과 디플레이션 수단에 지나치게 의존하는 초보적인 실수를 저지르면서 고통은 걷잡을 수 없게 되었다.

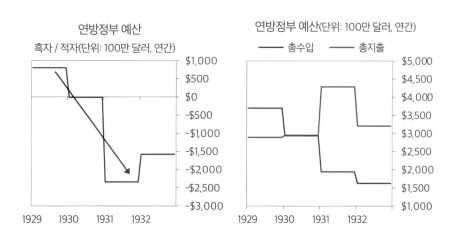

연방정부 예산
흑자 / 적자(단위: 100만 달러, 연간)

연방정부 예산(단위: 100만 달러, 연간)
— 총수입　— 총지출

신문기사 & 연방준비제도 월보

1931년 3월 23일
프랑스 재정 적자 20억 프랑 예상: 2월 국고 수입 1억 400만 프랑 감소, '지출은 늘어
〈뉴욕타임스〉

1931년 3월 25일
시(市) 당국의 기록적인 실업 구제책: 2월 11개 기관에서만 이미 317만 5,000달러 지출, 3만 가구 지원
〈뉴욕타임스〉

1931년 3월 27일
보라 의원 연방세 인상 촉구 - 예산 적자로 증세 불가피, '지불 능력' 기반이 중요
"오늘 제기된 연방 증세안을 놓고 공화당 내 균열이 생겼다. 내년 선거가 끝날 때까지 결정을 유보하겠다는 당 지도부의 정식 입장 의향에도 불구하고, 보라(William Borah) 상원의원과 노리스(George W. Norris) 상원의원은 지난 12월 의회의 결정을 옹호했다."
〈뉴욕타임스〉

1931년 3월 29일
재무부 큰 적자 직면: 불황으로 추정치에 변화, 수입 감소 및 지출 증가
"재무부의 회계 담당자가 최근 갱신된 비공식 추정치가 결과적으로도 맞다면 6월 30일 회계 장부 마감 시 차변에 7억 달러가 넘는 적자를 기록해야 할 것이다."
〈뉴욕타임스〉

1931년 3월 29일
적십자, 정부 구제책 반영키로, 대통령은 정부의 도움이 널리 전파되기 기대
"후버 대통령은 가뭄 구호 상황에 대해 논의하고자 적십자사와 접촉할 예정이다. 적십자사는 4월 13일 워싱턴에서 시작되는 이틀간의 연례 회의에서 여전히 도움의 손길이 필요한 많은 지역의 주민들을 위해 추가 조치를 계획할 것이다."
〈뉴욕타임스〉

1931년 3월 31일
증시, 등락 반복 후 하락, 거래량 증가: 곡물시장은 보합세
"어제 주식시장의 동향을 보면 기업들의 배당 축소로 투자 심리가 위축된 투자자들이 실제 매도를 감행함으로써 상습적인 매도 압력에 의해 주가 방향이 유도되었을 가능성이 높다. 그것이 얼마나 영향을 미쳤는지는 앞으로 두고 봐야 할 것이다."
〈뉴욕타임스〉

1931년 2분기: 전 세계 달러 부족으로 초래된 글로벌 부채 위기와 달러 강세

상환 만기가 다가오는 달러화 부채가 전 세계에 널리 존재하는 가운데 달러화 신용이 붕괴되자, 1931년 상반기에는 세계적으로 달러 기근 현상이 발생했다. 보통 준비자산 가운데 외국 금융기관에서 차입받은 기축통화가 차지하는

비중이 클 경우 해당 통화의 신용 창출이 붕괴되면 준비자산이 부족해지는 현상이 발생한다. 다른 통화도 신용경색으로 부족해진 상황이었지만, 달러는 특히 글로벌 기축통화로서 큰 영향을 받았다. 게다가 미국의 수입 물량 감소로 외국의 달러 수입이 줄어들어 달러 품귀를 가중시켰다. 2008년 금융 위기 때도 사실상 같은 원리로 달러 부족이 발생했던 사실을 기억하기 바란다.

금융계를 비롯한 여러 시장이 전 세계적으로 긴밀히 얽혀 있기 때문에 미국만 보고 모든 상황을 이해할 수는 없다. 미국의 상황은 독일에 고스란히 영향을 미쳤기 때문에, 1930년대부터 1940년대 초반까지 전 세계적으로 적잖은 정치적 격변이 일어나게 된다. 1931년 독일이 달러 부족의 새로운 진원지로 떠올랐다. 독일은 배상금을 상환하는 데 큰 어려움을 겪다가 결국 어쩔 수 없이 차관을 도입했다. 독일은 캐리 트레이드(투자 기대 수익률보다 낮은 이자율로 빌린 돈으로 유가증권이나 통화 등 금융자산을 사들였다가 일정한 기간이 지난 후에 팔아 그 차액으로 수익을 얻는 거래나 투자 기법)를 위한 투자처로 투자자들 사이에서 인기가 많았다. 투자자들은 낮은 금리의 미국에 달러를 묶어두느니 독일에 빌려주고 더 높은 수익을 얻으려 했으며, 독일도 상대적으로 금리가 낮은 달러로 차관을 받으려 했다. 다시 말하지만, 감지되는 위험이 거의 없고 국가 간 신용 창출이 큰 '호경기'에서는 전형적인 투자 행태지만, 상황이 역전되면 '불경기'를 더욱 악화시키는 빌미를 제공한다. 당시 독일은 이처럼 언제든 끊길 수 있는 자금 공급원에 크게 의존하고 있었으며, 1931년까지 미국 은행과 기업들이 보유한 독일 단기 국채는 독일 GDP의 6%에 해당하는 약 10억 달러에 달했다.[99] 이 점은 채무국 독일에게는 물론 미국의 은행과 기업에도 매우 불안한 요소로 작용했다.

이러한 시기에 또 하나의 전형적인 특징은 경기 침체와 부의 불균형이 권위주의 좌파와 권위주의 우파 사이의 이데올로기적 투쟁을 불러 일으키고, 전 세계적으로 포퓰리스트와 극단주의 지도자들의 부상을 유발한다는 점이다. 독일 공산당과 히틀러의 나치당 모두 독일 경제가 비틀거리고 있을 때 선거에서 큰 이득을 보았다. 나치당은 1928년 독일 의회 선거에서 3% 미만의 지지율을 보였으나, 1930년 9월에는 18% 이상으로 상승했다. 한편 중도 좌파 성향의 제1당인 사회민주당은 의석수가 4분의 1 이하로 줄어들었다.[100] 극우와 극좌 정당들이 적지 않은 의석수를 차지함으로써 독일은 불안정한 다당 연합정부가 될 수밖에 없었다. 독일은 한마디로 통제 불능 상태가 된 것이었다.

세계 무역 전쟁으로 경제 상황과 달러 품귀 현상이 심각해졌다. 세계 무역의 붕괴로 외국의 달러 수입이 줄어들자, 외국인들은 달러 부채를 상환하기 더 어려워졌다. 다음 도표에서 볼 수 있듯이 미국이 수입 결제금으

미국 무역(단위: 10억 달러, 연간)

── 수출 ── 수입

영국 무역(단위: 10억 달러, 연간)

── 수출 ── 수입

신문기사 & 연방준비제도 월보

로 지불한 달러는 1929년부터 1931년까지 거의 절반으로 뚝 떨어졌다.

체이스 내셔널 은행Chase National Bank 총재는 〈타임Time〉(1931년 8월호)에서 기업들이 부채를 갚기에 충분한 달러를 확보할 수 없어 기업 운영에 큰 영향을 받고 있다는 경고성 발언을 했다. 이로 인해 몇 달 동안 전 세계 정치인들과 기업인들 사이에 큰 반향을 일으켰다. 그는 미국 정부가 채무국들의 부채를 삭감할 필요가 있다고 강조했다.

중유럽 국가에서는 달러 부족으로 차입 비용이 증가하여 유동성이 부족해졌다. 이들 국가는 유동성 압박을 완화하고 재정 적자를 꾸준히 메우기 위해, 당연히 화폐 찍어내기에 의존할 수밖에 없었다(신용경색을 방치하는 결과가 더 끔찍하기 때문이다). 이로 인해 인플레이션이 심화되어 1920년대 초 독일이 겪은 하이퍼인플레이션이 재현되는 것은 아닌지에 대한 우려가 확산되었다. 본질적으로 독일은 국제수지 위기에 맞닥뜨리게 된 것이다. 5월 7일, 프레더릭 사케트Frederic M. Sackett 독일 주재 미국대사는 후버 대통령에게 독일 경제가 처한 수많은 압박을 설명하며, 자본 도피, 통화 문제, 실업, 대외 차관 조달의 어려움, 부채 상환의 압박, 외국인 보유 독일 은행 예금의 갱신 거부 등을 열거했다.[101]

오스트리아도 치명타를 입었다. 5월 8일, 오스트리아에서 가장 유서 깊고 규모가 큰 은행인 크레디탄슈탈트Credit Anstalt는 1929년 다른 은행의 도산을 구제하는 역할을 하다가 2,000만 달러의 손실로 거의 무일푼이 되었다고 발표했다.[102] 잇따라 일어난 뱅크런은 오스트리아 통화의 고갈로 이어졌다. 시스템적으로 중요한 은행이 도산 위기에 처할 경우, 정책 입안자들은 이들이 계속 살아남아 다른 양호한 금융기관이나 경제 전체에 미칠 후폭풍을 최소화하도록 조치를 취해야 한다. 시스템적으로 중요한 은행들을 살려 정상화하는 것은 신용 공급을 활성화하여 신용 대출을 원활하게 하기 위해서도 중요하다. 특히 대출기관이 소수에 집중된 금융 시스템이라면 더욱 그러하다. 그러나 오스트리아는 금본위제 때문에 정책 입안자들이 화폐를 찍어내어 유동성을 공급하는 등 과감한 조치를 취할 수 없었고, 은행의 안정화를 위해 대출을 확대하려는 시도도 실패했다.

지정학적 긴장으로 위기가 고조되었다. 프랑스는 오스트리아와 독일의 밀접한 유대 관계를 두려워했다. 따라서 프랑스 정부는 이들 국가를 견제하기 위해 중앙은행을 포함한 자국의 은행들에게 오스트리아에 제공한 단기 차관을 회수할 것을 독려했다.[103]

미국은 전 세계 금융기관의 상호 연결성과 유럽의 취약성을 국내 경기 회복의 잠재적 걸림돌로 보고, 독일 경제가 처한 부담을 덜어주는 방법을 검토하기 시작했다. 후버 대통령은 5월 11일 멜론 재무부 장관과 헨리 스팀슨 Henry Stimson 국무 장관에게 독일의 전시 채권 및 배상금 상환을 경감하는 방안을 고려해보라고 지시했다. 이 제안은 다음 달 초에야 안건으로 상정됐다.[104]

그 사이 예금 인출 사태는 유럽 전역으로 퍼졌다. 헝가리는 5월부터 뱅크런이 일어나고 있다고 발표했고, 은행의 강제 휴업을 실시했다.[105] 독일 정부는 두 번째로 큰 은행인 드레스드너 은행 Dresdner Bank 의 우선주를 매입함으로써 국유화했다.[106] 루마니아, 라트비아, 폴란드에서도 주요 은행들이 도산했다.[107]

독일은 자본 도피에 직면했다. 6월에 들어서면서 금과 외환 보유고는 3분의 1로 줄어 5년 만에 최저치를 기록했다. 자본 유출을 막고자 통화 긴축에 돌입한

신문기사 & 연방준비제도 월보

1931년 5월 12일
오스트리아, 자국 최대 민간 은행 구제에 발 벗고 나서
"오스트리아 정부와 은행들이 황립 오스트리아 상업 및 산업 신용기관(Kreditanstalt fur Handel und Gewerbe)에 신속하게 2,300만 달러를 지원한 것은 국내 최대의 민간 은행을 도산 위험에서 구해낸 조치로 평가될 수 있다. 이 은행의 이사회 측은 은행 상태에 대한 소식이 조기에 세상에 알려졌다면, 아마도 뱅크런 때문에 24시간 안에 문을 닫았을지도 모른다며 가슴을 쓸어내렸다."
〈뉴욕타임스〉

1931년 5월 22일
금 수입 360만 4,000달러: 연방준비은행, 독일에 1만 달러 지원 소식도 추가로 보고
〈뉴욕타임스〉

1931년 5월 31일
유럽의 시선 다시 독일에 집중: 국경 재조정과 부채 조정을 기대하는 독일, 현재 개막하는 시대에 산업 선도국이 되어 중요한 역할을 수행할 채비
〈뉴욕타임스〉

1931년 6월 2일
증시 급락, 철도주 특히 약세: 거래량 증가
"어제 증시는 전반적으로 급격한 하락세가 계속되었다. 하락 폭은 종목별 차이가 있었지만, 일부 개별 종목은 낙폭 과대 양상을 보였다."
〈뉴욕타임스〉

1931년 6월 4일
증거금 완화 결정에 증시 상승
"몇 주 동안 끊임없이 하락하던 주식시장이 과거 처참한 폭락장의 끝을 알렸던 1929년 11월 15일 이후 어제 가장 큰 폭의 상승을 기록하며 급등했다. 뉴욕 증권거래소의 모든 종목으로 확장된 어제의 상승세는 은행들이 주식담보대출에 더욱 완화적 기준을 채택하겠다고 발표함으로써 가속화되었다."
〈뉴욕타임스〉

독일 단기 채권 금리(국채 3개월물)

독일 금 보유고 분기별 변화
(단위: 100만 트로이온스)

중앙은행은 재할인율을 15%로, 담보대출 금리를 20%로 올렸다.[108]

도산하는 은행들이 점점 늘어나면서 주식시장에는 악재로 작용하였고, 투자자들은 막대한 손실을 입었다. 5월 들어 증시 하락률은 독일 14.2%, 영국 9.8%, 프랑스 6.9%를 기록했다. 미국 다우지수는 4월에 12.3% 하락한 데 이어 5월은 15% 하락했다. 전 세계 경제가 무너지고 있었다.

주가(현지 환율, 1929년 7월 기준 물가연동)
— 영국 — 독일 — 프랑스

유럽의 정치적 혼란으로 자금이 미국으로 유입된 결과, 미국 국채 수요가 증가하고 금리는 하락했다. 연방준비제도는 달러 수요를 줄이기 위해 재할인율을 1.5%로 낮췄다.

6월 5일, 후버 대통령은 모든 국가가 정부 간 채무에 대해 1년간의 모라토리엄(국가의 공권력에 의해서 일정기간 채무의 이행을 연기 또는 유예하는 일)을 부여하는 방안을 각료들에게 제안했다. 바이마르공화국의 파울 폰 힌덴부르크Paul von Hindenburg 대통령은 독일이 붕괴될 위험에 처해 있음을 호소했는데, 이는 후버 대통령이 모라토리엄 계획을 신속하게 추진하도록 자극하는 요인이 됐다.[109] 6월 20일 후버 대통령은 독일의 부채에 대해 1년간의 모라토리엄 계획을 공식 발표했다. 이 선언에 따라 미국은 이듬해 영국, 프랑스, 기타 유럽 국가로부터 2억 4,500만 달러의 부채 상환을 중단하기로 했다. 그러나 이러한 양보를 이끌어내는 조건으로 연합국은 독일로부터 받을 배상금 3억 8,500만 달러도 당분간 받지 못하게 됐다.[110]

후버 대통령의 모라토리엄 선언 후 이틀 만에 다우지수는 12% 상승하며 소위 '모라토리엄 랠리Moratorium rally'가 일어났으며, 6월 2일의 최저치보다 23% 상승하여 그달을 마감했다. 독일 증시는 모라토리엄 선언 후 첫 거래일에 25% 상승했다. 그다음 주부터 상품 가격도 급등했다.

7월 6일, 모라토리엄 협상이 최종 마무리되었다. 최종적으로 유예하기로 한 독일 배상금의 비중은 후버 대통령이 처음 제시한 안보다 줄어들었지만, 15개국의 동의를 이끌어냈다. 프랑스는 동참하기를 거부했다가, 배상금으로 받아야 할 돈을 독일에 다시 대출해주는 방식에 동의했다.[111] 이날 다우지수는 4.5% 하락했다.

다음 도표는 시야를 확대해 전체적인 흐름을 보여준다. 음영 처리된 영역 아래의 화살표가 모라토리엄 랠리를 나타낸다. 35%나 상승한 랠리도 전체적인 흐름 속에서는 얼마나 보잘것없어 보이는지 확인할 수 있다. 그러나 이렇게 작은 변화도 이를 겪고 있는 입장에서는 절대 사소해 보이지 않는다. 대공황 기간 동안, 이 같은 대형 정책 발표는 낙폭이 거의 90%에 달하는 하락장 속에서도 낙관주의에 불을 지피며 반복적으로 큰 폭의 반등을 일으키곤 했다. 그러다 투자자들은 정책이 충분한 효과를 발휘하지 못해 경제가 계속 악화되면 실망하게 된다. 다시 말하지만 근로자, 투자자, 정책 입안자들에게는 상대적으로 사소한 것들이 두드러지게 보여서 그

중요성을 과대평가하는 경향이 있다. 때문에 이와 같은 약세장 속의 단기 반등은 불황 국면에서 특별한 일이 아니다.

1931년 3분기: 모라토리엄의 실패와 파운드화의 고갈

모라토리엄으로 독일을 구하기에 충분하지 않다는 것이 곧 명백해졌다. 7월 초, 독일의 최대 은행 중 한 곳인 다나트은행Danat Bank이 파산 위기에 처했다는 소문이 퍼졌다.[112] 독일 중앙은행인 독일 제국은행Reichsbank은 다나트은행을 시스템적으로 중요한 은행이라고 보았기 때문에 국내 신용 시스템의 총체적 붕괴를 막기 위해서라도 구제하기 원했다. 하지만 이에 필요한 외화 준비금이 부족했다.[113]

모라토리엄 협상이 마무리된 직후인 7월 8일, 한스 루터Hans Luther 독일 제국은행 총재는 영국의 정책 입안자들에게 접근해 독일의 현 부채 상황에 대한 추가 협상과 새로운 대출 가능성을 타진하기 시작했다. 루터 총재는 정치적 양보 없이 10억 달러의 차관이 추가로 필요하다고 말했다. 그러나 다른 국가들은 주저했다. 독일에 더 이상의 돈을 대출해주려는 나라가 없었던 것이다.[114] 후버 대통령은 대신 독일과 중유럽 국가의 단기 국채를 보유한 모든 은행이 계속 상환을 연장해줄 수 있도록 '정지 협정Standstill(채권국이 빚을 갚을 수 없게 된 상대방 국가에 부채를 상환하도록 일정 기간을 연장해주고, 두 국가 사이에 현재 상태를 유지하는 계약)'을 제안했다. 정지 협정은 이 은행들이 자체의 부채를 갚을 현금이 필요하게 될 때 유동성 문제에 노출되는 결과나, 경우에 따라서는 지급 능력 문제에 노출될 잠재적 가능성까지 높이는 결과를 야기했다.[115]

당연히 은행들은 정지 협정에 반대했으며, 멜론 재무부 장관도 후버 대통령에게 재고해달라고 간절히 요청했다. 그러나 후버 대통령은 요지부동이었다. 그는 당시 그런 결정을 내린 이유를 회고록에서 다음과 같이 밝혔다. "이번 위기는 은행에 책임이 있다. 따라서 우리 국민의 세금이 아니라 은행의 부담으로 해결되어야 한다."[116] 은행이 비용을 부담하게 하려는 후버 대통령의 직감적 결정은 부채 위기에 대한 전형적이고도 잘못된 정책 대응이다. 앞서 부채 위기 템플릿에 대한 논의에서 언급했듯이 은행의 힘을 약화하는 방식은 몇 가지 도덕적·경제적 이유로 일리가 있다. 게다가 이런 시기일수록 국민들은 은행을 원망하는 경향이 있어서 정치적으로 필요한 일이기도 하다. 그러나 이 방법은 금융 시스템과 시장에 치명타를 입힐 수 있다.

은행을 살리려는 강력한 대응책 없이 경제 붕괴가 계속되고, 독일의 불황이 더 악화되자 전국 각지에서 폭동이 일어났다.[117] 이때 히틀러는 정권을 잡을 준비를 하고 있었다. 그는 독일의 배상 채무 이행을 백지화하겠다고 주장하는 등 강력한 포퓰리즘적인 입장을 드러냈다. 7월 20일 각국 외무 장관들이 런던에서 만났을 때 독일에 대한 새로운 차관 제공 계획은 조용히 흐지부지됐다. 결국 그들은 정지 협정에 덧붙여 기존의 차관을 3개월 연장하기로 했다. 앞서 부채 위기 템플릿에서 설명한 대로 통화 위기라는 예상 가능한 일이 일어났다.

파운드화의 유출

독일의 문제가 전염병의 진원지로 판명되었다. 영국의 은행들은 독일에 많은 차관을 제공했기 때문에 돈이 묶여 있었다. 영국 은행들이 곤경에 처한 것을 알게 된 외국인 투자자들은 발을 빼기 시작했다. 7월 24일 프랑스는 영국에서 금을 회수하기 시작했다. 이를 본 다른 국가들은 파운드화의 신용이 떨어졌다고 판단하고 영국에서 예금을 빼내기 위해 파운드화 매도가 쇄도했다.[118]

영국은행은 자국 통화를 방어하고자 금 보유고를 매각하고(8월에만 전체의 3분의 1 매각) 금리를 올리는 두 가지 전형적인 방법을 택했다. 매주 금 보유고의 감소를 목격하는 외국인들에 의해 파운드에 대한 압박은 커져갔다.

영국은행은 또한 자국 통화를 보호하기 위해 해외에서 대출을 모색했지만, 이는 사실상 파운드화의 자본 이탈을 위한 역할을 할 뿐이었다. 1931년 8월 1일,

신문기사 & 연방준비제도 월보

1931년 8월 7일
후버 대통령, '실업 수당'의 대안 수단 모색: 상공회의소의 줄리어스 반스(Julius H. Barnes) 의장과 사일러스 스트론(Silas H. Strawn) 소장을 백악관으로 초청
"후버 대통령과 경제 고문들은 고용 조건이 개선될 뚜렷한 기미 없이 겨울을 맞이할 것으로 보이자 차기 의회에서 '실업 수당'의 제정을 막을 수 있는 대안 구제 계획을 마련하기로 결정했다."
〈뉴욕타임스〉

1931년 8월 24일
진보적 노동 행동 위원장, '무성의한 후버 대통령 계획, 반발만 초래할 것'
"진보적 노동 행동 회의(Conference for Progressive Labor Action)의 A. J. 머스티(A. J. Muste) 위원장은 어제 뉴욕 5번가에서 발표한 성명서를 통해 후버 대통령의 실업 구호 계획은 '부적절하고 여러 면에서 불합리하다'고 비난했다."
〈뉴욕타임스〉

1931년 8월 26일
멜론 재무부 장관, 후버 대통령과 영국 문제 논의: 시장의 신뢰 회복될 것이라고 보고
"유럽 순방을 마치고 어제 저녁 귀국한 멜론 재무부 장관은 오늘 후버 대통령을 찾아가 영국 위기를 포함한 유럽 상황에 대해 의논했다."
〈뉴욕타임스〉

1931년 8월 28일
대통령, 차관 제공 찬성: 백악관 회의 주제는 비공개
"후버 대통령이 어젯밤 백악관에서 뉴욕의 은행 대표들, 멜론 장관과 회담을 열고 영국 정부에 4억 달러의 은행 대출을 제공하는 방안을 논의했다는 사실이 오늘 밤 뒤늦게 보도됐다."
〈뉴욕타임스〉

1931년 9월 5일
자본 '도피처' 찾아 흘러들어온 금화 20억 달러: 타국의 불안한 상황 틈에서 미국은 금 50억 달러 총액 달성
〈뉴욕타임스〉

1931년 9월 11일
대외 정세 불안에 국내로 유입되는 금: '안보' 목적 반영, 돌고 돌아 결국은 비축
〈뉴욕타임스〉

1931년 9월 11일
프랑스 중앙은행, 모든 차입 축소하기로: 국내외 재할인율 인하 추세, 금 보유고는 소폭 증가
〈뉴욕타임스〉

1931년 9월 18일
프랑스 중앙은행 금 소폭 증가: 일람불 환어음 9억 8,500만 프랑, 매입환 2억 2,500만 프랑 증가
〈뉴욕타임스〉

영국은행이 미국 정부에 총 2억 5,000만 달러에 달하는 차관을 민간 은행으로부터 조달해줄 것을 요청하자, 후버 대통령은 당장 실행에 옮겼다.[119] 영국에서 자본 이탈은 계속되었고 영국은행은 또다시 자금을 수혈받아야 했다. 8월 28일에는 미국 은행들에서 2억 달러, 프랑스 은행들에서 2억 달러씩의 차관을 도입했다.[120] 후버 대통령은 이 차관에 찬성했지만, 훗날 "결국 불안만 가중시켰다."는 사실을 인정했다.[121]

9월 19일 토요일, 외국 차관을 모두 소진하고 약 1억 달러의 금 보유고만 남은 영국 은행은 파운드화를 지탱하려는 노력을 포기하고 통화 가치의 급락을 방치하기 시작했다. 당연히 다음 날 공식적으로 금 지불을 중단함으로써 사실상 채무 불이행에 빠졌다.[122] 처음에 국민들은 금본위제를 벗어나는 것이 자국의 이해타산에 어떤 의미가 있는지 전혀 이해하지 못했다. 하지만 신문에서는 한 시대의 종말을 한탄하는 논조를 드러냈다.[123]

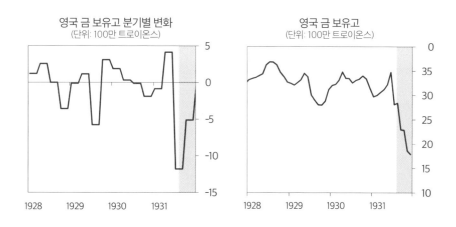

파운드화는 이후 3개월 동안 30% 하락했다. 금 지급 중단 이후 첫 거래일에 파운드 환율은 3.70달러로 하락하여, 채무 불이행 이전 수준인 4.86달러보다 거의 25% 하락했다. 영국의 정책 입안자들은 굳이 하락을 늦추거나 안정성을 유지하기 위해 시장에 개입하지 않았다. 파운드 환율은 12월에 크게 출렁거려 최저 3.23달러까지 하락했다. 같은 기간 영국 주식시장은 회복되었으며, 자국 통화 기준으로 11% 상승했다.

다른 국가들도 영국을 따라 금 태환을 포기함으로써 마침내 '화폐를 찍어내고' 자국 통화 가치를 떨어뜨릴 수 있게 됐다. 이들 나라가 단행한 평가절하 수준은 대략 30%로 파운드화와 비슷한 수준이었다(예: 북유럽 국가, 포르투갈, 대부분 동유럽 국가, 뉴질랜드, 호주, 인도). 102쪽의 오른쪽 도표는 몇몇 국가의 통화 가치 하락을 나타낸다.

투자자들은 화폐 가치의 하락으로 국채들의 채무 불이행을 우려했다. 이 불안 심리로 채권 수요가 줄어들면서 금리가 상승하고 채권 가격은 하락했다. 연방준비제도는 외국 자본을 유치하고 금본위를 유지하기 위해 금

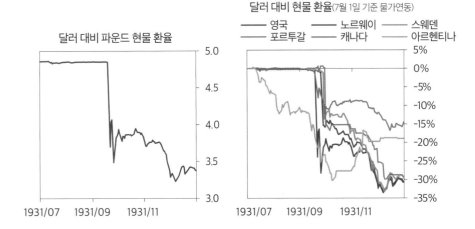

달러 대비 파운드 현물 환율

5.0
4.5
4.0
3.5
3.0

1931/07 1931/09 1931/11

달러 대비 현물 환율(7월 1일 기준 물가연동)

— 영국   — 노르웨이   — 스웨덴
— 포르투갈   — 캐나다   — 아르헨티나

5%
0%
-5%
-10%
-15%
-20%
-25%
-30%
-35%

1931/07 1931/09 1931/11

리를 2% 인상했다. 각 나라의 채권 금리는 1931년에 신저점을 기록했다. 스위스와 프랑스를 제외한 모든 국가는 1931년 최고점 대비 20% 이상 하락했다. 전 세계 증시가 매도세를 보인 가운데, 아예 모든 거래가 중단된 국가도 있었다. 9월 21일에는 유럽 내에서 파리증권거래소만 개장하였다.[124]

통화 방어 단계에서 강한 매도세를 보인 영국 주식과 채권시장은 평가절하 직후에 계속 약세를 보이다가 다시 반등했다. 영국의 부채는 자국 통화로 표시되었기 때문에 정부의 채무 불이행 위험이 없었다. 이러한 채권시장의 압력에 의해 1937년 만기 금리가 5.5%인 영국 국채는 104달러에서 평가절하 후 92달러로 떨어졌지만(12월 금리가 4.7%에서 5.7%로 상승하면서), 연말에 100달러로 반등했다.[125]

평가절하는 수출 촉진에 도움이 되었으며, 영국은행이 연말까지 금리를 1% 낮추는 등 매우 완화적인 정책을 펼칠 수 있게 했다. 이후 점차 균형을 이루게 되면서 10월 말에는 런던의 은행들에 다시 돈이 들어오기 시작했다. **다시 말하자면, 평가절하와 화폐 찍어내기로 아름다운 디레버리징이 시작된 것이다**(나중에 미국의 금본위제 탈퇴에 대해 논하면서 이 과정을 더 살펴보겠다). 이러한 압력에 따라 영국 주식과 채권은 평가절하 직후 통화 방어 단계에서 급격히 매도되었다가 반등했다. 이러한 움직임은 매우 전형적이라는 것을 이해하는 것이 중요하다. 이

상품 가격지수(영국 파운드)

통화의 평가절하가
상품시장 하락세를 상쇄

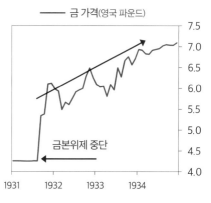

금 가격(영국 파운드)

금본위제 중단

1931년 10월
할인율 및 매입률 조정
"뉴욕연방준비은행은 10월 9일자로 모든 등급과 만기의 어음에 대해 할인율을 1.25%에서 2.5%로 인상했다. 보스턴 연방준비은행은 10월 10일부터 2%에서 2.5%로, 클리블랜드 연방준비은행은 같은 날짜에 2.5%에서 3%로 인상했다. 또한 뉴욕연방준비은행은 모든 만기의 어음 매입률도 상향 조정했다."
〈연방준비제도 월보〉

렇게 작동하는 이유는 전형적인 부채 위기 템플릿에서 설명했다.

1931년 4분기: 미국으로 확산된 국제 위기와 불황의 심화

다른 국가의 통화가 평가절하되고 달러 가치는 상승함에 따라 미국은 디플레이션형 불황 압력이 더욱 거세졌다. 1931년 9월 파운드화의 평가절하로 인해 전 세계 투자자들은 깜짝 놀랐고, 그 충격은 미국 시장에까지 전해졌다. 당연히 전 세계 투자자와 예금자들은 미국이 채무 불이행이나 평가절하의 위험에서 안전한지 의문을 품으면서 달러 부채 포지션을 매각하기 시작했다. 이로 인해 금리가 상승하고 유동성이 부족해지면서 가장 고통스런 불황기를 맞이했다. 1년 반 후 루스벨트 대통령이 미국의 금본위제를 포기하고 달러를 평가절하하여 돈을 찍어낼 때까지 고통은 지속되었다.

파운드화가 고갈되는 동안 주식은 대량 매도되었다. 다우지수는 금융 위기가 시작된 이래 가장 큰 월별 낙폭인 30.7% 하락을 기록하며 9월을 마감했다. 10월 5일에는 단 하루 만에 10.7%가 하락하기도 했다. 이런 혼돈 속에서 뉴욕 증권거래소는 공매도 금지라는 고전적인 방법으로 다시 매도세를 진정시켜 보려 했다.[126] 주식시장이 추락하던 1929~1930년에는 비교적 '안전한' 10년물 장기 국채가 상승 가도를 달렸지만, 이제는 미국 국제수지의 위기를 반영하여 주식과 마찬가지로 가차 없이 처분되었다. 미국 장기 국채 수익률은 4%로 올랐는데, 이는 연중 최저치보다 거의 1% 높은 수치이다. 미국의 부채 규모와 상환 비용 증가로 인해 향후 2년 내에 만기가 도래하는 채권을 미 재무부가 연장할 능력이 있는지에 대한 우려가 대두되었다.[127] 평가절하 가능성으로 분위기가 뒤숭숭해지자 미국 은행들에서는 매우 극심한 뱅크런이 발생했다. 은행들은 현금을 조달하기 위해 채권을 팔아야 했는데, 이로 인해 채권 수익률이 상승했다.[128]

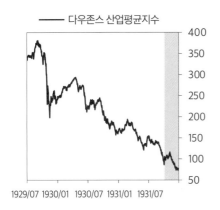

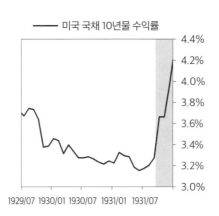

1931년 9월 달러는 전 세계적인 부채 위기가 시작된 후 처음으로 안전한 피난처 역할을 상실했다. 프랑스, 벨기에, 스위스, 네덜란드의 중앙은행이 달러를 금으로 태환하기 시작하면서 파운드화의 평가절하 이후 금 보유고가 미국 밖으로 흘러 나가기 시작했다. 파운드화가 평가절하된 후 3주도 안 되어 미국의 금 보유고의 약 10%가 빠져나갔다.

10월 9일, 뉴욕 연방준비은행은 투자자를 유치하기 위해 재할인율을 1.5%에서 2.5%로 높였다. 이것은 긴축과 다르지 않은 정책으로 불황 국면에서 바람직한 방법은 아니다. 일반적으로 지불 위기 시에 환위험 대비 통화 약세로 채무자에게 적절히 보상할 만큼 금리가 인상되면 국내 경기는 이를 감당하지 못해 효과가 없다. 이 경우도 예외는 아니어서 일주일 후 뉴욕 연방준비은행은 금리를 3.5%로 재차 올렸다.[129] 뉴욕 연방준비은행의 조지 해리슨 총재가 프랑스에 미

신문기사 & 연방준비제도 월보

1931년 11월
이달의 논평
"영국의 금 지불이 중단된 후 6주 동안 미국 금 보유고는 7억 3,000만 달러 감소했고 미지급된 금액은 3억 9,000만 달러 증가했다. 이 때문에 연방준비은행의 재할인 대출 수요가 늘어났으며, 같은 기간 회원 은행들의 준비금이 상당히 감소했음에도 총 대출액이 9억 3,000만 달러 증가하면서 지난 10월 말 기준으로 10년 만에 최고치를 경신했다. 9월 21일 영국의 금 지불 중지로 시작된 미국의 금 유출 규모는 전례 없는 사상 최대 수준이었다."
<연방준비제도 월보>

1931년 11월 1일
후버 대통령, 실업자 구제 위해 2,500달러 지원
후버 대통령은 오늘 정부의 실업 구제책으로 2,500달러를 지원했다. E.C. 그레이엄(E.C. Graham) 뉴욕시 고용위원회 위원장은 로렌스 리치(Lawrence Richey) 대통령 비서실장의 연락으로 기부 사실을 통보 받았다."
<뉴욕타임스>

1931년 11월 3일
후버 대통령에 가계 신용 계획 제안: 건축대부 연맹 회원들, 연방 토지 은행의 지원 건의
<뉴욕타임스>

1931년 11월 4일
후버 대통령, 부동산 신용 지원안 마련: 도시 지역 모기지 금리에 대해 글래스 의원과 협의
<뉴욕타임스>

1931년 11월 5일
베넷 장관, 후버 대통령 신용 계획에 찬성: 브로데릭 감독관에게 '주정부 인가 은행이 대출 지원에 참여하는 것이 합당' 의견 전달
"어제 존 베넷 주니어(John J. Bennett, Jr.) 법무장관의 의견에 따라, 주정부 은행 당국의 감독을 받는 은행들은 금융 안정화 차원에서 후버 대통령의 제안으로 설립된 전미신용공사(National Credit Corporation)의 은행 도산 구제 계획에 동참하게 합법적으로 연방 자금을 사용할 수 있다."
<뉴욕타임스>

1931년 11월 7일
후버 대통령, 예산 3억 5,000만 달러 대폭 삭감 계획 밝혀
<뉴욕타임스>

1931년 11월 8일
주택 건축업자를 위한 후버 대통령의 지원 계획: 은행가·건축업자·건축가 회담, 12월 2일 워싱턴에서 개최 예정
"후버 대통령의 주재로 12월 2일 워싱턴에서 열리는 '주택 건설 및 내 집 마련 회의'에 국내 유수의 건축가들이 참석 예정인 가운데, 이들은 당일 제출할 보고서를 준비하며 '미국의 소형 주택들이 대체로 설계에 결함이 있는 실정이고 적은 비용으로도 더 나은 주택을 건설할 수 있다'고 밝혔다."
<뉴욕타임스>

국에서 금을 더 이상 회수하지 말아달라고 요청했다는 소문도 돌았다. [130]

미국 투자자들은 국내 상황이 심각해지자 금과 현금을 쌓아두기 시작했다. 이로 인해 1931년 말에 뱅크런이 발생하여 많은 은행이 문을 닫았으며, 살아남은 은행들도 예금 보유액이 크게 줄어들었다. 은행들은 예금이 줄어들자 지급 준비금을 확보하기 위해 대출 상환을 요구하기 시작했다. 사람들은 주택과 농장이 압류되는가 하면, 많은 기업은 투자자들이 이전의 대출을 더 이상 연장하지 않아서 파산했다. [131]

1931년 11월 8일
주간 경기 지표 최저치 기록, 과거의 불황과 다른 추세
"10월 마지막 주의 주간 기업 활동 지수를 살펴보면, 자동차 생산지수(계절 조정)가 24.4에서 15.5로 유난히 떨어진 점이 단연 눈에 띄었다."
<뉴욕타임스>

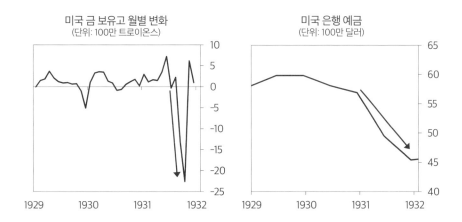

돈과 신용이 위축되면서 경제는 곤두박질치기 시작했다. 1931년 하반기 산업 생산은 14.3% 감소했으며, 백화점 매출은 12.9% 감소했다. 1931년 말 실업률은 거의 20%에 육박했고, 내수 가격은 연간 10% 하락했다.

1931년 말에 후버 행정부는 은행 도산을 막고 신용 공급을 원활히 하기 위해 몇 가지 조치를 취했다. 이 중 가장 주목할 만한 것은 국가신용협회National Credit Association의 설립으로, 일종의 민간 중앙은행처럼 도산 위기에 처한 은행에 담보물을 설정한 후 민간 자금으로 유동성을 공급하는 기관이었다. 여러 은행에서 확보한 자금이 총 5억 달러에 달했으며, 추가로 10억 달러를 차입할 여지도 있었다. [132]

동시에 후버 대통령은 붕괴하는 부동산시장을 살릴 해법을 강구하고 있었다. '담보 당사자의 주택과 농장'에 대한 압류를 막기 위해, 1932년에 주택대출할인은행Home Loan Discount Banks이라는 시스템을 만들려고 시도했다. 한편, 보험 및 부동산 업계와 협력하여 연방토지은행Federal Land Banks으로 하여금 농지 담보 대출에 대한 압류를 중단하는 동시에 기관에 대출을 확대할 수 있도록 10억 달러를 제공했다. [133]

이런 정책들은 호평을 받았으며 투자자들 사이에 신뢰가 형성되었다. 증시도 이에 화답하듯 11월 9일까지 10월 저점 대비 35% 상승했으며, 국가신용협회 설립에 대한 뉴스가 발표된 날 10% 이상 급등했다. 대형 반등세를 보인 다른 때처럼 이번 반등세로 최악의 상황은 끝났다고 믿는 사람도 있었다. 그러나 총 통화량과 신용 가용성에 큰 변화가 없었으므로 만기가 다가오는 총부채와 원리금 상환에 사용 가능한 현금 사이의 근본적인 불균형은 해결되지 않았다. 불경기 때마다 그랬듯, 많은 정책이 발표되었지만 하나같이 별 소득이 없다는 게 확실해지자 반등세는 사라졌다. 12월 말 다우지수는 신저점에 도달했다.

1932년 전반: 정부 개입으로도 막지 못한 경제 붕괴

디플레이션과 신용 문제 악화로 경제가 계속 추락하면서 1932년 불황은 심화되었다. 셀 수 없이 많은 기업이 어려움을 겪거나 부도가 났다. 전체적으로 사업체는 27억 달러의 손실과 기록적인 파산 건수를 보였으며, 약 3만 2,000개 업체가 문을 닫고, 9억 9,300만 달러의 부채가 발생했다.[134] 또한 은행들의 도산에 대한 기사가 늘 신문을 도배했다. 이러한 손실이 다시 대출기관에 손실을 입히고, 다른 기업들을 파산하게 만드는 등 사회 전체에 파급이 커지자 경제는 더욱 더 위축되었다.

1932년 1월 13일
대통령, RFC 조직에 박차: 법안 통과 후 바로 운영 시작, 대출 한도 20억 달러
"후버 대통령은 오늘 상원 지도부에게 의회가 부흥금융공사의 설립 법안을 최종적으로 통과하면 대출 능력 20억 달러 선에서 며칠 후 바로 운영에 들어갈 것이라고 말했다."
〈뉴욕타임스〉

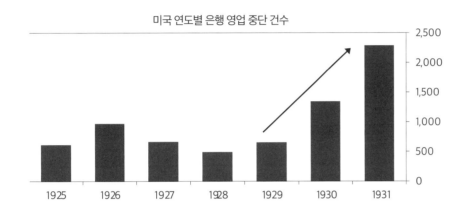

미국 연도별 은행 영업 중단 건수

이는 대형 부채 위기에서 흔히 볼 수 있는 광경이다. 정책 입안자들은 몇 년에 걸쳐 부채를 줄이려고 디플레이션을 유발하는 정책 수단을 사용했다. 하지만 결국 부채 감소와 긴축의 부작용으로 매우 힘들기만 할 뿐, 원하는 결과를 가져다 주지 못한다는 걸 깨닫는다. 따라서 더 공격적인 정책을 감행한다. 그러나 신용 경색을 반전시키기에 충분하지 않다는 것이 분명해지자, 후버 행정부는 1932년 초 은행 시스템에 유동성을 제공하고 신용을 확대하기 위한 다른 정책들을 발표했다.

1월 23일 후버 대통령은 부흥금융회사Reconstruction Finance Corporation, RFC를 출범시켰다. 5억 달러의 자금을 갖춘 부흥금융회사는 재무부나 민간 부분에서 최대 30억 달러까지 자금을 차입해올 수 있었다. 설립 취지는 지급 능력이 있는 은행이 도산하지 않도록 든든하게 받쳐주고 유동성을 제공하는 것이었다.[135] 부흥금융회사는 담보 인정 범위와 자금 대여 대상이 광범위하게 확대되었다는 점에서 연방준비제도보다 더 폭넓은 권한이 있었다. 또한 주정부 인가 은행과 연방준비제도의 관할권에 포함되지 않은(즉 위기의 타격을 가장 크게 받는 편에 속하는) 농촌 지역의 은행, 당시 중요한 산업이었던(2008년 자동차 업계처럼) 철도 업체에 자금을 대여해줄 수 있었다.[136] 담보 인정 범위와 자금 대여 대상을 확대하는 조치는 정책 입안자들이 활용하는 전형적인 정책 수단으로 금융 시스템에 유동성을 충분히 공급하려는 데 그 목적이 있다. 중앙은행이 유동성 공급의 주체가 되는 경우도 있고, 중앙정부가 그 주체가 되는 경우도 있다.

1932년 8월 말까지 부흥금융회사는 5,520개의 금융기관에 13억 달러를 빌려줌으로써 은행 도산을 줄이는 데 기여했다.[137] 그러나 부흥금융회사는 '양질의' 담보에 대해서만 돈을 빌려줄 수 있었다. 따라서 가장 급한 불을 꺼야 할 기관에 충분한 지원을 제공하지 못하는 경우도 있었다.[138]

이 시기에 연방준비제도는 시험적으로 화폐를 찍어내기 시작했다. 위기가 다가오면서 연방준비제도는 금이나 특정 어음을 담보로만 대출해주었다. 금과 어음 둘 다 품귀한 상황에서 정책 입안자들은 긴축을 강화할 것인지, 금 대비 달러 가치의 하락을 감당할 것인지에 대해 다시 이해득실을 따져보았다. 2월 27일 후버 대통령이 서명한 1932년 은행법The 1932 Banking Act은 금본위제를 유지하면서도 연방준비제도의 화폐를 찍어내는 권한을 확대해 유동성 압박을 완화시키는 취지였으나, 연방준비제도는 결국 국채를 매입했다(75년 후 여기에 '양적 완화'라는 명칭이 붙게 된다).[139] 이 움직임은 금본위제의 기본 원칙을 훼손했기 때문에 논란의 여지가 많았지만, 어쨌나 급했던지 토론도 없이 법안이 졸속 통과되었다.[140] 후버 대통령의 표현을 빌리자면 '국가적 방어의 차원'에서 내린 결정이었다.[141] 그해 말, 의회는 연방준비제도에 화폐를 찍어내고 비상시에 유동성을 제공할 수 있는 추가 권한을 부여했다.[142] 이 연방준비제도법Federal Reserve Act의 제13조 3항은 결국 2008년 부채 위기 때 연방준비제도가 대처하는 데 중요한 역할을 하게 된다.

연방준비제도는 4월 한 달 동안 매주 거의 5,000만 달러의 국채를 사들였고,

신문기사 & 연방준비제도 월보

1932년 1월 16일
RFC 설립 법안 의회 통과, 20억 달러 기준 채택
<뉴욕타임스>

1932년 1월 17일
시장에 만연한 낙관론: RFC 법안 통과 및 디플레이션 방지책 소식에 환영 분위기
"연방준비제도의 디플레이션 방지 대책 마련에 이어, 부흥금융공사 법안의 상하 양원 통과, 시카고에서 열린 철도 노사정 회담의 긍정적 결과 등의 소식이 더해지며 지난주 금융계는 분위기가 한층 밝아졌다."
<뉴욕타임스>

1932년 1월 17일
은행 세 군데 폐점: 시카고 두 곳, 펜실베이니아주 이리(Erie) 한 곳
<뉴욕타임스>

1932년 1월 20일
일리노이 주 졸리엣(Joliet) 은행 폐쇄: 감독관들은 지불 능력이 있다며 영업 재개 예상
<뉴욕타임스>

1932년 1월 20일
뉴욕주 렌셀러(Rensselaer) 은행 폐쇄
<뉴욕타임스>

1932년 1월 21일
시카고 은행 두 곳 폐쇄
<뉴욕타임스>

1932년 1월 22일
후버 대통령, 의회에 부흥금융공사 설립 예산으로 5억 달러 표결 요청
<뉴욕타임스>

1932년 2월
부흥금융공사
"지난 1월 금융계에 중요한 영향을 미친 사건은 초기 자본금 5억 달러의 부흥금융공사 설립에 관한 법안 제정이었다. 후버 대통령은 '금융기관에 비상 융자를 제공하고 농업, 산업, 상업에 자금을 지원하기 위한' 부흥금융공사 설립법이 1932년 1월 22일 대통령 승인으로 확정되었다고 밝혔다. 대통령은 이 새로운 기관을 승인하면서 '충분한 자금을 갖춘 강력한 조직으로서, 신용, 금융, 철도 등의 구조적 약점을 보완하여 비즈니스와 산업계가 예상치 못한 충격과 악영향에 대한 걱정 없이 정상적인 활동을 수행할 수 있도록 돕는 역할을 할 것이다'라고 설명했다."
<연방준비제도 월보>

1932년 2월
경기 동향 요약
"산업 활동은 11월에서 12월까지 계절 조정치 이상으로 평소보다 약간 감소한 반면, 공장 고용 규모는 평소와 비슷한 감소 폭을 나타냈다. 도매 물가는 하락 폭이 더 컸다."
<연방준비제도 월보>

5월에는 약 1억 달러어치를 매입했다. 6월까지 매수한 국채는 15억 달러가 넘었다. 다음 도표는 1931년과 1932년 연방준비제도의 국채 매입 및 보유분을 보여준다.

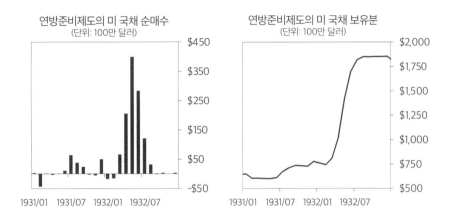

연방준비제도의 미 국채 순매수
(단위: 100만 달러)

연방준비제도의 미 국채 보유분
(단위: 100만 달러)

연방준비제도가 국채 매입을 시작하자 단기 국채T-Bill의 수익률은 3개월물 기준으로 상반기 동안 2% 이상 하락하는 등 급격히 떨어졌다. 또한 정부가 엄청난 적자에 직면하고, 외국인들이 달러 자산 보유를 주저하여 달러의 수급 불균형이 한계점에 도달한 가운데, 연방준비제도의 국채 매입은 장기 국채시장의 압박을 완화시켰다. 10년 만기 국채 수익률은 1월에 4.3% 이상으로 상승했다가 이후 6개월 동안 3.5% 이하로 떨어졌다.

이러한 움직임은 낙관론과 또 다른 반등세에 불을 붙였다. 다우지수는 19.5% 상승하여 1월 최고치를 기록했고, 2월에는 80포인트 위에서 마감했다.

정책 입안자들은 또한 은행 시스템을 지원하기 위해 1932년 상반기 동안 여러 가지 비교적 소소한 정책도 추가하였다. 또 다른 전형적인 조치로, 은행에 대한 시가평가 회계 기준이 폐지된 것이다. 1월에 통화 감독관은 은행 감독관들에게 국법 은행들이 보유한 BAA 등급 이상 채권의 내재가치를 액면가로 평가하도록 지시했다. [143] 이전 회계 기준에 따라 평가할 경우, 은행들은 보유 채권에 대해서는 시가 기준으로 평가해 대규모의 평가손실을 장부상 손실로 처리하고,

매각한 채권에 대해서도 시가로 평가해 매각 손실을 현금상 손실로 처리해야 하는 상황이었다. 시가평가 기준에 따라 대규모 평가손실이 발생했다면, 은행들은 자본금이 줄어 들어 외부에서 자금을 유치하거나 보유자산을 매각해야 했을 것이다. 결국 유동성에 더 큰 압박을 받고 자산 가격은 더 내려가야 했을 것이다. 그런데 회계 기준이 변경되어 액면가로 평가하는 것이 가능해짐에 따라 은행들은 가장 급박한 압박을 조금이나마 덜 수 있게 되었다. **또한 후버 정부는 특히 대출을 촉진하고자 은행에 직접 압박을 가하는 등 거시 건전성 감독 정책으로 신용을 활성화하려 노력했다.** 후버 대통령과 오그던 밀스Ogden Mills 재무부 장관은 신용을 자극하지 못하는 은행들의 무능함을 탓하며, 그들이 대출을 삼가고 금과 현금을 비축하고 있다고 비난했다. 후버 대통령은 대형 지역 은행들의 대출을 강제로라도 유인하기 위해 12개의 연방준비지구Federal Reserve District에 전담 위원회를 조직했다. 그러나 이 노력은 사실상 별 효과가 없었다.[144]

도움이 된 측면도 있었지만, 이러한 조치 중 어떤 것도 무너지는 경제를 살리기엔 역부족이었다. 통화 팽창과 적자 확대로 인해 외국인들이 기존 환율로 달러와 금의 태환 가능성을 유지할 수 없을 것이라고 우려했기 때문에, 미국의 금 보유고 부족은 계속되었다.[145] 그들이 태환을 서두르면서 금은 3월에서 6월까지 매달 빠져나갔다. 6월 금 순수출은 2억 600만 달러를 기록했는데, 이는 파운드화 평가절하 이후 경험한 수준과 비슷하게 금이 빠르게 유출되었다.[146] 이런 대규모의 금 유출 사태가 신용 긴축을 촉발했다.

3월에 주식시장은 매도세였고, 증시는 11주 연속 내리막길을 걸었다. 다우지수는 3월 8일 88포인트에서 5월 31일 44포인트로 반 토막이 났다. 그리고 5월 마지막 날 그달의 최저치를 기록했으며, 한 달간 거래량은 하루 약 75만 주로 감소했다.[147] 위기 초기에는 대출과 소비를 활성화하려는 정부의 노력 덕분에 자산시장이 살아나기도 했다. 그러나 그즈음 투자자들에게 이미 환상이 깨졌다. 그들은 후버 대통령의 계획이 이미 막대하게 불어난 손실을 만회할 수 없다는 사

다우존스 산업평균지수

1931/07 1931/10 1932/01 1932/04

실을 걱정했고, 시장은 계속 하락 추세를 보였다.

사회 불안과 갈등은 전 세계적으로 발생했다. 독일에서는 히틀러가 독일 의회 선거에서 가장 많은 표를 획득했다. 일본은 군국주의의 길로 빠져들어 1931년에 만주, 1932년에 상하이를 침략했다. 미국에서는 파업과 시위가 증가하고 있었다.[148] 실업률은 25%에 육박했고, 그나마 어렵게 일자리를 지켜낸 사람들은 임금이 삭감되었다. 도시 밖으로 눈을 돌리면, 농민들은 농산물 가격 하락과 가뭄으로 인한 흉작 때문에 파탄에 직면했다. 불만이 극적으로 표출된 한 가지 사례로, 6월에 수천 명의 재향 군인과 그들의 가족이 정부에 퇴역 상여금의 즉시 지불 압력을 행사하기 위해 워싱턴으로 행진한 적이 있다(그리고 배수진을 쳤다).[149] 이에 7월 28일 더글러스 맥아더^{Douglas MacArthur} 장군이 탱크와 최루가스로 시위를 진압했다. 내우외환이 심화되면서 포퓰리즘, 권위주의, 민족주의, 군국주의가 발아했다. 그리고 처음에는 경제전 성격을 띠던 나라 간 갈등이 1939년 9월 유럽과 1941년 12월 일본을 기점으로 군사전 양상으로 바뀌었다.

1932년 후반: 멈추지 않는 경기 후퇴와 루스벨트의 당선

여름이 되자 은행에 대한 대대적인 부양 및 구제책이 효력을 발휘하는 것처럼 보였다. 하락 추세가 완화되기 시작하고 자산 가격이 안정화되었으며, 실제

신문기사 & 연방준비제도 월보

1932년 7월 3일
루스벨트 주지사의 후보 수락 연설에 박수와 환호를 보내는 군중
<뉴욕타임스>

1932년 7월 24일
루스벨트 후보 모든 주에서 격돌
"어제 민주당 전국위원회의 제임스 팔리 위원장은 프랭클린 루스벨트 주지사가 1912년 우드로 윌슨 당시 후보의 뒤를 잇는 최다 득표수를 기록하며 당선될 것이라고 예측하며, 지난 선거에서 공화당의 아성이었던 곳을 포함한 거의 모든 주에서 올해는 민주당이 우세하다고 선언했다."
<뉴욕타임스>

1932년 8월
긴급 구제 법안
"연방준비은행 및 회원 은행과 관련한 새로운 법안 제정이 최근 몇 주 동안 중요한 진척을 보였다. 지난 7월 21일 대통령은 긴급 구호 및 재건 법안에 서명했으며, 그 내용은 본 월보에 따로 실려 있다. 이 법에 따라 부흥금융공사는 특정 조건 충족 시 정부나 지자체에 빈곤 구제의 지출 목적으로 총 3억 달러 이하의 범위에서 3%의 이자율로 대출 지원을 승인할 수 있다. 또한 낙후된 지역의 교량, 터널, 항만, 주거 시설 확충과 같은 공공 또는 준공공 성격의 자체 변제 사업에 대해 주정부, 국가 기관, 민간 기업에도 대출을 제공한다."
<연방준비제도 월보>

1932년 9월 2일
증시 이달 들어 가장 큰 상승: 240개 상장 종목에서 시총 40억 4,165만 6,665달러 증가, 3년 만에 최고치
<뉴욕타임스>

1932년 9월 10일
국내 은행, 한 달 사이 어음 환차익 3.6% 실현: 환율 8.4% 상승에 기인
<뉴욕타임스>

1932년 9월 29일
재무부, 8월 국고 재원 1억 3,631만 1,347달러 증가 발표: 금, 1억 1,391만 2,811달러 증가
<뉴욕타임스>

1932년 10월 10일
리치 주지사, 농민 및 관세 구제, 금주법, 균형 예산 미해결 등 후버 대통령 정책 '실패라 비판'
"오늘밤 루스벨트 대선 후보와 가너(John Garner) 부통령 후보를 위해 뉴잉글랜드 유세 일정을 시작한 리치(Albert Ritchie) 메릴랜드 주지사는 코네티컷 민주당원 2,000명 앞에서 연설하는 자리에서 후버 대통령이 재임 기간 '네 가지 주요 현안을 해결하지 못했다'라고 단언했다."
<뉴욕타임스>

로 자동차 같은 일부 분야에서는 생산량이 증가했다. 5월부터 6월까지 상품, 주식, 채권시장은 모두 바닥까지 떨어졌다. 그러다가 하반기에 들어서면서 주식과 채권시장은 점차 회복되었다. 8월과 9월에 다우지수는 80포인트로 상승하여 7월 최저치의 거의 두 배가 되었다. 다음 도표에서 다우지수의 흐름을 확인할 수 있다.

1932년 10월 26일
코플랜드 상원, '은행 과두제' 비난: 후버 대통령은 금융권이 경제 회복을 방해하게 놔두고 있어
"로열 코플랜드(Royal S. Copeland) 뉴욕 주 상원의원은 오늘밤 민주당 집회에 참석해 85%의 유동성 비율을 자랑한다는 대형 은행들에 대해 이는 자랑할 일이 아니라며 일침을 가했다. 그는 이에 대해 '병동 침대의 85%가 비어 있다고 떠벌리는 병원 측의 이면에 환자 1,000명이 입원을 요청하며 아우성치는 상황만큼이나 잔인하다'라고 말했다."
<뉴욕타임스>

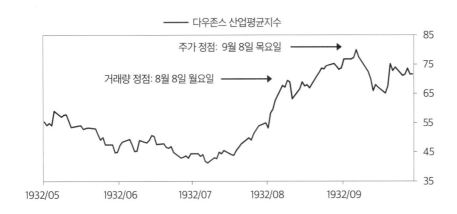

1932년 8월 8일 〈타임〉은 외국 자본의 유입, 마침내 중단된 금 유출, 철도 합병 승인 등의 소문이 호재로 작용해 반등세가 발생했다고 보도했다.

경제와 자산시장에 대한 낙관론이 확산되자 정책 입안자들은 기존의 부양 조치를 슬슬 거두기 시작했다. 또한 부흥금융회사는 전 회장이 수장으로 있는 센트럴 리퍼블릭 신탁은행Central Republic Bank and Trust을 구제해주었다는 추문으로 위상이 크게 실추되고, 대중을 분노하게 했다. 부흥금융회사는 이제 배부른 은행가의 꼭두각시로 전락한 듯 보였다.150) 그래서 의회는 부흥금융회사가 대여금을 제공한 기관의 명단을 전부 공개하도록 명령했다.151) 부흥금융회사로부터 자금을 대여받았다는 것을 공개하도록 한 이 조치는 사실상 은행들로 하여금 자신들이 곤경에 처했음을 스스로 광고하는 것이나 다름이 없었다. 이로 인해 예금 인출 압박이 거세졌다. 부흥금융회사에서 자금을 대여하는 기관은 줄어들었고, 예금 인출만 증가하게 되었다.152)

금융기관을 '구제'해주는 역할을 하는 정부에 대한 분노는 불황 국면에 나타나는 전형적인 현상으로, 제조업과 금융 산업, 즉 노동자와 투자자 사이의 갈등 관계가 불황기에 표출된 데 따른 것이다. 경제적 고통이 커질수록 포퓰리스트는 "이 혼란의 주범인 은행들을 처벌하자."고 주장하고, 정책 입안자들이 금융 시스템과 경제를 구하는 데 필요한 조치를 취하는 것을 매우 어렵게 만든다. 결국 이런 혼돈 속에서 은행들마저 기능이 정지된다면, 분명 전체 경제가 마비될 것이다.

연방준비제도가 국채 매입을 그만두는 데는 정치권이 일조했다. 2월에 통과된 은행법은 달러 약세에 대한 우려로 제정된 일시적인 조치였다. 시카고, 필라델피아, 보스턴의 연방준비은행이 공개시장 조작 정책의 중단을 요구했다. 그 근거는 은행들이 준비금은 차곡차곡 늘리고 있었지만 신용 팽창은 그에 미치지 못하기 때문에 공개시장 조작 정책이 필요 없다는 것이었다(그리고 공개시장 조작 정책으로 인해 더 낮아진 장기 금리가 은행 수익성을 악화시키는 것도 그 근거였다). 7월에 시카고, 필라델피아, 보스턴 연방준비은행은 공개시장 조작 정책의 참여를 중단했다. 뉴욕 연방준비은행도 혼자 힘으로 계속할 수 없었기 때문에 마찬가지로 중단해야 했다.[153]

정부는 수입이 줄고 지출이 늘어남에 따라 불어나는 예산 적자가 걱정이었다.[154] 후버 대통령은 거의 전방위적으로 지원했고, 동시에 세금 인상과 연방 지출 삭감을 통해 예산 균형을 잡도록 추진했다.[155] 6월 6일에는 1932년 세입법 Revenue Act of 1932에 서명했다. 이 법으로 소득세, 법인세 및 각종 소비세가 인상되었다. 그러나 이러한 노력에도 불구하고 소비를 억제하는 긴축 정책의 성격상, 경제 위축이 재정 적자 감소보다 더 급속도로 진행되면서 오히려 GDP 대비 재정 적자 비율이 크게 증가했다.[156] 앞에서 언급했듯이 후버 대통령의 긴축을 통한 예산 균형 조정은 불황기에 흔히 볼 수 있는 풋내기 조치의 전형이었다.

어떤 정책을 취할 것인가에 관한 논쟁은 디레버리징 과정에서 전형적으로 등장하는 논쟁이다. 당시 정책 방향과 관련된 이런 논쟁은 포퓰리즘에 입각한 강력한 주장에 힘입어 정치적 대립을 강화시키는 결과를 낳았다. 루스벨트 후보는 당시 좌파 포퓰리즘 정책을 표방하며 등장했다. 그의 대통령 선거전은 처음부터 철저히 반(反)투기적인 정서를 겨냥했다. 그리고 증권사의 폐단에 대한 비난으로 운을 떼어 증권 및 상품거래소에 대한 연방정부의 개입을 주장하는 연설을 했다.[157] 또한 그가 달러화의 평가절하를 원한다는 사실이 알려지면서 통화 하락세가 뚜렷해졌다. 루스벨트 후보는 이러한 우려를 누그러뜨리기 위해 미국이 금본위제를 벗어나지 않을 것이라고 말했지만, 투자자들은 고개를 갸우뚱했다.[158] 어쨌든 정치인과 정책 입안자들은 종종 편리하다는 이유로 경제와 시장의 기본 원리에 반하는 진실성 없는 약속을 하기 일쑤이다. 그러한 약속은 절대 믿을 게 못 된다.

급증하는 은행 파산, 공개시장 조작의 종료, 부흥금융회사의 무력화, 정부 지출 억제, 평가절하의 위협 등 갈수록 첩첩산중이었다. 다시 금이 유출되기 시작하면서 겨우 안정화되었던 물가가 하락하기 시작했다. 하향 곡선을 그리던 경제는 이제 거의 낭떠러지에 가까워졌다.

11월 들어 금융 부문에 대한 새로운 압박은 더 고차원적 문제가 되었다. 네바다주 은행 전체가 대선 직전에 휴무에 들어갔다. 그렇다고 네바다주 은행들이 도산 위기에 처한 것은 아니었지만, 이 휴무 소식은 나라 전체를 공포로 몰아넣었다.[159] 예금 고객들은 자신이 거래하는 은행이 다음 제물이 될지도 모른다는 두려움에 서둘러 돈을 찾아갔다. 위기의 역학이 반복되기 시작한 것이다.

1932년 내내 경제는 가히 충격적으로 무너졌다. 다음 도표는 일부 경제 통계를 보여주는데, 파운드화가 평가절하된 시점부터 1932년 말까지의 기간은 강조해두었다. 소비 지출과 생산은 20% 이상 감소한 반면, 실업률은 16% 넘게 상승했다. 심각한 디플레이션이 고착화되었으며, 물가는 매달 거의 1%씩 하락했다.

신문기사 & 연방준비제도 월보

1932년 11월 23일
제네바에서 논의된 세 가지 큰 쟁점은 만주, 군축, 불황: 미국 사절단도 큰 관심
"국무부의 노먼 데이비스 사절단 대표가 참석한 오늘 정치 회담에서는 만주 문제, 세계 경제 회의, 군비 축소 등 세 가지 과제가 뒤섞여 쏟아졌다."
〈뉴욕타임스〉

1932년 12월 1일
11월 8일 선거의 세 가지 기록: 총 투표수, 당선인 및 낙선인 득표수 모두 역대 최다
"11월 8일 선거에서 미국 유권자가 행사한 총 투표수는 3,900만 표이며, 그중 루스벨트 주지사는 2,231만 4,023표, 후버 대통령은 1,557만 4,474표를 득표해, 세 종류의 신기록을 세웠다."
〈뉴욕타임스〉

1932년 12월 12일
관세가 공황 해결의 핵심: 독일 교수, '문제는 미국이 무역 장벽을 낮추는가에 달려 있어'
"괴팅겐 대학(Goettingen University) 통계 연구소 소장이자 사회 보험, 과세 및 기타 재정 관련 정부 고문인 펠릭스 번스타인(Felix Bernstein) 교수는 미국이 관세 장벽을 낮추지 않는 한, 세계는 결코 공황에서 벗어날 수 없을 것이라고 주장했다."
〈뉴욕타임스〉

1932년 12월 15일
네바다주 은행 영업 재개
〈뉴욕타임스〉

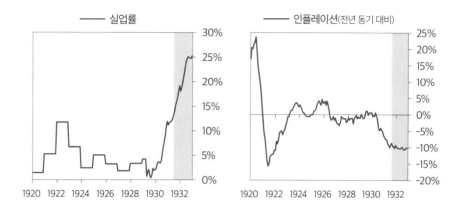

정책 입안자들이 부채를 줄이기 위해 디플레이션 유발 효과가 있는 정책 수단에 의존하다 보니 미국은 심각한 불황과 '추악한 디레버리징'에 빠지게 되었다. 명목 금리가 명목 성장률보다 훨씬 높았기 때문에 부채 증가 속도가 소득 증가를 능가하면서, 채무 불이행이 발생했음에도 불구하고 부채 부담이 증가했다.

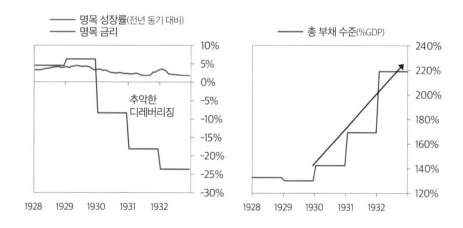

투자자들은 루스벨트 행정부의 출범이 미칠 영향에 대해 걱정했지만, 끔찍한 경제 상황과 포퓰리즘적인 선거전에 힘입은 루스벨트가 결국 승리를 거머쥐었다. 1932년 11월 루스벨트는 2,280만 표를 얻어 1,580만 표의 후버 대통령을 누르고 당선되었다. 루스벨트 당선인은 당시 기준으로 대통령 선거 역사상 역대 최다 득표수를 기록했다.

침체된 경제 상황과 회복의 불균형(여전히 허덕이고 있는 국민은 아랑곳없이 엘리트들은 잘살고 있다는 게 일반적 인식이었다.), 비효율적인 정부 정책 등으로 인해 등장한 포퓰리즘은 1920~1930년대 전쟁기의 범세계적인 현상이 되어 미국뿐 아니라 독일, 이탈리아, 스페인에서도 정권 교체의 계기로 작용했다. 미국에서는 불평등(소득과 자산 점유율 모두)이 1930년대 초에 최고조에 달했지만 나머지 10년 동안 여전히 높은 수준을 유지했다. 루스벨트 후보 대선 당시, 상위 10% 계층이 소득의 45%, 부의 85%를 차지한 반면 실업률은 20%를 넘었다. 이러한 상황으로 인해 루스벨트 후보는 '뉴딜New Deal'을 기반으로 정치 캠페인을 시작하며 근로자, 채무자, 실업자에게 큰 변화를 약속했다.[160]

유럽에도 비슷한 경제 상황이 일어났다. 독일은 앞선 15년 동안 하이퍼인플레이션과 대공황의 진입을 모두 경험했다. 실업률이 25%로 치솟았지만, 상위 10%는 전체 소득의 약 40%를 벌어들일 만큼 불평등도 높았다. 이런 환경은 나치당이 부상하는 발판이 되었다.[161]

1933년: 취임 전

새로운 정부가 리플레이션형 정책을 펼칠 것이 예상되면서 금은 계속해서 나라 밖으로 유출되었다. 이제 루스벨트 당선인은 금본위제에 대한 자신의 약속을 재확인하려 하지 않았다. 그러자 주변 참모들은 시장이 동요하지 않도록 해야 한다고 설득하려 했다. 재무부 장관 후보로 물망에 오른 카터 글래스Carter Glass 상원의원은 루스벨트 당선인이 미국의 금본위제 유지를 보장할 수 없다면 장관직을 수락하지 않을 것이라고 선언했다.[162] 후버 대통령은 루스벨트 당선인에게 그의 정책에 대해 입장을 명확히 해달라고 요청하는 친서를 보내기도 했다.[163] 유럽의 달러 투자자들도 걱정했다. 이를테면 〈뉴욕타임스〉는 프랑스의 분위기를 다음과 같이 전했다.

"미국 신정부의 명확한 입장이 공개되지 않다 보니, 유럽 시장은 향후 미국 달러화가 어떤 추세를 보일지에 대해 분위기가 어수선하다. 루스벨트 당선인이 건전한 통화를 유지하겠다는 확고한 결의를 발표한다면 사람들을 매우 안심하게 하는 효과가 있을 것이다."

그러나 루스벨트 당선인은 묵묵부답이었다.[164]

2월에는 위기가 심화되었다. 미시간주 최대 금융기관인 가디언 디트로이트 유니언 그룹Guardian Detroit Union Group이 파산 위기에 직면하여 부흥금융회사에 자금 대여를 요청했다. 그러나 괜찮은 담보물이 거의 없었기 때문에 부흥금융회사는 규정상 거액의 자금을 대여해줄 수 없었다. 더 중요한 것은 가디언 그룹의 최대 주주가 자동차 백만장자 헨리 포드Henry Ford라는 사실이었다. 부흥금융회사는 배부른 자본가에게 호의를 베푸는 인상으로 비치길 원하지 않았기 때문에 포드가 약간의 지원을 제공한다면 자금을 대여해주겠노라고 제안했다. 그러나 가디언 그룹도 센트럴 리퍼블릭 못지않게 시스템적으로 중요한 은행이라고 생각했던 포드는 거절했다. 부흥금융회사의 도움을 받으려던 포드의 겁 없는 시도는 실패했다. 가디언 그룹 계열의 두 은행인 유니온 가디언 신탁Union Guardian Trust과 가디언 내셔널 상업은행Guardian National Bank of Commerce은 파산 선고를 했고, 미시간주는 전 지역의 은행 휴업을 선포할 수밖에 없었다.[165]

정책 입안자들은 시스템적으로 중요한 은행을 구제하지 못하면 그 파급 효과가 금세 경제 전체로 퍼져나갈 수 있다. 예컨대 미시간주는 미국의 산업 중심지였으므로 다른 주에 미치는 영향이 특히 컸다.[166] 미국 전역에서 가계, 기업 할 것 없이 서둘러 예금을 인출해갔다. 오하이오, 아칸소, 인디애나주에서도 뱅크런으로 홍역을 치렀다. 메릴랜드주는 2월 25일부터 3월 4일까지 은행 휴업을 선언했으며, 30개 이상의 주에서 예금 인출을 제한시켰다.[167]

미국 밖으로의 금 유출 현상은 이전에는 밀물이었다면 지금은 파고를 이루며 더욱더 확대되어갔다. 2월 마지막 두 주 만에 뉴욕 연방준비은행은 금 보유고의 4분의 1에 해당하는 2억 5,000만 달러를 잃었다.[168]

이렇게 금 보유고에 대한 압박에 직면하여 후버 대통령은 전쟁 권한법War Powers Act에 따라 자본 통제를 시도하려고 했다. 자본 통제는 국제수지 압박이 발생할 때 전형적으로 등장하는 대응책이지만 효과적이지는 않다. 이에 민주당이 자본 통제에 반기를 들었다.[169]

신문기사 & 연방준비제도 월보

1933년 2월 15일
미시간을 구하기 위한 긴급 수혈
"윌리엄 컴스톡(William A. Comstock) 주지사는 이른 아침 성명서를 통해 미시간주 내 550개 금융기관에 8일간의 모라토리엄을 선언했다. 상부 반도에 있는 몇몇 은행을 제외하고 미시간 주의 모든 은행이 오늘 문을 닫았다."
〈뉴욕타임스〉

1933년 2월 24일
채권시장 동요, 증시 다시 하락장
"어제 주정부의 엄격한 제약하에서 영업을 재개한 미시간주의 은행들은 상황이 개선될 조짐을 보였지만, 증권시장은 마치 월스트리트의 침체된 분위기를 반영하기로 작정이라도 한 듯 급락세를 보였다."
〈뉴욕타임스〉

1933년 2월 27일
불안정한 한 주: 신정부 출범 앞두고 금융계 악소문
"지난주의 불안한 주식시장, 채권시장의 반복되는 약세, 자본 퇴장의 증가 등은 미시간주 사태의 미숙한 대처로 부분적으로 비롯된 것이기도 하지만, 실험적인 새로운 통화 대책에 대한 악의적 소문이 투자 심리에 미친 영향도 무시할 수 없다."
〈뉴욕타임스〉

1933년 3월
주립 은행 휴무
"2월 한 달과 3월 초, 전국 각지에서 발생한 은행 사태로 인해 여러 주에서 주지사와 지방 의회들은 일시적으로 역내 은행을 폐쇄하거나 운영을 제한토록 했다. 2월 14일 아침, 미시간 주지사는 '공공의 안녕, 보건, 질서를 유지하고 모든 예금자의 권리를 차별 없이 동등하게 보호할 목적'으로 2월 21일까지 휴무를 선언했다. 미시간주는 2월 21일 사실상 다시금 휴무를 연장했고, 2월 25일에 메릴랜드 주도 휴무가 선포되었으며, 며칠 내에 많은 다른 주에서도 유사한 조치가 취해졌다. 2월 25일, 의회는 주정부 당국이 주정부 은행에 행사할 수 있는 권한과 같이, 통화 감독청이 국법 은행에 동일한 권한을 행사할 수 있도록 승인하는 공동 결의안을 채택했다."
〈연방준비제도 월보〉

1933년 3월
경기 동향 요약
"1월 산업 생산량은 평소보다 소폭으로 증가한 가운데 공장 고용 및 급여는 꾸준히 감소했다. 1월까지 계속 하락하던 도매 물가는 2월 들어 셋째 주까지 비교적 큰 변화가 없었다."
〈연방준비제도 월보〉

미국 금 보유고 월별 변화
(단위: 100만 트로이온스)

신문기사 & 연방준비제도 월보

1933년 3월 3일
대통령, 은행 법안 입법 요구: 오늘 긴급 성명 발표 예정
"후버 행정부의 내각 지도부와 루스벨트 당선인은 어젯밤부터 오늘 이른 새벽까지 금융 관련 현안을 의논하는 시간을 마련했지만 실질적인 성과는 없었다."
<뉴욕타임스>

1933년 3월 5일
위기 속에서도 '정상 업무': 은행 휴업에도 멈추지 않는 유통 및 생산업계
"은행들이 내일, 혹은 아마도 이번 주 내내 영업을 중단할 것으로 예상되지만, 현지 시장의 유통 및 제조업체들은 매출 성과에 따라 신용 상황을 확인해가며 평상시처럼 사업을 이어 나갈 것으로 보인다."
<뉴욕타임스>

1933년 3월 5일
은행 휴업에 거래소도 폐장: 역사상 세 번째로 모든 거래 잠정 중단, 전국적 영향
"이틀간의 은행 휴무가 선언된 결과, 뉴욕증권거래소를 비롯해 뉴욕시의 다른 모든 증권 및 상품거래소 역시 어제 폐장했다. 전국적 혼란을 이유로 거래가 중단된 것은 이번이 증권거래소 역사상 세 번째이다."

1933년 3월 6일
뉴욕시 은행, 오늘 바로 대용 지폐(scrip, 지급을 확약하는 임시 화폐, 대공황 기간 미국 여러 지자체에서 급여 지급용으로 사용된 바 있다. 1938년 폐지되었다.) 도입 준비: 오늘이나 내일 화폐 대신 사용될 예정
<뉴욕타임스>

1933년 3월 7일
루스벨트 대통령, 주지사들에게 간략히 과제 보고: 예금 보호 및 긴급 은행법 고안 필요
"루스벨트 대통령은 오늘 백악관에서 각 주지사 및 그 대리 참석인들을 만나 은행 구제 조치와 상황 개선 방법에 대해 논의했다. 대통령은 국가적 차원으로 수행될 정책에 대해 명확한 제안을 하지도, 목요일에 의회에서 어떤 권고를 하겠다는 암시를 주지도 않았다."
<뉴욕타임스>

1933년 3월 7일
기업계, 대용 지폐 찬성

1933년 3월 10일
은행법 71~72시간 만에 통과 제정, 최단 시간 기록 안고 긴급 시행
"어려움에 처한 은행들을 국가적 차원에서 구제하고자 오늘 행정 및 입법 조치가 논의되고 의사록까지 작성되었지만, 저녁에는 행정부가 집행에 속도를 맞추지 못해 진전에 부분적 차질이 있었다."
<뉴욕타임스>

경제는 완전히 수렁에 빠졌다. 3월, 경기 상황은 처참한 수준이었다. 그해 국민총생산GNP은 불황기를 통틀어 최저치인 556억 달러를 기록했으며, 이는 물가 변동을 감안한 달러 가치로 1929년보다 31.5% 낮은 수치이다.[170]

1933~1937년: 아름다운 디레버리징

1933~1934년: 루스벨트 정부의 금본위제 폐지로 시작된 아름다운 디레버리징

루스벨트 대통령은 취임 이튿날인 3월 5일 일요일, 국가적 차원에서 나흘간의 은행 휴무일을 선언하고, 금 수출을 중단시켰다(사실상 달러와 금의 연계를 끊었다). 그리고 은행 시스템을 구제할 전담 팀을 구성했다. 가능한 한 짧은 시간에 최대한 많은 일을 처리하려니 혼란이 많았다.

은행들이 3월 9일자로 영업을 재개하려던 때 의회는 1933년 긴급 은행법 Emergency Banking Act of 1933을 통과시켰다. 이 법에 따라 은행 휴무가 연장되었고, 은행 시스템에 유동성과 자본을 제공할 수 있는 전례 없는 권한을 연방준비제도와 재무부에 부여했다. 이 법이 가장 중요한 점은 금이 아니라 은행 자산을 근거로 달러를 발행할 수 있는 권한을 연방준비제도에 부여하는 것이었다. 달러와 금 사이의 연계를 끊는다는 의미뿐 아니라 **화폐를 찍어낼 수 있도록 연방준**

"루스벨트 대통령 나흘간의 은행 휴무 지시, 금 수출 금지, 의회 소집"

<뉴욕타임스> 1933년 3월 6일자. <뉴욕타임스> 판권 소유. 미국 저작권법의 허가 및 보호에 의해 사용되었습니다. 명시적인 서면 허가 없이 이 콘텐츠의 무단 복제, 재배포, 재전송은 금지됩니다.

비제도에 권한을 부여하여 은행들에 절실히 필요한 유동성을 제공할 수 있도록 한다는 의미까지 있었다. 루스벨트 대통령은 연방준비제도가 금 보유고를 소진하지 않고 화폐를 추가로 찍어낼 수 있도록 1917년 적성국 교역법[1917 Trading with the Enemy Act]에 의거하여 금 수출을 금지했다.[171]

회계 감사관들은 먼저 가장 규모가 크거나 안전하다고 알려진 미국의 대표적인 은행들의 장부부터 조사하기 시작했다. 감사관이 자금난에 처한 은행을 발견한 경우 첫째, 부흥금융회사에 우선주를 발행하게 해서 유상 증자를 하거나 둘째, 더욱 건전한 은행과 합병하거나 셋째, 최후의 수단으로 폐쇄할 수 있었다. 시스템적으로 중요한 은행은 예외없이 지원을 받았지만, 소규모 은행은 대개 파산했다. 감독관이 일단 건전하다고 판단한 은행은 어떤 자산이든 담보를 설정하고 연방준비은행으로부터 자금을 대여할 수 있는 자격을 갖춰 다시 문을 열기로 했다.[172] 1933년 은행법[Banking Act of 1933]의 일환으로 재무부는 연방준비제도가 초래한 모든 손실을 보상하기로 합의하였는데, 이 합의는 재무부가 영업 유지 대상으로 선정한 은행에 대해서는 사실상 모든 부채를 보증해주기로 한 조치였다.[173]

은행이 대거 영업을 재개하기로 한 전날인 3월 12일 일요일 밤, 루스벨트 대통령은 은행 시스템의 신뢰 회복을 위한 계획을 설명하기 위해 전국으로 방송되는 라디오 연설을 했다.

> 이번에 새로 시행되는 법에 따르면 12개 도시의 연방준비은행은 양질의 자산을 바탕으로 화폐를 찍어낼 수 있습니다. 그리고 이 화폐도 전부 영업을 재개할 은행들이 부채를 상환하는 용도로 쓰일 수 있습니다. … 실질적이고 안전한 자산을 바탕으로 하기 때문에 건전한 화폐입니다. 다시 문을 여는 은행에 돈을 맡기는 것이 침대 밑보다 더 안전합니다.[174]

12개 도시의 은행들이 월요일에 영업 재개를 준비하는 동안, 정책 입안자와 투자자들은 조마조마한 마음으로 대중의 반응을 기다렸다. 하지만 뱅크런은 발생하지 않았고 사람들은 10억 달러 이상을 예치했다. 이 사례는 뱅크런에 의해 촉발된 부채와 유동성 문제를 해결하는 길이 유동성 억제에 있는 것이 아니라 유동성 제공에 있음을 보여주는 전형적인 사례이다. 이후 은행들이 속속 다시 문을 열었고, 시장 전체 예금의 90%를 차지하는 회원 은행이 한 달 안에 다시 문을 열었다.[175] 마침내 수요일에 주식시장이 개장했을 때, 다우지수는 15.3% 상승했고 상품시장도 급등했다.

새로 찍어낸 모든 돈이 쓸모가 있으려면 금과의 연계를 끊어야 했다. 그러나 화폐를 대량으로 찍어낸 결과, 달러화는 다른 통화나 금에 비해 가치가 급락했다. 1971년 8월에도 거의 똑같은 일이 벌어진 적이 있다. 당시 나는 뉴욕 증권거래소에서 근무하고 있었는데 닉슨 쇼크가 주식시장과 경제를 침체로 몰아갈 거라고 생각했었다. 닉슨 쇼크는 1933년의 사태와 동일했다. 발생 원인도 동일했다. 그런데 닉슨 쇼크 당시 내가 1933년의 사태를 제대로 들여다보지 않은 것은 뼈아픈 오판이었다. 닉슨 쇼크는 내 생애 동안에는 벌어진 적이 없지만, 역사적으로는 여러 번 벌어져 왔던 사태라는 점을 나중에 알고 나는 엄청난 충격을 받았다. 이러한 경험을 각성의 계기로 삼아 시공을 초월한 모든 시장과 경제의 거시적 흐름을 이해하고 해결하는 불변의 원칙을 갖추기 위해 노력하게 되었다. 덕분에 나는 2008년을 포함해 여러 번 위기에서 살아남았다. 내가 지금 설명하는 1930년대의 사건은 같은 이유로 과거에도 여러 차례 발생했다.

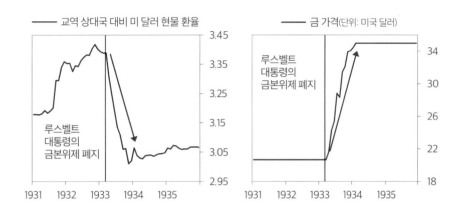

금본위제가 폐지된 후 2주 만에 연방준비제도는 유동성을 위한 자금 투입을 줄일 수 있었다. 단기 금리가 1% 감소하여 2%로 떨어졌으며, 은행 인수 어음 할인율은 2%, 콜금리가 3%로 내려갔다.[176] 그 후 3개월 동안 통화 공급이 1.5% 증가했으며, 다우지수는 4개월 동안 거의 두 배나 상승했다. 이러한 움직임은 금세 불황을 종식시켰다. (대부분의 사람들이 1930년대부터 제2차 세계대전까지 불황이 지속되었다고 생각하는 만큼, 실상이 어떠했는지 명확히 짚고 넘어가고자 한다. 1936년에 이르러 GDP가 1929년 최고치와 맞먹게 된 것이 사실이긴 하다. 그러나 122쪽 도표의 수치를 보면, 금본위를 포기한 것이 전환점이었다는 것을 알 수 있다. 정확히 그때가 모든 시장과 경제 통계가 바닥이었다. 그렇기는 하지만 이런 평균적 수치들은 오해를 불러오기 십상이다. 왜냐하면 당시 경기 회복에 따른 혜택이 가난한 사람들보다 부유한 사람들에게 더 많이 돌아가는 일이 벌어졌기 때문에 이를 합산하여 평균을 내면 평균 수치는 사람들이 체감하는 것보다 더 좋아 보일 수 있기 때문이다. 게다가 1933년 이후 많은 사람이 특히 더 어려운 시기를 보냈기 때문에 불황이 10년 동안 지속된 것처럼 생각하는 사람이 많다.)

금본위제 포기, 통화 발행, 예금자 보호가 루스벨트 대통령이 행한 가장 영향력 있는 정책 조치였지만, 이는 취임 후 처음 6개월 동안 쏟아져 나올 정책 중 시작에 불과했다. 매주 파격적일 정도로 대담한 정부 지출 계획이 발표되자 투자자들과 대중들 사이에서 신뢰가 구축되었으며, 경제에 튼튼한 발판을 제공하는 역할을 했다. 이러한 정책 중 일부는 뒤에서 설명하겠다. 구체적인 내용 하나하나가 전부 중요하다기보다는, 이것이 전부

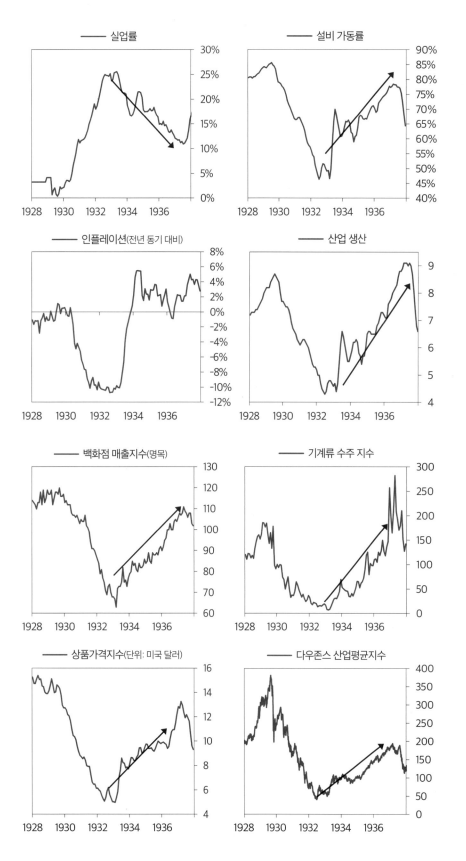

합쳐졌을 때 대담하고 다면적이며 포괄적인 추진력을 갖기 때문에 의미가 있다.

정책 입안자들은 은행을 단단하게 만들기 위해 노력하는 한편, 금융 산업의 규제와 감독을 대폭 강화하는 데도 관심을 기울였다. 최근의 위기 경험을 바탕으로 최악의 상황을 덜어낼 수 있도록 법제를 바꾸는 것은 대형 부채 위기가 끝나갈 무렵에 등장하는 전형적인 과정이다. 다음을 읽으면서 이런 과정이 부채 위기 해결을 위한 템플릿과 어떻게 연결되는지에 집중하라.

- 4월 5일, 18일: 루스벨트 대통령은 달러와 금의 연계를 끊기 위해 추가 조치를 취했다. 먼저 대통령령을 발효해 국민의 금 소유를 불법화했다. 그리고 2주 후, 개인의 금 수출을 금지하고 정부가 금 가격을 책정할 수 있도록 법률 제정을 지원하겠다고 표명했다(달러의 평가절하와 화폐 찍어내기).[177]
- 5월 27일: 의회는 증권 매매를 통제하는 1933년 증권법Securities Act of 1933을 제정했다(규제 강화).[178]
- 6월 5일: 의회는 수취인이 금으로 지불받을 것인지 여부를 약정할 수 있는 조항이자 계약에서 비교적 흔한 관행인 '금 약관'을 금지했다. 달러가 금에서 분리된 후 금의 가치가 상승했기 때문에, 이것은 부채의 대대적인 재편에 해당한다(부채 구조조정).[179]
- 6월 13일: 주택 소유자 대출법Home Owner's Loan Act에 의거하여 주택담보대출의 리파이낸싱, 즉 금리 절감 재대출을 지원하기 위한 주택 소유자 자금대출회사Home Owner's Loan Corporation, HOLC가 설립되었다. 1933년부터 1935년까지 100만 명이 여기서 장기 대출을 받았다(부채 구조조정).[180]
- 6월 16일: 1933년 은행법(글래스 스티걸법)에 따라 신설 기관인 연방 예금보험공사Federal Deposit Insurance Corporation, FDIC가 최대 2,500달러까지 은행 예금을 보장하도록 했다. 또한 연방준비제도에 요구불 및 저축 예금에 대한

금리를 규제할 권한을 부여하고(레귤레이션 Q^{Regulation Q}), 은행에 엄격한 규정을 설정했으며, 투자은행과 상업은행의 기능을 분리했다(예금 보험 도입과 규제 강화).[181]

루스벨트 대통령은 또한 연방 기관의 신설과 신규 조치를 발표하여 재정 부양책을 전례 없는 수준으로 강화했다. 1932년 후버 대통령은 균형 예산을 달성하기 위해 재정 긴축 정책을 선택함으로써 연방 지출을 10억 달러 이상 줄인 바 있었다. 반면 루스벨트 대통령은 후보 시절 균형 예산을 추구하려고 했던 애초 목표와 달리, 연간 지출을 1934년까지 GDP의 5%인 27억 달러로 끌어올렸다.

다음은 초기의 경기 부양 프로그램 중 일부이다.

· 4월 5일: 민간 자연보존협회^{Civilian Conservation Corps, CCC}를 설립하여 9년에 걸쳐 공공사업 프로젝트에 250만 명의 인력을 고용하기로 했다.[182]

· 5월 12일: 5억 달러의 초기 자금으로 가계를 위한 재정 지원 목적의 연방 긴급구호법^{Federal Emergency Relief Act}을 실시했다.[183]

· 5월 18일: 대공황의 영향을 가장 많이 받는 지역 중 한 곳인 테네시강 주변 지역에 테네시강 유역 계곡 개발공사^{Tennessee Valley Authority, TVA}를 설립해 전력 공급, 홍수 통제, 관개 시설 등의 대규모 인프라 투자를 시작했다.[184]

· 6월 16일: 전국산업부흥법^{National Industrial Recovery Act, NIRA}에 따라 공공사업국^{Public Works Administration, PWA}을 창설했는데, 여기서 대규모 공공사업에 사용할 수 있는 가용 예산은 33억 달러였다.[185]

이 모든 부양책의 결과로, 디플레이션은 끔찍하지 않으면서 용인 가능한 인플레이션으로 바뀌었다.

'전형적인 장기 부채 사이클'에서 설명한 바와 같이, 균형은 '아름다운 디레버리징'을 달성하기 위한 세력 간 균형이 핵심이다. 강력한 경기 부양책을 통해 인플레이션 세력으로 디플레이션 세력을 상쇄하고 명목 성장률을 명목 금리보다 높은 수준을 끌어올릴 때, 아름다운 디레버리징이 달성 가능하다.

형편없이 침체되었던 경제 활동 수준이 호전됨에 따라, 이후 3개월 동안 경제는 다시 활기를 띠었다. 중장비 주문량은 100%, 산업 생산은 50% 가까이 증가했다. 3월부터 7월 사이 비내구재 제조 생산은 35%, 내구재는

83% 증가했다. 이후 3개월 동안 실업률은 하락하고 도매 물가는 45% 상승했다.[186] 매우 침체된 수준을 보였던 반등하며 상호 되먹임되는 상승 사이클이 만들어졌고, 그 결과 반등세가 더 확장되었다. 이런 과정을 통해 아름다운 디레버리징이 유도되었다.

GDP 성장률이 금리 수준을 넘어서는 모습을 눈여겨보길 바란다.

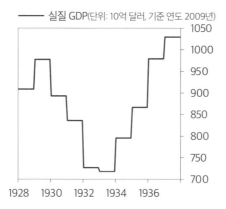

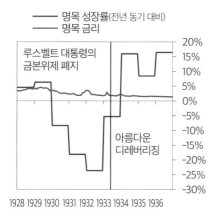

1935년: 골디락스 시대

1934~1935년에 경기와 시장은 연방준비제도가 다시 한번 긴축 정책을 고려할 정도로 꾸준히 회복되었다. 연방준비제도의 초기 정책으로 1935년까지 경제가 회복되었고, 디플레이션은 사라졌으며, 주가도 급등했다. 당시 집값은 연간

신문기사 & 연방준비제도 월보

1934년 12월 24일
기업들의 힘찬 스퍼트: 로퍼 장관, 회복이 빠른 10개 산업 분야 등 대통령에 보고
"로퍼(Daniel C. Roper) 상무부 장관은 지난 회계 연도에 미국의 비즈니스 및 재정 상태가 뚜렷하게 개선되었다는 자료가 담긴 상무부 연례 보고서를 오늘 대통령에게 전달했다."
〈뉴욕타임스〉

1935년 1월 11일
은행 자금 최고치
"어제 연방준비제도가 발표한 주간 보고서에 따르면, 계절적 요인에 의한 통화 유통의 회복 흐름에 국고금의 추가 지출과 금 보유고의 지속적인 증가가 결부되면서, 회원 은행의 초과 준비금은 지난 수요일 기준 약 19억 9,000만 달러로 늘어났다."
〈뉴욕타임스〉

1935년 4월 7일
은행 예금, 현재 500억 달러
"연방예금보험공사에서 12월 말까지 수집한 통계를 기준으로 현재 미국 내 모든 은행의 예금을 합치면 6개월간 약 30억 달러 이상 증가한 500억 달러에 육박하는 것으로 집계된다."
〈뉴욕타임스〉

1935년 5월 23일
현금 유통 1억 3,500만 달러 증가
"〈연방준비제도 월보〉 5월호에 따르면 소매업과 근로자 급여가 계절 조정치 이상으로 증가함에 따라 1월 23일부터 4월 24일까지 유통 통화량은 예년 이맘때보다 다소 증가한 1억 1,000만 달러 순증가를 나타냈다."
〈뉴욕타임스〉

1935년 7월 2일
미국 금 보유고 20억 달러 증가
"뉴욕 연방준비은행은 최근 월간 보고서에서 1934년 1월 말 달러 대비 금화 가치의 평가 절상 이후 미국의 금 보유량이 20억 달러, 즉 약 30% 이상 증가했다는 점에 주목했다."
〈뉴욕타임스〉

1935년 8월 24일
루스벨트 대통령, 새로운 은행법에 서명
"정부의 새로운 신용 관리 계획과 연방준비제도의 개편 내용을 포함하는 은행 일괄 법안(Omnibus Banking Bill)이 오늘 의회 지도부와 재무부 및 연방준비제도의 대표들이 참석한 가운데 루스벨트 대통령이 서명함으로써 정식으로 법제화되었다."
〈뉴욕타임스〉

1935년 10월 2일
은행들, 예금 증가 보고
"은행들이 9월 말 자산 현황에 대한 보고서를 어제부터 발표하기 시작했다. 이들 보고서에 따르면 대체로 예금액과 자금이 증가했음은 물론, 기관 역사상 최고치를 기록한 은행도 있었다. 반면 미국채 총 보유량에는 약간의 변동만 있었던 것으로 보인다."
〈뉴욕타임스〉

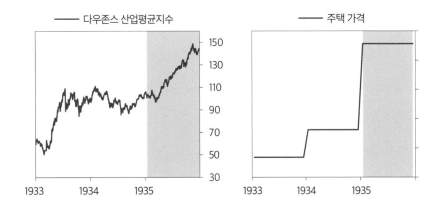

다우존스 산업평균지수	주택 가격

10% 넘게 상승했으며, 증시 회복 속도는 훨씬 빨랐다. 연방준비제도의 조치는 부를 증가시키는 커다란 자극제는 됐지만, 부와 생산량은 대공황 이전 버블 수준에는 미치지 못했다.

1935년 봄이 되자 연방준비제도는 초과 준비금 증가에 대해 점점 불길한 예감이 들었다.[187] 초과 준비금의 급증으로 향후 신용 팽창과 인플레이션이 우려되었기 때문이다. 3월에 연방준비제도가 앞으로 취해야 할 방향에 대한 내부 보고서가 마련되었다. 내용은 당분간 별다른 조치 없이 관망세를 유지하자는 것이었다. 이 보고서는 초과 준비금이 국채 수익률을 떨어뜨려 은행이 민간 부문에 더 많은 대출을 제공하도록 장려할 수 있는지에 대한 질문을 던졌다. 하지만 아직 그 가능성을 뒷받침할 만한 증거가 보이지 않았기 때문에 연방준비제도는 기존 태세를 고수했다. 이 보고서에서 살펴본 두 번째 문제는 축적된 부채를 매각하는 방법(즉 유동성 환수)이었다.[188] 이 보고서는 아직 구체화 조짐을 보이지 않은 인플레이션에 대한 지나친 우려는 시기상조라는 견해를 내비쳤다. 동시에 경기 확장 정책을 지지하면서 당분간 부채 매각을 실행하지 않겠다는 내용이 담겨 있었다.

경기 확장, 주가 상승, 집값 상승이 계속되자, 연방준비제도의 긴축 기조는 더욱 강화되는 면모를 보였다. 초과 준비금 증가에 대한 우려를 거론한 10월의 또 다른 보고서는 초과 준비금을 줄일 적절한 시점을 찾는 것을 비롯해 초과 준

신문기사 & 연방준비제도 월보

1935년 10월 2일
투신사 자산 규모 급증
"내셔널 인베스터스(National Investors) 투자 신탁 그룹이 9월 30일 기준, 9개월간 포트폴리오의 시장 가치 상승에 힘입어 각 구성 종목의 순자산이 급격히 증가한 것으로 나타났다. 이는 내셔널 인베스터스 제2계열사(the Second National Investors Corporation), 제3계열사, 제4계열사 등이 어제 공시한 보고서를 통해 공개되었다."
〈뉴욕타임스〉

1935년 11월 1일
은행 초과 준비금 최고치 기록
"연방준비제도 회원 은행이 보유한 초과 준비금 이번 주 사상 처음으로 30억 달러를 돌파했다. 어제 발표된 연방준비제도의 주간 보고서에 따르면 이번 주 수요일 기준, 회원 은행의 준비금 잔고는 지난주보다 7,800만 달러가 증가한 56억 5,300만 달러라는 신기록을 경신한 것으로 나타났으며, 이는 법정 준비금을 30억 1,000만 달러 초과하는 금액이라고 밝혔다. 참고로 지난주 초과액은 29억 3,000만 달러였다."
〈뉴욕타임스〉

1935년 11월 30일
연방준비은행에 국채 보유 축소 촉구
"연방 준비 심의회(Federal Reserve Advisory Council)가 연방준비은행들로 하여금 단기 국채 보유분 중 일부를 만기일에 소진하여 초과 지준과 신용 인플레이션의 위협을 줄이도록 하는 권고안을 연방공개시장 위원회에 제출했다는 사실이 오늘 알려졌다."
〈뉴욕타임스〉

1935년 12월
경기 동향 요약
"통상 이맘때 거의 변화가 없는 산업 생산과 공장 고용량이 10월 들어 이례적으로 증가한 가운데, 특히 섬유 업계의 회복이 두드러졌다. 9월과 10월에 하락했던 도매 물가는 11월 들어 상승세로 전환했다."
〈연방준비제도 월보〉

1935년 12월 19일
은행 준비금에 대한 정책 발표
"연방준비제도 이사회와 연방공개시장 위원회는 오늘밤 공동 성명을 통해 회원 은행이 긴급 조치로써 초과 지급 준비율을 줄이는 것에 반대했지만, 덧붙여 상황을 면밀히 관찰한 후 신용 팽창이 공익을 위협할 정도로 확대되는 경우 그에 따른 적절한 조치를 취하겠다고 밝혔다."
〈뉴욕타임스〉

1935년 12월 22일
준비금 정책에서 감지된 신중함
"지난 수요일 연방준비제도 이사회와 공개시장 위원회가 워싱턴에서 발표한 공동 성명은 현재 그들이 은행의 초과 지급 준비금을 줄이기 위한 긴급 조치를 고려하지 않고 있음을 시사하는 것으로, 월스트리트에서는 최근 몇 년간의 연준 정책 중 가장 중요한 선언으로 받아들였다."
〈뉴욕타임스〉

비금 줄이기를 자산 매각 또는 지급준비율 인상 중 어떤 방법으로 수행할 것인지를 숙고하는 내용이 담겼다. 11월에 연방준비제도는 이 방법들의 이해득실을 따져보았다. 초과 준비금을 줄이자는 찬성론은 향후 인플레이션 가능성을 미연에 방지하자는 주장이었고, 반대론은 아직 긴축이 필요하다는 근거가 없다는 주장이었다.

11월 22일 연방준비제도는 주식시장의 과열을 논하고 인플레이션에 대한 우려를 표명하는 보도자료를 내놓았다. 루스벨트 대통령을 포함해 많은 정책 입안자가 1920년대 후반의 버블이 주식시장 붕괴를 일으켜 결국 공황의 원흉이 되었다는 걸 기억하고 있었다. 때문에 버블에 대한 두려움에 사로잡혀 있었다. 그래서 1935년 주식시장이 가파르게 상승하자(거의 4배!) 과거의 악몽이 재현되는 건 아닌지 노심초사했다. 이와 달리 11월 재무부에서는 인플레이션 가능성이 낮기 때문에 그럴 일은 없다고 언론을 통해 공식 발표했다.[189]

연방준비제도는 1920년대 후반 주식 증거금이 과도하게 증가하면서 '투기성 신용 거래'에 대한 경각심이 높아졌던 만큼, 투자자들이 주식투자에 조달하는 재원을 예의 주시했다. 증거금을 올리는 방안도 고려했다. 그러나 11월 연방준비제도 보고서에 따르면 투자자들이 신용이 아닌 현금으로 투자 자금을 조달한 것으로 나타났으므로 별다른 조치를 취하지 않기로 했다.[190] 그렇기는 했지만 상승장은 떠오르는 버블로 간주되었고, 지나친 통화 완화 정책에 대한 두려움이 가시지 않아 규제 적용 여부에 대한 논쟁은 계속되었다.

이사회의 이사 한 명(실명을 거론하자면 뉴욕 연방준비은행의 조지 해리슨 총재이다.)은 증시 과열을 억제하기 위해 준비금 요건을 강화하자고 제안했다. 당시 연방준비제도 이사회 소속이었던 헨리 모겐소 Henry Morgenthau 재무부 장관은 이 제안을 거부했다. 해리슨 총재도 준비금 증가가 인플레이션으로 이어질 수 있음을 우려하고는 있었다.

12월 연방준비제도의 연구 책임관인 이매뉴얼 골든와이저 Emanuel Goldenweiser는 준비금 요건을 강화할 경우 생길 부정적인 심리적 반응에 대해 경고했다. '현재 수많은 공장 시설과 인력이 유휴 상태이기 때문에 인플레이션 걱정은 하지 않아도 된다'고 생각한 그는 연방준비제도가 준비금 요건에 어떤 형태로든 손을 대는 것은 사실상 '예방적' 차원이라는 보도자료를 발표하도록 권고했다. 1935년 말, 연방준비제도는 그해 마지막 회의를 끝내고 준비금과 금 유입량이 '지속적인 과잉 상태'라는 내용의 보도자료를 발표하며, 덧붙여 "실제 인플레이션이 발생한다면 공익을 위해 즉시 적절한 조치를 취할 수 있다."라고 예고했다.[191]

1936~1938년: 긴축이 빚어낸 불황

논란은 1936년 초에도 끊이지 않았다. 선거에 앞서 인플레이션에 대한 우려를 표명하고 싶었던 루스벨트 대통령은 그해 봄에 지급준비율을 올릴 것을 촉구했다. 에클스Marriner Eccles 연방준비제도 이사회 의장은 은행들이 다량의 채권과 저금리 대출을 축적했다가 인플레이션으로 타격을 입지 않을까 걱정했다.[192]

5월에 연방준비제도는 꿈적도 하지 않았다. 1935년 은행법Banking Act of 1935에 따라 모겐소 재무부 장관은 연방준비제도 이사회에서 물러나야 했다. 하지만 여전히 막강한 영향력을 행사했으며 연방준비제도의 개입 조치를 강력히 반대했다. 에클스 연방준비제도 이사회 의장은 7월에 루스벨트 대통령과 따로 만나 지급준비율 인상 계획을 밝히며, 금리 인상이 필요하다고 생각되면 아무 조치를 취하지 않고 있다가 장기 국채의 대량 매도가 발생할 때 연방준비제도가 매입하겠다고 약속했다.

연방준비제도는 그달 말 지급준비율을 올렸다. 에클스 의장과 연방준비제도는 분노해 있던 모겐소 장관 몰래 움직였다. 잠깐의 매도세가 지나간 후 모겐소 장관은 뉴욕 연방준비은행의 해리슨 총재에게 재무부 예산으로 장기 국채를 매수하라고 명령했다. 에클스 의장이 대통령에게 약속한 바대로, 워싱턴 본부의 연방준비제도 이사회는 장기 국채를 사고 단기 국채를 팔았다.[193]

1936년 8월에서 1937년 5월 사이에 연방준비제도는 다음 표와 같이 약 8%에서 16%로 지급준비율을 두 배 올렸다. 1936년 8월 첫 번째 긴축 조치는 주식시장이나 경제에 아무런 해를 끼치지 않았다.

일반적으로 긴축은 한 번으로는 주식시장이나 경제에 해를 끼치지 않는다.

처음에는 효과가 전혀 없었기 때문에, 1937년 3월 첫 번째와 1937년 5월 두 번째, 총 두 차례 지급준비율을 더 올렸다. 다음 표에서 볼 수 있듯이 가장 큰 폭의 증가는 거의 50%에 달했던 첫 번째였다.

은행별 지급 준비금

	1936년 8월 이전	1936년 8월 ~1937년 2월	1937년 3월 ~1937년 4월	1937년 5월 ~1938년 4월
요구불 예금				
3대 대형 연방준비은행 소재 도시*	13.0%	19.5%	22.8%	26.0%
12개 연방준비은행 소재 도시	10%	15%	18%	20%
지방	7.0%	10.5%	12.3%	14.0%
정기 예금				
회원 은행 전체	3.0%	4.5%	5.3%	6.0%

(*뉴욕, 시카고, 샌프란시스코)

준비금 요건을 강화한 결과, 초과 준비금은 30억 달러에서 10억 달러 미만으로 감소했다.[194]

통화 정책의 긴축 효과를 강화시킨 것은 프랑스와 스위스의 평가절하였다. 이로 인해 가격 우위와 교역 우위를 확보하기 위한 평가절하 전쟁이 지속되는 결과를 낳았다. 1936년 9월, 미국, 영국 프랑스는 결국 경쟁적인 평가절하를 자제하기로 명시한 3국 협정에 합의했다.[195] 그 시점에 이르러, 상대국의 평가절하에 대응해 자국 통화를 평가절하해봐야 상대국도 평가절하를 단행하여 이득을 보는 국가가 없어지게 되면 서로가 똑같은 처지에 놓이게 되고, 막대한 경제적 혼란만 야기됨이 명확해졌다. 경쟁적인 평가절하의 결과, 모든 통화는 금 대비 가치만 하락하고 각 통화 간 가치는 거의 하락하지 않게 되었다.

1936년 유럽에서 전운이 감돌기 시작하자 미국으로 자본 이탈이 일어났는데, 이것이 미국의 지속적인 증시 상승과 경기 회복에 도움이 되었다. 그해에 대통령과 정책 입안자들은 금 유입(통화와 신용 증가를 앞당기는 데 기여한)에 점점 더 많은 걱정을 품게 되었다.[196] 여기서 우려되는 점은 세 가지였다.

신문기사 & 연방준비제도 월보

1936년 5월 4일
프랑스 자본 이탈 포착
"단기 자금 대출은 금리 4%의 일일물만 가능하며, 그 이상의 장기 대출은 프랑스 중앙은행에서만 허용된다. 프랑스 중앙은행은 4월 24일 기준 약 4억 프랑에 달하는 어음 할인 차익을 실현했지만, 국채 및 증권 담보 대출에 투입된 총 금액은 1억 프랑 감소하는 데 그쳤다."
〈뉴욕타임스〉

1936년 5월 19일
자본 이탈이 프랑 하락 유발
"지속적인 자본 이탈 압력으로 인해 어제 프랑을 비롯해 다른 금 블록(gold-bloc, 대공황 기간에 금본위제를 포기하지 않은 프랑스, 이탈리아, 벨기에, 네덜란드, 스위스, 폴란드, 룩셈부르크 등이 협정에 의하여 맺은 상호 협력 관계)에서는 통화 가치가 더 떨어졌다. 프랑스 프랑은 유효 금 수송점의 1~16 포인트 범위 내, 즉 6.58 7~16 센트로 하락했으며, 11~16포인트 하락한 7.08센트로 마감했다. 네덜란드 길더는 2 포인트 하락한 67.59센트, 스위스 프랑은 2포인트 하락한 32.35센트였다."
〈뉴욕타임스〉

1936년 8월 9일
금융시장 개황: 증시 상승 마감 및 철도주 신고가, 채권 보합, 프랑스 금 유출 계속
"토요일 거래량으로는 지난 7월 11일 이후 최고치를 돌파한 어제 주식시장은 전날의 상승세를 이어가며 주중 최고가를 기록한 채 장을 마감했다."
〈뉴욕타임스〉

1936년 9월 27일
프랑, 달러와 스털링에 맞춰 절하
"경제적 어려움과 예산 압박에 처한 프랑스가 다른 나라들도 미국과 영국을 따라 자국 화폐를 절하할 움직임을 보이자 마침내 평가절하에 동참했다."
〈뉴욕타임스〉

1936년 9월 28일
스위스 오늘 약 30% 평가절하
"스위스 정부가 내일 의회에 스위스 프랑의 평가절하를 약 30% 정도로 맞추도록 요청할 계획임이 오늘 밤 알려졌다."
〈뉴욕타임스〉

1936년 11월 29일
재무부, '핫머니' 규모 실태 파악: 불안 심리에 의한 국가 간 자본 이탈은 무질서한 세계를 방증
"미 재무부가 작년 초부터 기록하기 시작한 외화 유입 실태 자료를 지난 금요일 발표하면서 최근 혼란기 동안 국가 간 자본 이동의 규모가 함께 처음으로 공개되었다."
〈뉴욕타임스〉

1. 주식시장이 급등했다. 이 시점에서 주식시장은 1935년에 약 40%, 1936년에 25%씩 각각 상승해, 1933년의 저점 대비 거의 4배나 올랐다. 정책 입안자들은 금이 미국 주식을 사기 위해 자본을 들여오는 외국인으로부터 유입된다는 점을 걱정했다.

2. 금 유입으로 인한 인플레이션 효과로 본원통화가 증가했다. 1936년 10월 인플레이션은 약 0%에서 2%로 상승했다.

3. 미국은 금 유출(즉 자본 철수)에 대한 면역력을 잃어갔다. 구체적으로 언젠가 유럽 국가들이 미국 자산을 팔고 금을 회수하면 이 자금이 본국으로 송금되지 못하고 그중 일부가 다가오는 전쟁의 군비에 사용될 것이라는 점이었다.

이러한 금 유입의 영향을 상쇄하기 위해 12월 루스벨트 대통령은 '불태화'를 시작하도록 명령했다. 일반적으로 사람들이 미국 정부에 금을 팔고 달러를 사가면 달러는 증가했는데(즉 화폐 찍어내기), 강한 경제 회복을 고려하면 이는 바람직하지 않아 보였다. 대신, 12월 23일을 기점으로 유입되거나 새로 채굴되는 금은 불태화되었다. 쉽게 말해, 재무부가 화폐를 찍어내지 않고 연방준비은행에 예치된 재무부의 현금 계정에서 현금을 인출해 금을 매수했다는 말이다. 재무부는 1936년 말부터 1937년 7월까지 약 13억 달러 상당의 금 유입(GDP의 약 1.5%)을 불태화시켰다.[197] 다음 도표에서 1936~1937년에 통화 증가세가 둔화되어 금

1936년 12월 26일
미 재무부의 불태화 조치에 영국은 침착한 반응: 건전한 정책으로 간주
"미국 재무부가 금 유입의 불태화 결정은 금융계에서 놀라운 일이 아니다. 이는 지나친 신용 인플레이션과 고삐 풀린 주식 시장의 과열을 막기 위한 정책으로, 이미 전에 공식 발표된 내용을 다시 한 번 강조한 것이라고 보는 시선이 일반적이다."
〈뉴욕타임스〉

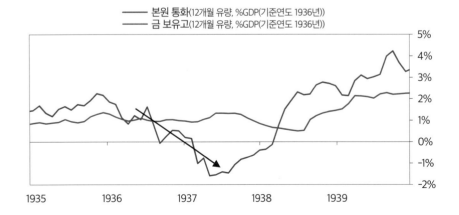

본원 통화(12개월 유량, %GDP(기준연도 1936년))
금 보유고(12개월 유량, %GDP(기준연도 1936년))

보유고 증가 속도 밑으로 떨어짐과 동시에, 불태화 조치가 강화되고 금과 같은 자산 매입이 둔화되는 모습이 보인다. 또한 우리가 앞서 살펴본 것처럼 연방준비제도는 시중에 유통되는 돈을 줄이기 위해 지급 준비율을 올렸다.

1937년

1937년 초반까지 경제는 탄탄대로를 달렸다. 증시는 여전히 상승장이었고, 산업 생산은 양호한 수치를 유지했으며, 인플레이션은 약 5%까지 상승했다. 두 번째 긴축 정책은 1937년 3월에, 세 번째는 5월에 이루어졌다. 연방준비제도와 재무부 그 누구도 필요 준비금의 증가가 불태화 정책과 함께 금리를 상승시킬 것을 예견하지 못했다. 하지만 금융 긴축과 유동성 감소는 장기 국채의 대량 매도세와 단기 금리 상승으로 이어졌다.[198] 분개한 모겐소 재무부 장관은 연방준비제도가 공개시장 조작으로 국채를 순매입하여 '패닉'을 상쇄해야 한다고 주장했다. 그리고 국채를 시장에 풀어 채권을 직접 매입하라고 재무부에 지시했다. 반면 에클스 연방준비제도 이사회 의장은 강한 어조로 균형 예산과 증세를 통해 부채를 메우는 게 급선무라고 모겐소 장관에 맞섰다.[199]

재정 긴축도 병행되었다. 연방정부의 지출액은 1937년 10%, 1938년 또 다시 10% 감소했다. '부유세'로 잘 알려진 1935년 세입법Revenue Act of 1935의 허점을 보완하고자 1937년 세입법Revenue Act of 1937이 통과되었다.[200] 이 법으로 초고소득층에 대한 연방 소득세가 75%까지 인상되었다.

연방 예산 적자는 GDP 대비 약 −4%에서 균형 예산으로 전환되었다. 1937년 예산이 적자에서 균형으로 전환된 주요 요인은 사회 보장세Social Security tax의 인상에 따른 세수의 증가와 정부 지출의 삭감(꽤 큰 액수의 삭감이었지만 세수 증가에 비하면 그 규모가 상대적으로 작았다)에 있었다.[201]

정부는 경기 회복의 결과가 불균등하게 돌아간다는 세간의 인식 때문에(즉 일반 국민보다 엘리트에게 혜택을 제공) 재분배 정책을 통과시켜야 한다는 압력을 받았다. 근로자들은 기업만 배가 부르고, 자신들에게는 보상이 돌아오지 않는다고 느꼈다. 1936~1937년 사이 파업 빈도와 강도가 급증(파업 빈도는 118%, 가담 근로자 수는 136% 증가)했다는 사실에서 알 수 있듯이, 불평등은 사회적 불만을 키웠다.[202]

금융시장에서는 통화 긴축 정책과 재정 긴축 정책이 합쳐져 위험 자산의 매도세가 상당했다. 주식시장이 가장 크게 하락했지만, 집값도 상승 행진을 멈추고 하락세로 전환했다. 신용 대출도 전체적으로 모든 부문에서 증가세가 둔화되었다. 비금융권 신용 창출은 거의 -2%로 떨어졌고, 가계 신용 창출은 제로를 살짝 밑도는 약 -1%였다. 그 결과 소비 지출과 경제 활동이 감소했다. 이런 경기 침체로 실업률은(1930년대 초의 혹독하리만치 치솟았던 수치에 비하면 그나마 소폭인 편이었지만) 15%로 상승했다. 1년 후인 1938년 4월, 주식시장은 바닥에 이르러 시가총액의 총 60%가 증발하고 말았다!

― 다우존스 산업평균지수

1937년 12월 17일
연방 적자 감소: 10월 19일 현재 6억 9,524만 5,000달러선 이하

〈뉴욕타임스〉

1937년 말~1938년: 반대 노선으로 선회

1937년 시장과 경제가 내리막길로 들어서자 연방준비제도는 장기 자산 위주로 재빨리 포트폴리오 구성을 전환하고 순자산을 조금씩 매입하기 시작했다. 연말에 재무부는 연방준비제도와 협력하여 불태화 조치를 취소하기 시작했다.[203] 1938년부터 다시 증가하기 시작한 통화량은 태화 조치와 화폐 발행 재개

로 꾸준히 증가세를 이어갔다. 동시에 금 유입이 둔화되고 경제와 자산 가격이 악화되었다. 머지않아 통화량 증가 속도가 금 보유고 증가 속도를 능가했다.

연방준비제도의 기조가 급변한 모습은 다음에 나타나 있다. 연방준비제도는 순자산 매입은 거의 하지 않았지만, 1937년에 장기 채권의 매입에 속도를 올리고 중단기 채권은 매각했다(실제로 1936년부터 시작). 순자산도 조금은 증가했다 (1938년 3% 약간 상회).

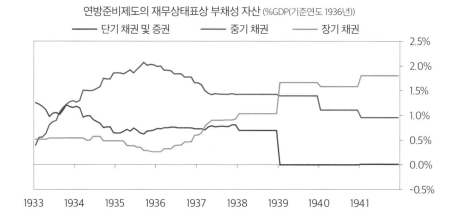

연방준비제도의 재무상태표상 부채성 자산 (%GDP(기준연도 1936년))

1938년 봄 연방준비제도는 준비금 요건을 1936년 수준으로 낮춤으로써 약 7억 5,000만 달러를 시중에 풀어 경기 부양책에 힘을 보탰다.[204] 1938년 초 정부는 거의 균형 예산을 운영하고 있었지만, 1939년 초에는 재정 적자가 GDP 대비 약 3%로 증가했다. 적자 지출은 그해 내내 GDP의 2%를 웃돌았다.

1938년부터 주식시장은 회복되기 시작했지만, 전쟁이 끝나는 시점인 거의 10년 후가 되어서야 1937년에 기록했던 최고치를 완전히 회복했다. 신용 흐름과 경기 회복은 1939년 부양책과 제2차 세계대전 이후 가능해졌다.

전쟁을 향해

이 장에서는 1930년대 미국의 부채와 경제 상황을 살펴보는 것이 주목적이지만, 당시 경제와 지정학이 매우 밀접하게 연관되어 있었다. 때문에 미국 내에서

신문기사 & 연방준비제도 월보

1937년 6월
최근 금융계 동향
"주간 보고서에 의하면 회원 은행들의 총예금은 은행 잔고와 정부 예금의 감소로 인해 4월과 5월까지 계속 감소했다. 다른 예금은 3월에 다소 감소했다가 이후 몇 주간 조금씩 증가했다. 최근 몇 달 동안 예금이 감소한 가장 중요한 원인은 은행의 채권 매도였다. 4월과 5월 뉴욕 달 소재 회원 은행들의 미국 국채 보유분은 계속 감소했지만 이전 달보다 그 속도가 둔화되었으며, 다른 은행의 보유분은 거의 변화가 없는 것으로 알려졌다. 은행의 상업 대출은 지난 몇 주간의 빠른 성장세가 4월 첫째 주 이후 숨고르기에 들어섰지만, 꾸준히 증가하는 양상을 보였다."
〈연방준비제도 월보〉

1937년 10월
계절적 수요를 충족시키기 위한 연방준비제도의 조치
"통화 정책 분야에서 이 달의 중요한 진전 사항은 연방공개시장 위원회가 통화와 신용의 계절성 수요에 맞춰 회원 은행에 준비금을 추가로 공급하기로 결정한 것이다. 위원회는 9월 13일 다음과 같은 성명을 발표했다. '연방은행 공개시장 위원회는 9월 11일과 12일 워싱턴에 모여 경기와 신용 상황을 검토했다. 위원회는 앞으로 몇 주 동안 은행에 대해 화폐와 신용의 계절적 수요가 예상됨에 따라, 계절적으로 은행에서 인출되는 돈과 그 외 계절 요건을 충족시키기 위한 자금을 충분히 제공할 수 있도록 집행 위원회로 하여금 단기 국채를 공개시장에서 간헐적으로 매입하도록 승인했다. 계절적 요인이 뒤바뀌거나 그 밖의 상황으로 보유가 불필요해질 경우 공개시장 포트폴리오에서 추가 매수량을 줄일 예정이다.'"
〈연방준비제도 월보〉

1938년 1월 5일
금년 10억 달러 적자 예상: 대통령, 오늘 재정 운용 재개
"의회에 연간 예산을 제출하기 전날, 정보가 빠른 공무원들은 예산이 10억 달러 적자를 나타낼 것으로 예상했다. 올해 예상되는 적자에 대해 최근 내놓은 공식 추정치는 8억 9,524만 5,000달러다. 그러나 당국자들은 내일 이 수치가 상향 조정될 것이라고 밝혔다."
〈뉴욕타임스〉

1938년 4월 16일
연방준비제도, 오늘 은행 준비금 감축: 1937년 5월 1일 이전 수준으로 사실상 복귀
"연준은 오늘 '경기 회복을 촉진하기 위한 정부 계획의 일환'으로, 내일부터 전체 회원 은행의 모든 종류의 예금에 대해 지급 준비금을 축소한다고 발표했다."
〈뉴욕타임스〉

든 미국과 다른 국가와의 관계(특히 독일과 일본)에서든 경제적·정치적 상황의 상호 작용을 간과해서는 안 된다. 특히 독일과 일본은 유산자(우파)와 무산자(좌파) 사이에 내분이 있었다. 때문에 자신들의 민주주의 방식으로 독재 권력을 획득한 포퓰리즘, 독재, 국수주의, 군국주의 성향의 지도자들은 경제 파탄에서 자국을 구해내겠다고 주장하며 더욱 득세하게 되었다. 또한 이 두 나라는 기존의 강국들과 필적할 만큼 경제력과 군사력을 갖추게 되면서 외국과 경제 및 군사 갈등에 직면했다.

이는 투키디데스의 함정Thucydides's Trap의 대표적인 예이다.[205] 다시 말해 부상하는 신흥 강국과 기존 강국이 서로 기선을 제압하려다 무력 충돌을 일으킨 후, 하나 혹은 복수의 승전국이 패권을 쥐게 되면 한동안 평화의 시기가 찾아온다. 그리고 다시 도전장을 내미는 국가가 나타나면 이 모든 과정이 처음부터 반복된다.

1930년대 전체 상황을 파악하기 위해, 1930년부터 유럽에서 공식적으로 전쟁이 발발한 1939년, 그리고 진주만 폭격이 일어난 1941년까지의 지정학적 주요 사건을 간단히 살펴보자. 1939년과 1941년이 각각 유럽과 태평양에서 공식적으로 전쟁이 시작된 해로 알려져 있지만, 처음에는 경제적 성격을 띠던 갈등이 심화되어 제2차 세계대전으로 점차 확대되었다는 점에서 사실상 그보다 10년 전에 시작된 것이나 다름없다. 갈수록 경제적·군사적 팽창주의 노선을 강화하게 된 독일과 일본은 자원과 영토에 대한 영향력을 놓고 영국과 미국, 프랑스와 경쟁하기 시작했다. 그러다 결국 전쟁으로 번졌으며, 이 전쟁은 어느 나라(미국)가 새로운 세계 질서를 정립할 힘을 가지고 있는지 분명히 밝히는 계기가 되었다. 이렇게 미국이 주도하는 질서에 따라, 같은 과정이 다시 일어날 때까지는 평화기는 무사히 유지된다.

더 구체적으로 살펴보자.

1938년 10월 16일
주식시장 거래량 증가 속 등락 반복: 채권 보합, 달러 상승, 밀과 면화는 변동 없음
"저평가주, 특히 유틸리티 종목에 대한 수요가 어제도 눈에 띄게 계속 이어졌다. 전체적으로 시장은 혼조세를 보인 후 상승 마감했다. 오늘 거래된 주식 수는 10월 19일 이후 최대 거래량인 199만 5,000주를 기록했다."

〈뉴욕타임스〉

· 1930년, 스무트 홀리 관세법 제정은 무역 전쟁의 시발점이었다.

· 1931년 일본은 자원이 부족해지고 농촌의 빈곤이 심화되어 중국 만주에 침입하여 천연자원을 갈취했다. 미국은 당시 일본과 활발한 교역을 하면서도 일본이 중국에 지배력을 행사하기를 원치 않았고, 동남아시아의 천연자원, 특히 석유, 고무, 주석을 차지하려 다투고 있었다.

· 1931년 극심한 경기 침체로 금본위를 포기한 일본은 엔화의 변동(큰 가치 하락)과 대규모 재정 및 통화 확대 정책으로 인해 처음으로 경기 회복과 강한 성장(1937년까지 지속)을 경험하게 되었다.

· 1931년 일본은 극심한 경기 침체를 겪으며 금본위를 포기하게 된다. 그 결과 엔화에 변동환율제(큰 가치 하락)가 도입되고 대규모의 재정 확장 정책과 통화 정책도 도입되기에 이른다. 확장 정책 덕에 경기 회복과 강한 성장세(1937년까지 지속)를 모두 경험하는 최초의 국가가 된다.

· 1932년 일본은 잦은 내홍에 시달렸으며, 그 결과 쿠데타가 실패하고 우익 민주주의와 군사주의가 고조되었다. 1931년에서 1937년 사이에 군부는 정권을 장악하고 경제에 대한 하향식 명령을 강화했다.

· 1933년, 독일에서 히틀러는 경기 침체를 통제하고, 당시 정치적 혼란에 빠진 민주주의 질서를 바로 세우며, 공산주의자들과 싸우겠다는 포퓰리스트로서의 약속을 내세워 권력을 잡았다. 그리고 총통으로 취임한 지 불과 두 달 만에 독재적으로 전권을 휘두를 수 있었다. 국가 안보를 구실로 의회로 하여금 수권법을 통과하게 하여, 사실상 무소불위의 권력을 행사할 수 있게 된 것이다(정적들의 입을 틀어막고, 필요한 온건파를 자기편으로 만드는 방법도 한몫했다). 그리고 즉시 배상금 지불을 거부하고, 국제 연맹에서 탈퇴했으며, 언론을 통제했다. 강한 경제와 국민의 번영을 창출하겠다며 하향식 통제 경제를 지향했다. 예를 들어 자동차 보급의 대중화를 위해 폭스바겐 설립에 직접 관여하는가 하면, 독일의 공공 고속도로 시스템인 아우토반의 건설을 지시하기도 했다. 그는 독일이 지리적 경계 때문에 군사 산업 단지에 공급할 충분한 원자재가 부족해 잠재력을 제대로 펼치지 못하고 있으므로 독일 국민이 민족적으로 단결해야 한다고 믿었다.

· 동시에 일본은 명령 하달식 경제 체제를 지향하여 동아시아와 북중국에 있는 기지를 지키고 다른 영토에 대한 지배를 확대하기 위해 군사 산업 단지를 건설하면서 점점 힘을 키워갔다.

· 독일도 마찬가지로 군사 산업 단지를 건설하고 인근 영토 확장을 추진 및 실행함으로써 강성해졌다.

· 1934년 일본의 일부 지역에 혹독한 기근이 발생하여 정국이 심히 불안정해지고 군국주의 및 민족주의 성향의 우파가 득세하게 되었다. 또한 자유시장 원리가 제대로 작동하지 않았기 때문에 계획 경제가 강화되

었다.

- 1936년 독일은 라인란트^{Rhineland}를 무력으로 되찾고, 1938년에는 오스트리아를 합병했다.

- 1936년 일본과 독일이 방공 협정을 맺었다.

- 1936~1937년 연방준비제도가 통화 긴축 정책에 들어가자, 경제 약소국들은 휘청거렸고 연달아 다른 강대국마저 쇠약해졌다.

- 1937년, 일본의 중국 점령 범위가 확대되자 제2차 중일전쟁이 일어났다. 일본은 상하이와 난징을 점령했고, 난징에서만 약 20만 명의 중국 민간인과 무장 해제된 전투원의 목숨을 앗아갔다. 미국은 중국이 일본과 싸울 수 있도록 장제스 정부에 전투기와 조종사를 제공하면서 전쟁에 처음으로 개입하기 시작한다.

- 1939년 독일의 폴란드 침공으로 유럽에서 본격적인 제2차 세계대전이 발발했다.

- 1940년 독일은 덴마크, 노르웨이, 네덜란드, 벨기에, 룩셈부르크, 프랑스를 점령했다.

- 이 시기에 독일과 일본의 회사 대부분은 공기업 형태를 유지했지만 생산 활동은 전쟁 지원 목적에 맞춰 각 정부 부처의 통제를 받았다.

- 1940년 헨리 스팀슨 전 국무 장관이 미국 육군 장관으로 임명되었다. 그는 일본에 대한 공격적 경제 제재를 점차 강화해, 1940년 7월 2일 수출 통제법^{Export Control Act}이 제정되는 데 일조했다. 10월에는 영국과 서반구 국가 이외로의 모든 철강 제품 수출을 제한하는 등 금수 조치의 수위를 점점 높였다.

- 1940년 9월부터 일본은 더 많은 자원을 획득하기 위해, 유럽이 전쟁에 혈안이 되어 있는 틈을 타서 프랑스령 인도차이나를 시작으로 동남아시아에 있는 여러 타국 식민지를 침략했다. 1941년에는 '대동아 공영권'에 이어 '동남아 자원 구역'까지 추가하며 네덜란드령 동인도 제도의 석유 매장량을 확보하기 위해 범위를 확장했다. '동남아 자원 구역'은 동남아시아에 있는 유럽의 식민지들을 가리키는데, 일본이 중요한 천연자원(특히 석유, 고무, 쌀)을 획득하기 위해 점령을 노리던 곳이었다. 그리고 '대동아 공영권'은 예전과 달리 서방 세력이 아닌 일본의 통제를 받는 아시아 국가들로 구성된 권역을 일컬었다.

- 다음으로 일본은 필리핀 수도인 마닐라 부근의 해군 기지를 점령했다. 다시 말해 당시 미국의 보호령이던 필리핀을 건드리는 도발이었다.

- 1941년 미국은 완전히 참전하는 대신 연합국을 지원할 목적으로 무기 대여법^{Lend-Lease Act}을 제정했다. 이를 근거로 미국은 석유, 식량, 무기를 연합국에 무상으로 보냈다. 이 원조의 가치는 현재 물가로 환산하면

총 650억 달러가 넘었다. 무기 대여 정책은 명백한 전쟁 선언은 아니지만 사실상 미국의 중립이 종식되었음을 의미했다.

· 1941년 여름, 루스벨트 대통령은 국내의 모든 일본 자산을 동결하도록 명령하고 석유와 가스의 대일 수출을 전면 금지했다. 일본은 2년 안에 자국 내 석유가 고갈될 것이라고 추산했다.

· 1941년 12월 일본은 진주만을 비롯해 영국과 네덜란드의 아시아 식민지를 공격했다. 목표가 승전까지는 아니었지만, 자신들에게 위협적인 태평양 함대를 파괴하기 원했다. 일본은 또한 미국이 정치 체제상 약점을 지닌 데다가 유럽과 미국, 두 곳의 전선에서 힘을 소진해 쇠퇴기에 접어들었다고 생각했던 걸로 보인다. 일본은 자국과 독일의 전체주의와 군사 산업 단지 같은 하향식 접근법이 미국의 개인주의와 자본주의 접근법보다 우수하다고 여겼다.

이 사건들은 파트 1의 끝에서 설명했던 '전쟁 경제' 상황으로 연결되었다.

2부 참고문헌

독일 의회 행정팀 제공, 〈바이마르 공화국의 선거〉, 독일 하원 제공 역사 자료(2006년 3월),
https://www.bundestag.de/blob/189774/7c6dd629f4afff7bf4f962a45c110b5f/elections_weimar_republic-data.pdf

리아콰트 아메드, 《금융의 제왕Lords of Finance》, 다른세상, 2010

그레이엄 앨리슨, 《예정된 전쟁Destined for War》, 세종서적, 2018

벤 버냉키Bernanke, Ben S., 《대공황 관련 소론집Essays on the Great Depression》, 국내 미출간, 2004

로이 블레이키Blakey, Roy G., 글래디스 블레이키Gladys C. Blakey, 〈아메리칸 이코노믹 리뷰American Economic Review〉 Vol. 27,
No. 4 (1937년 12월), 〈1937년 세입법The Revenue Act of 1937〉, 논문, 698~704페이지,
https://www.jstor.org/stable/1801981?seq=1#page_scan_tab_contents

연방준비제도 이사회, 〈연방준비제도 월보〉(1929년 2월), 워싱턴 DC,
https://fraser.stlouisfed.org/files/docs/publications/FRB/1920s/frb_021929.pdf

연방준비제도 이사회, 〈연방준비제도 월보〉(1929년 4월), 워싱턴 DC,
https://fraser.stlouisfed.org/files/docs/publications/FRB/1920s/frb_041929.pdf

연방준비제도 이사회, 연방준비제도 월보〉(1929년 6월), 워싱턴 DC,
https://fraser.stlouisfed.org/files/docs/publications/FRB/1920s/frb_061929.pdf

연방준비제도 이사회, 〈금융 및 화폐 통계Banking and Monetary Statistics〉(1914~1941), 1943, 워싱턴 DC,
https://fraser.stlouisfed.org/files/docs/publications/bms/1914-1941/BMS14-41_complete.pdf.

존 브룩스, 《골콘다Once in Golconda》, 그린비, 2001

휴 블록Bullock, Hugh, 《투자 신탁의 역사The Story of Investment Companies》, 국내 미출간, 1959

데이비드 캐나딘Cannadine, David, 《앤드류 멜론의 삶Mellon: An American Life, 국내 미출간, 2008

파비안 델Dell, Fabien, 《유럽 경제 학회지Journal of the European Economic Association, Vol. 3, No. 2/3》, 제19차 유럽 경제 협회
European Economic Association 연례 총회 논문 및 기록물(2005년 4~5월) 중 〈20세기 독일과 스위스의 상위 소득층 연구Top
Incomes in Germany and Switzerland Over the Twentieth Century〉 412~421페이지,
http://www.jstor.org/stable/40004984

배리 아이켄그린, 《황금 족쇄Golden Fetters》, 미지북스, 2016

배리 아이켄그린, 《거울의 방Hall of Mirrors》, 국내 미출간, 2016

배리 아이켄그린, 〈스무트 홀리법의 정치 경제학The Political Economy of the Smoot-Hawley Tariff〉, NBER(전미 경제 연구소) 조사 보고서 2001호 (1986년 8월),
http://www.nber.org/papers/w2001.pdf

연방 예금 보험 공사, 〈역사 연대기: 1920년대Historical Timeline: The 1920's〉, 2018년 8월 21일 열람,
https://www.fdic.gov/about/history/timeline/1920s.html

연방 예금 보험 공사, 〈역사 연대기: 1930년대Historical Timeline: The 1930's〉, 2018년 8월 21일 열람,
https://www.fdic.gov/about/history/timeline/1930s.html

밀턴 프리드먼, 애나 제이콥슨 슈워츠, 《미국의 화폐 역사 1867~1960A Monetary History of the United States, 1867~1960》, 국내 미출간, 1971

밀턴 프리드먼, 애나 제이콥슨 슈워츠, 《대공황 1929~1933The Great Contraction 1929~1933》, 미지북스, 2010
존 케네스 갤브레이스, 《대폭락 1929The Great Crash 1929, 일리, 2008》

토머스 개먹Gammack, Thomas H., 〈아웃룩 인디펜던트The Outlook and Independent: An Illustrated Weekly of Current Life〉 Vol. 152 (1929.5.1.~8.28), 프랜시스 루퍼스 벨라미Francis Rufus Bellamy 편집, 1929 중 "주가 수익률Price-Earnings Ratios"

마이클 고우Gou, Michael, 게리 리처드슨Gary Richardson, 알레한드로 코마이Alejandro Komai, 다니엘 파크Daniel Park, 〈연방준비제도 연혁Federal Reserve History(웹사이트)〉 중 〈1932년 은행법Banking Acts of 1932: February 1932〉, 2018년 8월 22일 열람,
https://www.federalreservehistory.org/essays/banking_acts_of_1932
크리스토퍼 그레이Gray, Christopher, 〈뉴욕타임스〉, 1991년 8월 18일 중 〈거리 풍경: 브롱크스의 은행, 불황의 첫 도미노 효과Streetscapes: The Bank of the United States in the Bronx; The First Domino in the Depression〉,
https://nyti.ms/2nOR6rv

질 헨드릭슨Hendrickson, Jill M., 《미국 상업은행의 규제와 불안정Regulation and Instability in U.S. Commercial Banking》, 국내 미출간, 2011

허버트 후버Hoover, Herbert, 《허버트 후버 자서전The Memoirs of Herbert Hoover》, 국내 미출간, 2016

더글러스 어윈Irwin, Douglas A., 《무역 충돌: 미국 무역 정책사Clashing Over Commerce: A History of US Trade Policy》, 국내 미출간, 2017

찰스 킨들버거Kindleberger, Charles P., 《대공황의 세계 1929~1933The World in Depression 1929~1933》, 굿모닝북스, 2018

모리 클라인Klein, Maury, 《허황된 꿈의 끝Rainbow's End, 국내 미출간, 2001》

패트릭 클라인Kline, Patrick M., 엔리코 모레티Enrico Moretti, 〈지역 경제 발전, 집적의 경제 및 대규모 추동 모형: 테네시강 유역 계곡 개발 공사, 100년간의 증거Local Economic Development, Agglomeration Economics, and the Big Push: 100 Years of Evidence from the Tennessee Valley Authority〉, NBER 조사 보고서 19293호(2013년 8월),
http://www.nber.org/papers/w19293.pdf

로버트 매켈바인McElvaine, Robert S., 《미국 대공황 1929~1941The Great Depression: America, 1929~1941》, 국내 미출간, 1993

앨런 멜처Meltzer, Allan, 《연방준비제도의 역사 Vol. 1A History of the Federal Reserve, Volume 1: 1913~1951》, 국내 미출간, 2003

〈뉴욕타임스〉, 1930년 5월 5일, "경제학자 1,028명, 후버 대통령에게 관세법안 거부권 행사 요청1,028 Economists Ask Hoover To Veto Pending Tariff Bill",

https://nyti.ms/2MLhaBT

〈뉴욕타임스〉, 1930년 1월 1일, "기업계, 경기 낙관Business Leaders Find Outlook Good",

https://nyti.ms/2o2rpE8

〈뉴욕타임스〉, 1929년 10월 16일, "피셔 교수 '주식시장, 영원한 고점에 도달'Fisher Sees Stocks Permanently High",

https://nyti.ms/2JnPoGO

〈뉴욕타임스〉, 1931년 2월 25일, "경기 회복의 수혜 노리는 고정형 투자 신탁들Fixed Trust Formed to Gain by Recovery",

https://timesmachine.nytimes.com/timesmachine/1931/02/25/100993342.pdf.

〈뉴욕타임스〉, 1929년 11월 14일, "스탠더드 오일 주식 대량 매수Huge Bid for Standard Oil",

https://nyti.ms/2N0ZqiT

〈뉴욕타임스〉, 1929년 10월 30일, "기업계 '시장, 투자 심리 살아나는 중'Leaders See Fear Waning",

https://nyti.ms/2OZ0PH5

〈뉴욕타임스〉, 1929년 8월 9일, "파운드화, 금 수송점까지 하락Sterling Falls Here to the Gold Point",

https://nyti.ms/2MxEwuP

〈뉴욕타임스〉, 1929년 10월 13일, "오하이오 대학 교수 '주가, 향후 몇 년간 높은 수준 유지할 것'Stock Prices Will Stay at High Level For Years to Come, Says Ohio Economist",

https://nyti.ms/2OUqCAq

〈뉴욕타임스〉, 1929년 10월 20일, "매도 폭탄에 주식시장 하락Stocks Driven Down as Wave of Selling Engulfs the Market",

https://timesmachine.nytimes.com/timesmachine/1929/10/20/issue.html

〈뉴욕타임스〉, 1929년 7월 21일, "30개의 은행이 합병으로 사라지다Thirty-Three Banks Vanish in Mergers",

https://timesmachine.nytimes.com/timesmachine/1929/07/21/94168795.pdf

〈뉴욕타임스〉, 1930년 1월 2일, "월가 소식Topics in Wall Street",

https://timesmachine.nytimes.com/timesmachine/1930/01/02/96015717.html?pageNumber=37.

월터 뉴턴Newton, Walter, 윌리엄 스타 마이어스Myers, William Starr, 《후버 정부The Hoover Administration》, 국내 미출간, 1936

리처드 올라한Oulahan, Richard V., 〈뉴욕타임스〉, 1929년 11월 19일, "멜론 장관, 대통령의 무역 협상 전날 4억 2,300만 달러 건축안 강조$423,000,000 Building Plan Pressed by Mellon on Eve of Hoover's Trade Parleys",

https://nyti.ms/2OUQVXc

리처드 올라한, 〈뉴욕타임스〉, 1931년 7월 7일, "대통령, 성과 자축President Hails Success", https://nyti.ms/2OSDjM0

토마 피케티Piketty, Thomas, 〈21세기 자본Le capital au 21e siecle, 2013년 9월〉, http://piketty.pse.ens.fr/files/capital21c/en/Piketty2014FiguresTables.pdf.

프랭클린 루스벨트, '버지니아 대학 밀러 센터Miller Center, 웹사이트' 중 〈노변담화, 금융 위기에 관하여Fireside Chat 1: On the Banking Crisis〉, 워싱턴 DC, 1933년 3월 12일, https://millercenter.org/the-presidency/presidential-speeches/march-12-1933-fireside-chat-1-banking-crisis

파리니타 사스트리Parinitha Sastry, 〈뉴욕 연방준비은행 경제 정책 리뷰FRBNY Economic Policy Review〉, 2018, 웹사이트 중 "연방준비제도법 제13조 3항의 정치적 기원The Political Origins of Section 13(3) of the Federal Reserve Act" https://www.newyorkfed.org/medialibrary/media/research/epr/2018/epr_2018_political-origins_sastry.pdf.

레너드 실크Silk, Leonard, 〈뉴욕타임스〉, 1985년 9월 17일, "보호무역 정서 만연(Protectionist Mood)", https://nyti.ms/2MI3qYE

진 스마일리, 《세계 대공황Rethinking the Great Depression》, 지상사, 2008

고든 토머스Thomas, Gordon, 맥스 모건 위츠Morgan-Witts, Max, 《거품이 붕괴한 날The Day the Bubble Burst》, 국내 미출간, 1979

미 내무부 개간국, 《민간 자연 보존 협회의 유산, 1933~1942The Bureau of Reclamation's Civilian Conservation Corps Legacy: 1933~1942》, 크리스틴 패프Christine E. Pfaff 저 (콜로라도 덴버, 2010년 2월), https://www.usbr.gov/cultural/CCC_Book/CCCReport.pdf.

미 노동부 노동통계국, 《1937년 파업 분석Analysis of Strikes in 1937》, 노사 관계부 저 (워싱턴 DC, 1938년), https://www.bls.gov/wsp/1937_strikes.pdf.

미 재무부, 〈재무부 장관 보고서: 1932년 세입법Report of the Secretary of the Treasury: Revenue Act of 1932.〉 (워싱턴 DC, 1932년), https://fraser.stlouisfed.org/files/docs/publications/treasar/pages/59359_1930-1934.pdf

미 교통부 연방 고속도로국, 〈연간 전국 자동차 등록 현황State Motor Vehicle Registrations〉 (워싱턴 DC, 1995년), https://www.fhwa.dot.gov/ohim/summary95/mv200.pdf

존 윌리스Wallis, John J., 프라이스 피시백Fishback, Price V., 숀 캔터Kantor, Shawn E., 〈부패와 개혁: 미국 경제사의 교훈Corruption and Reform: Lessons from America's Economic History〉, 2006년 3월 중 "정치, 구호, 개혁: 뉴딜과 함께 부패와 정치 공작을 통제한 루스벨트 대통령의 공적Politics, Relief, and Reform: Roosevelt's Efforts to Control Corruption and Political Manipulation during the New Deal." 343~372페이지, http://www.nber.org/chapters/c10006.pdf

배리 위그모어Wigmore, Barrie A., 《대폭락과 그 후The Crash and Its Aftermath》, 국내 미출간, 1985

2부 미주

1   클라인, 《허황된 꿈의 끝》 108페이지
2   클라인, 전게서(前揭書) 29페이지 / 미 교통부 연방 고속도로
    국, 「State Motor Vehicle Registrations」
3   클라인, 전게서 27~8페이지
4   클라인, 전게서 143페이지
5   브룩스, 《골콘다》 90페이지
6   클라인, 전게서 175페이지
7   개먹, "Price-Earnings Ratios" 100페이지
8   <뉴욕타임스>, "Stock Prices Will Stay at High Level For
    Years to Come, Says Ohio Economist"
9   클라인 전게서 147페이지
10 클라인, 전게서 190페이지
11 갤브레이스, 《대폭락 1929》 20~1, 50페이지
12 클라인, 전게서 160~1페이지
13 갤브레이스, 전게서 22페이지
14 클라인, 전게서 146, 227페이지
15 블록, 《Story of Investment Companies》, 8~9페이지
16 갤브레이스, 전게서 86페이지
17 갤브레이스, 전게서 49~50페이지
18 클라인, 전게서 130페이지
19 위그모어, 《The Crash and Its Aftermath》, 5페이지
20 연방준비제도 이사회, 「Banking and Monetary Statistics」
    262, 264페이지
21 <뉴욕타임스>, "Thirty-Three Banks Vanish in Mergers"
22 클라인, 전게서 175~6페이지
23 멜처, 《History of the Federal Reserve》, 146, 241~2페이지
24 클라인, 전게서 176페이지
25 갤브레이스, 전게서 35페이지
26 클라인, 전게서 178~9페이지
27 아메드, 《금융의 제왕》 323페이지
28 연방준비제도 이사회, 《연방준비제도 월보 (1929년 6월)》
    374~6페이지
29 <뉴욕타임스>, "Sterling Falls Here to the Gold Point"
30 갤브레이스, 전게서 32페이지 / 연방 예금 보험 공사,
    「Historical Timeline: The 1920's」
31 클라인, 전게서 197~8페이지
32 토머스, 모건 위츠, 《The Day the Bubble Burst》 311페이지
33 <뉴욕타임스>, "Fisher Sees Stocks Permanently High"
34 갤브레이스, 전게서 94~95페이지
35 <뉴욕타임스>, "Stocks Driven Down as Wave of Selling
    Engulfs the Market"
36 아메드, 전게서 354페이지
37 캐나딘, 《Mellon: An American Life》 391페이지
38 클라인, 전게서 204~5페이지
39 갤브레이스, 전게서 98페이지
40 갤브레이스, 전게서 98페이지
41 클라인, 전게서 209페이지
42 아메드, 전게서 354페이지
43 클라인, 전게서 209페이지
44 클라인, 전게서 211페이지
45 아메드, 전게서 355페이지
46 위그모어, 전게서 7페이지
47 위그모어, 전게서 11페이지
48 갤브레이스, 전게서 106페이지
49 갤브레이스, 전게서 107페이지
50 위그모어, 전게서 13페이지
51 <뉴욕타임스>, "Premier Issues Hard Hit"
52 위그모어, 전게서 13페이지
53 위그모어, 전게서 15페이지
54 클라인, 전게서 227페이지
55 아메드, 전게서 358페이지
56 <뉴욕타임스>, "Leaders See Fear Warning"
57 갤브레이스, 전게서 116~7페이지
58 갤브레이스, 전게서 112~13페이지
59 클라인, 전게서 233페이지
60 위그모어, 전게서 19페이지
61 올라한, "$423,000,000 Building Plan Pressed by Mellon
    on Eve of Hoover's Trade Parleys"
62 클라인, 전게서 242페이지
63 스마일리, 《세계 대공황》 11~12페이지
64 클라인, 전게서 244~5페이지
65 <뉴욕타임스>, "Huge Bid for Standard Oil"
66 <뉴욕타임스>, "Topics in Wall Street" / "Business Leaders
    Find Outlook Good"
67 위그모어, 전게서 117페이지
68 클라인, 전게서 263페이지 / 아메드, 전게서 362페이지

69 클라인, 전게서 250페이지

70 위그모어, 전게서 119페이지

71 위그모어, 전게서 137페이지

71 위그모어, 전게서 147페이지

73 후버, 《The Memoirs of Herbert Hoover》 47~48페이지

74 아이켄그린, The Political Economy of the Smoot-Hawley Tariff」 5, 23페이지

75 <뉴욕타임스>, "1,028 Economists Ask Hoover To Veto Pending Tariff Bill"

76 어윈, 《Clashing Over Commerce: A History of US Trade Policy》 400~1페이지

77 그레이, 「Streetscapes: The Bank of the United States in the Bronx; The First Domino in the Depression」

78 수입 물가 하락도 관세율 인상의 부분적 요인으로 작용했다. 어떤 관세는 단위당(예: 밀은 부셸당 2센트) 부과되어, 수입 가격이 하락한 만큼 실효 관세율이 인상되었다.

79 어윈, 전게서 401~2페이지

80 후버, 전게서 47~48페이지

81 연방준비제도 이사회, 「Banking and Monetary Statistics」 262~3페이지

82 위그모어, 전게서 160~1페이지

83 프리드먼, 제이콥슨 슈워츠, 《A Monetary History of the United States 1867~1960》, 308페이지

84 그레이, 전게서

85 아메드, 전게서 387페이지

86 프리드먼, 제이콥슨 슈워츠, 전게서 309~10페이지

87 스마일리, 전게서 16페이지

88 그레이, 전게서

89 연방준비제도 이사회, 「Banking and Monetary Statistics」 16페이지

90 후버, 전게서 58페이지

91 연방준비제도 이사회, 《연방준비제도 월보 (1929년 4월)》 257, 299페이지 /《연방준비제도 월보 (1929년 2월)》 162페이지

92 후버, 전게서 59페이지

93 <뉴욕타임스>, "Fixed Trust Formed to Gain by Recovery"

94 후버, 전게서 53페이지

95 후버, 전게서 42, 53~55페이지

96 매켈바인, 《The Great Depression: America, 1929~1941)》 76페이지

97 후버, 전게서 132페이지

98 후버, 전게서 53페이지

99 아메드, 전게서 324, 402페이지

100 독일 의회 행정팀, 「Elections in the Weimar Republic」 2페이지

101 후버, 전게서 64페이지

102 아메드, 전게서 404~6페이지

103 아메드, 전게서 406페이지

104 후버, 전게서 67페이지

105 아이켄그린, 《황금 족쇄》 270페이지

106 위그모어, 전게서 297페이지

107 버냉키, 《Essays on the Great Depression》 91~2페이지

108 위그모어, 전게서 297페이지

109 후버, 전게서 68~69페이지

110 아메드, 전게서 410페이지

111 올라한, "President Hails Success"

112 아이켄그린, 전게서 275페이지

113 아메드, 전게서 415페이지

114 아메드, 전게서 415~6페이지

115 후버, 전게서 75페이지

116 후버, 전게서 77~79페이지

117 위그모어, 전게서 296페이지

118 후버, 전게서 81페이지

119 후버, 전게서 81페이지

120 아메드, 전게서 428페이지

121 후버, 전게서 82페이지

122 위그모어, 전게서 301페이지

123 아메드, 전게서 433페이지

124 위그모어, 전게서 302페이지

125 위그모어, 전게서 303페이지

126 존스(Charles M. Jone), 「공매도 규제(Shorting Restrictions: Revisiting the 1930s), 논문」 2페이지

127 위그모어, 전게서 289페이지

128 아메드, 전게서 435페이지

129 프리드먼, 제이콥슨 슈워츠, 《대공황 1929~1933》 39페이지

130 프리드먼, 제이콥슨 슈워츠, 《A Monetary History of the United States 1867~1960》 397페이지

131 후버, 전게서 82~3, 87~8페이지

132 후버, 전게서 84페이지

133 후버, 전게서 88, 93~95, 114페이지

134 위그모어, 전게서 315페이지

135 후버, 전게서 98, 111 페이지

136 고우 외, 「Banking Acts of 1932: February 1932」

137 위그모어, 전게서 318페이지

138 아이켄그린, 《Hall of Mirrors》 158페이지

139 고우 외, 전게서

140 아이켄그린, 전게서 158페이지

141 후버, "Statement on Signing(법안 서명 첨부 의견)"

142 사스트리, "The Political Origins of Section 13(3) of the Federal Reserve Act"

143 위그모어, 전게서 312페이지

144 위그모어, 전게서 313, 326페이지

145 프리드먼, 제이콥슨 슈워츠, 《대공황 1929~1933》, 47~8페이지

146 아이켄그린, 《황금 족쇄》 315페이지
147 위그모어, 전게서 331페이지
148 매켈바인, 전게서 91페이지
149 스마일리, 전게서 24페이지
150 아이켄그린, 《Hall of Mirrors》 163페이지
151 프리드먼, 제이콥슨 슈워츠, 전게서 52페이지
152 위그모어, 전게서 325페이지
153 스마일리, 전게서 68페이지
154 위그모어, 전게서 308~9페이지
155 위그모어, 전게서 309페이지
156 미 재무부, 「Report of the Secretary of the Treasury: Revenue Act of 1932」 13, 20~21페이지
157 위그모어, 전게서 313~314페이지
158 프리드먼, 제이콥슨 슈워츠, 전게서 63페이지
159 스마일리, 전게서 27페이지
160 피케티 「21세기 자본 (PDF 통계 자료)」 1, 70페이지
161 델, 「Top Incomes in Germany and Switzerland Over the Twentieth Century」 415~6페이지
162 스마일리, 전게서 69~70페이지
163 후버, 《The Memoirs of Herbert Hoover》 203페이지
164 후버, 전게서 205~6페이지
165 위그모어, 전게서 434, 438~9페이지
166 위그모어, 전게서 444페이지
167 아메드, 전게서 443페이지 / 위그모어, 전게서 444~5페이지
168 아메드, 전게서 444페이지
169 후버, 전게서 210~2페이지
170 위그모어, 전게서 428페이지
171 스마일리, 전게서 75페이지
172 프리드먼, 제이콥슨 슈워츠, 《A Monetary History of the United States 1867~1960》 420~2페이지
173 아메드, 전게서 454페이지
174 루스벨트, 「Fireside Chat 1: On the Banking Crisis」
175 스마일리, 전게서 76페이지
176 위그모어, 전게서 450페이지
177 스마일리, 전게서 76~77페이지
178 스마일리, 전게서 80페이지
179 스마일리, 전게서 77페이지
180 스마일리, 전게서 80페이지
181 헨드릭슨, 《Regulation and Instability in U.S. Commercial Banking》 143~6페이지
182 패프, 「The Bureau of Reclamation's Civilian Conservation Corps Legacy: 1933~1942」 5, 15페이지
183 월리스, 피시백, 캔터, "Politics, Relief, and Reform: Roosevelt's Efforts to Control Corruption and Political Manipulation during the New Deal." 347페이지 / 스마일리, 전게서 81페이지
184 클라인, 모레티, 「Local Economic Development, Agglomeration Economics, and the Big Push: 100 Years of Evidence from the Tennessee Valley Authority」 5~6페이지
185 매켈바인, 전게서 152페이지
186 아메드, 전게서 463페이지
187 프리드먼, 제이콥슨 슈워츠, 전게서 518페이지
188 멜처, 전게서 492~3페이지
189 멜처, 전게서 497~8페이지
190 멜처, 전게서 498~9페이지
191 멜처, 전게서 498페이지
192 멜처, 전게서 502~3페이지
193 멜처, 전게서 500~3페이지
194 연방준비제도 이사회, 「Banking and Monetary Statistics」 395~6, 400페이지
195 멜처, 전게서 539~40페이지
196 멜처, 전게서 503~5페이지
197 멜처, 전게서 506페이지
198 멜처, 전게서 509~10페이지
199 멜처, 전게서 510페이지
200 블레이키, 블레이키, 「Revenue Act of 1937」 698~9페이지
201 멜처, 전게서 521페이지
202 미 노동부 노동통계국, 「Analysis of Strikes in 1937」 3페이지
203 멜처, 전게서 523~4페이지
204 에게레츠손, 퍽슬리, 「1937년의 실수(Mistake of 1937), 논문」 11페이지 / 멜처, 전게서 531페이지
205 앨리슨, 《예정된 전쟁》 16페이지

3부

미국 부채 위기와 대응
(2007~2011년)

미국 부채 위기와 조정(2007~2011)

이 장에서는 가장 최근에 발생한 2008년 미국발 부채 위기를 2007~2011년에 집중해 자세히 설명한다. '제1부 전형적인 대형 부채 사이클'에서 다룬 템플릿의 개념을 토대로 한 내용이 담겨 있기도 하지만, 그 당시에 벌어진 수많은 사건과 상황 등을 집중 조명하는 내용도 담겨 있다. 앞으로 논의될 2008년 부채 위기 사례가 템플릿 개념의 일반론과 얼마나 잘 맞아떨어지는지 눈여겨보기 바란다. 예를 들어, 모기지들을 모아 증권화하는 작업, 투자은행이 돈벌이를 위해 부채를 늘리는 행태, 규제를 받지 않는 거래소 밖에서 거래되는 파생상품이 빠르게 성장하는 현상 등은 통상적인 레버리지Leverage(자산투자로부터의 수익 증대를 위해 부채를 끌어다가 자산 매입에 나서는 투자 기법) 기법에서 한발 더 나아가 당국의 보호와 규제의 눈을 피하는 신종 레버리지 수법임을 이해해야 한다. 2008년 부채 위기의 역사를 템플릿 일반론의 연장선상에서 이해하지 못하면, 2008년 부채 위기가 얼마나 전형적인가에 대해 이해하지 못하게 될 것이다.

이 장을 읽으면서 당시 현장에 있는 듯한 생생한 경험이 독자 여러분에게도 전달되기를 바란다. 자신이 투자자나 정책 입안자라면 그 당시에 어떻게 했을지 생각해보기를 권한다. 이 장에서는 주 단위로, 때로는 일 단위로 당시의 상황을 시간의 순서대로 묘사해두었고, 동시에 언론 기사(주로 〈뉴욕타임스〉 기사)를 발췌해 제시해두었다. 브리지워터의 시각에서 당시의 사건, 상황 등을 해석한 브리지워터 일일 논평Bridgewater Daily Observation(이하 'BDO')에서 발췌한 글도 제시할 것이다. 하지만 우리가 투자 포지션을 어떻게 바꾸었는지는 설명하지 않을 것이다. 왜냐하면 투자 포지션 조정에 관한 내용은 지적재산권에 속하는 것이기 때문이다. 내용이 방대하기 때문에 굵게 표시한 글만 읽어도 이해할 수 있을 것이다.

버블의 부상(2004~2006)

전형적인 부채 사이클이 정상적인 양상을 보이는 초기에는 부채가 소득 증가에 맞춰 증가한다. 원금과 이자 상환이 가능할 정도로 소득이 빠르게 성장하는 활동이나 사업의 재원으로 부채가 활용되기 때문이다. GDP 대비 부채비율의 변화를 통해 부채와 국내총생산의 증가가 균형을 이루고 있는지 대략적으로만 확인할 수 있다. 그 이유는 부채를 통해 창출되는 소득이 애당초 추측 가능한 예상치이기 때문이다. 소득은 비교적 높은 성장세를 보이고, 실업률은 낮은 추세를 보였던 1990년대에 미국의 GDP 대비 부채비율은 증가했지만, 그 증가 폭은 매우 작았다. 통화 긴축 정책, IT 버블의 붕괴, 9·11 테러의 충격 등으로 인해 발생한 2001년 경기 침체의 영향으로 연방준비제도는 금리를 6.5%에서 1%까지 인하해야 했다. 미국의 금리가 0%에 얼마나 가까워지는지 주목하라. 이런 대폭적인 금리 인하는 대출과 소비를 부채질하는 결과를 가져왔다. 가계 부문에서 특히 그렇다. 대폭적인 금리 인하 덕택에 2001년 경기 침체는 오래 가지 못했고, 그 규모도 크지 않았다. 하지만 2004년과 2006년 이후에 올 버블 시대의 기반을 다져가고 있었다.

이 당시 미국의 경제 여건은 대부분 지표에서 흠잡을 데가 없는 것으로 나타났다. 성장률은 3~4% 사이에서 비교적 안정세를 보였다. 실업률은 4~5%로 장기 평균보다 낮았고, 인플레이션은 2~3.5%로 다소 높았지만 전통적인 기준으로 볼 때 걱정할 정도는 아니었다. 그러는 사이에 경제는 전형적인 '경기 확장 후반부^{Late Cycle}(경기가 고점을 찍고 후퇴 양상으로 막 접어든 경기 국면)의 단계로 접어들고 있었다. 다시 말해, 수요가 생산 능력을 초과해 공급이 수요에 미치는 못하는 국면이다(예: 당시 GDP 갭이 2%였는데, 이것은 수요의 성장이 생산 능력을 초과함을 뜻한다). 금융시장과 주택시장은 부채로 조달한 자금 덕에 강세를 보이는 상황이었다.

연방준비제도는 부채 증가보다는 경제 성장, 물가 상승, GDP 갭에 보다 주안점을 두고 점차 금리를 인상해 나가기 시작했다. 2004년 1%에서 시작해서 2005년 5%를 웃도는 수준까지 인상했다.

부채 증가는 자산 가격의 상승세를 둔화시키기에는 역부족이었다. 해당 3년 동안 S&P500지수는 35% 회복되었고, 그 덕에 수익률도 32% 증가했다. 매해 약 10%씩 수익률이 증가한 셈인데, 이는 1900년대 후반 IT 버블 때도 찾아보기 힘든 높은 수준이었다. 경기는 호황세, 인플레이션은 적정 수준, 자산 가격은 상승세를 보이는 당시의 상황을 두고 사람들은 경제가 너무 춥지도 않고 너무 덥지도 않은, 딱 적당한 상태를 말하는 '골디락스'의 시대로 접어든 것으로 생각했다. 그런데 GDP 대비 부채비율은 3년 동안 평균 12.6% 증가했다. 중앙은행이 인플레이션과 성장(문제가 아님)에 초점을 맞추고, 부채로 자금을 조달해 취득한 투자자산에 대해서는 신경 쓰지 않았기 때문에 전형적인 버블이 발생하게 된다.

부채 버블은 일반적으로 한 개 혹은 두어 개의 시장에서 등장하기 때문에 흔히 평균치 밑에 숨어 잘 드러나지 않는다. 이때 재무 스트레스 테스트Financial Stress Test를 통해 금융 시스템이 위기를 어떻게 견뎌내는지, 견뎌내지 못했을 때 어떤 파급 효과가 있는지 등을 확인하면 부채 버블이 보이기 시작한다.

주택시장 부채 버블

그 당시 버블이 등장한 가장 중요한 분야는 주택시장이었다. 2004년부터 2006년까지 주택 가격은 자율성이 날로 증가하고 있던 대출 관행에 힘입어 30% 가량 상승했는데, 이는 2000년과 비교하면 80% 증가한 수치이다. 제2차 세계대전 직후를 제외하고는 20세기를 통틀어 가장 빠른 증가세였다. 당시의 주택 가격 상승은 자기 강화적 성격이 강했다. 자기 강화적이라 함은 주택 가격이 스스로 가격을 끌어올려 결국에는 버블을 발생시키는 방향으로 진행된다는 것이다. 대부분 주택은 돈을 빌려 구입하기 때문에, 주택 가격의 상승이 자산 가치에 미치는 영향력이 확대되었다. 예를 들어, 한 가계에서 25만 달러에 주택을 구매하기로 하고 저축으로 모아둔 5만 달러를 선금으로 지급했다고 가정해보자. 그런

**뉴스 &
브리지워터 일일논평(BDO)**

2004년 10월 20일
그린스펀 의장, 모기지 부채 큰 부담 아냐
"앨런 그린스펀 의장은 화요일 그의 임기 중 가장 큰 문제 중 하나인 모기지 부채의 대폭적 증가 문제를 방어하고 나섰다. 그린스펀 의장은 이날 이 문제에 관한 언급 중 가장 상세한 설명을 내놓았는데, 주택 구매자들이 투기적 주택 버블에 휘말리게 된 데에는 이를 방치한 연방준비제도도 일부 책임이 있다는 애널리스트들의 주장에 맞서 논쟁을 벌이기도 했다."
＜뉴욕타임스＞

2004년 11월 6일
좋은 부채가 나쁘게 변할 때
"부채가 얼마나 쌓여야 버틸 수 없게 되는지 혹은 그렇게 되는 시점이 언제인지는 아무도 모른다. 하지만 사상 최저 수준의 금리로 대출을 종용하기 시작한 지 몇 년이 지났다면, 정책 입안자는 적어도 중대한 상황이 벌어질 가능성을 인정하는 자세를 보이고 이에 맞는 행동도 보여야 한다."
＜뉴욕타임스＞

2005년 4월 28일
모기지 신청 증가
"어제 발표된 민간 연구기관의 연구를 통해, 주택담보대출 신청 건수가 지난주 증가한 것이 드러났다. 그 원인으로 대출비용이 내려간 기회를 활용해 주택을 구입하거나 기존 대출을 리파이낸싱하려는 가계가 많아졌다는 점이 지적되었다."
＜뉴욕타임스＞

2005년 5월 10일
미국의 주택 버블
"미국의 주택시장은 몇 년 전부터 버블이 생기기 시작하여 지금은 버블이 부풀어 오를 대로 부풀어 오른 상태로 보인다. 주택시장은 지난 몇 년간 미국 경제에 활력을 공급하는 원천이었기에 이 버블이 터지면 주식시장이 무너졌을 때보다 심각한 영향을 줄 것으로 보인다. 손해를 보고 주택을 팔면 문제가 심각해질 수 있다. 왜냐하면 주택은 가계의 최대 자산이면서 부채를 얻는 데 가장 많이 활용된 자산이기 때문이다. 주택 소유권을 은행 등 금융기관에 뺏기게 되면 그 결과는 가계 전체의 순자산에 참혹한 영향을 미치게 되고 전체 경제를 마비시킬 수도 있다(예: 어떤 사람들이 주택을 팔 수 없게 되었다면, 이는 그 사람들이 이제 아무것도 할 수 없게 되었음을 뜻한다)."

2005년 5월 25일
주택 가격 가파른 상승세, 버블에 대한 우려 가중
"전미 주택중개인연합회는, 지난해 주택 가격이 1980년 이후 가장 큰 폭으로 상승했다고 밝혔다. 이에 더불어 지역 주택시장에 버블이 생성되어 결국 나중에는 그 버블이 붕괴되는 것은 아닌가 하는 우려도 제기했다. …이제까지 어떤 경우에도 주택 가격이 큰 폭으로 하락할 일은 없다. 이와 관련해 앨런 그린스펀 연방준비제도 이사회 의장은 전국적 규모로 주택 가격이 하락하는 일은 없을 것이라고 밝혔다."
＜뉴욕타임스＞

데 그 집 가격이 35만 달러로 올랐다. 그렇게 되면 투자한 5만 달러는 15만 달러로 3배 불어난 셈이 된다. 그 덕분에 추가 대출의 여유가 생기게 되었다. 이런 대출이 돈이 된다는 걸 아는 대출업자들은 서로 대출해주겠다며 달려들 것이고, 예비 주택 구매자들도 집을 사겠다며 몰려들게 될 것이다.

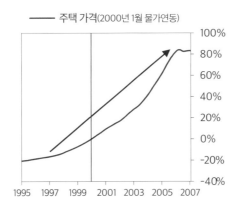

가계 부채는 2001년 가계 가처분소득의 85%에서 2006년 약 120%로 증가했다. 대출 기준이 완화되면서 해당 기간에 가계 부채가 모든 소득분위에서 큰 폭으로 증가했다. 2001년과 2007년 사이 최하위 소득분위에서 가장 큰 가계 부채 증가율이 나타났다.[1] 모기지 대출 관행의 자율성이 커지면서 실제로 주택을 구매하지 않는 가계마저 주택을 담보로 부채를 늘려갔다. 그래서 주택담보대출과 현금 확보 목적의 캐시아웃 리파이낸싱 Cash-out refinancing(리파이낸싱이란 이자율 인하, 추가 대출 등 유리한 조건을 제시하는 금융기관으로 모기지 대출업자를 변경하는 행위. 그중에서도 가용 현금을 확보해 소비, 투자 등에 활용하려는 목적의 리파이낸싱)이 총액 기준으로 2005년 5,000억 달러를 기록하면서 1998년 대비 5배로 증가했다.[2] 이런 영향으로 미국 전체의 부채는 국내총생산의 3배 수준으로 늘어났다.

주택 가격이 상승하면 논리적으로 신용 기준은 강화되어야 한다. 그런데 주택 가격이 상승할수록 신용 기준은 더 느슨해지는 현상이 벌어졌다. 하지만 대출기관은 대출을, 채무자는 부채를 이용해 주택을 구매하는 것이 매우 수익성이 좋다는 것을 알게 되었다. 신용에 의한 구매는 가격을 폭등시키고, 자기 강화적 기대를 양산해 이 기회를 놓치지 않으려는 대출기관과 채무자들을 끌어들였다. 버블의 시대를 규정짓는 전형적인 행태이다.

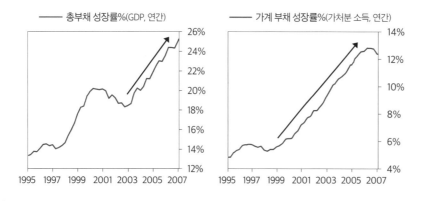

당시 미국 시장은 전형적인 버블의 징후들을 빠짐없이 보여주고 있었다. 내가 규정한 버블의 특징을 설명하면 다음과 같다.

1) 가격이 통상의 기준에 비해 높다.

2) 가격은 높지만, 상승할 미래 가격에 비해 낮게 평가되어 있다.

3) 낙관적인 심리가 만연해 있다.

4) 자산 구매 자금을 부채에 의존해 레버리지 비율이 높다.

5) 구매자들은 미래의 가격 상승에 투기하기 위해 또는 그로부터 자산을 보호하기 위해 이례적으로 선물거래를 확대한다(예: 재고 누적, 선물 계약 체결).

6) 예전에는 없었던 새로운 구매자들이 시장에 새롭게 진입한다.

7) 통화 확장 정책은 버블을 키우는 역할을 하고, 통화 긴축 정책은 버블을 터뜨리는 역할을 한다.

이 모두가 당시 미국의 주택시장에 대한 내용이다. 가격이 빠르게 상승하고, 앞으로도 계속 그렇게 될 거라는 기대가 만연했다(예: 홈 플리퍼home flippers (집장사)가 이 경우에 해당한다. 홈 플리퍼는 주택을 구입해 약간 수리한 후 가격을 올려 차익을 노린다). 주택 건설업자들은 높은 가격이 유지될 거라고 기대하며 주택 공급을 늘렸다. 1995년부터 2005년까지 신규 건축된 단독주택 수가 2배로 늘었다.[3]

친구나 이웃들이 주택을 구입해 부자가 되는 것을 보면서, 주택 구입을 원하는 사람들이 더 많아졌다. 버블이 최고조에 다다른 시점에는 전체 가계 중 8%에 약간 못 미치는 사람들이 매해 주택을 구매했는데, 이는 지금과 비교하면 약 50% 높은 수준이다. 2005년 여름 〈타임〉지는 표지에 투기적 광기를 경고하는 "집을 가지면 부자가 되나요?" 문구를 실었다.

〈타임〉 즐거운 우리집

TIME 6월 12일©2005 Time Inc. 모든 권리 보유. 미국 저작권법의 허가 및 보호에 의해 사용됩니다. 서면 허가 없이 콘텐츠의 인쇄, 복사 재배포 또는 재전송은 금지됩니다.

다시 말해, 가격이 계속해서 오르는 시장에 더 공격적으로 베팅하기 위해 빚을 지고 있다는 말이다. 즉 레버리지 비율을 높이는 것이다. 가격이 높으면 생산이 늘어나는 것처럼, 주택 가격이 고공행진을 하자 주택 공급량도 동시에 증가했다. 논리적으로 생각하면 그 반대의 길을 갔어야 했다. 가격 변동에 따른 차익을 노리고 베팅하는 투자자라면 해당 자산을 매각하거나 레버리지 비율을 낮추려는 게 당연하기 때문이다. 또한 이런 상황에서 투자금을 대출해주는 금융기관이라면 좀 더 주의를 기울일 필요가 있었지만, 그렇게 하지 않았다. 버블의 시대에는 이런 터무니없는 사고방식이 일반적이다.

주택을 구입하려는 광기가 있었던 것처럼, 주택을 구입하려는 사람들에게 대

**뉴스 &
브리지워터 일일논평(BDO)**

2006년 1월 8일
경고: 부동산시장에 대한 경고를 조심할 것
"지난 몇 년간 부동산을 통해 어마어마한 수익을 올린 펀드 투자자들은 2005년의 상황이 반복되지는 않을 거라는 경고를 받았다. 장기간에 걸쳐 이어온 상승세의 열기가 식을 수 있다고 애널리스트들이 예측했다. 이는 매도를 고려할 때가 됐음을 의미한다. 하지만 이런 비관론자들의 말이 틀렸다는 것이 명확해졌다. 부동산 버블에 대한 경고를 무시하고 노선을 변경하지 않은 투자자들은 계속해서 수익을 거뒀다. 최고의 수익률을 거둔 펀드들 사이에는 부동산시장이 올해에도 막장에 다다르지 않았다는 인식이 공유되고 있다는 증거이다."
<뉴욕타임스>

2006년 2월 1일
경제 전망, 안개 속… 그린스펀 퇴임
"앨런 그린스펀은 18년간 미국 경제 지킴이로서의 역할을 마치고 화요일 공식 퇴임한다. 그는 후임자에 대한 평가를 아끼며 소신 있는 경제 정책을 수립해줄 것을 요청했다. 하지만 후임자에게 미래 경제에 대한 불확실성도 물려주고 떠났다. 그러나 그의 이런 거리 두기는 심각한 과오를 저지를 가능성을 높이는 중대한 리스크가 존재하는 시점을 맞아 버냉키 신임 의장이 암울한 선택을 해야 할 수도 있다는 뜻으로 풀이된다."
<뉴욕타임스>

2006년 2월 10일
2005년 미국 무역수지 적자, 역대 사상 최대 기록
"2005년 미국의 무역수지 적자가 약 18% 상승했다고 정부가 발표했다. 이로써 무역수지 적자는 4년 연속 사상 최대치를 경신했다. 그 원인으로는 수입품에 대한 국내 수요의 증가, 에너지 가격 폭등, 외환시장에서의 달러 강세 등이 꼽히고 있다. 상무부는 총 적자 규모가 2001년 적자 규모의 2배인 7,258억 달러로, 수출은 12% 증가했지만 수입도 12% 증가하는 바람에 적자 폭이 커진 것이라고 워싱턴에서 밝혔다. 미국이 마지막으로 무역수지 흑자를 기록한 것은 1975년으로 124억 달러였다."
<뉴욕타임스>

출해주려는 광기도 있었다. 아래 왼쪽의 그래프는 모기지 금리를 보여준다. 연방준비제도의 느슨한 금융 정책의 결과로, 모기지 금리는 2003년 저점을 찍게 된다. 이는 1950년대 이후에는 찾아볼 수 없는 낮은 수준이다. 이와 비슷한 수준을 유지하다가 결국 주택 버블 사태를 맞이하게 되면서, 레버리지 비율이 2003년과 2007년 사이에 급격히 증가한다. 아래 오른쪽의 그래프는 신규 주택 가치 대비 대출 비율을 보여준다. 이 비율이 높다는 말은 선금은 더 적게 내고, 총 주택 매매 금액에서 선금을 뺀 순대출 금액이 더 크다는 뜻이 된다. 이 비율이 80%로 급격히 증가했다면 이는 은행들이 대출을 내주는 데 더 열을 올리고 위험도가 큰 베팅을 했음을 의미한다.

주택 버블의 다른 징조들도 어렵지 않게 찾아볼 수 있다. 은행들은 모기지를 승인하기 전에 소득증빙 자료를 채무자들에게 요구하지 않았고, 변동금리형 모기지 상품을 들이밀며 나중에는 상승할지 모르는 티저 금리Teaser rate(더 많은 고객을 확보할 목적으로 낮게 설정된 변동금리형 모기지 초기 금리)로 채무자들을 현혹하는 일이 심심치 않게 벌어졌다. 리스크가 더 큰 '서브프라임' 모기지의 비율이 전체 모기지의 20%를 차지하게 된다. 또한 나중에 더 자세히 논의할 것이지만, 은행들이 모기지를 보기 좋게 패키지화해 내재하는 리스크는 잘 보이지 않게 하는 것(예: 증권화)이 가능했다. 그렇게 되면 리스크 평가가 제대로 이루어지지 않아, 신용평가는 손쉽게 올릴 수 있었고, 금리는 낮출 수 있었다.

부채가 급격히 증가하고 주택 거래가 광기로 치닫는 것에 비해, 경제는 과도하게 과열되는 양상을 보이지도 않았고, 인플레이션은 완만하게 유지되었다. 그래서 연방준비제도는 평균 수치만을 보고 예전처럼 대수롭지 않게 생각했다. 최악의 부채 버블은 높은 인플레이션이 아니라 부채 증가로 인한 자산 가격의 상승과 함께 나타나는 것이 전형적이다. 중앙은행은 부채의 성장을 용인하는 실수를 저질렀다. 왜냐하면 중앙은행은 소비자물가지수로 측정된 인플레이션과 성장률에만 초점을 맞췄기 때문이다. 부채의 성장을 자초한 책임이 있는 중앙은행은 정작 부채가 성장하고 있다는 점을 신경 쓰지 않았다. 원금과 이자를 상환하기에 충분한 소득을 창출하는 데 부채가 사용되는지도 신경 쓰지 않았다. 악성 부채 위기를 사전에 방지할 마음이 있었다면 중앙은행은 이런 문제들을 생각해봤어야 하지만, 중앙은행은 그렇게 하지 않았다.

다음 그래프에서 볼 수 있듯이, 인플레이션은 2%와 3.5% 사이에 머물러 있었다. 바람직한 수준보다 높긴 하지만 걱정할 수준도 아니었다. 그래서 연방준비제도는 낮은 금리 수준을 유지했다. 사실, 2001년 후반기부터 2006년 초까지 미국의 단기 금리는 인플레이션보다 낮았다(예: 실질 단기 차입 비용은 마이너스였다). 연방준비제도가 2004년 중반에 단기 금리를 올리기 시작했을 때도 명목 장기 금리는 거의 변동 없이 예전과 유사한 수준을 유지했지만, 실질 장기 금리는 하락했다.

다음 그래프에서 볼 수 있듯이, 선진국에서도 동일한 양상이 전개되고 있었다.

이런 이유로 글로벌 금융 버블이 일어나고 있었다.

2006년 중반, 헨리 폴슨 Henry Paulson이 조지 부시 정권의 재무부 장관으로 취임했다. 그는 골드만삭스의 CEO와 회장을 거치면서 금융시장의 과잉을 몸소 체

선진국(미국 제외)

뉴스 & 브리지워터 일일논평
(BDO)

2006년 8월 23일
주택시장의 둔화가 얼마나 큰 문제가 될 것인가?
"주택시장을 제외한 경제 전반에 활력이 넘치고 있다. 주택시장이 경제 위기의 전조인가? 아니면, 주택시장 둔화에도 불구하고 경제는 활력을 지속할 것인가? 우리는 이 문제를 놓고 고민을 거듭하고 있다."

2006년 8월 24일
주택시장, 냉각 기류 보여
"주택시장이 매월 악화되는 양상을 보이고 있다. 주택 매매의 광기가 끝났다는 조짐이 최근 들어 그 어느 때보다 뚜렷해지고 있는 가운데, 전미 부동산중개인연합회는 주택 가격이 정체되고 있을 뿐 아니라 자가 주택 판매가 2년여 만에 가장 낮은 수준으로 떨어졌다고 밝혔다. 그리고 구매자가 나타날 때까지 기다려야 하는 주택 매도 대기 기간도 이전보다 훨씬 늘었다고 발표했다."

<뉴욕타임스>

2006년 9월 14일
모기지 연체로 주택 압류 증가세
"올 2분기 우량등급 변동금리형 모기지에 대한 주택 압류율가 4년 만에 최고치로 상승하면서 신용등급이 높은데도 대출상환에 어려움을 겪고 있는 주택 소유자들이 더 많아진 것으로 보인다. …신용등급이 낮은 채무자를 대상으로 하는 서브프라임 변동금리형 모기지에 대한 주택 압류 비율도 2003년 4분기 이후 최대 수준인 2.01%로 상승했다고 보고서는 밝혔다."

<블룸버그>

험했고, 이에 대해 우려하는 시각을 갖고 있었다. 그는 금융시장에 관한 대통령 워킹그룹President's Working Group on Financial Markets(금융시장과 관련된 전반적 이슈들을 논의하는 대통령 휘하 실무그룹. 도널드 레이건 대통령 시절인 1988년 설립됨)과 정기적으로 미팅을 진행했다. 이 워킹그룹은 부시 행정부 경제팀의 핵심 인사들과 주요 규제기관의 장들로 구성되어 있었다.[4] 이 미팅의 장점은 구성원들 간에 친밀한 협업 관계를 형성할 수 있다는 데 있었다. 핵심 구성원은 폴슨 재무부 장관, 벤 버냉키Ben Bernanke 연방준비제도위원회 의장, 팀 가이트너Tim Geithner 뉴욕연방준비은행 총재와 이들이 장으로 있는 기관의 관계자들이었다.

금융 위기 상황에서는 인성, 역량, 협업 능력 같은 자질이 어떤 결과를 만들어내느냐를 결정할 정도로 중요한 역할을 한다. 이 경우 (담대한 결정을 내리는 데 익숙한 전직 CEO이자 외향적인 성격의) 폴슨 장관, (대공황을 제대로 공부한 경제학자이자 내성적 성격의) 버냉키 의장, (경제 정책 수립에 잔뼈가 굵은 수완가이자 실용적인 성격의) 팀 가이트너 총재, 이 세 명의 관계가 매우 중요했다. 예전에는 몰랐던 새로운 사실 관계에 근거해 결단력 있게 정책을 수립하고 추진하려는 의지를 다지려는 자세와 정책 수립 및 추진 과정에서 부단히 공조해나가겠다는 협력적인 자세와 함께, 서로의 부족함을 채워주려는 헌신적인 자세가 위기를 헤쳐 나가는 데 매우 중요했다.

그들은 늦으면 모든 게 무용지물이 된다는 사실을 알고 있었다. 물론 시장의 과잉을 목격하고 이를 불편한 시각으로 바라보는 마음도 있었다. 하지만 문제점이 무엇인지 명확하게 보지 못했기 때문에, 다가올 위기를 막을 수 있을 정도로 재빠르고 강력한 행동을 취할 수는 없었다. 서브프라임 시장이 과잉되었다는 것을 그들은 이미 알고 있었지만, 그것이 전체 주택시장으로 여파를 미칠 거라고 생각하는 사람은 아무도 없었다. 제2차 세계대전 이후 전국적으로 침체에 빠져본 적이 없는 시장이 바로 주택시장이었기 때문이었다. 하지만 폴슨 장관은 국책모기지기관Government Supported Entities, GSEs인 패니메이와 프레디맥Fannie Mae and Freddie Mac에서 야기된 리스크는 매우 우려하고 있었다. 클린턴 행정부의 재무부 장관이었던 래리 서머스Larry Summers도 패니메이와 프레디맥의 리스크를 강조한 적이 있었다. 이런 점 때문에 폴슨 장관은 2006년 가을, 부시 대통령의 후원을 등에 업고 바니 프랭크Barney Frank(당시 백악관 금융서비스 위원회의 야당 측 수석 멤버)와 공동으로 패니메이와 프레디맥을 개혁하려는 입법안을 만드는 작업에 착수했다. 이 시도는 위기가 곪아터진 2008년 여름이 되어서야 진전을 보이기 시작했다.[5]

버블의 전방위 확산

시야를 넓혀 세계 경제를 보면 버블의 조짐을 볼 수 있었다. 저축률은 기존에도 낮기는 했지만, 더 낮은 수

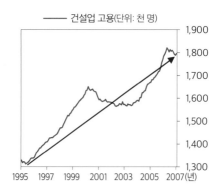

준으로 하락했다. 그리고 이에 따라 미국은 해외에서 공격적으로 자본을 차입해왔다. 미국 제조업 부문 고용이 줄었고, 이에 따라 미국은 중국을 위시한 개발도상국에 수출시장을 빼앗기고 있었다. 하지만 주택시장에서의 활발한 움직임으로 이런 양상은 가려져 보이지 않았다. 부채로 조달한 자금이 투입되는 주택 건설의 일자리가 1995년에 비해 약 50% 증가했다는 것이 대표적인 예이다.

이에 더해, 많은 소비용 자금이 모기지나 다른 형태의 부채를 통해 조달되었다. 투자가 아니라 소비를 위해 사용되는 자금을 부채로 조달하는 경우가 늘었다는 것은 위험 신호이다. 왜냐하면 투자는 소득을 창출할 가능성이 있지만, 소비는 그렇지 않기 때문이다.

외국 자본의 유입이 증가하고 경상수지 적자가 국내총생산 대비 6%까지 확대됐다는 점에서 알 수 있듯이, 외화가 대량으로 유입되면서 버블을 키우는 데 한몫을 하게 되었다. 이 또한 버블이 커지는 시기에 나타나는 전형적인 현상이다. 당시 막대한 경상수지 흑자를 기록한 중국 같은 개발도상국으로부터 다량의 자본이 유입되고 있었다. 이렇게 유입된 외국 자본은 미국 내에서 저축되거나 미국 자산에 투자되었다. 외국 자본이 대량으로 유입된 덕에 미국 시민들은 여전히 대출을 받을 수 있었고, 버는 것보다 더 많이 소비할 수 있었다.

**뉴스 &
브리지워터 일일논평(BDO)**

2006년 10월 24일
지금은 경제가 문제가 아니다
"부시 대통령은 이틀의 시간을 할애해 경제 순환 중이라는 주제의 한 행사에 참석했다. 대통령의 참석 배경에는 여당인 공화당이 경제 관리를 잘 해나가고 있다는 점을 인정 받으려는 의도가 있는 것으로 보인다. 부시 대통령은 CNBC와의 인터뷰에서 '경기가 강세를 보이는 것이 우리 공화당의 후보에게 도움이 된다는 데에는 의심의 여지가 없습니다. 왜냐하면 제가 세금 감면에 찬성표를 던진 덕에 우리 경제가 좋아진 것이라고 우리 당의 후보가 말할 수 있기 때문입니다.'라고 말했다."
<뉴욕타임스>

2006년 10월 27일
신축 주택 가격 큰 폭 하락
"최근 발표된 정부 및 산업 통계 자료에 따르면, 주택 건설업자들이 둔화세를 보이는 주택시장에서 경쟁 우위를 확보하기 위해 가격 인하 등 각종 할인 행사를 벌이고 있는 것으로 드러났다. 상무부는 신축 주택 가격의 평균값이 2005년 9월과 비교해 지난달 9.7% 하락해 21만 7,100달러를 기록했으며 1970년 12월 이래 사상 최대의 낙폭을 보였다고 발표했다."
<뉴욕타임스>

2006년 11월 7일
애리조나주, 미분양 주택 크게 늘어… 주택시장 불황 조짐?
"최근까지 주택시장은 빠르게 성장하면서 주택 건설업자들에게는 풍요의 낙원 같은 곳이었다. 풀턴주택(Fulton Homes)의 주택 개발 사업 같은 경우는 인기가 높아 지난해 거의 매주 적게는 1,000달러에서 많게는 1만 달러까지 가격을 올릴 수 있었다. …2005년 초에는 수천 채에 불과했던 이 지역 미분양 주택이 현재는 46만 채에 육박했다. 이에 따라 주택 건설업자들이 가능한 한 빨리 시장에서 철수하는 분위기이다."
<뉴욕타임스>

2006년 12월 6일
주택 판매 관련 통계, 믿어도 될지?
"동서부 해안 지역 부동산시장에 대한 믿을 만한 발표를 마지막으로, 주택 가격과 관련해 발표하는 공식 통계 수치들이 오해를 불러일으키고 있는 게 사실이다. 어느 지역을 보느냐에 따라 가격이 지난해 동안 계속 오른 곳도 있고, 약간 오른 곳도 있고, 떨어진 곳도 있다. 하지만 최근 발표되는 통계 수치에는 오류가 많다. 가장 큰 오류는 실제로 팔리고 있는 주택들만을 대상으로 집계되었다는 데에 있다."
<뉴욕타임스>

연방준비제도가 2004년 말에 단기 금리를 인상하기 시작했음에도, 미국 자산에 대한 높은 수요 덕에 장기 차입 비용은 낮게 유지될 수 있었다.

이렇게 유입된 외국 자본의 상당 부분이 새로운 대출금에 사용되었다. 하지만 원금과 이자를 상환할 정도의 소득을 창출하는 데 사용되지 않는 대출이었다. 저축률은 무한히 줄어들 수 없으며, 대출도 영원히 증가할 수 없다. 대출이 만기가 되면 현금 흐름에 문제가 생기기 마련이다. 재무 수치에 익숙한 사람이라면 다 아는 내용으로, 이 경우 외국 자본의 유입이 줄어들면 현금 흐름에 문제가 생기게 된다.

이 기간에 대출이 늘어 리스크가 커졌을 뿐 아니라, 대출이 규제와 보호를 받는 정규 은행 시스템이 아니라 그 밖에서 일어나는 경우가 점점 많아졌다. 정상적인 은행 시스템 밖에서 일어나는 신종 대출(그림자 금융 시스템이라고도 일컬음)의 성장은 버블 시기에 어렵지 않게 볼 수 있는 현상이다. 금융기관은 안정적인 규제 체제의 정규 채널을 우회하는 새로운 대출 채널을 구축하는 전형적인 양상이 나타난다. 왜냐하면 이렇게 하는 게 모두에게 유리하기 때문이다. 규제가 줄어들면 대출기관은 대출을 내주는 데 적은 돈이 들어 좋고, 대출을 받는 쪽은 낮은 이자율과 더 쉬운 조건으로 대출을 받을 수 있어 좋다. 그리고 투자하는 쪽은 수익을 더 많이 챙길 수 있어 좋다. 그림자 은행은 보증을 통하거나 자산을 병합하여 패키지화함으로써 이 새로운 대출이 투자자들에게 안전해 보이도록 만든다. 위기를 통해 자산을 스트레스 테스트할 기회가 없으면, 은행들이 처음 만들 당시 의도했던 만큼 그 자산들이 안전한지 알기 힘들다. 이런 혁신(?)이 흔히 위기를 만들어낸다. 지금 논의하고 있는 경우도 마찬가지이다.

2000년대 초중반에 많은 신종 채널이 우후죽순처럼 생겨났고, 기존에 존재하던 유사한 종류의 비규제 채널도 규모가 커졌다. 이런 채널들의 상당수는 단기적인 성격이 강하고, 규제도 받지 않기 때문에 매우 취약했다.

버블 시기에 전통적인 금융 시스템 밖에서 대출이 이루어지도록 부채질하는 다섯 가지의 핵심 요소는 다음과 같다.

1) **환매 조건부 채권**^{Repo}**과 상업어음의 활용**: 이 방식은 은행과 기업이 단기로 자금을 빌릴 수 있는 대규모 대출 채널로 발전해나갔다. 버냉키 의장은 "환매 조건부 채권에 대한 미국 증권회사의 부채가 금융 위기 직전 4년 새 2.5배 증가했다."라고 말했다.[6]

2) **대형 기관 예금주가 보호받는 은행 시스템 안이 아니라 그 밖에 존재함**: 미국 국채에 대한 수요, 특히 외국인 투자자들의 미국 국채에 대한 수요가 공급을 초과하게 되면서 투자자에게는 안전자산이 부족했다. 이는 자산 담보부 기업어음이나 환매 조건부 채권 같은 대체 상품에 대한 수요의 증가로 이어졌다.

3) **머니마켓 펀드**^{Money Market Fund, MMF}**의 성장**: 단기 저축 상품인 MMF(하루만 넣어도 수익을 얻을 수 있는 초단기 수시 입출식 실적 배당 상품)는 은행 저축 상품보다 수익률이 높았고 추가적인 리스크도 없었다.

4) **달러 대출의 세계화**: 비(非)미국 은행에 의한 달러 대출과 차입이 폭발적으로 증가했다.

5) **대출의 증권화**: 이 덕에 은행은 전통적인 대출(자동차 대출, 주택 대출 등)을 받아 투자자에게 팔 수 있었다. 대출의 증권화는 은행이 높은 리스크의 대출을 투자자에게 넘김으로써 '도적적 해이'를 초래했다. 뿐만 아니라, 투자자들이 여전히 구매를 원하는 한 아무런 책임을 지지 않을 수도 있었다.

미국의 금융 규제 시스템은 이런 변화를 따라잡지 못했다. 정체를 알 수 없는 그림자 금융과 그림자 시장의 실체를 들여다볼 수 있는 적절한 정책 수단을 내놓지도 못했다. 그림자 금융과 그림자 시장의 과잉을 규제할 수 있는 권한을 관

**뉴스 &
브리지워터 일일논평(BDO)**

2007년 1월 5일
2006년 고용시장, 강세로 마감
\<뉴욕타임스\>

2007년 1월 13일
지난달 소매, 뜻밖에 큰 폭 증가
\<로이터\>

2007년 1월 20일
소비 심리, 3년 만에 최고 수준
\<로이터\>

2007년 1월 26일
지난해 기성 주택 판매, 17년 만에 최대 하락
\<AP통신\>

2007년 2월 2일
일자리 성장, 경기 둔화 조짐에도 강세 여전
\<뉴욕타임스\>

2007년 2월 5일
증가하는 재무 리스크
"시장 수익률은 우리가 무언가를 폄하할 때 그 역풍이 얼마나 큰지에 따라 좌우된다. 시장은 현재의 리스크가 수십 년 사이에 가장 낮은 수준이라며 이를 폄하하지만, 우리는 시스템에 내재된 리스크가 상당히 크다고 생각한다. 왜 그런지 알아보자.
현재 금융시장에는 유동성이 넘쳐나고 있다. …예술품, 보석, 고가의 부동산 같은 데 돈을 쏟아붓는 것처럼, 금융 상품에 돈을 쏟아 붓는 듯한 인상을 받고 있다. 리스크가 큰 자산의 가격이 상승하고 있다. 특히 투자자가 프리미엄을 얹어서라도 사고자 하는 자산의 가격이 상승한다. 하지만 수익률 대비 프리미엄 비율이 내려가고 있는 영향으로 선물 기대 수익이 낮아지고 있으며 변동성도 낮아지고 있다. 변동성이 계속해서 낮아질 것이라고 보이는 상황에서 수익률을 올리려면 레버리지 비율을 높여 추가로 확보한 부채로 투자자산을 늘려야 한다. 스프레드 거래(한 증권을 구매하면서 동시에 다른 증권을 매각함으로써 두 증권 간의 가격 차를 목적으로 하는 투자 기법. 보통 다른 증권으로 선물이나 옵션 상품이 활용된다.)나 캐리 트레이드 같은 덩치가 작은 소규모 거래로부터 더 많은 수익을 거두려면 말이다."

2007년 2월 8일
HSBC, 악성 대출 증가 발표
"영국에 본사를 두고 있는 HSBC금융지주는 악성 대출에 따른 손실이 2006년 105억 달러를 넘어섰고, 비율로는 20% 증가해 애널리스트의 평균 예측보다 높은 수준을 보였다고 밝혔다. 그 원인은 모기지 포트폴리오에 문제가 생긴 것에 있다고도 밝혔다."
\<로이터\>

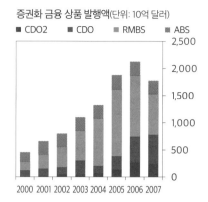

증권화 금융 상품 발행액(단위: 10억 달러)
■ CDO2 ■ CDO ■ RMBS ■ ABS

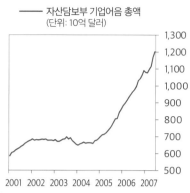

자산담보부 기업어음 총액
(단위: 10억 달러)

2007년 2월 27일
중국발 검은 화요일
"업계에서는 통상 중국발 검은 화요일이
라고 부르고 있다. 이 사태로 인해, 매도 세
력으로부터 예상 밖의 공격을 받은 중국
주식시장에서 9%의 가치가 증발했고, 이
영향으로 세계 증시도 압박을 받고 있다.
애널리스트들에 따르면, 중국 정부가 금
리 인상 가능성, 자본 소득세 도입을 검토
하는 등 지난해 10% 상승한 주식시장을
진정시키려 한다는 소문이 돌면서 상하이
증시와 선전 증시가 출렁거리기 시작했
다."

〈포브스〉

계 당국에 쥐어주지도 못했다. 당시 일반 은행뿐 아니라 그림자 은행도 비정상적인 자금이 풍부했고, 부채에 대한 의존도도 지나치게 높았다. 그 말은 별다른 대비책도 없어 경기 하강 국면에서는 지급 능력 문제에 노출될 수 있다는 뜻이었다(유동성 문제 Liquidity problem와 지급 능력 문제 Solvency problem는 다르므로 주의가 필요하다. 유동성 문제는 일시적 현금 흐름에 문제가 생겨 현금성 자산이 부족한 상황을 말하고, 지급 능력 문제는 해당 회사의 자산을 모두 팔아도 부채를 해결할 수 없는 상황을 말한다). 금융 자유화와 금융 공학이 대세였던 1990년대와 2000년대 초에 규제기관들은 미국이 금융시장의 주도권을 장악하는 것을 좌절시켜 왔던 런던에 대해 미국의 금융시장이 어떻게 경쟁 우위를 유지할지에 관심이 더 많았다.

부채 붐이 은행 시스템에 의존해 자금이 조달된 것으로 비롯되었다면, 관리하기도 막기도 훨씬 더 쉬웠을 것이다. 그렇게 됐다면 불황을 동반한 추악한 위기이기는 했겠지만, 나중에 드러난 만큼 나쁘지는 않았을 것이다. 연방예금보험공사의 예금보험제도와 연방준비제도의 할인창구 Discount Window(연방준비제도가 시장 교란이 있을 때 금융기관에 단기로 자금을 대여해주는 제도)와 더불어, 부채를 보증해줄 수 있는 연방예금보험공사의 체계적 위험 면제 Systemic Risk Exemption(연방예금보험공사 이사회가 의결을 통해 체계적 위험 선언을 재무부 장관에 권고하면 재무부 장관은 대통령의 재가를 얻어 특정 시장 교란이 체계적 위험이라고 선언한다. 그 선언이 있으면 연방예금보험공사는 체계적 위험 예외 권한을 발동해 해당 교란을 막기 위한 긴급 자금을 지원할 수 있다.) 권한이 더 막강하고 적용 범위도 더 넓었다면, 자산 강매나 자산을 헐값에 매도해야 하는 악순환은 줄어들었을 것이다.

버블을 급속하게 부풀어 오르게 하는 것은 낮은 금리만이 아니다. 손쉽게 구할 수 있는 자금, 느슨한 규제, 리스크를 안고 있는 금융 혁신(?)도 있다. 연방준비제도는 금리 정책 수립 과정에서 인플레이션에만 집중함으로써 부채의 성장을 방치했고, 정책 입안자들은 느슨한 규제를 손보지 않음으로써 그림자 대출 채널이 지속할 수 있는 환경을 만들었다. 그러는 과정에서 버블은 커지고 있었다.

채무자와 대출기관은 자산과 부채의 부조화라는 심각한 문제를 안고 있었다. 이 부조화는 특히 침체 국면에서 채무자와 대출기관을 취약하게 만든다. 이런 양상은 심각한 부채 위기에서 언제나 등장하는 단골손님이다. 이런 부조화는 대체로 다음과 같은 형태로 나타난다.

1) **단기 자금을 차입하여 장기 자금으로 대출을 해주는 형태**: 이렇게 하면 단기 자금을 빌려준 대출기관이 더 이상의 대출을 거부하는 경우, 또는 대출을 통해 벌어들이는 수익보다 더 높은 수준으로 금리를 높여 대출을 해주려 할 경우 채무자는 압박을 받게 된다.

2) **높은 리스크로 채무자에게 대출해주는 형태**: 이렇게 하면 대출기관은 자신이 차입해올 때보다 더 높은 이자율을 채무자에게 부담시킬 수 있다. 그리고 그를 통해 신용 스프레드를 통한 마진도 높일 수 있다. 이런 상황은 부도율이 신용 스프레드보다 높아질 때까지 지속된다.

3) **자금을 차입해온 통화와 대출해준 또는 투자한 통화가 다른 형태**: 자금을 차입해온 통화의 가치가 올라가면 채무자는 감내할 수 있는 수준보다 높은 환율이나 금리로 대출을 상환해야 한다.

이런 모든 상황이 2008년 버블의 시기에도 등장했다. 이 경우 금융 중개기관과 그 금융 중개기관에 자금을 신탁한 사람들은 뱅크런 같은 신용 문제에 매우 취약해지게 된다.

자산과 부채의 부조화를 보여준 전형적인 사례는 유럽 은행이 단기 채무로 달러를 적극적으로 차입한 다음 다른 나라에 대출해준 경우를 들 수 있다. 2007년 여름, 달러 신용이 경색되자 유럽 은행들은 더는 미국 금융 시장으로부터 자금을 조달할 수 없었다. 그리고 그 여파는 전 세계로 퍼져나갔다.

하지만 실질 경제 성장률은 잠재 성장률을 뛰어넘는 수준을 유지하는 모습을 보였다. GDP 갭이 3%로 상승했고, 인플레이션은 3.7%였다. 2007년에 연방준비제도는 명목 단기 금리를 5.25%로, 실질 단기 금리는 1.5%로 인상했다.

2007년이 되어, 미국 경제가 앞서 설명한 버블의 전형적인 징후들을 모두 보여주고 있었기 때문에, 나는 미국 경제가 버블 상태에 있다고 확신했다. 게다가 기업과 금융기관의 재무 상태를 분석해 현금 흐름을 예측해보고, 만기가 다가오는 대출을 새로운 대출로 돌려막거나 만기를 연장하는 것이 불가능하다고 생각했다. 뿐만 아니라 현 상태를 유지하기 위해 차입금을 늘리는 것도 불가능하다고 생각했다. 새로운 대출이 불가능해지면, 부채 위기가 오게 된다. 우리는 이에 대한 의견과 추정 수치를 보고서로 만들어 정책 입안자들에게 정기적으로 알려주었다. 그래서 추정 수치를 보고 미리 대비할 수 있게 하거나, 아니면 우리의 오류를 지적하고 추정 수치를 바로 잡을 수 있도록 선택권을 주었다. 하지만 그들은 몇 가지 질문을 하긴 했지만, 늘 그렇듯 아무런 말없이 보고서만 받아들었다.

버블의 고점: 2007년

2007년 전반기

2007년 전반기는 시장뿐 아니라 전체 경제도 매우 양호한 모습을 보였다. 때문에 이때까지 걱정하는 사람이 없었다는 점을 명심하라. 주가는 신고가를 경신했고, 고용시장과 소매시장, 소비자 심리 또한 견고함을 보였다.

하지만 주택시장과 가장 공격적인 행태를 보인 금융기관들이 균열을 보이기 시작했다. 증권거래위원회는 1월 4일 보고서에 다음과 같이 썼다. "리파이낸싱과 부동산 붐이 끝남에 따라 다수의 소형 서브프라임 대출업자들에게 현 사업모델로는 생존이 불가하다는 인식이 광범위하게 퍼졌다."[7]

시장은 2월과 3월 사이 움직임이 별로 없었다. 전체적인 시장 변동성은 매우 낮았고, 가격은 그대로 유지되고 있었다. 민간 기업의 대출 리스크 기준이 되는 신용 스프레드도 역사적 기준에 비해 낮았다. 다시 말해, 시장은 고요했고, 가격은 그대로 유지될 것 같았다.

서브프라임 모기지 대출기관의 문제가 계속해서 확대되면서 일부 대출기관들은 상당한 손실을 기록했다. 하지만 전체 경제나 시장에 영향을 주지는 않았다. 그런데 이보다 더 큰 규모의 은행들이 악성 모기지 부채가 오름세에 있다고 발표하기 시작했다. 이 상황은 3월 13일 BDO에 다음과 같이 요약되어 있다.

(BDO) 3월 13일: 서브프라임 모기지 붕괴

대형 서브프라임 모기지 대출기관들이 파산 일보 직전까지 몰리면서 서브프라임 모기지 관련 기사가 헤드라인을 장식하고 있다. 경제가 비교적 강세를 보이는 상황에서 서브프라임 모기지 부문이 왜 폭발하고 있는지는 전 세계 시장에서 거품이 일고 있는 유동성과 밀접한 관련이 있다. 지난 몇 년간 투자은행들은 신종 금융 상품을 만드는 데 공을 많이 들였는데, 이 신종 금융 상품의 장점은 다량의 자산을 패키지화해 해당 자산의 단순 총합계 금액보다 높은 가격에 그 패키지화된 자산을 매각할 수 있다는 점이었다. 부채담보부증권Collateralized Debt Obligation, CDO, 다단계채권Collateralized Mortgage Obligations, CMO, 합성 CDO 등이 이에 속한다. 이 작업을 위해 트랜칭Tranching(하나의 덩어리로 합쳐진 자산들을 신용평가가 용이하도록 리스크별로 분류하는 것) 기법이 동원되었다. 리스크별 분류가 끝나면 각 자산 단위별로 신용평가기관에서 신용평가를 진행하여 최상인 AAA, 그다음은 AA, 이런 식을 신용등급을 매긴다. 이런 획기적인 '금융 혁신' 덕에 모두가 행복해졌다. 보험회사는 AAA등급의 채권을 구매해, 같은 AAA등급의 다른 자산에 투자했을 때보다 몇 베이시스 포인트Basis Point, bp(1 베이시스 포인트는 1%를 100를 나눈 값, 즉 0.01%를 말한다.) 더 많은 수익을 올릴 수 있었다. 그 아래 등급에 대해서도 보험회사는 마찬가지 방식으로 더 많은 수익을 올릴 수 있었다. 헤지펀드는 신용등급이 가장 낮은 단위를 구매하는 경우가 흔한데, 이를 통해서 헤지펀드도 행복해질 수 있었다. 왜냐하면 레버리지와 변동성을 통해 돈을 벌 수 있었기 때문이다.

이런 혁신은 가계뿐만 아니라 예전에는 신용시장에 얼씬하기도 힘들었던 고리스크의 채무자들에게도 신용 공급원으로서 접근할 수 있는 길을 열어주었다. 서브프라임 모기지의 폭발적 증가는 이러한 새로운 신용 공급원과 밀접한 관련이 있었다. 투자은행에 넘기기만 하면 됐기 때문에 모기지 대출기관은 모기지를 승인할 때 리스크에 대해 묻고 따질 필요가 없었다. 투자은행들은 모기지를 패키지화해 투자자에게 팔기 바빴다. 투자자들은 동일 신용등급의 다른 자산에 비해 5베이시스 포인트의 추가적인 수익을 확보할 수 있었다. 대출 기준은 매우 낮은 수준으로 내려갔다. 그리하여 약간의 채무불이행이 발생하면 투자은행은 대출 인수를 거부하고 모기지 대출기관은 손실을 봐야 했다.

…서브프라임 대출기관을 머리 아프게 하는 것은 '초기 채무불이행'이다. 대출을 인수한 투자은행과의 계약에는 채무자가 초기에 채무를 불이행하면 대출기관이 해당 대출을 투자은행으로부터 되사오도록 하는 조항이 있다. 사기가 아니라면, 채무자가 채무불이행을 일으키는 경우는 드물다. 2006년 당시 업계 2위를 달리던 뉴센추리는 12월에 초기에 채무불이행이 발생하는 비율이 전체 대출의 2.5%에 달한다고 발표했다. 투자은행들과 투자자들이 대출을 되사가라고 요구했지만, 뉴센추리는 자금이 없었다. 뉴센추리의 규모가 가장 크긴 했지만, 이외에도 수십 개의 소형 서브프라임 대출기관들도 이런 식으로 지난 몇 달 사이에 파산 위기에 몰리고 말았다.

**뉴스 &
브리지워터 일일논평(BDO)**

2007년 3월 22일
연방준비제도 발표 후 주가 급등
"투자자들이 고대하고 있던 단기 금리 인하의 가능성을 연방준비제도가 시사하면서 뉴욕 증시가 폭등세를 보였다.
어제 세 자릿수 상승을 기록한 다우존스 지수는 이번 주 337포인트 상승했다. 이로써 3일간의 상승 폭으로는 2004년 11월 이후 최대 상승 폭을 기록했다.
기대했던 대로 연방준비제도는 이틀간의 회의 끝에 단기 금리를 현 수준인 5.25%로 유지하기로 결론지었다. 하지만 금리 결정과 함께 발표될 연방준비제도의 경제 여건 관련 성명을 초조하게 기다리던 투자자들은 지난 1월에 동결되었던 금리가 앞으로도 추가로 동결될 가능성이 있음을 언급하지 않아 안도하는 모습을 보였다."
〈AP통신〉

2007년 3월 22일
중국 증시, 매도세 집중으로 주가지수 사상 최저 기록
〈뉴욕타임스〉

2007년 3월 23일
기성 주택 판매, 3년 새 가장 큰 폭 증가
〈AP통신〉

2007년 4월 2일
뉴센추리, 파산 신청
〈뉴욕타임스〉

2007년 4월 17일
기업 실적 호조 소식에 증시 상승
"예상보다 양호한 당기순이익을 발표한 시티그룹, 소비 지출의 견고한 증가세 등의 여파로 투자자들 사이에 경기 낙관론이 되살아나면서 주식시장은 상승했다."
〈AP통신〉

2007년 4월 22일
다우지수, 5일 새 사상 최고치 3번 경신
〈뉴욕타임스〉

2007년 4월 26일
내구소비재, 의외의 강세
〈뉴욕타임스〉

2007년 5월 17일
엇갈린 주택시장 소식, 주식 상승세 꺾기는 역부족
"주택시장에 관한 엇갈린 해석이 있었지만, 투자자들은 이에 개의치 않고 산업 생산 증가, 유가 하락, 주식시장으로의 대규모 자금 유입 등 호재에 더 무게를 두면서, 뉴욕 증시는 어제 큰 폭의 상승을 기록했다."
〈뉴욕타임스〉

2007년 5월 25일
주택 판매 급증 영향, 주가 하락
"4월 주택 판매가 14년 만에 최대 상승 폭을 보였다는 주택시장 관련 소식으로 경기 부양을 위해 금리를 인하할 수 있다는 희망이 약해지면서, 뉴욕 증시는 어제 하락세를 보였다."
〈AP통신〉

대부분의 사람들이 금융시장 일각에서 발생한 이런 문제가 금융시장 전체로 번져 나가지는 않을 것이라고 생각했다. 3월 28일 버냉키 의장은 의회에서 "서브프라임 시장의 문제가 금융시장 전체나 경제 전체에 영향을 미치지 않도록 막을 수 있을 것"이라고 말했다.[8] 레버리지리가 광범위하게 퍼져 있었을 뿐 아니라 버블 압박이 계속 가해지는 상황에 우려되긴 했지만, 당시 내 평가도 크게 다르지 않았다.

미국 증시는 4월부터 5월까지 상승세를 이어가며 사상 최고치를 경신했다. 다음 도표의 어두운 부분이 2007년 전반기 증시 상승세를 보여준다.

6월 중순에는 10년 만기 국채 수익률은 5.3%로, 2002년 이래 최고치였다. 7월 중순에는 90일 만기 단기 국채 수익률이 5%였는데, 이는 수익률 곡선이 매우 완만해져서 장·단기 국채 수익률이 큰 차이가 없음을 의미한다. 이 시점이 경기순환의 고점이었는데, 그 원인은 금리 상승의 여파로 인해 펼쳐진 향후 국면 때문이었다.

금리가 상승함에 따라 부채상환 부담도 커진다(변동금리로 자금을 조달한 기존의 신용이나, 신용으로 물건을 구매할 때도). 이렇게 되면 신용이 더 강화되기 때문에 추가로 돈을 빌려오는 것이 힘들어지며, 더 많은 돈이 부채상환에 쓰이면서 가처분 소득도 줄어든다. 돈을 적게 빌려오고 사용할 수 있는 돈도 적어지기 때문에 지출이 둔화된다. 한 사람의 지출은 곧 다른 사람의 소득이기 때문에 수입도 감소한다. 사람들이 적게 지출하면 가격은 내려가고, 경제 활동은 둔화된다.

동시에 단기 금리가 상승하여 수익률 곡선이 완만해지거나 장·단기 금리가 역전되면 유동성이 떨어진다. 현금처럼 보유 기간이 짧은 자산은 수익이 증가함에 따라 보유 수익률이 증가한다. 보유 기간이 긴 자산(예: 채권, 주식, 부동산)이나 신용등급이 낮은 자산은 보유 기간이 짧은 자산과의 스프레드가 줄어들기 때문에 상대적으로 매력이 떨어진다. 그래서 자금이 금융시장에서 빠져나가고 그 결과 자산 가치가 하락한다. 자산 가치가 하락하면 음(마이너스)의 자산효과를 만들어내고, 소득과 지출을 더 감소시켜 다시 경제에 되먹임된다.

이 같은 시장 경색이 버블을 터뜨렸다. 금리가 상승함에 따라 주택 가격이 하락하기 시작했다. 왜냐하면 주택 구매에 따른 부채상환 부담이 커지기 때문이었다. 또한 많은 서브프라임 대출은 변동금리형으로, 기존 모기지 대출에 대한 이자 상환액이 빠르게 커지기 때문이기도 하다. 즉 이자율이 오르면서 부채상환 부담이 증가했다. 6월이 되자 이런 시장 경색은 광범위하게 금융 위기의 조짐으로 번지게 되었다. 압류와 채무불이행이 증가하면서 결국 대형 은행의 중대한 손실로 전환되는 양상으로 전개된 것이다. 6월 중순에는 투자은행인 베어스턴스에서 분리되어 서브프라임 모기지 담보부증권Mortgage-Backed Securities, MBS에 투자해오던 헤지펀드 두 곳에서 손실이 점점 커져 투자자들이 투자금 회수를 요청하는 사태가 벌어졌다. 헤지펀드 두 곳 중 한 곳은 레버리지 비율이 약 20:1이었다.[9] 그로 인해 헤지펀드 두 곳은 당시 시장 상황으로는 큰 금액인 36억 달러의 증권을 급매로 내놓아야 했다.[10] 레버리지에 의존한 구매 열기가 디레버리지Deleverge(부채를 줄이기 위해 자산을 매각하는 것)를 위한 급매로 바뀌었다. 그 두 곳의 헤지펀드는 자신들이 보유한 증권 가격이 떨어지자 엄청난 손실을 기록했고, 결국 청산 절차에 들어가야 했다. 결국 베어스턴스는 나중에 16억 달러로 줄기는 했지만, 32억 달러의 대출 제공을 약속하고 두 헤지펀드 중 한 곳의 구제에

**뉴스 &
브리지워터 일일논평(BDO)**

2007년 6월 8일
국채 수익률 상승: 주식은 다시 하락
"둔화세를 보이는 미국 경제가 더 악화될 듯하다. 뉴욕 증시가 하락한 지 얼마 되지 않아 이번에는 세계 경제 호조세에 따른 인플레이션 가능성에 투자자들이 불안감을 떨치지 못하며 뉴욕 증시가 하락했다. 이런 불안 심리가 주가와 채권 가격에 악영향을 주면서, 오늘 주가는 전 세계 증시가 동반 하락했던 2월 이래 3일 연속 낙폭으로는 가장 큰 하락을 기록했다. 10년 만기 국채 금리도 지난 여름 이래 처음으로 5%를 초과했다."
<뉴욕타임스>

2007년 6월 13일
채권 수익률, 급등하며 주식 하락 이끌어
<뉴욕타임스>

2007년 6월 15일
인플레이션 데이터에 월스트리트 상승
<AP통신>

2007년 6월 15일
서브프라임 모기지, 또 말썽
"부동산 산업에 관한 보고서가 화요일 발표되었다. 1분기에 신용등급이 낮은 주택 소유자들 사이에서 채무불이행과 압류가 증가했다. 그리고 캘리포니아, 플로리다처럼 예전에 부동산시장의 열기가 뜨거웠던 지역에서 그 증가세가 두드러졌다는 것이 주요 내용이었다. 모기지은행연합회(Mortgage Bankers Association)가 발행한 이 보고서는 노골적이고 잔인한 대출 관행을 바로 잡기 위한 규제기관의 역할이라는 주제로 연방준비제도가 개최한 행사에서 공개되었다."
<뉴욕타임스>

2007년 6월 21일
베어스턴스, 헤지펀드 두 곳 파산 간신히 막아
<뉴욕타임스>

2007년 6월 23일
베어스턴스, 곤경에 빠진 헤지펀드 구제
<뉴욕타임스>

나섰다. 다른 투자은행들은 두 헤지펀드의 자산을 담보로 시장을 안정시키는 데 협력하기로 했다(예: 서브프라임 모기지 담보부증권은 더 이상 판매하지 않기로 했다.). 하지만 두 헤지펀드는 결국 역사 속으로 사라졌다. 비교적 소형 펀드였기에 초기 여파는 그다지 크지 않았다.

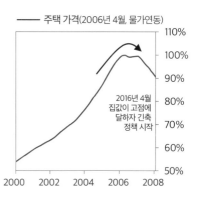

2007년 7월 3일
잠재적 변동성을 시사하다
"최근의 시장 조치는 시장 전반에서 변동성이 소폭 상승했음을 보여주기 시작했다. 그러나 그 상승이라는 것은 10년 넘게 낮았던 변동성이 소폭 상승한 것이다. 개별 시장별로 확인해보면 통화선물, 채권, 상품의 예상 변동성은 매우 낮다. 그리고 주식의 예상 변동성은 낮기는 하지만, 예전과 비교해볼 때 정상 수준에 더 근접해 있는 상황으로 관찰되고 있다."

2007년 7월 13일
피치, 서브프라임 모기지 관련 채권 신용등급 낮출 수도
<블룸버그>

2007년 7월 14일
다우지수/S&P 500지수, 사상 최고치 기록
"일주일 새 450포인트가 하락한 다우지수가 목요일에만 283포인트 상승했다. 투자자들 사이에 악화되고 있는 서브프라임 모기지 시장과 전반적인 경제를 우려하는 분위기가 없는 건 아니었다. 투자자들은 결국 이런 우려를 떨쳐버리고 소비 심리의 개선이 주가 회복으로 이어질 조짐에 무게를 두면서 주식 매수에 나서 주가를 끌어올렸다."
<AP통신>

2007년 여름

경제 성장은 건실했고, 주식시장은 6월과 7월에 사상 최고치를 경신하며 신고가를 갈아치우고 있었다. 가장 중요한 문제는 연방준비제도의 다음 조치가 인플레이션 우려 때문에 긴축 정책으로 갈 것이냐, 아니면 주택시장 우려 때문에 완화 정책으로 갈 것이냐 하는 것이었다.

주택시장의 압박은 점점 거세지고 있었다. ABX지수(신용부도스와프^{CDS}를 지수화한 것으로 'BBB−' 등급의 서브프라임 모기지 채권의 채무 불이행 위험을 나타낸다.)라 불리는 서브프라임 모기지 담보부증권을 보면 가격이 계속해서 크게 하락하고 있었다(구매 당시 리스크가 없는 것으로 생각됐던 AAA 채권도 5%나 하락했다.). 채무를 불이행하는 채무자가 점점 더 많아지고 있다고 발표를 한 모기지 대출기관도 있었다. 한 대형 모기지 대출기관은 파산을 향해 가고 있는 것처럼 보였다. 그리고 독일의 한 은행은 모기지 인수로 인한 리스크에 노출되어 큰 손실을 기록하며, 독일의 공공은행에 인수되어야 할 운명에 처하게 되었다. 신축 주택 판매도 빠

르게 감소했다. 이런 소식이 전해지자, 여러 자산시장은 매도 행렬로 하락세를 보였다(7월 말 고점 대비 6% 하락했다).

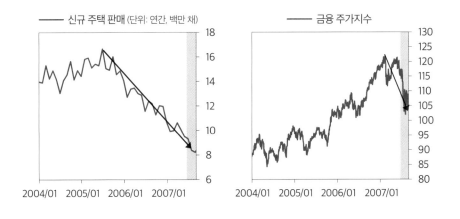

시가평가 회계 기준과 높은 레버리지 비율이 대출기관에 미칠 영향을 고려해 볼 때, 나는 이번 부채 위기가 자기 강화적 성격을 보일 것으로 예상했다. 손실이 발생함에 따라 채권자와 채무자는 돈을 빌려주고 빌리기가 점점 더 힘들어진다. 그로 인해 상황이 더 악화되기 때문에, 부채 위기와 경기 하강은 자기 강화적 행태를 보인다. 예를 들어 손실이 발생하면 자본은 감소한다. 자본이 감소함에 따라 보유자산을 늘리는 데 제약을 받게 되고, 이렇게 되면 자산을 매각하거나 자산 구매를 축소해야 한다. 이로 인해 자산 가격은 약세를 보이고 대출도 줄어들게 되며 손실은 더 커진다. 이런 사이클이 강화되면서 손실은 걷잡을 수 없이 커지게 된다. 우리는 은행들의 재무 정보를 상세하게 받아볼 수 있었기 때문에 은행들의 리스크 노출 정도가 얼마나 되는지 알 수 있었다. 그래서 유사한 유동자산의 가격 책정을 통해 은행의 투자 포지션과 그에 따른 손실이 어느 정도인지 추산할 수도 있었다. 이를 통해 시가평가를 기준으로 스트레스 테스트를 지속한 결과, 금융 부문 및 금융 관련 부문에 손실이 발생하고 있다는 사실을 발표가 나오기도 전에 알 수 있었다. 상장회사의 재무 정보도 상세하게 받아볼 수 있었기 때문에 재무 예측을 통해 상장회사들이 부채 압박에 직면해 있음을

2007년 7월 16일
ABX지수 추락
"서브프라임 모기지 시장이 월요일 훨씬 더 안 좋아지는 모습을 보였다. 국채 수익률이 상승하는 데는 도움이 됐지만, 가격의 움직임을 봤을 때 지난달 파산한 베어스턴스의 헤지펀드보다 규모가 큰 금융기관을 파산으로 몰고 갈 것으로 보인다. 6월에는 베어스턴스의 몰락으로 신용등급이 낮은 트랑쉐(tranche: 금융기관이 개별 대출들을 모아 이를 기반으로 다시 발행한 채권)를 강타했지만, 지난 금요일과 월요일에는 몰락의 조짐이 신용등급이 높은 트랑쉐에서 나타나기 시작했다. AAA등급의 모기지 트랑쉐는 월요일 급락했다. 예를 들어, ABX지수에 편입된 2007년분 AAA 트랑쉐는 원래는 9베이시스 포인트의 스프레드로 그 가격이 책정되었지만, 지금은 440베이시스 포인트에 거래되고 있다."

2007년 7월 26일
증시, 주택시장과 원유시장의 우려로 급락
"주택시장이 우려스러운 조짐을 보이고 유가가 사상 최고치에 달하면서 월스트리트는 오늘 급락하는 모습을 보였다."
〈뉴욕타임스〉

알 수 있었다.

그 당시 내가 고객과 정책 입안자에게 보낸 서신의 내용은 다음과 같다.

(BDO) 7월 26일: 이번 일이 그렇게 큰일인가?

비정상적인 대출과 레버리지 관행이 지속된 결과, 금융 시스템에 취약성이 만연된 현 상황을 우리가 어떻게 보고 있는지 여러분은 잘 알 것이다. 현 상황을 통해 우리는 금리 상승이 금융 시스템에 균열이 생길 때까지 지속될 것이며, 균열이 생기면 모든 것이 뒤집히는 양상이 될 것으로 보고 있다(예: 탐욕이 공포로 바뀌어 변동성이 커질 것이며, 캐리 트레이드는 사라질 것이고, 신용 스프레드는 폭발적으로 확장되어 부채 압박이 거세질 것으로 예상된다.). 언제 이렇게 될지는 알 수 없지만, 확실한 건 이렇게 되면 대형 위기라는 것이다. 우리가 현 상황에서 알고 있는 것은 1) 광란의 사태를 피해가거나 이 사태가 수그러들기를 바랄 뿐이며, 2) 이번 금융 사태가 어떤 결과를 가져올지 아무도 알 수 없다는 것이다.

어떤 결과를 가져올지는 누가 어떤 투자 포지션을 보유하고 있는지, 그리고 이런 투자 포지션들이 어떻게 맞물려 있는지에 따라 달라진다. 몇 달 전 우리는 어떤 투자자가 어떤 포지션을 취하고 있는지, 특히 파생상품 시장에서 어떤 투자자가 어떤 포지션을 취하고 있는지를 광범위하게 분석했다. 그래서 우리는 규제기관과 금융 중개기관이 발행한 모든 연구 자료와 함께 얻을 수 있는 모든 자료를 모아 조사하고 검토하는 작업도 진행했다. 그리고 금융 중개기관의 10-K 공시자료도 철저히 분석했다. 그렇게 해서 얻은 결론은 어떤 단서도 없다는 것이다. 왜냐하면 리스크 노출을 한 단계 깊은 수준에서 모호하게 검토할 수밖에 없었기 때문이다. 다르게 말해, 특정 금융기관(특히 규제를 받는 금융 중개기관)의 리스크 노출의 정도를 들여다보기는 쉽지만, 중요 기관들의 순포지션을 알아내기 위해서는 상대방은 각각 어떤 포지션을 취하고 있는지를 모두 확인해야 하는데 그 확인 작업이 불가능했다. 예를 들어 거래를 맨 처음에 창출한 중개기관은 거래 상대방이 누군지는 알지만, 그 상대방의 전체 포지션이 어느 정도인지 알 수 없다. 그럼에도 불구하고 이런 리스크 노출이 (5년 전과 비교하면 약 4배로) 빠르게 증가하여 (약 400조 달러로) 어마아마한 수준에 이르렀다는 사실은 알 수 있었다.

당시만 해도 부채와 긴축 여건이 경제로 충분히 스며들지 않았기 때문에 성장은 양호해 보였다. 7월 31일 우리는 다음과 같이 썼다. "화요일 많은 통계 수치가 실물경제가 양호하다고 나타내고 있어 최근의 시장 조치와 상충하는 측면이 있다." 하지만 우리는 연방준비제도가 너무 낙관적이라는 점을 매우 우려했다. 8월 7일 발표된 금융 정책 성명서를 통해 연방준비제도는 "최근 몇 주 동안 금융시장의 변동성이 커졌다. 일부 가계나 기업의 신용이 더 경색되고 있고, 주택시장이 조정 국면에 들어서고 있다. 그럼에도 불구하고 경기는 고용과 소득의 견조한 성장세와 세계 경제의 강세에 힘입어 향후 몇 분기에 걸쳐 적정한 속도로 팽창할 것으로 보인다."라고 말했다.

2007년 8월 초, 모기지 시장은 심각하게 흐트러지기 시작했다. 프랑스 최대 은행이자 자산 기준으로 전 세계 최대 규모 중 하나인 비엔피 파리바BNP Paribas는 서브프라임 모기지의 보유로 리스크에 노출되는 바람에 큰 손실을 입어 8월 9일 소속 펀드 세 곳에 22억 달러 상당의 투자를 동결했다. 유럽의 은행들이 은행 간 자금 대여에 난색을 보이자, 유럽 중앙은행은 금리를 유럽 중앙은행의 목표치로 되돌리기 위해 950억 유로를, 다음 날에는 610억 유로를 은행들에게 지원했다. 미국 또한 안정성이 높은 국채시장이 경색의 양상을 보였고, 국채보다 리스크가 더 큰 기업어음의 수익률과 은행 간 대출 금리가 상승하는 현상이 벌어졌다. 자산 담보부 기업어음을 다량으로 보유하는 MMF는 자산 가치에 타격을 입는 이른바 '벅 깨기Breakig the Buck(예치금 총액 밑으로 펀드 가치가 하락하는 것, 예금자 입장에서는 이 사태가 일어나지 않을 거라고 짐작했지만 실제로는 일어났다.)' 사태를 막기 위해 후원자, 은행, 다른 펀드로부터의 지원이 필요한 상황이었다.

은행 간 시장에서도 이런 붕괴를 볼 수 있었다. 다음의 그래프는 TED 스프레드(은행 간 대출 금리와 3개월 만기 미국 국채 금리의 차이)로 불리는 은행 간 대출 압력 지표를 보여주고 있다. TED 스프레드가 높다는 말은 은행 간 대출 시 리스크에 대한 보상으로 더 높은 금리를 요구한다는 것을 뜻한다. 부채 사이클의 정점이 형성되고 있음이 분명했다.

**뉴스 &
브리지워터 일일논평(BDO)**

2007년 8월 1일
온화한 인플레이션에 소비자 심리 상승
"어제 발표된 자료에 따르면, 6월 개인 소비는 9개월 새 가장 느린 속도로 증가했다. 반면 인플레이션은 높지 않았으며, 소비자 심리도 7월 초에 상당히 호전되었다."
<로이터>

2007년 8월 3일
신용 우려로 증시 폭락
<뉴욕타임스>

2007년 8월 7일
미국 주택 모기지 대출업체, 파산법 11장에 따른 파산 보호 신청
<AP통신>

2007년 8월 7일
연방준비제도, 금리 동결: 당분간 인하 없을 듯
"연방준비제도는 여신 기준 상향 조정이 경제에 악영향을 줄 거라는 우려가 날로 커지는 상황은 외면한 채, 금리를 현 수준인 5.25%로 동결한다는 결정을 내렸다. 금리 동결 결정은 충분히 예상되었다. 때문에 더 중요한 현 경제 여건에 대한 언급은 금리 동결 결정 성명서를 통해 볼 때 기존 논조에서 크게 달라지지 않았다."
<뉴욕타임스>

2007년 8월 9일
정부, 주택 대출 인수 한도 상향 조정 가능성 시사
"알폰소 잭슨(Alphonso R. Jackson) 주택도시개발부 장관은 정부가 모기지 시장에 유동성을 공급하기 위해 패니메이와 프레딕맥의 주택 대출 인수 한도를 올릴 수도 있다고 밝혔다. 잭슨 장관은 7,225억 달러의 현행 인수 한도를 올려달라는 요청에 대해 다니엘 머드(Daniel H. Mudd) 패니메이 사장과 의견을 교환했다고 말했다."
<블룸버그>

2007년 8월 9일
파리바, 서브프라임 문제 확산으로 자금 동결
"프랑스 최대의 상장 은행인 비엔피 파리바는 16억 유로(22억 달러)의 자금을 동결하면서 그 원인으로 미국의 서브프라임 모기지 시장 사태를 언급했다. 서브프라임 손실로 베어스턴스의 펀드 두 곳이 파산 보호를 신청하는 사태가 발생한 지 일주일 뒤 전체 금융시장에는 불안, 공포, 전율이 엄습했다. '미국 채권시장의 일부에서 유동성이 완전히 사라지면서, 자산의 질 또는 신용등급과는 무관하게 특정 자산의 가치를 평가하기가 불가능해졌다.'라고 비엔피 파리바는 말했다. 비엔피 파리바의 주가는 3% 이상 하락하였고 미국에서는 비엔피 파리바 주식선물도 급락했다."
<뉴욕타임스>

2007년 8월 10일
주택 대출 문제 대응 나선 프랑스 은행의 영향으로 주가 하락
<뉴욕타임스>

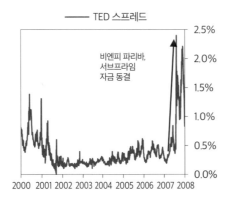

—— TED 스프레드

비엔피 파리바,
서브프라임
자금 동결

2.5%
2.0%
1.5%
1.0%
0.5%
0.0%

2000 2001 2002 2003 2004 2005 2006 2007 2008

**뉴스 &
브리지워터 일일논평(BDO)**

2007년 8월 10일
연방준비제도, 구제 금융 투입
"월스트리트 혼란의 진정을 위해 나선 연방준비제도는 필요한 만큼의 자금을 금융시스템에 투입해 신용경색의 악영향을 막을 것이라고 발표했다. 짧은 성명서를 통해 연방준비제도는 '필요한 만큼의 자금'을 제공해 시장이 안전하게 작동할 수 있도록 도울 것이라고 말했다. 연방준비제도는 자세한 언급은 피했지만, 금융시장이 질서 있게 작동될 수 있도록 할 수 있는 모든 일을 할 것이라고도 말했다."
〈뉴욕타임스〉

2007년 8월 11일
전 세계 중앙은행, 출렁이는 시장 진정을 위해 개입
"전 세계 중앙은행들이 손실을 줄이기 위한 노력에 힘을 보태고 있다. 일본 중앙은행은 위기가 발생한 이래 처음으로 유동성 공급에 나섰다. 유럽 중앙은행도 이틀 연속으로 자금을 시장에 투입하여 하루 전 959억 유로를 공급한 데 이어 오늘 추가로 620억 유로(840억 달러)를 시장에 투입했다. 연방준비제도도 모기지 담보부증권에 190억 달러를 지원한 데 이어, 역환매 조건부 채권에도 추가로 190억 달러를 공급했다."
〈뉴욕타임스〉

2007년 8월 11일
유럽, 서브프라임 리스크 노출 수준 정확히 몰라
〈뉴욕타임스〉

2007년 8월 16일
컨트리와이드, 대규모 신용 인출 발표로 우려 증폭
"뉴욕 증시가 수요일 큰 폭으로 하락했다. 미국 최대의 모기지 대출기관인 컨트리와이드 파이낸셜이 파산할 수도 있다는 가능성이 메릴린치증권의 한 애널리스트에 의해 제기된 후 유동성 문제가 더 심각해질 경우 파산에 이를 수 있다는 우려가 불거진 것이 주가를 크게 끌어내렸다. 컨트리와이드가 115억 달러의 신용 한도 전액을 인출해 가용 현금을 늘리겠다고 밝히면서, 증시 분위기는 목요일 오전 더욱더 악화되었다."
〈뉴욕타임스〉

2007년 8월 18일
연방준비제도, 대출 금리 깜짝 인하
"연방준비제도는 오늘 은행 대출에 대한 할인율을 0.5% 인하하면서 그 배경으로 신용경색의 확대와 불확실성의 증가가 경제 성장에 걸림돌로 작용할 가능성을 언급했다. 이에 개장과 동시에 주식은 즉각적으로 급등했지만, 오전 거래 중 하락세로 바뀌며 주식 대부분이 원상 회복하는 양상을 보였다."
〈뉴욕타임스〉

2007년 8월 22일
뱅크 오브 아메리카, 컨트리와이드 지분 인수
〈AP통신〉

그 다음 날, 내가 고객과 정책 입안자에게 보낸 서신의 내용은 다음과 같다.

(BDO) 8월 10일: 이번 사태는 큰일이다

큰일이란 우리가 예상해왔던 금융시장이 파탄이 나고 있음을 말한다. 즉 금융시장에 지나치게 풍부해진 유동성을 이용해 금융 중개기관이 높은 수익률을 노리고 투자하는 과정에서 무책임하게 만들어진 포지션이 시장에 풀리면서 발생한 시장 교란이다. 같은 원인으로 발생한 1998년 또는 1994년 사태의 복제판이지만 그 규모는 더 커졌다. 내가 다시 강조하고 싶은 것은 이 사태에 대해 아는 것보다 모르는 것이 더 많다는 점이다. 왜냐하면 이 사태가 어떻게 전개되는지는 누가 어떤 포지션을 취하고 있는지, 그리고 이런 포지션들이 어떻게 맞물려 있는지에 달려 있기 때문이다. 이를 알아내기 위해 지난 2년간 많은 노력을 했음에도 불구하고, 유의미한 수준까지 알아내지는 못했다. 그들의 포지션에 대해 우리가 아는 바가 정확하지 않고, 경우의 수가 너무 많아 우리가 몇 주 후에 어떤 상황에 놓일지를 예측한다는 것은 마치 2주 뒤에 몰려올 태풍의 경로를 예측하는 것이나 다름이 없다. 또한, 우리가 장담할 수 있는 것은 사태 파악을 제일 잘할 수 있는 수단을 갖고 있는 규제기관마저도 신뢰성 높은 전망을 내놓지 못하고, 그저 사태에 대응해나갈 뿐이라는 점이다. 하지만 가장 최근인 1998년의 사례를 포함해 이런 역동적인 사태를 여러 번 봐왔기 때문에, 우리는 이번 사태가 어떤 결과를 가져올지(자기 강화적 패닉으로 인해 높은 리스크의 투자 상품에서 낮은 리스크의 상품으로 옮겨갈 것이며, 포지션이 취약하고 레버리지 비율이 높은 투자자들은 압박을 받을 것이다.)는 알고 있다고 자신 있게 말할 수 있다. 이번 사태는 허리케인의 속도(4~6개월에 걸쳐)로 금융 시스템을 파고들 것이다. 또한 취약성이 심한 신용은 큰 타격을 받거나 죽음으로 몰릴 것이며, 견고함이 강한 신용은 유리한 고지를 점령할 것이다. …

…우리에게는 이런 사태에 대비해 수년에 걸쳐 수립된 전략이 있고, 우리는 이 전략을 신뢰하고 있다. 안전을 위해 모든 출입문이 단단히 고정되어 있는지, 많은 비용을 들여 개발한 레이더가 잘 작동하고 있는지 확인하고 있다. 여기서 전략이란 우리의 투자 전략만을 말하는 것이 아니다. 리스크를 극도로 회피하고, 유동성이 없는 환경에서 거래 파트너의 리스크와 거래 비용을 처리하기 위한 전략까지 포함하고 있다.

이번 사태에 대비한 전략이란, 소위 '불황 측정지수Depression gauge'를 말하는 것이다. 대형 부채 위기와 불황은 예전에도 많이 발생했었고, 우리에게는 이 책에서 설명하는 템플릿도 있기 때문에 간단한 알고리즘을 활용해 이 측정지수를 만들 수 있었다. 이 지수는 우리가 보유한 전체 포트폴리오를 변경할 수 있는 요인뿐 아니라, 거래 파트너의 리스크를 포함하여 리스크 관리 방식까지 변경할 수 있는 요인도 고려해 만들어졌다. 0에 근접해가는 금리, 부채의 취약성을 보여주는 지표들, 디레버리지의 개시 징후 등이 그 요인들에 속한다.

일주일도 안 돼, 미국 최대 규모의 모기지 대출기관인 컨트리와이드Countrywide가 신용한도를 모두 소진하여 파산을 선언해야 할 위기에 처해 있다는 뉴스가 보도되었다. 위기의 전조라는 점에서 주목할 만했지만, 컨트리와이드는 금융 시스템적으로 중요한 금융기관은 아니었다.

그 후 며칠 동안 주식은 급격하게 하락했고, 기업어음 수익률은 치솟았다. 일

2007년 8월 22일
주요 은행, 연방준비제도 구제 금융에 의존

"신용 붕괴로 혼란스러운 상황에서 지난주 단행된 연방준비제도 은행 대출에 대한 할인율 인하가 도움이 되고 있다고 말하는 은행이 많아지고 있다. 4대 은행인 시티그룹, J. P. 모건 체이스, 뱅크 오브 아메리카, 와초비아(Watchovia)는 연방준비제도로부터 직접 자금을 차입할 수 있는 제도인, 이른바 연방준비제도의 할인창구를 통해 각각 5억 달러의 자금을 대여받았다고 말했다."

〈뉴욕타임스〉

본 중앙은행, 유럽 중앙은행, 연방준비제도는 시장에 유동성을 공급하며 대응에 나섰다. 최악의 상황을 보이고 있던 주식 시장은 연방준비제도가 이례적으로 긴급회의를 소집하여 기습적으로 금리를 0.5% 인하하자 매도세가 잦아들었다. 버냉키 의장은 필요하다면 이에 그치지 않고 추가적인 조치를 취할 수 있다고 말했다.[11] 그리고 뱅크 오브 아메리카는 20억 달러를 투입하여 컨트리와이드의 많은 지분을 확보했다. 이런 조치들 덕에 자금 압박 사태가 대체로 진정되었고 주식도 약간의 회복세를 보였다. 다음 그래프는 이때까지의 주가지수 움직임을 보여주고 있다. 주목해야 할 점은 주가지수가 여전히 최고점에 가깝다는 점이다.

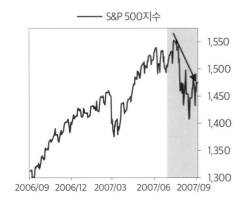

2007년 여름 이야기를 마무리하면서 말하고 싶은 것은 이때까지도 정책 입안자와 투자자 대부분은 서브프라임 모기지 시장의 문제점들을 해결할 수 있고, 경제에 미치는 영향도 크지 않을 것이라고 생각하고 있었다는 점이다. 그러나 우리는 추산에 근거해 다르게 보고 있었다. 이에 대해 BDO는 "연방준비제도에 의한 대규모 긴축 정책 또는 경제가 침체하는 심판의 날이 앞당겨질 것이다."라고 평하고 있다.

**뉴스 &
브리지워터 일일논평(BDO)**

2007년 8월 31일
부시 대통령, 모기지 구제책 발표
"부시 대통령은 서브프라임 모기지 위기로 타격을 입은 가정에 대한 대응책으로 몇 가지 대책을 발표했다. 이 대책은 신용 문제로 주택 대출에 대한 부담이 늘어난 미국 국민을 돕고자 하는 것이다.
오늘 아침 백악관에서 발표된 성명을 통해 부시 대통령은 연방주택청을 현대화하고 개선해나갈 것이라고 말했다. 구체적 방안은 대출 상환 요건을 완화하고, 대출 한도를 증액하고, 주택 가격을 유연하게 하는 방안들을 포함하고 있다.
정부 관계자는 신용 상태가 나쁘지 않은 주택 소유자 8만 명을 추가로 보험에 가입시키는 방향으로 모기지 보험 프로그램을 개선하는 것이 목표라고 말하며, 올해와 내년에 주택 소유자 16만 명이 이 보험의 혜택을 누릴 수 있을 것이라고 말했다."
<뉴욕타임스>

2007년 9월 1일
대통령 발언, 주가 큰 폭으로 끌어올려
"월스트리트가 또 한 차례 변덕스러운 일주일을 마감한 가운데, 투자자들이 부시 대통령과 버냉키 의장의 발언을 안심할 수 있는 신호로 받아들이면서 주가가 크게 상승했다. 부시 대통령과 버냉키 의장의 발언을 모기지 시장과 신용시장의 문제를 월스트리트가 스스로 해결하게 놔두지는 않을 것이라는 의미로 받아들이는 분위기가 주를 이루었다."
<AP통신>

2007년 9월 6일
연방준비제도 신용 위기 진정 중 언급, 주가 하락
<뉴욕타임스>

2007년 9월 7일
주택 압류율, 사상 최고 기록
<뉴욕타임스>

2007년 9월 7일
확대되는 문제
"우리의 견해로는 현재 시장에서 벌어지고 있는 사태가 사람들이 흔히 이야기하는 신용 위기보다 더 큰 양상으로 전개되고 있다고 본다. 일반적으로 신용 문제는 채무자가 많은 부채를 진 후 현금 흐름에 문제가 생겼을 때 발생한다. 그 원인은 이자율이 상승하거나 경기가 하락하는 데 있다. 하지만 신용이 계속 공급되어 부채가 증가하는 상황을 가정해보자. 이 상황이 현재 벌어지고 있다. 이 상황은 신용과 유동성이 지나치게 풍부해서 생긴 문제이지, 부족해서 생긴 문제가 아니다.
…미국의 가계 부문은 전체적으로 매우 바람직하지 못한 상태에 있다(예: 부채가 지나치게 많고 현금 흐름이 안 좋아지고 있다). 그래서 현금을 손에 더 쥐여준다면 현재 금융 문제는 더욱 급속히 악화되는 결과를 낳을 것이다. 우리가 예상하기로는 금리가 인하되고 신용이 공급된다고 하더라도 신용 문제는 커질 것이다. 그리고 외국 투자자들이 미국은 투자하기 적합한 곳이 아니라는 사실을 점점 깨닫게 될 때까지 이런 상황은 지속될 것이다."

은행과 투자자가 높은 리스크의 모기지 증권에 노출되어 있는 이유

투자자, 은행, 신용평가기관, 정책 입안자는 왜 모기지 증권의 리스크가 실제보다 작다고 오판하고 있었을까? 핵심 원인은 리스크 분석 방법에 있다. 투자자들이 리스크를 보는 전통적인 방식을 생각해보자. 당시에는 일반적으로 시장과 포트폴리오의 최근 변동성을 측정하기 위해 VaR$^{Value\ at\ risk}$(위험노출가치)을 활용해 투자회사와 상업은행에 있을지 모를 손실의 발생 여부와 예상 손실의 규모를 판단했다. 일반적으로 최근의 변동성 자료를 입력하면 감당할 수 있는 리스크가 어느 수준인지, 혹은 그런 포지션이 어느 정도 규모인지 계산할 수 있다. 단순한 예로, 20% 이상의 손실을 보기를 원치 않는 투자자가 있다고 가정해보자. 서브프라임 모기지가 한 달 동안 5% 이상의 손실을 기록하지 않았다면, 투자자는 VAR 모형에 5%의 숫자를 입력한다. 그러면 서브프라임 모기지 보유 수준이 현재 수준의 3배가 될 때까지는 자금을 차입해도 안전하다고 예측하는 식이다.

리스크에 대한 이런 사고방식은 투자자들이 신중하다고 판단되는 수준 이상으로 투자자들을 리스크에 노출시킨다. VaR을 계산할 때 최근의 변동성만을 고려하여 일반적으로 그 변동성이 지속될 것이라고 예상해버린다. 이는 인간의 본성 때문이다. 인간의 본성은 어리석게도 과거의 변동성 수치나 과거의 상관관계는 미래의 리스크에 대한 신뢰할 만한 예측이 아니라고 생각한다. 하지만 문제는 본성을 따르지 않는다면 돈을 벌 수 있었다는 것이다. 우리가 포지션을 줄이면, 우리 고객들은 포지션을 늘리라고 요청한다. 그러면서 고객들은 VaR이 낮다는 점을 그 근거로 제시한다. 그러면 우리는 고객들에게 왜 포지션을 늘리지 않는지 설명한다. 현 상태가 앞으로도 지속될 것이라고 추정하고, 미래의 진정한 가능성들이 어떻게 펼쳐져 있는지 생각해보지 않고 내일이 오늘과 별반 다르지 않다고 생각하는 것은 좋지 않다. 어쨌든 나는 눈앞에 벌어지고 있는 상황과는 정반대의 상황에 투자해야 한다고 믿고 있다. 왜냐하면 안정적인 현재는

2007년 9월 8일
고용 보고서 발표, 투자자들 주식 버리고 채권 투자로 나서며 주가 하락
"주식시장이 어제 급락세를 보였다. 그리고 투자자들은 안전한 투자처인 국채로 옮겨가는 모습을 보였다. 이런 움직임은 노동부의 고용 보고서를 통해 8월 고용이 급격히 하락했다는 사실이 알려지면서 경기가 후퇴할지 모른다는 공포가 증폭된 영향이다.
S&P500지수는 1.7% 하락하면서 장을 마감했다. …국채 가격과는 반대로 움직이는 10년 만기 미국 국채 수익률은 4.37% 하락해 1년 반 만에 최저 수준을 기록했다. 목요일 저녁, 수익률은 그보다 조금 상승해 4.51%를 기록했다."

<뉴욕타임스>

미래 불안정의 씨앗이 되며, 이는 앞으로 다가올 침체를 더 악화시키기 때문이다. 그런 이유로 낮은 변동성과 친절한 VaR 예측치가 레버리지 증가를 조장하게 되는 것이다. 당시 레버리지 비율이 100:1인 경우도 있었다. 나는 VaR보다 레버지리 비율이 미래의 변동성을 더 잘 알려주는 지표라고 생각한다.

2007년, 은행과 투자자들이 서브프라임 모기지에 심하게 노출된 경우가 많았다. 그 이유는 서브프라임 모기지가 아직 손실을 기록해본 적이 없었고, 큰 변동성을 겪어본 적도 없었기 때문이었다. VaR은 하강 국면에서도 자기 강화적 성격이 강하다. 왜냐하면 2008년 위기가 고점에 놓여 있을 때 시장 변동성이 증가했는데, 그로 인해 VaR을 통해 계산된 통계적 리스크 수준이 훨씬 높아 보였기 때문에 더 많은 자산이 매도되는 결과를 초래했다.

2007년 가을

등락을 반복하며 혼조세를 보이던 주식시장이 회복되는 가운데, 정책 입안자들은 장기적인 관점에서 모기지 시장의 문제에 어떻게 접근해야 할지 고민하기 시작했다.

2006년 가을이 시작될 무렵, 폴슨 장관이 이끄는 재무부는 바니 프랭크가 이끄는 백악관 금융서비스위원회와 함께 패니메이와 프레디맥의 개혁 작업에 착수했다. 개혁 작업은 금융시장의 과잉을 막고 규제기관의 권한을 강화하는 데 초점이 맞춰졌다. 개혁 법안은 2007년 봄 하원은 통과했으나 상원에서는 계류 중이었다. 강력한 정치적 반대 때문에 연방정부의 지원 자금이 모기지 시장을 개혁하고 고초를 겪고 있는 주택 소유자를 지원하는 데 사용될 가능성이 없었다. 그래서 재무부는 대출기관, 모기지 대출업체, 자문위원들과의 협력을 통해 민간 부문 주도의 모기지 시장 개혁과 구조조정을 유도하는 방향으로 전략을 수정했다. 또한 재무부는 연방준비제도와 공동으로 자칭 '최후의 지원 수단^{Break the glass option}'이라는 정책 수단을 수립하는 작업에 착수했다. 이 정책 수단이 정치적으로 실현 가능할 경우 의회의 승인을 얻어 발동되면 비유동 모기지 증권을 구매할 수 있는 권한을 부여받게 된다. 이는 훗날 부실자산구제프로그램^{Troubled Asset Relief Program, TARP}이라 불리는 법안의 전신이다.

연방준비제도는 모기지 교란이 경제 전체에 영향을 주는 범람 효과^{Spillover effects}를 막기 위해 통화 정책을 완화할 의사가 있다는 뜻을 내비쳤다. 경제 통계와 뉴스를 통해 금융시장의 기초가 꾸준히 약화되고 있다는 사실이 드러나고 있음에도 불구하고, 시장 참여자 대부분은 정책 입안자들이 별 탈 없이 이런 정책적 시도들을 완수해낼 것이라고 믿었다.

버냉키 의장은 폴슨 장관을 위시한 재무부와의 긴밀한 협력을 통해 연방준비제도 내부 작업에 착수했다. 자칭 '자유로운 사고^{Blue-sky thinking}'라는 무제한적인 브레인 스토밍 기법을 활용해 금리 인하 같은 전통적인 완화 정책으로는 충분치 않을 수 있다는 가능성을 예측했다.¹²⁾ 금융 부문에 발생한 전염병이 금융 부문 밖으로 확산되면, 점점 더 많은 경제 참여자가 기존의 채널을 통해서는 신용시장에 더 이상 접근할 수 없게 된다. 연방준비제도 위기 대응책의 핵심이 되는 이런 사고를 바탕으로 버냉키 의장은 예금기관만이 아니라 더 광범위한 시장 참여자들에 직접 자금을 대여해주는 가능성을 검토했다. 이는 엄청나고 대범한 시도였으며, 전례가 없는 것이어서 버냉키 의장은 이것이 허용 가능한지 규정집을 검토해야 했다. 이런 대여 행위를 규제하는 연방준비법 조항은 13조3항이었는데 이 조항은 대공황 이후에는 발동된 적이 없었지만, 효력이 없는 것은 아니었다. 위기 상황에 필수적인 조치 중 어떤 조치가 법률로 허용되는지(혹은 허용되지 않는지), 그리고 이 조치를 어떻게 승인받아야 하는지를 아는 것이 엄격한 규제 시스템, 그리고 견제와 균형의 원리를 중시하는 민주주의에서는 중요한 의미를 갖는 전통적 난제이다.

상황이 악화되면서, 연방준비제도가 금리를 인하할지도 모른다는 기대가 형성되었다. 금리를 인하할 이유도 있었고, 인하하지 않을 이유도 있었다. 인하를 반대하는 논리에는 두 가지 근거가 있었다. 첫 번째 근거는 인플레이션과 관련되어 있었다. 달러는 지속적인 약세, 유가는 지속적인 상승세를 보이는 상황에서 금리를 완화하면 달러 약세가 가중되고, 유가는 더 고공행진할 것이고, 인플레이션도 높아질 수 있다는 논리였다. 두 번째 근거는 투기 문제와 관련이 있는데, 투기 문제를 개선하기 위한 연방준비제도의 조치가 오히려 투기꾼들을 부추겨 과도한 리스크를 감수하는 역효과를 낳을 수 있다는 것이었다.

이런 '도덕적 해이'의 문제는 금융 위기 동안 연방준비제도와 재무부를 여러 차례 괴롭혔다. '도덕적 해이'가 대형 부채 위기 동안에 어떻게 처리되는지에 대한 문제는 이 부채 위기가 어떤 결론을 맞이하는가를 결정하는 가장 중요한 요인 중 하나이다. 무절제한 대출과 차입이 이 위기의 원인이었다. 때문에 책임을 져야 할 사람들이 자신의 행동이 어떤 결과를 초래하는지 몸소 느끼게 함으로써 대출과 차입을 강화해 더 많은 규율을 부과하는 것은 당연하다. 그러나 이렇게 하는 것은 과도한 비만으로 심장 마비를 겪은 지 얼마 되지 않은 환자에게 바로 다이어트를 하게 하거나 런닝 머신을 뛰게 하는 것과 같다. 이런 상황에서 가장 중요한 것은 시스템적으로 중요한 부분들이 생명을 유지할 수 있도록 혈액(부양 정책)을 공급하는 일이다. 1) 나쁜 관행을 통해 자금을 빌려오고 빌려준 사람들에게 자신들이 범한 행동의 결과를 몸소 체험하게 하는 것과 2) 신용경색이 심각해지지 않도록 현명한 범위 내에서 유동성과 자금을 지원해주는 것 사이에서 올바로 균형을 바로 잡기 위해 지나치게 정밀함을 보이는 것은 위험하다. 지나치게 적게 지원하는 것보다 지나치게 많이 지원하는 것이 훨씬 낫다. 연방준비제도로 인해 은행들이 일제히 파산했던 대공황 때와는 달리, 가능하다면 도덕적 해이를 최소화하는 것이 좋기는 하다. 하지만 연방준비제도는 경제를 살리는 것이 최우선 목표라는 입장을 취했다.

당시 뉴욕연방준비은행 총장이었던 팀 가이트너는 나와 생각이 같았다. 그는 이렇게 믿고 있었다. 도덕적 해이에 근거한 접근 방식은 금융 위기를 위한 정책을 논하는 올바른 접근 방식이 아니다. 그 이유는 대재앙을 일으킨 리스크를 제거할 때의 정책은 머뭇거리면서 정교함을 보이기보다는, 과감한 모습을 보여야 하기 때문이다.[13] 그의 믿음이 옳았음은 여러 차례에 걸쳐 입증되었다. 위기를 맞아 유동성을 풍부하게 공급하는 방식을 택하면 정부의 리스크는 커지는 것이 아니라 오히려 줄어들게 되고, 금융 시스템은 더 건전해지게 된다. 대조적으로 사람들은 건물 일부를 태워버리는 잘못을 저질렀을 때 도덕적 해이라는 엄격한 잣대를 갖다 대면, 정부가 떠안는 리스크는 작아질 것이라고 생각한다. 하지만 현실적으로는 도덕적 해이라는 잣대로 인해 건물 전부를 태워버리는 엄청난 잘못을 저지르게 된다. 그리고 정부는 모든 리스크를 떠안고 금융 시스템을 국유

**뉴스 &
브리지워터 일일논평(BDO)**

2007년 9월 24일
도덕적 해이 신봉자들을 조심할 것
"도덕적 해이라는 말은 원래 보험 분야에 유래를 두고 있는데, 보험이 행동을 왜곡할 가능성을 말한다. 예를 들어, 화재 보험 가입자가 보험에 가입하지 않았을 경우보다 화재를 방지하기 위한 주의를 덜 기울이는 행태가 이에 해당한다. 또는 건강 보험 가입자가 보험에 가입하지 않은 경우보다 병원 치료를 더 받는 행태도 이에 해당한다. 금융 부문에서는 금융기관이 잘못된 결정으로 인해 손실을 보았을 때 그 손실을 감축해주는 정책을 시행해서는 안 된다는 논리로 도덕적 해이가 적용된다. 특히 잘못을 저질렀을 때, 나중에 구제 금융 같은 지원 정책이 있을 것이라고 기대하지 말라는 경고의 의미로 활용된다."
<파이낸셜 타임스>

2007년 9월 27일
증권거래위원회, 신용평가 의도적 조작 여부 조사 착수
"이해 충돌(신용평가기관이 평가비용 부담자인 채권 발행자의 눈치를 볼 수밖에 없는 신용평가 관행) 때문에 모기지 담보부증권에 대한 신용평가가 부당하게 부풀려지지는 않았는지 조사에 착수했다고 증권거래위원회 위원장이 의회에서 말했다."
<뉴욕타임스>

2007년 9월 28일
주택 판매 및 주택 가격 급락
<뉴욕타임스>

2007년 10월 2일
신용 위기 종지부 희망에 주식 폭등
"서브프라임 모기지 대출로 인한 문제점들을 대수롭지 않게 여기는 분위기가 투자자들 사이에서 형성되면서 우량주들이 어제 사상 최고치를 경신했다. …모기지 담보부증권과 모기지 대출 사태로 당기순이익이 감소하거나 당기순손실로 전환될 것 같다는 3분기 실적 예측이 시티그룹과 UBS로부터 나왔지만, 주가는 상승세를 보였다. …두 은행의 실적 발표가 이번 여름에 시작된 신용 문제가 장기적으로 영향을 줄지 모른다는 투자자들의 불안 심리를 잠재웠고, 그 영향으로 신용 문제가 최악의 상황에서 벗어났다는 심리가 월스트리트에 퍼짐으로써 주가를 끌어올렸다고 애널리스트들은 말했다."
<뉴욕타임스>

2007년 10월 6일
메릴린치증권 대규모 손실, 시장 우려 촉발
<뉴욕타임스>

화해야 하는 값비싸고 출혈이 심한 방식을 택해야 하는 상황으로 몰리게 된다.

결국 정책 입안자들은 명시적·묵시적으로 거의 모든 것을 보증해주기로 약속함은 물론, 엄청난 양의 자금을 투입하는 방식으로 위기 대응에 나섰다. 가이트너 총재는 내게 이런 접근 방식과 관련해 흥미로운 점은 금융 구제에 나선 대가로 국내총생산의 5~10%가 희생되는 것이 아니라, 계산 방법에 따라 다르기는 하겠지만, 오히려 국내총생산이 2% 정도 증가하는 효과가 있었다고 말했다. 금융 위기의 역사에서 볼 때 이 부분은 매우 드문 경우인데, 가이트너 총재는 연방준비제도와 재무부의 공격적 대응뿐 아니라 도덕적 해이 문제를 논외로 하려는 연방준비제도와 재무부의 의지를 그 원인으로 지적했다. 나는 그의 지적에 공감한다.

2007년 9월 18일, 연방준비제도가 금리를 0.25% 인하할 것이라는 시장의 예상을 깨고 0.5%의 금리 인하를 단행했다. 버냉키 의장은 이를 다음과 같이 표현했다. "이번에는 매파와 비둘기파가 힘을 합치려고 했다."[14] 예상을 넘어선 연방준비제도의 대규모 금리 인하는 주가 반등을 촉발했는데, 〈뉴욕타임스〉는 이 반등을 '황홀하다'라고 표현했다. 이로써 S&P500지수는 사상 최고치 대비 2%가량 낮은 수준으로 회복되었다.

연방준비제도의 금리 인하로 인한 시장 부양 효과보다 더 중요한 것은 연방준비제도의 금리 인하 조치가 시장에 보내는 메시지였다. 연방준비제도는 8월에 발생한 시장 대란의 빌미를 제공한 골칫거리들을 바로 잡기 위해 필요하다면 과감한 조치를 취할 의사가 있었다. 이와 동시에 금융 완화 정책으로는 상환 가능한 수준보다 더 많은 채무와 부채를 보유한 금융 중개기관, 채무자들, 채권자들의 근본적인 문제들을 해결할 수 없다는 점이 숫자를 만지며 사는 금융업 종사자들에게는 명확해졌다는 것이다.

투자은행을 포함한 은행들의 재무상태표상에서 유동성 문제는 자산과 부채 양쪽 모두에 존재했다. 자산 측면에서는 은행들이 서브프라임 모기지를 자산으로 보유할 때 증권화라는 기법이 동원된다는 점에서, 부채 측면에서는 은행들이 자금 조달 시 높은 리스크의 자금에 의존한다는 점에서 문제의 소지가 있었다. 은행들은 항상 단기 자금에 의존해 자금을 충당해왔는데, 역사적으로 볼 때 단기 자금은 대부분 보증을 통해 통제가 가능한 예금을 말한다. 예금주는 언제나 예금을 인출할 수 있기 때문에 은행의 지급 능력에 대한 우려가 시장에 널리 퍼지면 예금주들은 예금을 대거 인출한다. 대공황 당시 이런 일이 발생했다. 이 사태를 계기로 1933년 연방예금보험공사FDIC가 설립되었다. 연방예금보험공사는 일정 금액까지 은행 예금을 보장해줌으로써 이런 사태를 타개하고자 했다. 예금보험제도 덕분에 예금주들이 대규모로 은행에서 돈을 인출하려는 유인이 사라졌다. 은행이 파산하더라도 예금이 보호받을 수 있었기 때문이다.

현대 은행은 이른바 '단기 도매자금조달Short-term wholesale funding'로 1930년과 1933년 사이에 은행들이 겪은 것과 유사한 사태에 대비했다. 단기 도매자금조달은 다양한 형태를 띠지만, 본질상 보장을 받지 않는 예금과 유사한 속성을 지닌다. 즉 문제 발생의 조짐이 나타나기 시작하면 예금주가 예금을 인출해가듯 채권자가 채권을 인출해갈 유인이 크다는 뜻이다.

투자은행을 포함한 은행은 '증권화 기계'라는 핵심적인 역할을 담당함으로써 자기 자신들을 곤경에 빠뜨렸다. 즉 '증권화 기계'로서 역할의 시작은 큰 리스크의 모기지 대출을 주택 소유자에게 제공하는 것이며, 그 끝은 매우 안전한 채권을 기관투자자들에게 판매하는 것이다. 많은 당사자가 이 과정에 개입하기는 하지만, 핵심 역할은 은행과 같은 금융 중개기관들이 맡는다. 기본적으로 모기지 대출기관이 주택 구입자들에게 대출을 해주고, 대출 상품을 은행에 판매한다. 그런데 은행은 넘겨받은 대출 상품을 일정한 단위로, 예를 들어 1,000개의 대출 상품을 한 단위로 묶어 패키지화한다. 1,000개의 대출 상품이 결합된 현금 흐름은 개별 대출 상품의 현금 흐름보다 더 안전한 것으로 여겨지는데, 그 이유는 리스크 분산으로 인한 이득을 누리기 때문이다. 다시 말해, 1,000개의 대출 상품 중 1개의 대출 상품에서 채무불이행이 발생하면 해당 1개의 대출 상품에서는 손실이 발생하지만, 나머지 999개 대출 상품의 상환능력에 영향을 주는 건 아니다. 평균적으로 채무자 대부분이 대출에 따른 채무상환이 가능하기 때문에 패키지 작업의 결과로 전체 리스크는 줄어들게 된다.

그런 뒤, 은행은 1,000개의 대출 상품이 결합되어 발생한 현금 흐름을 그룹별로 분류한다. 70~80%는 초우량 AAA등급의 채권이 되고, 10~15%는 리스크는 좀 더 크지만 여전히 안전한 우량 AA등급의 채권이 되고, 5~10%는 BBB등급의 채권이 된다. 그리고 등급이 없는 나머지 소량의 현금 흐름은 1차 손실분으로, 채무불이행을 일으킬 가능성이 가장 큰 채무자들의 손실로 처리된다. 이런 방식은 설득력 있는 논리를 활용해 리스크를 평가하는 것이 아니라, 현실을 제대로 반영하지 못한 편향된 데이터를 활용해 리스크를 평가했음을 보여주는 전형적인 사례이다. 다시 말해, 근거도 없이 자신이 투자하고 있는 상품이 안전하다고 확신하며 부채를 늘려 레버리지 비율을 끌어올렸음을 의미한다. 그렇게 하는 이유는 투자 상품이 안전하다는 자신들의 확신과 반대되는 일이 이전에는 일어난 적이 없었기 때문이다. 그 확신은 틀렸고, 그 결과 낙관적이었던 시장 움직임이 자기 강화적으로 비관적인 시장 움직임으로 뒤바뀌었다.

은행들은 투자자에게 팔 수 있는 채권이라면 뭐든 팔아 치웠으며, 일반적으로 거래에서 효과를 내기 위해 1차 손실분을 포함시켰다. 은행은 채권을 확보하여 재고처럼 쌓아두었다(리스크에 노출된 투자자산을 판매할 목적으로 쌓아두기도 했고, 이자 수익을 거둘 목적으로 쌓아두기도 했다.). 정말이지, 은행들은 그렇게 했다. 은행들은 그렇게 할 수 없을 때가 되어서야 채권을 확보해 재고로 쌓아두는 일을 멈추었다. 정도의 차이는 있지만, 은행들은 채권 수요가 완전히 사라진 2007년 3분기까지도 다양한 채권 재고를 다량으로 보유하고 있었다.

시가평가 회계 기준으로 평가손실이 발생하면서 올 것이 오고야 말았다. 베어스턴스는 2007년 3분기 실적에서 당기순이익이 61% 감소했다. 그 원인은 파경을 맞은 헤지펀드 두 곳과 관련된 손실과 서브프라임과 관련된 리스크 노출에 따른 투자 손실이었다. 모건 스탠리와 리먼 브라더스는 베어스턴스에 비하면 큰 수준은 아니지만, 당기순이익이 각각 7%, 3% 감소했다. 뒤를 이어 시티그룹, UBS, 메릴린치도 감내할 수 있는 수준이기는 했지만 상당한 손실을 기록했다. 시티그룹은 처음으로 59억 달러라는 사상 최대 규모의 평가손실을 기록했다고 발표했다(나중에 나올 숫자와의 비교를 위해 59억 달러라는 숫자를 잘 기억해두기를 바란다.).

2007년 9월경, 우리는 브리지워터 자체의 손실이 얼마인지 추정하는 작업과

**뉴스 &
브리지워터 일일논평(BDO)**

2007년 10월 11일
민주당과 백악관, 모기지 구제책 이견 보여
"민주당이 과반을 차지하고 있는 하원은 법안을 통과시켰는데, 이 법안에 의해 국책 모기지 금융회사 두 곳과 연방주택청의 보험 프로그램을 통해 연간 최대 9억 달러를 지원해 저가의 임대주택 사업 추진을 위한 기금을 조성할 예정이다."
〈뉴욕타임스〉

2007년 10월 15일
은행, 신용시장 보호를 위한 기금 자금 조성에 나서
"시티그룹, 뱅크 오브 아메리카, J. P. 모건은 콘듀잇(conduit)이라 불리는 기금을 조성해 구조화투자회사(Structured Investment Vehicles, SIVs)가 보유한 신용등급이 높은 75억~100억 달러 상당의 채권과 기타 부채의 인수에 나설 예정이다. 구조화투자회사는 모기지 담보부 채권을 포함한 여러 채권을 소유하고 있으며 신용시장이 얼어붙은 8월 초부터 자금을 융통하는 데 어려움을 겪어왔다."
〈뉴욕타임스〉

2007년 10월 17일
폴슨 장관, 주택시장 악화 문제 언급
〈뉴욕타임스〉

2007년 10월 17일
외국인, 미국 증권 매도 중
〈블룸버그〉

2007년 10월 18일
근원물가지수 안정세 유지, 연방준비제도에 난제 안겨
〈뉴욕타임스〉

2007년 10월 19일
기업 실적 발표, 급격한 주식 매도세 촉발
〈뉴욕타임스〉

2007년 10월 22일
중국 은행, 10억 달러에 베어스턴스 지분 인수
〈뉴욕타임스〉

함께 전체 금융 시스템에 대한 '스트레스 테스트' 작업에 착수했다. 이를 위해 각 은행의 재무상태표를 모아 자산과 부채 현황을 조사하고, 은행들이 보유한 투자 포지션을 시가평가 기준으로 평가해 장부상 평가액과 시가평가 기준 평가액이 얼마나 차이가 나는지도 조사했다. 이런 작업은 앞으로 어떤 일이 벌어질지를 예측하는 데 매우 유용하다. 2007년 10월 9일, S&P500지수는 사상 최고치를 기록하며 장을 마감했는데, 이 최고치는 2013년이 되어서야 다시 회복할 수 있었다.

금융업 종사자 대부분에게는 은행들이 서브프라임 모기지로 골치를 썩고 있다는 것이 분명해 보였다. 다만 경제 전체가 이 문제로 골치를 썩게 될지는 아직 분명치 않았다. 상황을 진정시키고 신뢰를 심어주기 위해, 주요 은행들이 힘을 합쳐 취약한 서브프라임 모기지 증권을 인수하기 위한 75~100억 달러의 기금을 조성하자고 제안했다. 다른 시장 참여자처럼 우리도 이를 신용경색에 대한 자연스러운 대응책으로, 사태가 전염될 수 있는 위험을 낮추는 데 도움이 될 것이라고 보았다. 하지만 2007년 말에 이르러, 참여 의사를 보였던 은행들이 '현 시점에서 기금이 필요하지 않다'라고 결정하면서, 이 노력은 좌절되고 말았다.[15]

한편, 미국 내의 낙관론에도 불구하고 신용경색은 두 가지 경로를 통해 미국에서 유럽으로 번져나갔다. 첫 번째 경로는 단기 금융시장Money Market(1년 미만의 단기 금융자산이 거래되는 시장)이었다. 유럽 은행들(가장 대표적인 예는 영국계 은행인 노던 록)이 단기 도매자금조달을 위해 단기 금융시장에 의존했기 때문에 신용경색이 유럽으로 확산되었다. 2007년 여름, 단기 도매자금조달이 완전히 말라버리기 시작하면서 노던 록은 전형적인 뱅크런을 경험했다. 예금주들이 돈을 인출하기 위해 줄을 서서 기다리는 상황이 9월 중순에 3일 연속으로 연출되었다.[16] 영국에도 미국과 유사한 예금보호제도가 있었지만, 보장 한도가 3만 5,000파운드로 미국보다 낮았다. 뱅크런을 중단시키기 위해, 영국 정부는 노던 록의 모든 예금에 대한 지급 보장을 선언했다.

두 번째 경로는 서브프라임 증권화였다. 즉 서브프라임 증권화에 투자한 은행이 유럽에도 많았기 때문에 신용경색이 유럽으로도 확산된 것이다. UBS나 도이치뱅크 같은 대형 은행은 증권화 작업에 직접 가담했기 때문에 당연히 이해관계가 있었다. 많은 소형 은행은 증권화 작업에 그저 한몫 거들 수 있기만을 바랐다. 서브프라임 증권화는 상당 부분이 AAA등급으로 평가되었다. 이는 신용평가기관이 리스크가 거의 없다고 신용평가했음을 의미한다. 3대 신용평가기관의 하나인 스탠더드앤드푸어스Standard & Poor's에 따르면, 시장 압박이 있었던 1980년대 대부 조합 위기, 2000년대 초 IT 버블 때도 AAA등급을 받은 기업 채권은 부도율이 실제로 0%였을 정도로 안전했다.[17] 반면, AAA등급을 받은 서브프라임 증권화는 AAA등급의 기업 채권과 신용등급은 같지만, 그에 비해 리스크 프리미엄이 붙었다(지금 생각해보니, 리스크 수준을 감안했을 때 리스크 프리미엄이 너무 작기는 했다). AAA등급을 받았다면 안전해야 마땅한 서브프라임 증권화가 유럽 은행에 문제를 일으킨 것이다.

우리와 거래하던 은행, 투자은행, 증권 중개기관의 리스크 지표가 변화함에 따라, 우리는 노출된 리스크를 보다 안전한 방향으로 조정했다. 그리고 투자자산도 안전자산으로 조정했다.

2007년 10월 말, 서브프라임 증권화에 따른 손실이 예상된다는 예측이 많아지면서 시장 분위기가 악화되기 시작했다. J. P. 모건이 20억 달러의 평가손실을, 뱅크 오브 아메리카는 예상보다 저조한 실적을 발표한 뒤, 미국의 주가는 10월 19일 2.6%로 가파르게 하락했다.

은행들에게는 서브프라임 모기지에 따른 손실이 애초에 생각했던 것보다 더 중대한 문제가 되고 있음이 분명해졌다. 하지만 주택시장의 압박이 미국 국내총생산의 70%를 담당하는 소비의 주체인 미국 가계에 얼마나 심각한 타격을 줄지는 아직 분명하지 않았다. 당시의 상황을 BDO는 다음과 같이 적고 있다.

(BDO) 10월 30일: 하락하는 주택 가격과 부

둔화세를 보이는 주택시장이 여러 가지 면에서 미국 경제에 영향을 미치고 있다. 주택 건설 감소, 주택 관련 품목에 대한 지출 감소, 주택을 담보로 확보한 현금을 활용한 비주택 품목 현금 지출 감소, 부의 감소 등 다양하다. 예전에 말한 것처럼, 주택을 담보로 확보한 현금을 통한 소비 지출이 최대치의 3% 이상을 차지하는 상황이므로 곧 마이너스가 될 가능성이 있다(소비 성장률이 현 상태에 머무른다면, 다른 방식으로 이를 보완해야 한다.). 한편 연간 20%의 감소세를 보이는 주택 건설은 실질 성장률을 1% 끌어내리고 있다. …부동산 자산의 가치가 국내총생산 대비 최대 167%까지 증가했는데, 부동산 자산의 가치가 감소하면서 그 감소 총액이 현재 국내총생산의 50%에 육박하고 있는 실정이다.

뉴스 & 브리지워터 일일논평 (BDO)

2007년 10월 24일
메릴린치 3분기 손실 기록, 대규모 평가손실 탓
"메릴린치증권이 6년 만에 처음으로 분기 손실을 기록했다고 발표했다. 그 원인은 평가손실액으로 29억 달러가 추가되면서 총평가손실액이 79억 달러로 늘어났기 때문이다. …영업손실과 평가손실의 상당 부분이 서브프라임 모기지 시장의 어려움, 부채담보부증권(CDO)에 발생한 평가손실 등과 관련되어 있다."
〈뉴욕타임스〉

2007년 10월 25일
주택 판매, 8년 새 최저 수준으로 하락
〈뉴욕타임스〉

2007년 10월 25일
미국 모기지 시장 후유증, 유럽에 영향 조짐
"목요일, 반갑지 않은 소식들이 유럽의 주요 도시들로부터 전해졌다. 성장률 전망치를 하향 조정했다는 소식은 독일로부터 전해졌고, 미국 주택 모기지 시장에서 시작된 위기로 인한 충격으로 아직도 금융시장이 취약한 모습을 떨쳐버리지 못하고 있다는 내용의 영국 중앙은행 보고서가 런던으로부터 전해졌다."
〈뉴욕타임스〉

2007년 10월 27일
주택 소유, 4분기 연속 감소
〈블룸버그〉

2007년 10월 30일
UBS, 예상보다 큰 폭의 손실 발표
〈뉴욕타임스〉

2007년 11월 2일
뉴욕시, 감정평가사에 의한 주택 가격 고의적 상황 조작 정황 포착
〈뉴욕타임스〉

가계가 타격을 받고 있다는 점이 다양한 통계 수치를 통해 드러나고 있었다. 모기지 채무불이행의 증가, 신규 및 기성 주택 구매의 감소, 소매 판매의 둔화 등이 그 증거였다. 정책 입안자들은 상황이 곧 더 나빠질 것을 알고 있었다. 왜냐하면 앞서 논의한 약 200만 개의 변동금리형 모기지 채무자들의 티저 금리가 2008년에 만료될 예정이어서 이자 비용이 증가할 것이기 때문이었다. 폴슨 재무부 장관은 난관에 봉착한 채무자들을 대상으로 한 티저 금리의 연장 등 모기지 시장 개선 대책을 발표했다. 그러나 세금을 재원으로 투입하지 못하면서 이 조치에 따른 효과를 기대하기 어려워졌다.

한편, 우리 브리지워터는 은행의 재무상태표를 분석하여 손실 예측치에 대한 1차 검토와 스트레스 테스트를 마무리 지었다. 우리에게 그 결과는 매우 놀라운 것이어서 11월 21일에 '특별 보고서'를 발행했다. 그 내용의 일부를 소개하면 다음과 같다.

브리지워터 특별 보고서: 우리가 포함될 것이라고 생각하는 것과 포함되지 않을 것이라고 생각하는 것

- 일부 신용 문제는 수면 위로 떠오르겠지만 일부는 그렇지 않을 것이다.

- 우리는 수면 위로 떠오른 신용 문제들(서브프라임 문제와 구조화투자회사 문제)은 확산되지만(전염되는 양상을 보일 것), 결국 억제될 것(경제를 약화시키기는 하겠지만, 감내할 수 없는 수준으로 확산되지는 않아 경제를 침몰시키는 수준으로까지는 되지 않을 것)으로 믿고 있다. 그렇게 믿고 있는 이유는 이 증권들의 규모가 감내할 수 있는 수준 내에 있다는 점, 이 증권들의 소유도 집중되지 않고 분산되어 있다는 점, 전 세계적으로 유동성이 풍부하므로 이 증권들을 구매하는 투자자들의 수요가 비교적 많다는 데 있다. 물론 이 위기를 잘 관리해나가기 위해서는 현명한 의사결정뿐만 아니라 중앙은행, 재무부, 의회, 금융기관 간의 공조체제가 필요하다. 또한 의사결정과 공조체제의 수준을 과거의 금융 위기 당시 요구되었던 수준으로 끌어올릴 필요도 있다. 우리는 이런 현명한 관리체계와 조율된 의사결정이 가능하기를, 특히 중앙은행과 재무부가 그 과정에서 주도적 역할을 하기를 기대한다. 왜냐하면 우리는 정부 관계자들이 그럴 능력이 충분히 있을 뿐 아니라 적절한 조치가 무엇인지 비교적 명확히 알고 있다고 보기 때문이다.

- 우리는 또한 수면 아래에 잠복해 있는 신용 문제들이 수면 위로 떠오른 문제들보다 훨씬 더 거대하고, 훨씬 더 위협적이라고 믿고 있다. 1) 막대한 유동성이 제공된 결과로, 2) 투자자들이 구조화된 투자 상품, 레버리지 투자 상품, 비유동적인 투자 상품, 높은 리스크의 투자 상품 등을 통해 무분별하게 많은 수익을 추

구하는 경향이 강해진 결과로 발생한 문제가 수면 아래 잠복해 있는 신용 문제이기 때문이다. 서브프라임 등 기타 신용경색 문제는 수면 위로 떠오르기 전까지 우리는 물론이고 정부 규제기관을 포함한 기타 참여자들도 리스크 노출이 어느 정도 되는지 제대로 알기가 어렵다. 그래서 그 문제들이 어디에 숨어 있는지, 긴장감 넘치는 환경 속에서 개별적으로 또는 상호 작용하면서 어떤 행동으로 나타날지 확실하게 말하기 힘들다. 다만 우리가 아는 것은 이런 리스크 노출이 기하급수적으로 증가하면서 이제는 그 규모가 상당히 클 뿐 아니라, 무분별하고 터무니없어 보이는 전략들에 기초한 것이라는 점이다. 우리는 또한 이런 문제들이 수면 위로 떠오르면 억제하기 매우 힘들 거라고 믿고 있다.

- 우리는 '수면 밑에 잠복해 있는 문제들'이 당장에 수면 위로 떠오를 것이라고 믿고 있지는 않다. 하지만 신용 스프레드와 유동성 스프레드가 확대되고, 주식시장은 하락세를 보이고, 캐리 트레이드는 중단되고, 변동성은 확대되고, 거래 파트너는 악화 일로를 걷고 있는 이런 위중한 상황에 노출된 리스크가 전혀 없는지 아니면 최소한으로 유지되고 있는지, 그리고 이런 상황에 대비해 충분한 보호 장치를 마련해두었는지 확인하고 있다.

- 신용경색과 관련된 모든 거래 참여자의 리스크 노출을 시장 전체로 합산하면, 시가평가 대비 글로벌 전체 손실이 전 세계 국내총생산의 1%에 해당하는 4,200억 달러 정도일 것이다. …실현된 손실보다 실현되지 않은 손실이 훨씬 더 크다고 추정하고 있으므로, 우리는 훨씬 더 큰 규모의 평가손실이 발생할 것으로 예상한다.

재무 분석을 마친 우리는 그 분석을 통해 우리가 알고 있는 것과 모르는 것에 대해 매우 염려되었다. 잠재적 은행 손실에 관한 재무 분석을 마친 후, 은행 손실이 막대해질 수 있다는 내용은 알고 있었다. 하지만 아직 모르는 것 중 가장 중요한 것은 이 손실이 시장에, 특히 파생상품시장에 어떤 여파를 몰고 올 것인가 하는 것이었다. 파생상품은 근원이 되는 자산, 금리, 지수, 이벤트 등의 가치에 따라 가치가 결정되는 금융 계약이다. 주식이나 채권과는 달리 파생상품은 지출이나 투자를 위한 자금을 마련하기 위한 투자 수단이 아니라, 리스크를 헤지Hedge하거나 가격의 차이를 노려 이익을 얻으려는 투자 수단이다. 파생상품은 규제를 받는 거래소를 통하기보다는 개인 간의 계약을 통해 거래가 성립된다. 파생상품은 그 규모가 막대하고 모든 사람이 알 수 있을 정도로 투명하지도 않으므로, 기존에 존재하는 리스크 노출을 누구도 이해할 수 없다. 또한 누구도 은행과 비은행 대출기관의 손실이 어떤 양상으로 전개될지 알 수 없다.

좀 더 구체적으로, 위기가 오기 전까지 30여 년 동안 규제를 받는 거래소가 아닌 장외 파생상품시장이 크게 성장했다. 2000년 12월 의회는 장외시장Over-The-Counter, OTC의 거래가 '솜씨 좋은 당사자들' 사이에서 이루어지는 한, 선물이나 증권으로 규제할 필요가 없어서 장외 상품이 사실상 모든 감독으로부터 자유로워지는 결과를 낳았다.[18] 그 후 7년 동안 장외시장은 빠르게 성장해나갔다. 2008년 6월 기준, 장외시장 계약의 명목 가치는 672조 6,000억 달러로 추산되었다.

2008년 금융 위기를 야기한 결정적인 역할을 한 핵심 파생상품은 신용부도스왑이었다. 신용부도스왑은 보험과 유사한 역할을 한다. 신용부도스왑을 판매할 때 발행자는 현금을 대가로 받는 대신, 특정한 리스크 노출로부터 부도(예: 모기지 담보부증권과 관련해 손실을 발생시키는 부도)가 발생할 경우 부도에 따른 손실을 보장해주기로 구매자에게 약속한다. 신용부도스왑 덕분에 모기지 담보부증권 또는 기타 자산의 구매자는 부도 리스크를 신용부도스왑 매도자에게 전가할 수 있었다. 예를 들어 AIG는 다량의 신용부도스왑을 매도했음에도 부도 발생에 대비한 준비금이 매우 적었다. 이는 대규모 손실이 발생할 경우 그 손실을 막을 지급 능력이 AIG에는 없음을 뜻한다.

앞서 말했듯이, 나는 우려하는 바를 재무부와 백악관에 알렸으나 재무부와

184

뉴스 & 브리지워터 일일논평 (BDO)

2007년 12월 3일
모기지 구제 프로그램 효과 제한적
"서브프라임 모기지로 인해 채무불이행 위기에 놓인 채무자들에 대한 부시 행정부의 구제책인 대상자가 제한되어 효과가 미미할 수 있다고 산업 분석가들이 오늘 지적했다. 구제책에 따르면 주택 버블의 마지막 두 해, 즉 2006년과 2007년 사이에 대출을 받은 채무자들만을 대상으로 하고 있다."
〈뉴욕타임스〉

2007년 12월 5일
월스트리트 금융기관, 서브프라임 조사 위해 소환돼
〈뉴욕타임스〉

2007년 12월 11일
모기지 위기로 펀드 회사 폐업 늘어
"주택시장 위기의 심화에 따른 투자 손실로 뱅크 오브 아메리카는 수십억 달러를 운용하는 고수익 채권 펀드 한 곳을 폐업하기로 했다. 뱅크 오브 아메리카 소유의 이 펀드는 고수익 채권 펀드로는 규모가 가장 큰 것으로 알려졌다. 해당 펀드는 투자자들의 수십억 달러 규모 인출 사태를 맞으며 폐업으로 몰렸다."
〈뉴욕타임스〉

2007년 12월 11일
연방준비제도 금리 0.25% 인하, 그럼에도 주가는 폭락
〈뉴욕타임스〉

2007년 12월 12일
연방준비제도, 은행 시스템 체질 강화 주도
"연방준비제도가 소폭의 금리 인하로 투자자들을 실망시킨지 하루 만에, 북미와 유럽의 중앙은행들은 2001년 9월 테러 공격 이후 최대 규모의 자금을 은행 시스템에 투입하겠다고 수요일 발표했다."
〈뉴욕타임스〉

2007년 12월 13일
대형 은행 세 곳 대손상각, 구제 불능
〈블룸버그〉

2007년 12월 14일
월스트리트의 투자자들, 세계적 현금 투입에서 손을 떼다
〈뉴욕타임스〉

2007년 12월 19일
유럽중앙은행, 5,000억 달러 투입
〈뉴욕타임스〉

2007년 12월 19일
연방준비제도, 높은 리스크 대출 억제 방안 승인
"연방준비제도는 주택 모기지 대출기관들이 상환 능력이 없는 채무자를 상대로 사기성 대출 상품을 판매해왔다는 사실을 인정하면서 신용등급이 낮은 소비자를 상대로 하는 신종 모기지를 포함한 고비용 대출을 규제할 수 있는 광범위한 대책을 화요일 발표했다."
〈뉴욕타임스〉

백악관 관계자들은 내가 말하는 일들은 자신들이 살아생전에는 일어나기 힘들다며 내 우려가 기우에 지나지 않는다고 생각했다. 나는 정책 입안자들에 대해 이야기를 잘 하지 않는 편인데, 그 이유는 정책 입안자 개개인의 성향이 모두 다르고, 소속기관도 재무부, 백악관, 의회, 증권거래위원회 등으로 다르기 때문이다. 그런데도 한마디 하자면 정책 입안자들은 능동적이라기보다는 수동적이라고 말하고 싶다. 충분히 이해는 간다. 왜냐하면 투자자들과는 다르게 정책 입안자들은 통념에 반하는 베팅을 해 돈을 벌어야 하는 입장에 있지 않기 때문이다. 뿐만 아니라 감내할 수 없는 사태가 존재한다는 의견 일치가 있어야 행동을 개시할 수 있는 정치계에 몸을 담고 있다. 그래서 정책 입안자들은 위기가 고점에 이르러야 결단력 있는 행동을 보이는 게 일반적이다.

2007년이 마무리되어 가면서, S&P500지수가 10월 고점 대비 6% 하락했지만

2007년 12월 21일
대형 채권보증업체, 리스크 보증 손실 흡수 어렵다 밝혀
"목요일, 미국 최대의 금융채권보증업체인 MBIA의 주식이 26% 하락했다. 올여름 시장을 긴장하게 했던 부채 증권화 상품에 대한 보증액이 수십억 달러에 이른다고 MBIA가 밝히면서 동사의 주가가 곤두박질쳤다. 이에 앞서 스탠더드앤드푸어스는 채권보증업체 한 곳의 신용평가를 하향 조정하면서 MBIA를 포함한 4개 채권보증업체에 대해서도 부정적인 전망을 내놓았다."
<뉴욕타임스>

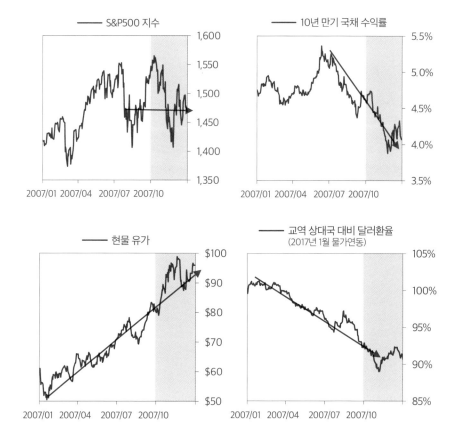

2007년 전체를 놓고 볼 때는 나쁜 수준이 아니었다. 12월 중 가장 큰 규모의 매도세는 연방준비제도가 금리를 0.25% 인하한 바로 그날 나왔다. 금리 인하가 주가에 긍정적으로 작용하는 것이 일반적이지만, 시장 기대치인 0.5%보다는 낮은 수준의 인하였기 때문에 매도세가 발생한 것이다. 채권 수익률은 더 가파르게 폭락했다. 신용경색이 시작되기 전인 6월에 5% 내외를 보이던 채권 수익률이 연말에는 4%로 추락했다. 달러 지표도 연중 8.6% 하락했다. 한편 유가는 55%나 상승해 96달러에 이르면서 사상 최고치를 약간 밑도는 수준을 보였다.

불황: 2008년

2008년 1~2월

2008년 초, 경제 전반에서뿐만 아니라 각 시장에서 균열이 보이기 시작했다. 제조업, 소매 판매, 고용 관련 보고서들이 부진한 실적을 보여주었다. 시티그룹(222억 달러), 메릴린치(141억 달러)가 대규모 평가손실을 기록했다는 발표와 채권 보증업체인 Ambac(암벡)과 MBIA에 대한 신용평가가 하향 조정되었다는 소식이 여지없이 그 뒤를 이었다. Ambac과 MBIA는 총 1조 달러의 부채를 보증하고 있었고 서브프라임 모기지 증권의 리스크 노출도 상당했다. 이렇게 연이어 손실이 발생한 원인은 금융기관의 자산 거래시장이 위축되었다는 점, 시가평가 회계 기준이 의무화되면서 손익계산서와 재무상태표에 영향을 주었다는 점 등이 복합적으로 작용한 데 있었다. 1월 20일까지 S&P500지수가 10% 하락했다. 다음의 그래프에서 볼 수 있듯이, 세계 주식시장은 큰 하락 폭을 보이는 등 상황은 더 안 좋아졌다.

이 상황을 모두 주시해온 연방준비제도는 조치를 취할 필요가 있음을 깨달았다. 주식시장의 가파른 하락세를 막는 것이 연방준비제도의 임무는 아니지만,

**뉴스 &
브리지워터 일일논평(BDO)**

2007년 12월 22일
주가를 떠받쳐야 할 대형 펀드, 폐업 늘어
<뉴욕타임스>

2007년 12월 24일
메릴린치, 62억 달러 현금 수혈
<로이터>

2007년 12월 28일
경제 실적 부진, 주가 폭락
<뉴욕타임스>

2007년 12월 31일
시장 하락으로 2007년 마감
"마지막으로 하락 장세를 보였던 2002년 이후 최초로 국채가 S&P500지수보다 좋은 실적을 보였다. 배당과 이자 지급을 포함해 S&P500지수는 5.5%의 수익률을 기록한 반면, 정부보증 부채의 수익률을 집계하는 메릴린치 지수는 8.5%의 수익률을 기록했다."
<뉴욕타임스>

버냉키 의장은 미국 연방공개시장 위원회에서 시장의 움직임이 "미국 경제가 깊은 장기 침체에 빠져 있다는 믿음이 시장 참여자들 사이에 커지고 있음을 반영하는 것 같다."라고 말했다.[19] 버냉키 의장은 즉각적인 조치가 필요하다는 점을 강조하면서 "우리는 총체적인 위기에 직면할 가능성이 있다. 더 이상 미룰 시간이 없다. 이 사태에 대해 침묵해서도 안 된다. …이 사태를 장악하기 위해 노력해야 한다. 그렇지 못하면 이 사태가 통제 불능이 되는 걸 막을 수 없다."라고 말했다.[20]

1월 22일, 긴급 회의를 마친 연방준비제도는 금리를 0.75% 인하한 3.5%로 조정한다고 발표했다. 그 배경으로 '경제 전망 위축, 경제 성장 하방 리스크 증대'를 꼽았다. 연방준비제도는 금융 부문의 '상당한 압박'과 '수축 심화' 그리고 '기업과 가계의 신용 위축' 등을 언급하며, 일주일 뒤 다시 금리를 0.5% 인하했다. 연이은 금리 인하로 1987년 이후 월간 단기 금리 인하로는 최대폭을 기록하게 되었다. 상원은 약 1,600억 달러 규모의 경기 부양책 법안을 통과시켰다. 법안의 주요 내용은 저소득층과 중산층을 대상으로 세금을 환급해주고, 이를 통해 수요를 확대하려는 것이었다.

주식시장은 회복세를 보이기는 했지만, 대폭적인 경제 지원책에도 불구하고 1월의 하락 폭이 모두 회복되지는 못했다. 그리고 2월 말이 되어서야 연방준비

주식가격(1월 1일 물가연동)
— 미국
— 선진국(미국 제외)
— 신흥공업국(중국 제외)

연방준비제도
금리 인하

— 연도별 단기 금리 월간 변동 현황

제도가 개입하기 직전 수준으로 회복하는 데 그쳤다. 그러는 과정에서 신용시장과 경제 상황이 모두 악화되어 가고 있었다. AIG(110억 달러), UBS(140억 달러), 크레딧 스위스(28억 달러)의 대규모 평가손실이 발표됐다. 서비스산업지수는 7년 만에 최저치를, 소비자신뢰지수는 16년 만에 최저치를 보였다. UBS의 공개 보고서에 따르면, 모기지 담보부증권으로 인한 미국 금융시장 전체 손실이 6,000억 달러에 이를 수 있다고 추산되었다.

당시 상황을 돌아보면서 우리는 이번 사태가 전형적인 경기 침체가 아니라, 디레버리징형(레버리지 비율을 줄이기 위해 부채를 축소하는 것으로 보통 자산 매각이 증가하는 결과를 낳는다.) 불황의 역학이라는 점을 고객들에게 상기시키는 것이 중요하다고 생각했다. 이런 양상은 잠재적 규모가 얼마나 큰지, 그리고 어떤 경위를 통해 위축이 유발되는지에 대한 측면에서 전형적인 경기 침체와는 매우 다르다. 1월 31일, 우리의 BDO에는 다음과 같이 논평했다.

(BDO) 1월 31일: 단순한 침체가 아니다, 정말 큰 그림에서 봐야 한다

경제 활동이 위축될 가능성이 있는 상황을 표현할 때 '침체'란 말이 많이 사용된다. 온갖 종류의 위축을 침체라고 하기 때문이다. 그러나 현재 일어나고 있는 상황을 표현하기에는 침체라는 표현은 적절치 않다. 왜냐하면 침체라는 말은 예전에 미국에서 많이 발생했던 경제적 위축을 의미하기 때문이다. 이런 경제적 위축과 구별되는 1990년대 일본의 경제 위기와 1930년대 미국의 경제 위기는 불황이라는 말로 더 잘 표현된다(예: 디레버리징).

일반적인 믿음과는 달리, 침체가 단순히 더 심화된다고 해서 불황이 되는 것은 아니다. …침체는 일반적으로 인플레이션을 억제하기 위한 중앙은행의 긴축 정책으로 야기되는 실질 국내총생산의 위축이다. 이는 금리 조정을 통해 비교적 잘 관리된다. …불황은 재무적 디레버리징으로 촉발되어 주식과 부동산 같은 자산의 매각을 유도한다. 자산 매각의 결과, 자산 가격과 주가는 하락하고,

이로 인해 자산 강매는 더 늘어나게 되어 신용과 경제 활동이 위축된다. 그 영향으로 현금 흐름이 더 악화되면서 자산 매각은 더 늘어나게 된다. 이런 자기 강화적 사이클이 불황이 발생하는 과정이다. 다시 말해, 재무적 디레버리징이 금융 위기를 부르고, 금융 위기가 경제 위기를 부르는 것이다.

2008년 3월: 베어스턴스 구출 작전

3월의 첫 열흘 동안 주식시장은 매도세로 약 4.5% 하락했으며, 다른 금융지표들은 더 안 좋은 움직임을 보였다. 운용자산 220억 달러의 칼라일 캐피털 Carlyle Capital은 채무불이행을 선언했고, 운용자산 30억 달러의 런던 소재 펠로턴 파트너스 Peloton Partners가 운영하는 펀드 2곳은 파산했다. 그리고 운용자산 360억 달러의 손버그 모기지 Thornburg Mortgage는 마진콜에 응하지 못하는 등 금융기관의 악재가 주가를 끌어내렸다. 이렇게 된 원인은 대출기관들이 모기지 담보부증권 리스크에 크게 노출되어 있는 금융기관들에 대한 대출을 점점 더 꺼렸기 때문이다.

이런 우려가 베어스턴스, 리먼 브라더스, 메릴린치 같은 주요 증권회사들, 다시 말해 모기지 담보부증권에 대한 리스크 노출이 큰 것으로 알려져 차입 비용이 증가한 증권회사들로 급속히 번져나갔다. 문제의 소지가 시스템적으로 중요한 금융기관들로 옮겨가면서 전체 시스템을 위협하는 형국이었다. 그렇다고 해서 이 위험이 폭넓게 인식된 것은 아니었다. '빠르게 악화되고 있는 상황'이라는 제목의 3월 10일 BDO에는 '우리의 경험으로는 자금 조달 비용이 베어스턴스 수준에 가까워지면 증권회사나 금융중개회사들은 살아남을 수 없다.'라고 쓰여 있다.

주요 투자은행 중 베어스턴스가 가장 큰 압박을 받고 있었다. 베어스턴스는 주요 투자은행 중 규모가 가장 작기는 했지만, 파산에 이르면 시장에 매물로 쏟아질 증권이 4,000억 달러 규모에 달했다. 더군다나 베어스턴스뿐만 아니라 베

20008년 3월 6일
모기지 연체, 역대 최대치 경신
"전체 대출 대비 연체 처리되거나 압류 처리된 대출의 비율이 2007년 4분기 7.9%로 큰 폭으로 증가했다. 2006년 4분기에는 6.1%를 보이던 이 비율이 지난 3분기에는 7.3%로 상승했는데 집계가 시작된 1979년 이래 7%를 넘긴 것은 지난 3분기가 처음이다."

<뉴욕타임스>

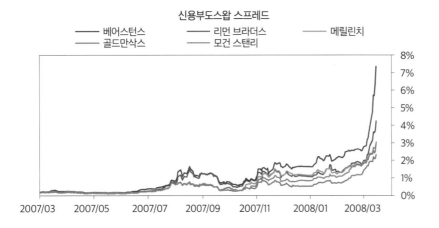

신용부도스왑 스프레드

베어스턴스 — 리먼 브라더스 — 메릴린치
골드만삭스 — 모건 스탠리

2007/03 2007/05 2007/07 2007/09 2007/11 2008/01 2008/03

어스턴스가 소유한 400개에 달하는 자회사들이 거의 모든 주요 금융기관과 거래 관계가 형성되어 있었다. 거래 파트너가 500곳에 달하고, 파생상품 계약도 75만 개에 달했다. 버냉키 당시 연방준비제도위원회 의장은 이를 두고 자신의 회고록에서 다음과 같이 말했다.

"문제는 규모만이 아니었다. 베어스턴스가 규모가 큰 건 맞다. 다만 최대 규모의 상업은행에 비해서는 그다지 크지 않다는 것이다."[21]

베어스턴스는 '대마불사, 즉 규모가 커서 파산해서는 안 된다'는 것이 아니라, '다른 금융기관들과 너무 많이 엮여 있어 파산해서는 안 된다'는 것이었다. 버냉키의 가장 큰 우려는 베어스턴스의 파산이 3자간 레포Tri-party Repo 시장의 붕괴를 촉발할 수 있다는 점이었다. 금융기관들의 중요한 신용 공급원이 되는 금융기관 간 환매조건부 채권시장Tri-party Repo market은 그 규모가 2조 8,000억 달러에 달했다. 그렇게 되면 금융시장에 재앙을 가져올 뿐 아니라, 신용이 동결되고 자산 가격이 폭락하면서 경제 전체에도 재앙을 가져올 가능성이 컸다.

일반적으로 특정 금융기관이 자금 압박의 징후를 보이기 시작하면, 해당 금융기관은 뱅크런과 유사한 인출 사태를 경험하게 된다. 그 결과 유동성이 바닥을 드러내고, 며칠 사이에 빠르게 파산 국면으로 몰리게 된다. 그 이유는 금융기관들이 단기 차입금, 흔히 익일 만기 차입금에 의존해 장기 비유동자산을 보유

뉴스 &
브리지워터 일일논평(BDO)

2008년 3월 7일
침체 우려 재개, 주가 하락
"금요일 주가가 하락한 가운데, 미국 경기가 이미 침체에 빠져 있다는 우려를 되살린 실업률 발표가 투자 심리를 악화시키는 원인으로 작용했다. 2월 일자리가 6만 3,000개나 줄었다는 노동부의 깜짝 발표가 있고 나서, 다우지수는 개장과 동시에 하락세에 접어들었다."
<뉴욕타임스>

2008년 3월 10일
빠르게 악화되고 있는 상황
"여러분도 알고 있듯이 우리는 거래 파트너들이 지난 몇 년 동안 레버리지를 통해 쌓아올린 과도한 포지션이 일종의 사상누각과도 같은 것이라고 우려해왔다. 금융시장이 신저가를 경신하면서 새로운 문제들이 예상치 않게 튀어나오고 있다. 점점 더 많은 기관이 마진콜에 응하지 못해 파산하고, 그 영향이 리스크에 노출된 중개기관들에 전해지는 상황이다. 베어스턴스의 유동성 위기 소문이 돌면서 금융기관들이 위축된 상태이다. 이런 소문에 대해 특별한 의견이 있는 건 아니지만, 마진콜에 응하지 못해 파산한 금융기관(예: TMA, 칼라일 파이낸셜)이 적지 않았다는 점이 중개기관들에 골칫거리를 안겨주고 있는 듯하다. 거래 파트너의 리스크 노출이 중개기관들 전반에 광범위하게 퍼지며 기하급수적으로 성장했기 때문에 중개기관 하나만 단독으로 파산한다는 것은 상상하기 어렵다.
베어스턴스는 현재와 같은 시장가격으로는 생명을 유지할 수 없을 가능성이 크기 때문에, 상황이 호전되거나 악화되는 둘 중 하나의 길로 갈 수밖에 없는 불균형의 국면으로 접어들었다. 우리의 경험으로는 자금 조달 비용이 베어스턴스 수준에 가까워지면 증권회사나 금융 중개기관들은 살아남을 수 없을 것이다."

2008년 3월 11일
연방준비제도, 은행에 2,000억 달러 규모의 대출 제공 계획
"연방준비제도는 신용시장의 부담 완화를 위한 행동에 나선 가운데 2,000억 달러 규모의 지원 방안을 화요일 발표했다. 이 지원 방안에 따르면, 주요 투자은행을 포함한 금융기관은 재무부로부터 자금을 대여해 리스크가 가장 큰 일부 투자자산을 담보로 그 자금을 활용할 수 있다."
<뉴욕타임스>

2008년 3월 11일
다우지수 416.66포인트 상승, 5년 만에 최대 폭
"화요일 월스트리트는 행복한 하루를 보냈다. 다우지수가 5년여 만에 400포인트 넘게 상승했기 때문이다. 병을 앓고 있는 은행 시스템에 연방준비제도가 자금을 수혈하기로 했다는 소식이 발표되면서 주식은 급등하기 시작했다."
<뉴욕타임스>

2008년 3월 11일
좋은 소식: 유동성 확대, 나쁜 소식: 회계 기준 변경 진전 없어

하기 때문이다. 문제의 조짐이 처음으로 관찰되면, 이와 같은 단기 신용을 제공한 금융기관들은 필연적으로 손실을 피하려고 대출을 중단하게 된다. 물론 우리 브리지워터도 자금 압박을 받는 금융기관에 노출되기를 원치 않았다. 이처럼 투자 노선을 변경하는 시장 참여자들이 점점 더 많아지면서 이런 노선 변경이 유동성 위기를 초래하고, 금융기관의 파산을 유도한다. 이전 그래프에 나와 있는 스프레드의 수치가 금융기관들에 무슨 일이 벌어지고 있었는지를 잘 보여준다. 이 상황에서 금융기관들이 어떤 대응을 보이는지 파악할 수 있는 시간적 여유가 재무부와 연방준비제도에게는 불과 며칠밖에 없었다.

대형 금융기관이 파산한 사례는 과거에도 많았다. 앞장에서 설명했듯이, 부채가 특정 통화 표시로 되어 있고, 정책 입안자가 이 부채를 관리하는 데 무엇이 필요한지 알고 있으며, 그렇게 할 권한이 있다면, 상황을 처리할 수 있다. 약간의 고통은 따르겠지만 범람 효과를 최소화하고 경제적 고통을 줄이는 방식으로 상황을 제어할 수 있다. 이에 대해서는 앞으로 계속해서 다룰 것이다.

2008년 당시 미국 정부에는 부채 위기를 관리하는 데 필요한 것이 무엇인지 뿐만 아니라 일생에 한 번 있을까 말까 한 이런 대규모 부채 위기를 앞두고 사람들이 무엇을 기대하고 있는지까지 모든 것을 잘 알고 있는 정책 입안자들이 있었다. 나는 미국 경제 수뇌부의 위기 대응 자질이 매우 중요하다는 점을 다시 한번 강조하고 싶다. 헨리 폴슨 재무부 장관은 CEO로서의 8년을 포함해 골드만삭스에서 30년을 넘게 근무하면서 금융시장을 경험했기 때문에 금융기관과 금융시장이 어떻게 작동하는지에 대한 해박한 지식을 임무 수행에 활용할 수 있었다. 뿐만 아니라, 압박을 받으며 힘든 결정을 내려본 경험을 바탕으로 강력한 리더십도 발휘할 수 있었다. 당대 최고의 경제학자 중 한 명인 버냉키 의장은 대공황 시절을 가장 잘 이해하고 있는 경제학자이기 때문에 비판적 시각으로 사태를 바라볼 수 있었다. 미국 최대 규모의 은행들을 감독하고 통화 정책을 실행하

"우리는 대규모 디레버리징이 통제 불능의 사태로 비화되는 것을 막기 위해서 세 가지가 필요하다고 생각한다. 1) 자금 압박을 받는 금융 중개기관에 대한 유동성 공급, 2) 금융 중개기관의 붕괴와 재무상태표상 경색을 막기 위해 손실 처리가 적절한 기간에 걸쳐 상각될 수 있도록 회계 기준의 변경, 3) 이런 조치들로 인해 금융 시스템의 효과적 운영이 지속될 거라는 신뢰를 형성하는 것. 연방준비제도는 자신이 해야 할 임무를 훌륭히 수행하고 있다. 하지만 재무부, 의회, 회계 감독 당국은 아직 그렇게 하고 있지 못하다."

는 데 주도적 역할을 담당했던 팀 가이트너 뉴욕연방준비은행 총재는 재무부와 IMF에서의 경력을 포함해 20년 가까이 경제 정책을 다루어본 경력이 있었기 때문에 금융 위기를 어떻게 관리해야 하는지 잘 알고 있었다.

가이트너 총재, 폴슨 장관, 버냉키 의장은 상호 신뢰를 바탕으로 한 팀을 이뤄 헌신적 자세로 서로의 부족함을 채워줄 수 있었다는 점이 자신들에게 축복이었다고 말했다. 뿐만 아니라, 시스템적으로 중요한 금융기관의 파산을 막기위해 할 수 있는 일이라면 뭐든 다 해야 한다는 의지를 공유하고 있었다고 내게 말했다. 다시 말해, 무슨 일을 해야 하는지 협의를 통해 현명하게 결정하고, 권한의 범위 내에서 성과를 내기 위해 협력적인 자세로 임했다는 말이다. 이는 우리에게도 정말 큰 행운이었다. 왜냐하면 이런 협력 의식과 현명함이 없었다면 끔찍하기 그지없는 재앙에 빠지게 될 것이고, 그 재앙으로부터 회복되는 데 수십 년이 더 걸렸을 수도 있었기 때문이었다.

가이트너 총재, 폴슨 장관, 버냉키 의장이 직면한 최대의 과제는 목적 달성에 필요한 조치를 취하는 데 필수적인 법적 권한이 그들에게 모두 있었던 것이 아니라는 점이었다. 예를 들어, 재무부는 법률상 의회가 지정한 목적으로만 자금을 사용할 수 있었다. 소매 예금을 예탁받는 전통적인 은행이 파산하는 경우 관리를 위한 명확한 행동지침이 연방예금보험공사에 있었다. 하지만 투자은행이 파산하는 경우 자금을 지원할 권한은 재무부, 연방준비제도를 포함한 규제기관에 없었다. 이런 점에서 투자은행을 구제하기 위해서는 리스크 노출을 자발적으로 감수할 민간 부문의 기관이 있어야 했다. 이러한 법적 권한의 한계가 결과에 매우 중대한 영향을 주었다.

유연한 권한 부여의 필요성이 절실한데도 그렇게 되지 못한다는 점은 정책 입안자들이 위기의 상황에 맞닥뜨리게 되는 전형적인 난관이다. 평상시의 안정성을 보장하기 위해 설계된 시스템은 즉각적이고 적극적인 행동이 요구되는 위기의 상황에서는 일반적으로 적절성이 떨어진다.

**뉴스 &
브리지워터 일일논평(BDO)**

2008년 3월 14일
J. P. 모건, 연방준비제도와 손잡고 베어스턴스 구제 착수
"J. P. 모건은 연방준비제도의 지원을 받고 '필요에 따라 최장 28일간 베어스턴스에 지원 자금을 제공하기로 했다'라고 밝혔다."
〈뉴욕타임스〉

2008년 3월 14일
은행 문제 여파로 주가 하락
"금요일 주식시장이 가파르게 폭락하는 모습을 보였다. 신용시장이 불안한 상태에서, 난관에 봉착한 베어스턴스를 구제하기 위한 긴급 구제금융이 월스트리트의 투자 심리를 흔들었기 때문이다.
…같은 날 오전, 연방준비제도는 금융 시스템의 원활한 작동을 위해 필요한 경우 유동성 공급을 지속할 것이라는 성명을 발표했다. 연방준비제도의 이런 의지 표명에도 불구하고 투자자들은 불안함을 감추지 못했다.
…재무 상태가 양호하다는 베어스턴스의 주장이 며칠 동안 계속되었지만, 그 후 베어스턴스에 대한 구제 금융 소식이 전해졌다. 그러나 베어스턴스의 CEO는 베어스턴스의 유동성이 목요일 이후 '상당히 악화되었다'라고 밝혔다."
〈뉴욕타임스〉

2008년 3월 14일
베어스턴스 사태 변화에 관해
"베어스턴스와 다른 투자은행들과 관련된 오늘의 사태 변화를 디레버징이 벌어지고 있음을 보여주는 증거로 받아들일 수 있다. 이런 사태 변화를 단지 뉴스로만 받아들인다면, 다음에 벌어질 수 있는 사태에 대비하는 데 도움이 되지 않는다. 그래서 베어스턴스와 다른 투자은행과 관련해 오늘의 사태 변화를 논하기에 앞서 우리는 여러분에게 투자은행들의 현 상황을 다시 한번 알려줄 것이다."

2008년 3월 17일
연방준비제도, 금융시장 구제에 나서
"연방준비제도는 베어스턴스의 인수 작업을 위한 300억 달러의 신용 공급을 일요일 승인했다. 또한 월스트리트 최대의 투자은행을 대상으로 자금을 한도에 제한 없이 대여하겠다는 지원 방안도 함께 발표했다."
〈뉴욕타임스〉

2008년 3월 18일
다우지수, 연방준비제도 금리 인하로 420 포인트 폭등
"화요일 투자자들이 5년 만에 최대 폭의 상승세로 주가를 끌어올렸다. 연방준비제도가 결국 신용 위기 사태를 장악했다는 희망에 금융주가 폭등세를 보인 덕이다. 다우지수는 420포인트 상승하였다."
〈뉴욕타임스〉

재무부와 연방준비제도는 베어스턴스의 문제와 관련해 똑같은 난관에 봉착했다. 그래서 연방준비제도는 2007년 말에 개략적으로 수립한 방안에 기초하여, 대공황 이래 행사해본 적이 없는 연방준비법 제13조3항의 권한을 행사해 버냉키 의장이 나중에 명명한 '자급적 유동성 (급락) 변동'을 저지하기 위한 시도에 착수했다.[22] 연방준비제도는 2,000억 달러 규모의 신규 지원책인 단기 국채대여제도Term Securities Lending Facility, TSLF를 발표했다. 이 제도를 통하면 주요 증권사를 포함한 금융기관이 비정부기관이 발행한 모기지 담보부증권 같은 리스크가 있는 자산을 담보로 활용해 현금이나 국채를 대여할 수 있었다. 시장은 주가가 5년여 만에 최대 폭의 상승(약 4%)을 기록하며 이 연방준비제도의 유동성 투입을 환영했다.

단기 국채대여제도의 발표에도 불구하고, 베어스턴스의 인출 사태는 계속됐다. 베어스턴스는 고객들이 재빠르게 자금을 인출해가기 시작하면서 3월 10일부터 14일까지 4일 동안 180억 달러의 현금 완충기buffer가 사라지고 말았다. 폴슨 재무부 장관은 베어스턴스가 인출 사태로 인해 유동성 위기를 겪고 있다는 소식을 듣자마자 24시간 이내에 베어스턴스가 무너질 수 있다고 우려했다.[23] 베어스턴스는 전적이라고 할 수 있을 만큼 익일 만기 자금에 크게 의존했고, (최대 60일에 이르는) 만기가 더 긴 대출을 제공했다. 3월 14일 목요일이 되자 그런 우려가 현실로 다가왔다. 환매조건부 채권시장의 대출기관들은 베어스턴스에 익일 만기 대출을 제공할 때, 국채마저도 담보로 인정해주지 않는 상황에 이르렀다.

버냉키 의장과 가이트너 총재를 위시한 연방준비제도 관계자들은 추가 대출이 베어스턴스에 도움이 되지 않는다는 것에 의견을 같이했다. 자본금을 늘릴 필요가 있었다. 즉 손실로 인한 자본금의 공백을 채워줄 투자자가 필요했다. 하지만 재무부는 그런 투자자가 될 권한이 없었다. 민간 부문에 의존한 해결책, 즉 재무 상태가 더 건전한 금융기관이 베어스턴스를 인수하는 것이 최선의 대안이었다. 시간을 벌기 위해 연방준비제도는 '필요에 따라 최장 28일간 베어스턴스에 지원 자금을 제공하겠다'고 J. P. 모건과 함께 약속했다.

당시 은행업계 3위였던 J. P. 모건이 베어스턴스의 인수 후보가 되는 것이 가장 자연스러운 방안이었다. 왜냐하면 J. P. 모건은 베어스턴스의 청산은행으로, 베어스턴스와 환매조건부 채권 대출기관 사이에서 중개역할을 담당하고 있었다. 그 덕에 다른 잠재적 구혼자들보다 베어스턴스 소유 회사들을 가장 잘 알고 있었다. J. P. 모건만이 신뢰성 높게 베어스턴스에 대한 자산평가가 가능했기에, 아시아 시장이 개장하는 일요일 전에 베어스턴스의 거래 장부에 대한 보증뿐 아니라 입찰까지도 마무리할 수 있었다. 하지만 300억 달러에 달하는 베어스턴스의 모기지 포트폴리오까지 포함해서 인수하는 조건이라면 J. P. 모건은 인수를 진행할 의사가 없었다. 인수를 성사시키기 위해, 연방준비제도는 베어스턴스의 모기지를 담보로 300억 달러의 인수 자금(인수 조건은 주당 2달러, 역대 최고 주가는 173달러)을 비소구 금융Non-recourse loan(구상권 범위를 담보물로 한정하기 때문에 담보물 이외에는 채무가 면제되는 대출)의 형태로 제공하기로 J. P. 모건에 약속했다. 모기지를 담보로 했다는 말은 모기지 포트폴리오로 인해 향후에 발생할지 모르는 손실을 연방준비제도가, 결론적으로는 국민의 세금으로 부담한다는 조건을 말한다. 또한 연방준비제도는 모기지 담보부증권을 담보로 제공하는 경우 20개의 투자은행과 증권회사를 대상으로 한도에 제한 없이 자금을 대여해주는 새로운 자금 대여 제도도 마련했다.

화요일, 연방준비제도는 추가로 75베이시스 포인트를 인하했다(정책 금리는 2.25%로 하락). 이런 유동성의 구제와 공급은 바람직한 효과를 거두었다. 주가가 회복세를 보이며 3월 동안 기록한 하락 폭을 모두 만회하며 3월 초 수준으로 회복하는 모습을 보였다. 국민의 세금으로 베어스턴스를 살리기로 한 결정은 논란을 야기했다. 하지만 당시의 BDO에 우리가 밝혔듯이 베어스턴스를 살리지 못하면 리스크는 커지고, 유동성 프리미엄(화폐 소유에 의해 발생하는 잠재적 이익을 버리는 데 대한 보수)은 하락하는 등 해로운 자기 강화적 결과를 금융 시스템에 안겨줄 게 뻔했다.

시장이 반등세를 보이긴 했지만, 폴슨 장관, 버냉키 의장, 가이트너 총재는 우려가 컸다. 인수자가 없으면 베어스턴스의 파산의 여파로 패닉으로 치닫는 것을 막을 수 없고, 즉시 리먼 브라더스에 대해 걱정하기 시작해야 한다는 것을 모두가 잘 알고 있었기 때문이었다.[24]

폴슨과 버냉키는 백악관 금융서비스위원회 위원장인 바니 프랭크를 만나 리먼 브라더스가 걱정된다면서, 패닉으로 치닫는 은행의 실패를 저지할 수 있는 긴급 권한이 필요하다고 말했다. 프랭크 위원장은 리먼 브라더스가 파산하기

**뉴스 &
브리지워터 일일논평(BDO)**

2008년 3월 17일
우리 생각에는 연방준비제도는 기막히게 훌륭하게 일을 해내고 있다
"우리는 연방준비제도가 훌륭하게 일을 해내고 있다고 생각한다. 우리도 그와 다르게 일을 할 수 없었을 것이다. 왜냐하면 그와 다른 일을 한다면 감내할 수 없는 결과가 나왔을 것이기 때문이다. 물론 도덕적 해이를 우려하지 않는 것은 아니다. 연방준비제도도 그럴 것이라고 믿는다. 하지만 어느 지점을 구분지어야 하기 때문에 우리는 그 지점이 금융 중개기관 주식의 가치가 사실상 없어지는 지점임과 동시에 신용 문제가 다른 기관으로 번지기 전의 지점이어야 한다고 생각한다. 너무 멀리 가기는 했지만, 현 시점이 그 지점으로 가기 일보 직전의 상태이다.
연방준비제도가 적절하게 행동하고 있다고 믿는다고 해서 상황이 괜찮을 것이라고 자신한다는 뜻은 아니다. 그 이유는 연방준비제도 혼자서는 그 일을 다 해낼 수 없기 때문이다(여러분이 알고 있듯이, 우리는 회계 기준의 변경이 필요하다고 생각하는데 이는 연방준비제도가 아니라 정부기관에서 해야 할 일이다). 게다가 연방준비제도가 해야 할 일은 정신이 아찔해질 정도로 많다.
정부 규제기관이 문제가 얼마나 심각한지를 인식하고 있다는 점은 긍정적이다. 문제는 정부 규제기관이 충분히 신속한 움직임을 보여줄 수 있는지다. 앞서 언급한 것처럼, 눈사태를 막을 수는 있어도 후퇴시킬 수는 없다."

2008년 3월 23일
구제에 나선 연방준비제도, 주가 급등
"지난주는 연방준비제도가 이례적으로 시장 개입에 나서며 가격이 급격하게 요동치는 모습을 보인 한 주였다."
〈뉴욕타임스〉

2008년 3월 27일
경제 실적, 경제 비관론 재점화: 주식시장 하락
"수요일 월스트리트가 하락세를 보였다. 2월 내구재 주문이 줄었다는 소식이 주식 시장에 경제 비관론의 불을 지폈다. 다우지수가 약 110포인트 하락했다. …냉장고, 자동차, 컴퓨터 같은 고가의 내구재 주문이 지난달인 2월 1.7% 하락했다는 소식에 투자자들은 실망감을 감추지 못했다. 내구재 주문은 5.3% 하락한 1월에 이어 2개월 연속 하락했다."
〈AP통신〉

일보 직전일 뿐 아니라, 미국 경제에 치명타를 줄 수 있다는 사실을 국민들에게 신빙성 있게 설득하지 못하면 의회의 승인을 받는 게 불가능하다고 답했다. 폴슨 장관과 가이트너 총재는 리먼 브라더스의 CEO와 연락을 유지하며 리먼 브라더스를 매각하거나 전략적 투자자로부터 자본을 유치하자고 설득했으나 성과는 없었다.[25]

그 뒤 4월, 폴슨 장관은 베어스턴스의 실패를 통해 크리스 도드Chris Dodd 상원의원, 리처드 쉘비Richard Shelby 상원의원, 다니엘 머드 패니메이 사장, 리처드 사이런Richard Syron 프레디맥 사장과의 회동을 추진했으나 좌절되었다.[26] 이를 계기로 상원은 패니메이와 프레디맥에 대한 개혁 입법을 통과시키기 위한 논의를 시작했다. 이 개혁 입법은 약 1년 전인 2007년 5월 하원을 통과했지만, 상원에서는 계류 중인 상태였다.

사후 복구 반등: 2008년 4~5월

베어스턴스에 대한 구제책과 대규모 완화 정책으로, 4월과 5월 동안 주식은 반등세, 채권 수익률은 상승세를 보였다. 상황이 매우 나빠지면 연방준비제도가 어떤 조치든 필요한 조치를 취할 것이라는 신뢰가 시장에 점점 강해진 영향이었다. 낙관하는 분위기가 주요 정책 입안자들 사이에서 서서히 피어나기 시작했다. 폴슨 재무부 장관은 경제가 반등하기 시작했으며, "올해가 가기 전에 더 빠른 속도로 경제가 성장하는 모습을 보기를 기대한다."라고 말했다.[27] 다음 그래프는 당시 주요 시장의 상황을 보여준다. 여러분이라면 당시 어디에 투자했을지 생각해보기를 바란다.

차입(자산 담보 대출과 매입)으로 '재무상태표 확장'은 둔화되었고, 기대치를 밑도는 경제 실적 통계 수치를 통해 알 수 있듯이 경제 상황은 지속적으로 허약해졌다. 실업률은 치솟고, 소비자 신뢰와 자금 차입은 감소하고, 주택시장의 채무불이행과 압류는 증가하고, 제조업과 서비스 부문의 활동은 위축되는 상황이 이어졌다. 동시에 UBS(190억 달러), 도이치뱅크(40억 달러), MBIA(24억 달러), AIG(79억 달러) 등의 평가손실이 또 한 차례 발표되었다. 연방준비제도의 구제책 이후 수개월 동안의 시장에 대한 조치를 돌아보면서, 우리는 당시의 조치를 '시장 흐름을 일시적으로 바꾸긴 하지만 조치가 필요한 기본 조건은 바꾸지 못하는 통화 개입'에 비유했다.

동시에 유가는 상승세를 이어가며 5월 말 배럴당 130달러에 이르렀고, 달러도 약세를 이어갔다. 이런 시장의 움직임이 연방준비제도의 정책 딜레마를 가중시켰다. 왜냐하면 연방준비제도는 경제가 위축되고, 가격 안정성에 대한 우려가 커지고, 금융 여건의 악화가 심화되는 양상들을 정책을 통해 빠짐없이 막을 필요가 있었다. 그러기 위해서는 정책을 포용적으로 운용할 필요도 있었다. 연방준비제도의 4월 회의록에는 이 점이 반영

미국의 자산시장

S&P500 지수(2008년 3월 물가연동) / **10년 만기 국채 수익률**

베어스턴스 구제 발표

은행 신용부도스왑 스프레드 / **총체적 기업 스프레드**

베어스턴스 구제 발표

되어 있다. 연방준비제도의 연방공개시장 위원회는 "현재 상황에서 어떤 것이 적절한 정책인지 판단하는 것이 어렵다."라고 인정했다. 심지어 두 명의 위원은 '인플레이션 전망에 대한 실질적 우려'라는 표현을 쓰면서 '금리를 이번에 다시 낮추면 장기적으로 분명히 희생이 따를 것'이라고 경고했다.

특정 부문의 부채 문제를 처리하기 위해 경제 전체에 영향을 주는 금리 정책과 유동성 관리 정책을 병행하는 것은 아무리 좋게 평가한다 해도 비효율성이 매우 크다. 거시 건전성 감독 정책Macroprudential policies이 더 적절하다(사실 이 정책은 2007년 당시 고개를 들고 있던 버블을 억제하기 위해서 시행했어야 했다). 그러나 더 많은 시간이 지나고 급박한 상황 때문에 이 정책을 쓸 수밖에 없는 시점이 될 때까지 활용되지 못했다.

베어스턴스 구제 방안이 나온 이후 되살아난 금융시장의 낙관적 분위기와 가격 안정성에 대한 우려가 점점 커지는 분위기가 공존했다는 사실이 의미하는 바는 이것이다. 시장은 2007년 이후 지속된 금리 완화 정책의 사이클이 더 이상은 지속되지 않을 것이라는 점을 4월 말에 있었던 금리 인하 때 이미 감지했다는 것이었다.

2008년 여름: 스태그플레이션

6월, S&P500지수는 9% 하락했다. 금융 부문의 신용 문제가 다시 고개를 들고 빈약한 경제 실적 통계가 발표되는 상황에서 유가 상승으로 인플레이션이 급등한 것이 요인으로 작용했기 때문이다.

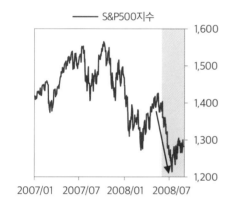
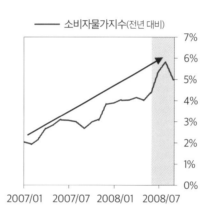

신용 문제와 관련해서는 스탠더드앤드푸어스에 의한 리먼 브라더스, 메릴린치, 모건 스탠리의 신용평가 하향 조정 소식이 6월의 시작을 알렸다. 스탠더드앤드푸어스는 그 배경으로 이 세 투자은행의 채무이행 여력에 대한 신뢰가 낮아졌다는 점을 지적했다. 그리고 리먼 브라더스가 연방준비제도에 긴급 자금 지원을 요청했다는 소문이 돌았다. 그리고 미국의 양대 채권 보증기관인 MBIA와 Ambac이 AAA 신용등급을 유지하기 어려워져 신규 채권 보증 여력에 심각한 타격이 발생했다는 무디스의 보도자료가 발표되었다. 6월 말, 무디스는 MBIA와 Ambac에 대한 신용평가를 하향 조정했고, 리먼 브라더스를 신용등급

"연방준비제도는 수요일 단기 금리를 인하했다. 이로써 7개월 동안 7차례 단기 금리 인하를 단행한 것이다. 하지만 당분간 추가 금리 인하 가능성이 없음을 시사했다."

〈뉴욕타임스〉

2008년 4월 30일
수요일 연방준비제도는 완화 사이클에서 마지막 평가 가격을 완화했다.

2008년 5월 1일
베어스턴스 구제책으로 시장 반등
"베어스턴스 구제책이 시장 흐름을 일시적으로 바꾸긴 하겠지만, 조치가 필요한 근본 여건은 바꾸지 못하고 있다."

재심사 대상에 포함시켰다. 또한 압박의 근본 원인인 모기지 연체율과 주택 압류 비율이 계속해서 상승세를 이어갔다.

리먼 브라더스, 메릴린치, 모건 스탠리의 재무상태표를 확인하여 발생 가능한 손실액이 얼마인지 추산하고, 손실로 인한 자본의 감소가 이 투자은행들의 대출 서비스와 자산 매각에 어떤 의미가 있는지 파악하는 작업을 마쳤다. 그러자 이 투자은행들은 심각한 사태를 향해 가고 있었고, 그 사태가 중대한 연쇄 반응을 일으킬 거라는 사실이 분명해졌다. 이 투자은행들에 마진콜이 다가오고 있었다. 이 말은 이 투자은행들이 증자, 자산 매각, 대출 서비스 축소 중 하나를 선택해야 한다는 뜻이었다. 어떤 것이든 그 선택은 시장과 경제에 악영향을 줄 것이었다.

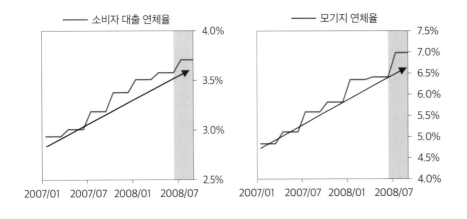

신용이 위축된 결과, 실업률은 5.6%(20년 만에 가장 큰 월간 증가)로 급등했다. 제조업 활동은 4개월 연속 감소했고, 소비자 신뢰는 16년 만에 최저 수준을 기록했다. 동시에 소비자물가지수는 6개월 동안 최대 폭으로 오르며 5월 4.4%로 상승했다. 성장은 빈약하고, 인플레이션이 상승하는 상황에서 스태그플레이션(경기 침체와 물가 상승이 동시에 나타나는 현상) 우려가 촉발되었다.

완화할 것인가 말 것인가, 그것이 문제였다. 상반된 의견들로 인해 그 해답이 명확히 보이지 않았다. 6월 내내, 정책 입안자들은 경제 성장과 가격 안정성에

뉴스 &
브리지워터 일일논평(BDO)

2008년 5월 2일
연방준비제도, 신용시장 경색 완화에 나서
"연방준비제도는 기간입찰대출(TAF)을 통해 제공할 수 있는 대여금의 규모를 현행 500억 달러에서 750억 달러로 늘렸다고 말했다."
〈로이터〉

2008년 5월 9일
AIG, 부실 투자로 78억 달러 손실 발생
"AIG의 CEO인 마틴 설리반(Martin J. Sullivan)은 AIG가 사태의 심각성을 과소평가했다고 시인했다."
〈뉴욕타임스〉

2008년 5월 21일
연방준비제도, 어려운 선택의 기로에 놓여
"…중앙은행이 성장 및 인플레이션과 관련된 지침을 내리면서 엇갈린 신호를 주고 있어 중앙은행 관계자들과 대다수 투자자가 혼선을 빚으며 골머리를 앓고 있다. …연방준비제도가 취한 최근의 시장 조치와 발언을 분석해보면 성장과 인플레이션이 엇갈린 움직임을 보일 수 있다는 우려가 커지고 있다는 사실을 발견할 수 있다."

2008년 6월 2일
현실 문제, 금융 문제로 되먹임
"현실성이 떨어지는 근거 없는 인식에 긍정적인 분위기가 반영되면서 몇 주간 시장 거래가 이뤄지고 있다. 모건 스탠리, 메릴린치, 리먼 브라더스의 장기 부채 신용 등급이 하향 조정되었다는 스탠더드 앤드 푸어스의 월요일 발표가 현실이 무엇인지를 다시 일깨워주고 있다."

2008년 6월 3일
은행 세 곳에 대한 신용평가 하향 조정, 신용 우려 되살려
"주요 신용평가기관인 스탠더드앤드푸어스가 리먼 브라더스, 메릴린치, 모건 스탠리의 채무이행 여력에 대한 신뢰가 낮아졌다고 밝히면서 리먼 브라더스, 메릴린치, 모건 스탠리의 주가가 하락세를 보였다."
〈뉴욕타임스〉

2008년 6월 4일
다우지수, 신용 문제로 100포인트 하락
"주식시장이 오후 일찍 하락세를 보였다. 40억 달러 규모의 증자를 계획하고 있는 리먼 브라더스가 연방준비제도로부터 자금을 대여하려 한다는 소식에 휩싸인 것이 하락세의 원인이었다."
〈AP통신〉

우려가 있음을 반복적으로 암시했다. 버냉키 의장은 유가 상승이 반갑지 않은 불청객이라고 말했다. 폴슨 재무부 장관은 유가 상승이 경제에 '역풍'을 일으킬 것이라고 말했다. 버냉키 의장은 연방준비제도가 환율이 인플레이션과 인플레이션 기대에 어떤 영향을 미칠지 '세심하게 모니터링 할 것'이라고 강조했다. 폴슨 장관은 '정부의 개입을 정책 옵션으로 고려할 것'이라고 말했다.[28]

인플레이션의 압박이 증대되면서 연방준비제도의 정책 우선순위가 부채와 경제 리스크를 통제해 경제 성장과 가격 안정성을 확보하는 방향으로 전환되었다. 6월 4일, 버냉키 의장은 인플레이션 우려로 인한 추가적 금리 인하 가능성은 낮으며, 현재의 정책 금리가 적정한 성장을 유도하기에 충분하다고 말했다.[29] 며칠 뒤, 버냉키 의장은 한 연설을 통해 원자재 가격의 상승과 달러 가치 하락이 장기 인플레이션을 고정시키는 데 어려움을 겪게 했다고 말했다. 결국 연방준비제도는 6월 25일에 금리를 동결하면서 그 배경으로 "성장 하방 리스크

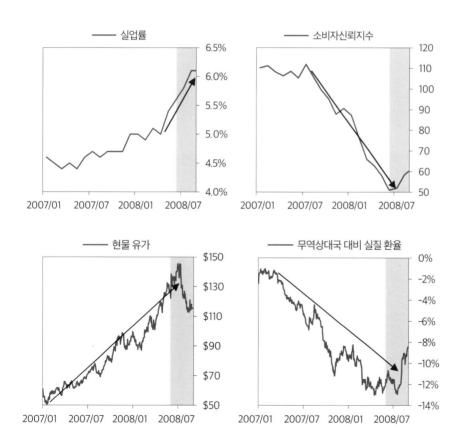

**뉴스 &
브리지워터 일일논평(BDO)**

2008년 6월 3일
미국 제조업 생산 감소, 인플레이션 범위 급증
"5월 미국 제조업 생산이 4개월 연속 감소한 가운데 인플레이션은 4년 만에 최고 수준으로 상승했다. 이에 스태그플레이션 우려가 증대되었다."
<로이터>

2008년 6월 4일
연방준비제도위원회 의장 금리 인하 중단 시사, 인플레이션 우려 탓
"벤 버냉키 연방준비제도위원회 의장은 인플레이션에 대한 우려 때문에 추가적인 금리 인하가 단행될 가능성이 낮다고 화요일 시사했다."
<AP통신>

2008년 6월 5일
무디스, MBIA와 Ambac의 신용평가 하향 조정 가능성
"무디스는 MBIA와 Ambac 파이낸셜의 채권 보증 사업 부문에 대한 신용평가를 현재 최고 등급인 AAA등급에서 하향 조정할 가능성이 있다고 밝혔다. 하향 조정에 의해 양사의 신규 채권 보증 여력이 심각한 타격을 받을 수도 있다."
<로이터>

2008년 6월 7일
유가 상승과 실업률 상승, 주가 끌어내려
"월스트리트가 금요일 2개월 만에 최대 폭으로 하락했다. 원유 가격은 약 11% 상승하면서 배럴당 138달러를 넘어섰고 실업률은 기대치보다 더 크게 상승한 것이 주가 하락의 원인이 되었다."
<뉴욕타임스>

2008년 6월 9일
인플레이션 기대, 세계적으로 변화 겪어
"경제 성장보다 인플레이션에 무게를 더 두는 쪽으로 중앙은행이 정책 기조를 전환하고 있는 분위기다. 이런 정책 기조의 변화를 시장이 감지하면서 단기 금리가 최근 몇 주간 고전을 면치 못하고 있다."

2008년 6월 10일
폴슨 장관, 달러시장 개입 배제 안 해
"폴슨 장관은 기록적인 유가가 미국 경제의 '중대한 골칫거리'라고 말했다. …'유가 상승을 달가워할 이유가 없으며 유가가 미국 경제에 역풍을 일으키고 있다.'라고 폴슨 장관은 덧붙였다."
<로이터>

는 여전히 존재하지만 줄어들고 있는 것으로 보이며, 인플레이션과 인플레이션 기대에 대한 상승 리스크는 커지고 있다."라고 말했다. 199쪽 하단의 그래프를 보고 놀라지 마시라.

시장은 계속 감소하고 있었고, 유가는 상승했다. 신용평가 하향 조정, 평가손실, 부실한 주택시장 통계 등의 문제들이 7월 첫째와 둘째 주 사이에 연이어 등장했다. 금융주가 자유 낙하하듯 곤두박질 쳤는데, 그 원인은 정책 기조 변화의 조짐이 연방준비제도에서 감지되고 있었기 때문이다. 뿐만 아니라 금융 완화 정책의 강도를 높이더라도, 연방준비제도의 완화 정책으로는 신용 문제를 완벽히 해결할 수 없다는 것까지 분명해졌기 때문이다. 모기지 위기는 더 분명해 보였고, 그 위기로 인해 타격을 받을 다음 대상이 누구인지 또한 분명해졌다. 프레디맥과 패니메이의 주식이 극심한 매도 압박에 시달렸다. 모기지의 거대 공기업인 두 기관이 지급 능력을 유지하기 위해서는 많게는 750억 달러의 자본금 투입이 필요한 상황이라고 7월 7일 리먼 브라더스가 발표한 보고서가 그 계기가 되었다. 폴슨 장관은 이 보고서가 "투자자들의 매도 행렬을 촉발한다."라고 말했고, 보고서가 발표된 이후 일주일 동안 프레디맥과 패니메이의 주가는 약 45% 정도씩 하락했다.[30]

7월 중순에 유가가 급락했고, 그 영향으로 연방준비제도에 의한 완화 정책의 여지가 생기면서 시장이 반등했다. 정책 입안자들은 금융 부분의 신뢰를 높이

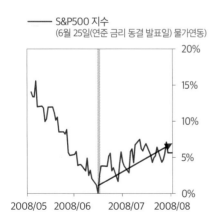

S&P500 지수
(6월 25일(연준 금리 동결 발표일) 물가연동)

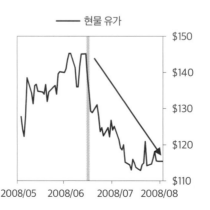

현물 유가

기 위해 시장에 개입했다. 그중 가장 중요한 개입은 프레디맥과 패니메이 사태에 관련된 것이었다. 또한 증권거래위원회는 프레디맥과 패니메이를 포함한 19개 종목의 금융주에 대한 공매도를 제한했고, 연방준비제도는 긴급 대출 프로그램의 대상을 투자은행과 증권회사로 확대했다. 재무부와 연방준비제도는 공동으로 한 가지 대책을 발표했는데, 이 대책으로 프레디맥과 패니메이는 붕괴 위기에 처했을 때 공적 자금(예: 구제 금융)을 활용할 수 있는 토대가 마련되었다.

패니메이와 프레디맥 길들이기

정부의 시장 개입 중 가장 전례를 찾아보기 힘든 것은 패니메이와 프레디맥을 지원하기 위해 공적 자금을 투입하기로 약속한 조치였다. 패니메이와 프레디맥은 각각 1938년과 1970년에 의회에 의해 설립된 국책모기지기관GSE으로, 대공황의 영향으로 시행된 루스벨트의 뉴딜 정책 일환이었다. 패니메이와 프레디맥의 설립 목적은 미국의 모기지 시장을 안정화하고 저렴한 주택의 공급을 확대하기 위해서였다. 이 목적을 달성하기 위해 패니메이와 프레디맥은 승인된 민간 대출기관으로부터 다량의 모기지를 구매해 패키지화하고, 패키지화된 모기지를 지급 보증하고, 투자자들에게 되파는 방법을 활용했다.

언뜻 보기엔 모든 사람이 이런 과정을 통해 이득을 보는 것처럼 보였다. 민간 대출기관은 자신들이 판매하는 모기지를 가능한 한 많이 구매할 준비가 된 구매자들이 대기하고 있어 언제든지 팔 수 있었다. 패니메이와 프레디맥은 리스크가 큰 모기지를 인수해 안전자산으로 바꾸는 작업(싼 물건을 사서 거기에 웃돈을 얹어 비싸게 파는 것)을 통해 큰 수익을 올렸다. 은행을 위시한 투자자들은 투자 적격의 안전자산을 더 많이 공급받음으로써 동일 등급의 미국 국채에 투자했을 때보다 조금이나마 더 많은 수익을 거둘 수 있었다. 그리고 가계는 차입 비용을 낮춤으로써 이득을 보았다.

물론 이 모든 것은 정부가 패니메이와 프레디맥의 뒤를 봐줄 것이라는 암묵

2008년 6월 30일
시장 경색, 경제 악화, 금융은 자유낙하 중
"베어스턴스 구제 조치 이후 지난 3개월 동안, 경제나 시장 여건은 불안정하고 자멸적인 속성을 지닐 수밖에 없다는 사실이 드러났다. 세금 환급 같은 일시적 자금 공급이 소비 지출과 경제를 안정시키는 효과가 없었던 건 아니다. 반면 경제를 안정시키는 효과를 내야 하는 시장가격은 지난 3개월 동안 그 효과를 내는 데 제약을 받았다. 동시에 금융시장 환경을 긍정적으로 바라보게 해주었던 금융주의 반등은 일순간 사라져버렸다. 대신에 실물경제의 신용 여건 악화가 금융시장으로 되먹임되면서 주가가 자유 낙하하듯 추락하고, 레버리지의 시장 가치가 폭발적으로 증가하는 금융기관들이 아주 많아지고 있다. 레버리지 시장 가치(자산/시가총액)가 높아지는 현상이 의미하는 것은 자산 가치가 조금만 내려가도 주식 가치를 대폭 하락하게 만드는 과도한 레버리지 비율이 죽음의 소용돌이를 일으키게 될 것이라는 점이다. 더 큰 손실이 발생할 것이며, 죽어가는 금융기관의 손실을 흡수할 수 있을 정도로 건전한 금융기관은 많지 않게 될 것이다. 그리고 자금이 풍부한 독립 펀드들이 은행주 보유를 꺼리게 될 것이다. 은행은 자본금 부족으로 자산을 유동화할 필요성이 더 커지게 되고, 이는 신용 성장을 제약할 것이다. 한편 금융 산업의 붕괴가 진행되는 동시에 시장가격이 성장을 제약하는 요인으로 작용하게 될 것이다."

2008년 7월 6일
몇 주 동안 유가 상승, 주가 하락 양상 반복
"몇 주 동안 반복된 것과 동일한 패턴으로 유가는 상승하고, 주식시장은 하락했다."
〈뉴욕타임스〉

2008년 7월 10일
대출시장 불안으로 주식 가파른 하락
"23.8% 하락한 프레디맥의 주식이 S&P 500지수 편입 종목 중 최악의 주식이 되었다."
〈뉴욕타임스〉

2008년 7월 15일
구제 대책 여파로 상승세 보이던 증시 하락세
"프레디맥과 패니메이의 주식이 지난주 매도 압박에 시달리자, 헨리 폴슨 재무부 장관과 벤 버냉키 연방준비제도위원회 의장이 행동에 나섰다."
〈뉴욕타임스〉

2008년 7월 16일
증권거래위원회, 공매도 제한 조치 발표
"금융 산업 대란에 대한 대응책을 고심하던 증권거래위원회는 월스트리트의 은행, 패니메이와 프레디맥 등의 주식에 대한 공매도 제한 긴급 대책을 화요일에 발표했다."
〈뉴욕타임스〉

적 보증이 있었기에 가능했다. 국책모기지기관이 발행한 유가증권은 국채만큼 안전하다고 간주하여 차입 비용을 매우 낮은 수준으로 제공한다는 암묵적 보증이었다. 때때로 국채에 대한 부채 스프레드는 본질적으로 0%를 기록했다.

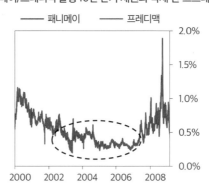

패니메이/프레디맥 발행 10년 만기 채권과 국채 간 스프레드

하지만 이런 암묵적 보증이 법률상 공식적으로 보장되지 않았고, 정부의 보증은 없다는 게 수년간 유지된 정부 관계자들의 입장이었다. 하지만 민간 시장은 정부가 국책모기지기관이 붕괴하도록 놔두지는 않을 것이라고 믿었다. 붕괴 사태가 일어나면 주택 소유자를 포함한 많은 사람이 타격을 입었을 것이다. 그러나 재무부가 분명히 확인해주지 않았기 때문에 100% 확신할 수는 없다. 나는 국책모기지기관이 발행한 상당한 양의 채권을 보유한 중국계 금융기관 대표와의 저녁 만남을 기억한다. 그때 그 대표는 당시 상황을 우려했다. 나는 중국 채권자들이 국책모기지기관 상황에 대해 매우 분석적이고 신중한 접근 방식을 취하고 있음에 큰 감명을 받았다. 국책모기지기관은 성장하면 할수록 시스템적으로 중요한 금융기관이라는 지위가 더 확고해졌다. 때문에 필요한 경우라면 정부가 국책모기지기관의 구제에 나설 것이 거의 확실해졌다. 그 결과 더 안전해졌고, 더 크게 성장하게 되었다.

패니메이와 프레디맥은 주업인 모기지 부채 보증을 통해 수익을 창출해야 한다. 하지만 2007년에 이르러서는 순이익의 약 3분의 2가 리스크가 큰 모기지 담보부증권을 보유한 데서 창출되었다. 모기지 담보부증권 리스크 노출 문제를 더욱 악화시킨 건 느슨한 규제였다. 의회는 재무상태표상에서 드러나지 않는 채무는 0.45%, 포트폴리오 자산은 2.5% 등 법정 준비금 보유 비율을 매우 낮게 설정하여 느슨한 규제의 빌미를 제공하였다. 준비금이 적다는 것은 동일한 규모의 시중 은행과 비교해 자본금이 매우 적었다는 것을 의미한다. 당시 시중

은행들도 심각할 정도로 자본금이 적은 상태였고, 이 말은 약간의 손실만 발생해도 은행 자체가 파산하는 결과를 초래할 수도 있다는 뜻이다. 폴슨 장관은 이를 간파하고 '때가 오기를 기다리며 도사리고 있는 재앙, 문제의 심각성을 보여주는 극단적인 본보기, 과도한 레버리지와 느슨한 규제'라는 용어를 사용하며 패니메이와 프레디맥을 공개적으로 비난했다.[31]

2007년, 패니메이와 프레디맥은 규모가 베어스턴스보다 20배 컸으며 보유/보증하고 있는 모기지와 모기지 담보부증권 총액은 5조 달러에 달했다. 이 규모는 미국 금융시장에서 발행하는 모기지와 모기지 담보부증권의 절반 수준으로 세계 최대 규모의 부채 발행기관이 되기에 충분했다. 미상환 부채 Oustanding debt 총액이 1조 7,000억 달러에 달했는데, 그 중 20%는 외국 투자자들이 보유하고 있었다. 단기 자금시장에서도 역할이 커 주당 최대 200억 달러를 차입하는 경우가 흔했다. 때가 오기를 기다리며 도사리고 있는 재앙이 있는지 확인하기 위해 송곳으로 찔러볼 필요도 없이 명약관화했다. 이제 남은 문제는 정부가 무엇을 할 것인가였다.

패니메이와 프레디맥의 고삐를 죄려는 조치는 정치적으로 쉽지 않았다. 래리 서머스는 1990년대에 이 문제에 손을 대면서 맞닥뜨린 난관에 대해 내게 다음과 같이 설명해주었다.

"패니메이와 프레디맥의 정치적 영향력은 막강하다. 패니메이와 프레디맥에 관련된 우려를 제기할 경우 자신의 임무를 다 할 수 있게 해주는 게 중요하다는 내용의 편지가 4만 통이나 재무부로 날아왔다. 패니메이와 프레디맥에 대해 국회에서 증언하려고 하면, 국회의원들은 미리 작성한 내용이 담긴 편지봉투를 꺼냈는데, 그 안에는 해당 국회의원에게 질문해야 할 내용이 적혀 있었다. 패니메이와 프레디맥에 해가 되는 일을 하려고 하면 전국의 시장들로부터 걸려오는 전화에 시달렸다. 패니메이와 프레디맥과 관련해 가장

2008년 7월 19일
프레디맥, 증자 추진
"사면초가에 몰렸던 미국 국책모기지기관인 패니메이와 프레디맥의 주가가 금요일에도 반등세를 이어나갔다. 패니메이보다 규모가 작은 프레디맥이 증자 추진에 나섬으로써 반등세를 이끌었다. 일주일 남짓 가파른 하락세를 보이다 급등세로 돌아섰던 프레디맥의 주가는 다시 한번 급등하는 모습을 보였다. 프레디맥이 증권거래위원회에 제출한 공시 문서를 통해 증자를 추진할 의사가 있음을 재차 밝힌 것이 금요일 급등세에 영향을 주었다."
<뉴욕타임스>

2008년 7월 20일
유가 하락, 다우지수와 S&P 반등
"일요일, 헨리 폴슨 재무부 장관은 패니메이와 프레디맥에 대한 구제 방안을 내놓았다. 연방준비제도도 패니메이와 프레디맥이 연방준비제도의 할인창구를 통해 저렴한 대출을 받을 수 있을 거라고 밝혔다."
<뉴욕타임스>

2008년 7월 21일
패니메이와 프레디맥 우려, 해외로 번져
"미국의 모기지 시장을 주도해온 패니메이와 프레디맥은 10여 년 동안 해외 투자자들에게 인기가 많았다. 패니메이와 프레디맥이 발행한 증권이 미국 국채만큼이나 안전하지만, 수익성은 더 좋다는 것이 그 이유였다. …패니메이와 프레디맥이 위기에 처한 지금, 구제 방안이 어떤 방향으로 결론 나느냐에 따라 미국 시장에 대한 전 세계의 신뢰를 확인하는 계기가 될 것이다."
<뉴욕타임스>

2008년 7월 22일
모든 시장이 일심동체
"모든 시장이 7월 15일을 전환점 삼아 일심동체가 되어 거래가 이루어지고 있다. 유가가 배럴당 17달러 하락하고 단기 금리가 사상 최저 수준인 상황에서 내려진 금융주 공매도 제한 조치, 은행의 깜짝 호실적 발표 등이 전환점이 되었다. 물론 이런 움직임이 오래 지속될 수는 없다. 왜냐하면 시장을 이끄는 원동력들이 매우 다양하기도 하고 상충되는 경우가 잦기 때문이다. 이런 움직임은 시장 심리가 극단으로 치달을 때 일반적으로 나타나는 양상이다. 한편, 7월에 발표된 경제 통계에 반영되어 있듯이, 근본적인 경제 여건에는 변화가 없다. 경제 여건은 계속해서 약화되고 있다."

짜증났던 경험은 재무부 차입자문위원회^{Treasury Advisory Borrowing Committee}에서 주관하는 분기별 만찬 행사에서였다. 나는 위원들에게 '패니메이와 프레디맥에 대해 어떻게 생각하십니까?'라고 물었다. 위원들은 매우 단호한 어조로 레버리지가 과도하게 이용된 헤지펀드와 같아서 위험하다고 말했다. 나는 '보고서에 그 내용을 포함해주시죠.'라고 말했고, 위원들은 그렇게 하겠다고 답했다. 그런 뒤 내가 받은 보고서에는 패니메이와 프레디맥이 미국의 금융 시스템에 없어서는 안 되는 존재로서 기여가 크다는 내용만 있을 뿐이었다. 그래서 내가 어떻게 된 영문인지 묻자, 위원들은 윗선에 확인해보니 매우 중요한 고객이므로 그런 말을 해서는 안 된다고 해서 어쩔 수 없었다고 말했다."

폴슨 장관은 이 상황을 다음과 같이 표현했다.

"우리는 베어스턴스의 거래 파트너들이 등을 돌렸던 3월에 어떤 일이 벌어졌는지 잘 알고 있다. 우리는 그 사태를 견뎌내고 살아남았지만 패니메이와 프레디맥의 몰락은 참담할 것이다. 소형 은행, 대형 은행, 외국의 중앙은행, MMF(단기 금융펀드)는 말할 것도 없고, 패니메이와 프레디맥의 채권을 보유하고 있지 않거나 거래하지 않는 사람이 없는 것 같았다. 패니메이와 프레디맥이 무너지면, 투자자들은 수백억 달러의 손실을 볼 것이며 외국인들은 미국 시장을 더 이상 신뢰하지 않을 것이다. 그 결과 대규모의 달러 이탈 현상이 발생할 것이다."[32]

패니메이와 프레디맥의 사례는 정부의 (명시적 또는 암묵적) 보증을 통해 리스크가 큰 자산이 실제보다 안전해

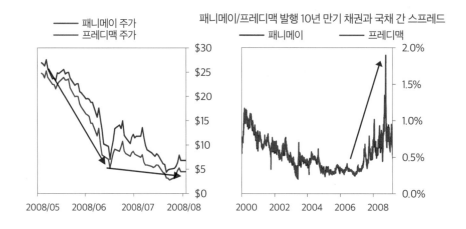

보이도록 만드는 환경을 조성하는 주범이 정치라는 일반적인 문제를 잘 보여준다. 정치로 인해 이런 환경이 조성되면 투자자들은 레버리지 비율을 높여 리스크가 큰 자산에 투자하게 되고, 결국 악성 부채의 성장을 촉진하는 결과를 낳는다.

모기지 담보부증권의 손실이 증가함에 따라 패니메이와 프레디맥의 주가는 곤두박질쳤다. 패니메이와 프레디맥에 악성 부채가 많다는 걸 모르는 사람이 거의 없었기 때문이었다. 패니메이와 프레디맥의 주주들은 채권자들이 보호받는다 하더라도 타격을 받을 것이라는 사실을 알고 있었다. 7월 15일에 이르러, 패니메이와 프레디맥의 주가는 1년도 안 돼 75% 가깝게 하락했다.

위기가 코앞으로 다가오면서 위기의 발생이 확실하고 명확해졌다. 때문에 위기 대처에 나설 필요가 있었다. 격렬했던 막후 협상 끝에 재무부는 7월 23일 의회에서 법안을 통과시킬 수 있었다. 이 법안에 따라 재무부는 사실상 무제한(폴슨 장관은 무제한 대신 '미지정'이라고 표현했다.)의 자금을 사용하여 패니메이와 프레디맥에 자금을 제공할 수 있게 되었다. 이 자금은 사실상 연방정부의 채무 한도에 따른 제약을 받았다. 또한 패니메이와 프레디맥에 대한 감독도 강화할 수 있었다. 재무부는 국민들이 지급을 보증하는 사실상 백지수표를 손에 쥐고 패니메이와 프레디맥의 지급 능력을 유지하는 데 필요한 일이라면 뭐든 할 수 있었다.

파산 직전으로 몰린 대마불사의 금융기관을 국유화하는 방안은 디레버리징 과정에서 벌어지는 전형적인 조치다. 이런 조치는 정부가 금융 시스템에 풍부하게 안정성을 제공할 의사가 있다는 신호를 시장에 주기 때문에 호평을 받는 게 일반적이다.

● 법률은 명확한 기대를 창출하여, 체계적이지만 덜 독단적이고 정치적 쟁점이 적은 의사결정을 쉽게 내리는 경향이 있다.

**뉴스 &
브리지워터 일일논평(BDO)**

2008년 7월 23일
폴슨 장관, 경제 상황과 관련해 조급증 경계 요청
"폴슨 재무부 장관은 맨해튼 미드타운의 뉴욕 공공도서관에서 행한 연설에서 이렇게 밝혔다. '시장은 곧바로 진전을 보이지는 않을 것이며 앞으로 또 다른 험로가 펼쳐질 것이라고 예상해야 한다. 또한 폴슨 장관은 이미 많은 험로를 지나왔고 지금도 지나쳐 가고 있긴 하지만, 주택시장이 더 안정화될 때까지는 금융시장에 압박이 지속될 거라고 예상해야 한다.'"
〈뉴욕타임스〉

2008년 7월 25일
은행 파산 예상에 대하여
"대형 금융기관이 몰락하여 혼란을 일으키는 일은 아직까지는 없었다(인디맥(Indy-Mac)의 경우를 제외하고). 연방준비제도의 유동성 공급이 시장 요동을 방지하는 데 일부 도움이 되었기 때문이다. 금융기관이 위기의 조짐을 보일 때마다 해당 금융기관의 청산을 방지하기 위해 구제 금융이나 매각이라는 방법이 동원되었다. 금융기관에 압박이 지속되고 있다는 점을 감안하면 새로운 금융기관이 파산으로 몰릴 가능성이 크다. 현재 시장에서 금융기관의 약 4%가 향후 6개월 이내에 파산할 것으로 내다보고 있다. 그렇게 되면 6,000억 달러의 자산이 청산되어야 함을 의미한다. …금융 산업은 가용한 자본금이 현 수준의 약 절반 정도로 줄어들 수밖에 없게 된다. 상당 부분이 기존 대출의 손실을 흡수하는 데 사용되어야 하기 때문이다."

2008년 7월 29일
지난주 상승했던 은행주, 하락
"월요일 오후 거래에서 매도세가 크게 확대되는 모습을 보였다. 투자자들이 투자은행과 상업은행의 주식을 매물로 내놓은 결과이다. 매물 중 상당 부분은 지난주 상승에 따른 차익 실현 매물이다. …4대 은행이 모기지 시장에 도움이 되는 신종 채권을 발행할 계획이라고 헨리 폴슨 재무부 장관이 오후에 발표했음에도 은행주의 하락세를 막을 수는 없었다. 폴슨 장관의 발언 이후 매도세는 3대 지수에 편입된 종목에만 집중되었다."
〈뉴욕타임스〉

2008년 7월 29일
재무부, 주택대출 지원 신종 채권 공개
"재무부와 미국 4대 은행은 고사 중인 주택시장을 부양하기 위한 노력의 일환으로, 주택 금융을 지원하는 새로운 형태의 금융 상품시장을 조성하는 작업에 착수할 준비가 되어 있다고 월요일 밝혔다. …재무부는 일명 커버드 본드(Covered bond, CB: 모기지 담보부증권과 유사한 자산 담보부증권이나 우선 상환권을 보장받는 채권으로, 우선 상환권의 보장을 위해 법률 제정이 필요하다.)를 발행하는 금융기관을 위한 모범 실무 지침을 공개했다. 뱅크 오브 아메리카, 시티그룹, J. P. 모건, 웰스 파고가 이 채권을 발행할 계획이라고 밝혔다."
〈로이터〉

2008년 7월 31일
연방준비제도, 긴급 대출 프로그램 기한

견제와 균형의 원리, 법치주의*가 존재하는 민주적 정치 환경에는 부인할 수 없는 이점이 있다. 하지만 민주적 정치 환경에서는 위기 상황을 맞아 신속하게 처리되어야 할 사항들이 제대로 처리되지 못할 위험이 존재하는 것도 엄연한 사실이다. 그런 이유는 발생할 것으로 예측되는 모든 상황을 상정하여 그 상황들을 각각 어떻게 처리할지 구체적으로 명시하는 완벽한 법률은 제정될 수 없기 때문이다. 2008년 금융 위기 동안 법률상 강제되는 경우에도 정당들이 해야 할 일을 하지 않는 위기일발의 상황은 매우 많았다.

7월 30일, 의회가 패니메이와 프레디맥에 대한 감독 권한을 재무부에 부여했고, 재무부는 상황이 얼마나 심각한지 조사하는 작업에 착수했다. 재무부 관계자들은 연방준비제도와 외부 회계 전문가들의 도움을 받아 패니메이와 프레디맥의 장부를 검토했고, 대규모 자본 손실을 일부러 숨기고 있음을 알게 되었다. 비합리적으로 가치가 산정되고 부적절하게 회계 처리된 무형자산과 모기지 보증을 제대로 회계 처리하여 바로잡자, 최소 수백억 달러의 손실이 재무제표에 제대로 반영되지 않았음을 알게 되었다. 폴슨 장관은 이에 대해 다음과 같이 말했다. "우리는 안 좋은 소식이 발표될 경우를 대비하긴 했지만, 문제의 심각성에 놀랄 따름이다."[33]

8월 중순부터 구제 결정이 날 때까지 상황을 분석하였고, 9월 7일에는 구제 조건이 최종 확정되었다. 그 뒤 재무부는 서둘러 법률적 제약에 부딪히지 않으면서 경제적 목표를 달성할 수 있는 방안 수립에 착수했다. 결국 재무부는 우선주 인수를 약속하여 자본을 투입하는 동시에 정부의 보전관리Conservatorship로 연명하게 되었다. 이로 인해 국책모기지기관은 정상적으로 운영을 계속할 수 있었다. 한편 우선주 인수 약속으로 재무부는 18개월로 정해진 권한 종료 시점이 지나서도 부채에 대한 효과적인 지급 보증을 할 수 있었다. 중요한 것은 폴슨 장관이 패니메이와 프레디맥에 간섭할 필요가 없었다는 점이다. 다시 말해, 패니메이와 프레디맥을 직접 감독하는 연방주택금융청Federal Housing Finance Agency,

연장
"연방준비제도는 투자은행에 긴급 자금을 지원해줄 수 있는 긴급 대출 프로그램의 기한을 내년 1월 30일까지 연장한다고 밝혔다. 올해 3월 17일에 시행을 시작한 이 프로그램은 원래 9월 중순에 종료하기로 되어 있었다."

<AP통신>

FHFA의 승인권을 통해 통제할 수 있었다.

국책모기지기관을 구제하는 일은 경제적 난제라기보다는 정치적 난제였다. 패니메이와 프레디맥의 임원들은 여전히 자신들이 흔들리지 않는 지위에 있다고 믿고 있었다. 어쨌든 몇 주 전 연방주택금융청은 패니메이와 프레디맥에 보고서 초안을 보냈다. 그 보고서의 결론은 패니메이와 프레디맥에 자본금이 충분하다는 것이었다. 인수 예정 소식이 사전에 유출되면, 패니메이와 프레디맥의 임원들은 로비스트들과 워싱턴 의회 내 아군들을 동원해 싸울 시간적 여유가 있었다. 이 싸움에서 재무부가 이긴다는 보장이 없었다. 폴슨 장관의 말에 따르면, 패니메이와 프레디맥은 '동네에서 가장 상대하기 힘든 깡패'로 명성이 자자했다.[34]

연방주택금융청의 회계감독관들을 설득하려면 재무부, 연방준비제도, 미국통화감독청The Office of the Comptroller of the Currency, OCC, 연방예금보험공사 간의 공조와 영향력의 결집이 필요했다. 느슨한 회계 법규와 규정으로 패니메이와 프레디맥의 장부를 거듭 승인해준 연방주택금융청은 태도를 급격히 바꿔야 한다는 생각에 당혹감을 감추지 못했다. 하지만 재무부를 포함한 연합군의 압박에 시달린 지 몇 주 후, 연방주택금융청의 회계감독관들은 9월 4일 백기를 들었다. 그다음 날, 이 소식이 패니메이와 프레디맥의 이사회에 전해졌다. 인수에 차질이 생기거나 지연되면 시장이 폭락할 것을 염려한 폴슨 장관은 '패니메이와 프레디맥을 매복시키는 작업'에 착수했다.[35]

폴슨 장관은 내게 패니메이와 프레디맥의 상황과 관련해 다음과 같은 이야기를 해주었다. 2008년 7월, 패니메이와 프레디맥이 무너지기 시작할 때, 재무부는 광범위한 긴급 권한을 부여해줄 것을 요청했다. 패니메이와 프레디맥은 리먼 브라더스를 포함한 모기지 금융의 주된 자금원이 되는 주요 은행들을 모두 합친 것보다 9배 정도 컸기 때문에 무너져서는 안 되는 상황이었다. 하지만 폴슨 장관을 지지하는 정치인들은 대규모 자금을 승인해줄 것을 의회에 요청하면

뉴스 & 브리지워터 일일논평
(BDO)

2008년 8월 4일
선진국, 침체에 들어서
"선진국에 속하는 대부분의 국가에서 성장률이 빠른 속도로 떨어지고 있다. …시장은 여전히 긴축 정책을 취하라고 하는데 선진국의 중앙은행들은 완화 정책을 취해야 하는 상황으로 몰릴 것으로 예상된다."

2008년 8월 5일
연방준비제도, 성장 우려의 여파로 금리 동결
〈뉴욕타임스〉

2008년 8월 7일
소매 판매, 침체 더 심해질 조짐
"지출 습관이 절약하는 방향으로 바뀌고 있고 소비 지출의 버팀목이었던 중형 쇼핑몰과 할인 쇼핑몰이 폐업하는 경우가 늘고 있다는 보고서가 발표되면서 주식이 가파르게 하락했다."
〈뉴욕타임스〉

2008년 8월 7일
AIG, 주택 문제 지속 여파로 대규모 손실 기록
"주택 가치가 하락하고 신용시장의 교란이 지속되면서 AIG의 2분기 손실이 50억 달러를 넘어섰다."
〈뉴욕타임스〉

2008년 8월 12일
430억 달러의 평가손실 기록한 UBS, 주요 사업 분리 예정
〈뉴욕타임스〉

의회가 겁을 먹을 거라고 얘기해주었다. 이에 패니메이와 프레디맥에 자본금을 투입할 수 있는 무제한적인 권한을 요청할 수 없었던 폴슨 장관은 '미지정'의 권한을 요청하기로 결정했다.

하지만 재무부가 받게 되는 '미지정'의 권한은 그 기한이 한시적이어서 2009년 10월에 종료될 예정이었다. 이것이 문제였다. 왜냐하면 패니메이와 프레디맥은 장기 부채가 있었고, 장기 모기지 보증도 하고 있었기 때문이었다. 그래서 의회가 한시적으로 승인한 미지정 권한을 장기 보증에 적합하게 변화시킬 필요가 있었고, 그것을 위해서는 금융 공학을 창의적으로 활용해야 했다. 이에 따라, 정책 입안자들은 즉각적으로 장기 우선주를 발행할 수 있는 자산에 권한을 행사했다. 그런 뒤, 발행된 우선주를 인수해 패니메이와 프레디맥을 지원함과 동시에 향후 발생할지 모르는 손실을 흡수할 수 있도록 대비했다.

부여받은 권한을 합법적이고 슬기롭게 활용한 재무부의 묘수로도 그렇지만, 이런 특별한 시도는 전례가 없는 일로 주목할 만했다. 금융기관을 구제하기 위해 많은 국회의원을 설득해 이데올로기적 반대를 그만두게 하고, 유의미한 자본 투입이 가능하게 하려고 연방정부 채무 한도를 충분히 늘리도록 의회를 종용해야 했던 상황도 마찬가지로 전례가 없는 일로, 주목할 만한 일이었다. 폴슨은 이에 대해 다음과 같이 회고했다. "의회를 돌파하지 못하면, 시장은 폭파되고 말 것이다. 판이 엄청나게 컸다."[36]

8월 초, 유가 하락과 재무부의 전례 없는 개입이 시장에 위안을 주기 시작했다. 그리고 8월 중 주가는 약 2% 회복했다. 금융주는 1%밖에 하락하지 않았고, 패니메이와 프레디맥의 주식은 폭락세를 멈추었다. 그러나 금융시장이 안정되고 있다는 인식이 커지고 있었음에도 신용 문제를 일으키는 근본 원인뿐 아니라 그 원인이 실물경제에 되먹임되는 매커니즘에는 변화가 없었다.

8월 18일, 나는 BDO를 읽는 사람들에게 최악의 상황은 아직 오지 않았다는 점을 다시 한번 일깨워주었다.

(BDO) 8월 18일: 디레버리징, 2단계 진입

디레버리징이 1단계를 거쳐 이제는 2단계(산사태 단계)로 진입하고 있는 것으로 보인다. 연방준비제도는 유동성을 공급하는 임무를 훌륭하게 수행해냈다. 하지만 회계 기준의 조정(손실 처리가 수년에 걸쳐 단계적으로 이루어지도록 허용하는 것)이 아직 이루어지지 않았다. 그래서 자산을 다 팔아도 부채를 모두 갚지 못하는 지급 능력 위기Solvency crisis를 맞게 되어 자산 매각의 광풍이 일어날 것이라는 것이 우리의 생각이다. 중요한 것은 자산 가격이 추락해 금융 시스템과 경제를 나락에 빠뜨리지 않도록 자산 가격을 통제할 수 있는 안전망을 시의적절하게 갖출 수 있느냐는 것이다. 솔직히 말해, 경기는 끝날 때까지 끝난 것이 아닌 것처럼 끝까지 상황을 예의 주시할 필요가 있다.

붕괴: 2008년 9월

9월, 위기가 새로운 단계로 접어들었다. 세계 경제를 불황으로 빠뜨릴 수 있는 실질적인 리스크가 도사리고 있는 단계로 들어선 것이다. 다사다난했던 시기였기 때문에 일(日) 단위로 일어난 일들을 전달할 것이다. 기존에 했던 것처럼, 내가 기술한 글과 상자글 안에 언론 기사를 병행하는 방법도 유지할 것이다.

9월 첫째 주 유가가 가파르게 하락했다는 소식이 전해졌다. 이 소식은 한편으로는 좋은 소식이지만, 다른 한편으로 안 좋은 소식이기도 했다. 인플레이션 우려를 줄여주고 소비자 지출을 촉진한다는 점에서는 좋은 소식이었다. 소비자 지출이 늘어나기를 고대하던 항공업계나 소매업계에는 특히 반가운 소식이었다. 반면 유가 하락이 전 세계 경제 성장의 둔화를 의미한다는 점에서는 안 좋은 소식이었다.

리먼 브라더스, 패니메이, 프레디맥, Ambac 같은 금융기관들은 고전을 면치 못하고 있었지만, 금융 혼란 사태 해결책이 효과를 거두고 있는 측면도 있었다. 예를 들어, 리먼 브라더스의 주가는 사업 일부를 한국산업은행(KDB산업은행)에

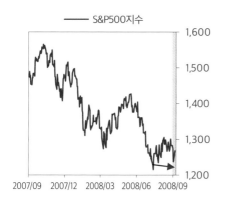

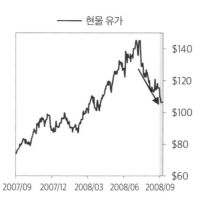

뉴스 &
브리지워터 일일논평(BDO)

2008년 9월 2일
유가, 급락하며 5개월 만에 최저가
"유가 하락으로 전체 상품 가격을 끌어내렸지만, 유가 하락이 소비자 지출을 끌어올릴 거라는 희망적인 분위기가 투자자들 사이에서 퍼지면서 주식시장은 상승했다."
<뉴욕타임스>

2008년 9월 3일
투자자 불안 심리로 시장 엇갈린 양상
"수요일 시장에 긍정적인 영향을 준 산업은 최근 어려움을 겪고 있는 금융 산업이었다. Ambac, 프레디맥, 리먼 브라더스 등 대형 금융기관으로부터 희망적인 소식이 전해지면서 저가 매수를 노리는 일부 투자자들이 금융주로 모여들었다."
<AP통신>

2008년 9월 3일
크라이슬러와 GMAC, 금융시장에 악영향
<뉴욕타임스>

2008년 9월 4일
주요 지수 급락으로 월스트리트 약세장 복귀
"경제 관련 악재성 소식들이 전해지며 다우지수가 목요일 폭락세를 보이며 344.65 포인트 하락했다. 투자자들은 폭락세의 원인으로 경제 관련 악재 외에 다른 특별한 원인을 꼽지 못했다."
<뉴욕타임스>

2008년 9월 4일
리먼 브라더스, 악성 부채 해결 위해 사업 매각 고려
<뉴욕타임스>

2008년 9월 5일
미국 정부, 모기지 업계의 양대 기업 구제 현실화
"부시 행정부와 연방준비제도의 고위급 인사들이 금요일 모기지 업계의 양대 기업인 패니메이와 프레디맥의 최고경영진을 호출한 가운데 두 기관을 정부가 직접 관리하기 위한 준비를 진행 중이라고 언급한 것이 회동에 참석한 인사들로부터 알려졌다."
<뉴욕타임스>

2008년 9월 5일
실업률 6% 넘어서, 2003년 이래 최고치
<뉴욕타임스>

2008년 9월 6일
모기지 거인, 자본금 규모 부풀려 회계 처리
"정부의 패니메이와 프레디맥 인수 추진이 이르면 이번 주 발표될 예정인 가운데, 재무부의 의뢰를 받고 두 기관의 회계 장부를 검토 중인 자문단이 프레디맥이 자본금을 부풀려 회계 처리했음을 알게 되었다고 정부 관계자들이 말했다."
<뉴욕타임스>

2008년 9월 6일
하락세 보이던 주식시장 반등
<AP통신>

매각하려는 협상에 진전이 있다는 소식이 전해지면서 상승세를 보였다. 한편 (40억 달러의 부채 매각에 성공한) 프레디맥과 (신규 채권 보증 자회사의 설립을 발표한) Ambac으로부터 전해진 희소식들은 이 기관들을 둘러싼 우려를 완화하는 데 일부 도움이 되었다.

이런 긍정적인 변화는 계속되는 부정적인 경제 실적 발표와 대조를 이루었다. 특히 실업 수당 신청이 늘었으며 실업률도 5.7%에서 6.1%로 뚜렷하게 증가했다는 고용 실적 발표가 부정적 경제 실적의 대표적인 예였다. 저조한 고용 실적 발표로 주식시장은 2.5% 하락했다. 저조한 경제 실적이 발표되기는 미국 밖에서도 마찬가지였다. 캐나다, 호주도 동일한 양상을 보였다. 즉 수요 둔화, 생산량 둔화 같은 양상이 전개되며 주식시장은 대체로 소폭 하락하며 9월 첫째 주를 마감했다.

9월 첫째 주를 마감한 시장에 엄청난 소식이 전해졌는데, 미국 정부가 패니메이와 프레디맥을 인수한다는 소식이었다.

리먼 브라더스의 파산: 9월 8일~15일

9월 8일 월요일, 주식은 2% 상승했다. 그 원인은 몇 달 전만 해도 생각할 수도 없었던 과감한 조치인 패니메이와 프레디맥의 국유화 소식에 시장이 긍정적인 반응을 보였기 때문이다. 〈뉴욕타임스〉는 "금융주가 시장의 급격한 상승을 이끌었다. 정부의 결정이 재앙을 막았을 뿐 아니라 1년 가까이 은행들을 괴롭혀온 신용 위기에 새로운 전기를 마련했다는 희망적 분석이 급격한 상승세에 동력을 제공했다."라고 썼다. (나의 강조점) "아이고, 이건 아니잖아!"라고 말하고 싶은 것이 당시의 심정이었다.

이러한 기사를 쓴 기자들은, 사건의 전모를 명확하게 알 수 있는 위치에 있지만, 일반적으로 일어난 일을 명확하게 보이게 하는 방식으로 해당 사건을 묘사한다. 그러나 명확해 보이는 것과 명확한 것은 완전히 다른 문제이다. 시장이 고

2008년 9월 7일
안도의 한숨 내쉰 투자자, 경제 난제 여전
"연방정부가 패니메이와 프레디맥을 인수하고 지원할 것으로 알려지면서 전 세계 투자자들이 안도의 한숨을 내쉬었다. 인수 소식으로 상처뿐인 미국의 모기지 시장에 정부가 계속해서 신용을 공급할 것이 확인되기는 했다. 그러나 인수 소식이 전해진 것이 미국 경제 앞에 놓인 난관에 대한 우려를 가중하는 계기가 됐을 뿐 아니라 미국 경제가 외국인 투자자, 특히 아시아 투자자에 대한 의존도가 크다는 점을 잘 보여주는 계기도 되었다."
〈뉴욕타임스〉

점 대비 20% 하락하고, 많은 개별 주식이 그보다 훨씬 더 많이 하락해 있는 상황임에도 불구하고 〈뉴욕타임스〉는 위기가 더 심화되기 전 며칠 동안 '저가 매수를 노리는 투자자들'이 몰려들고 있다는 기사를 세 차례(9월 3일, 5일, 10일)나 내보냈다. 예를 들어, 리먼 브라더스의 경우 약 80% 하락한 가격으로 거래되고 있었다. 게다가 리먼 브라더스는 160년에 가까운 역사로 호평을 받는 회사였지만, 인수자 혹은 전략적 투자자를 찾아야 할 위기에 처해 있었다. 다음 그래프는 9월 초까지 리먼 브라더스의 주가 추이를 보여준다. 하락하는 추세에 있는 게 분명했지만, 몇 차례의 반등도 있어서 주가가 바닥을 다지고 있다고 주장할 수 있었다. 하지만 장담한다는 식으로 말을 해서는 안 되는 상황이었다. 투자할 때는 언제 자신감을 가져서는 안 되는지, 그리고 한 가지 의견을 가지고 베팅해서는 안 되는지를 아는 것이 중요하다.

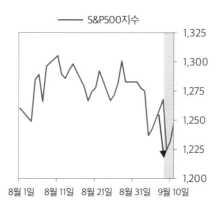

리먼 브라더스를 구해줄 전략적 투자자가 구체화되지 않자, 화요일에 리먼 브라더스의 주식은 50%가량 하락했다. 시티그룹, 모건 스탠리, 메릴린치 등 기타 주요 은행의 주식도 5~10% 하락했고, 시장 전체는 3%가량 하락하면서 신용 스프레드가 상당히 확대되었다. 투자자, 규제기관 모두 리먼 브라더스가 주말까지 생명을 부지할 수 있을지 의심하기 시작했다.

무너져 가는 투자은행들을 구제할 수 있는 확실하면서도 법률적으로도 문제가 없는 방안은 없었다. 그러나 이 투자은행들은 시스템적으로 중요한 금융기

2008년 9월 8일
인수 소식에 주가 급등
"연방정부에 의한 패니메이와 프레디맥 인수가 발표된 후 월요일 전 세계 주식시장이 반등세를 보였다. 하지만 가장 낙관적인 견해를 가진 투자자들마저도 다른 경제적 문제들이 해결되지 않았다며 우려했다."
〈뉴욕타임스〉

2008년 9월 8일
패니메이와 프레디맥의 문제 해결을 위한 마지막 단계
"크게 보면, 패니메이와 프레디맥이 무너진다는 것은 너무도 명확해지고 있다. … 패니메이와 프레디맥이 무너질 것이라는 사실은 오래전부터 불가피한 현실이었다. …그리고 이런 선택을 앞두고 미국 정부가 패니메이와 프레디맥에 지급을 보증해주고 사실상 국유화하는 게 불가피했다. …큰 그림이 분명한 상황에서 재무부가 행동을 취하기에 앞서 왜 그렇게 많은 시간을 그냥 보냈는지는 의문으로 남는다."

2008년 9월 9일
리먼 브라더스, 우려로 주식 하락
"주식시장이 화요일 크게 하락했다. 리먼 브라더스의 안정성에 대한 우려가 새롭게 제기되면서 금융 부문 전반에 대한 불안 심리가 되살아난 결과이다."
〈뉴욕타임스〉

2008년 9월 10일
매도세 중단 투자자들, 저가 매수 노리고 투자에 나서
"수요일 주식시장이 소폭 상승하며 장을 마감했다. 투자자들은 에너지, 원자재, 기본 생필품 관련 종목은 매수하면서도 금융주에 대해서는 여전히 조심스러운 태도를 보였다."
〈뉴욕타임스〉

2008년 9월 10일
워싱턴 뮤추얼, 투자자 우려에 주식 하락
"뉴욕 증시는 리먼 브라더스의 바통을 이어받을 다음 주자가 누구일지 불안해하는 모습이 역력했는데, 끝내 다음 주자로 한 금융기관이 지목된 것으로 보인다. 그 회사는 다름 아닌 미국 최대의 저축대부조합인 워싱턴 뮤추얼이다."
〈뉴욕타임스〉

2008년 9월 11일
주식시장, 장 초반 하락세 딛고 상승
"목요일, 개장 직후 급락세를 보이던 주식시장이 오후에는 견고한 반등세를 만들어냈다. 유가가 하락했다는 호재가 미국 최대 은행 일부에 불거진 악재를 압도하면서 주식시장은 반등하는 모습을 보였다."
〈뉴욕타임스〉

2008년 9월 11일
다음은 AIG?
"금융 산업에 추가 손실이 생길까 노심초사하고 있는 투자자들이 사면초가에 빠져 있는 AIG로 시선을 집중시키고 있다. AIG는 신용 위기가 확대되는 과정에서 최대 규모에 버금가는 손실을 기록한 바 있다."
〈뉴욕타임스〉

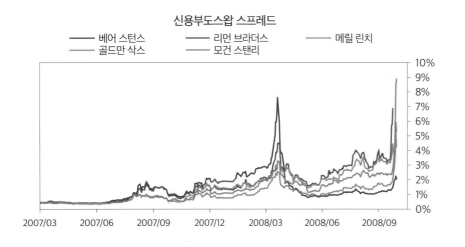

신용부도스왑 스프레드

— 베어 스턴스　　　— 리먼 브라더스　　　— 메릴 린치
— 골드만 삭스　　　— 모건 스탠리

2007/03　2007/06　2007/09　2007/12　2008/03　2008/06　2008/09

2008년 9월 12일
리먼 브라더스 우려로 산만했던 주식시장
개별주, 등락 엇갈리며 마감
<AP통신>

2008년 9월 12일
미국, 은행 위기 해결 위한 긴급 경고 발동
"리먼 브라더스가 금요일 저녁 휘청거리
는 모습을 보인 가운데, 연방준비제도 관
계자는 월스트리트의 주요 금융기관 대표
들을 소환해 로어 맨해튼에서 회동하고
그 자리에서 난관에 봉착한 리먼 브라더
스의 구제에 나설 것이며, 금융시장 안정
화 방안도 곧 마련할 것이라고 밝혔다."
<뉴욕타임스>

관들이었다(예: 투자은행들이 무너지면 전체 금융 시스템까지 무너질 수 있었다.). 연방준비제도가 리먼 브라더스에 자금을 대여해 유동성 문제를 덜어줄 수는 있었다. 하지만 상황이 상황인 만큼 무제한적으로 자금을 대여해줄 수는 없었고, 규모에 제한이 있을 수밖에 없었다. 리먼 브라더스는 유동성 문제만이 아니라 지급 능력에도 문제가 생겼기 때문에 유동성 공급을 확대한다고 해서 문제가 해결될지는 불분명했다.

앞서 설명했듯이, 지급 능력 문제를 해결하는 방법은 더 많은 자본금을 투입하는 방법(아니면 회계 규정이나 회계 관련 법적 규제를 바꾸는 방법) 이외에는 없다. 이것은 투자자나 인수자가 있어야 한다는 말이다. 연방준비제도나 재무부는 그럴 권한이 없었다. 그래서 베어스턴스에게 J. P. 모건이 있었듯이, 민간 부문의 투자자나 인수자가 있어야 하는 상황이었다. 그러나 투자자나 인수자를 찾는 것은 베어스턴스의 경우보다 더 어려웠다. 리먼 브라더스는 더 크고, 더 복잡하고, 점점 더 불확실해지는 포지션으로 뒤죽박죽인 상황이었기 때문이다.

생존을 위해 인수자가 필요한 투자은행이 리먼 브라더스뿐만이 아니라는 점이 인수자를 찾는 것을 더 어렵게 만들었다. 월스트리트의 대표 투자은행인 메릴린치도 상황이 매우 심각하기는 마찬가지였다. 리먼 브라더스의 경우처럼, 메릴린치도 투자자가 없으면 파산까지 가는 데 일주일도 남지 않았다고 생각하

는 사람들이 많았다.[37]

9월 11일 목요일, 바클레이 은행과 뱅크 오브 아메리카가 인수에 관심은 있지만, 정부의 지원 없이는 인수할 의사가 없다는 소문이 돌면서 리먼 브라더스의 주가는 폭락을 이어나가며 끝내 42% 하락했다. 당시 리먼 브라더스는 영업 활동을 유지하기 위해 2,000억 달러의 오버나이트 론Overnight loan(뉴욕금융시장에서 증권딜러, 특히 정부 증권딜러 간 장외 증권거래를 위해 제공되는 최단기 신용의 한 형태로 오늘 빌렸다가 다음 영업일에 결제하는 1일 자금을 의미)을 통해 자금을 융통하고 있는 상황이었기에 신용시장의 침체를 더 악화시킬 위험이 있었다.[38]

9월 12일 금요일, 연방준비제도와 재무부가 리먼 브라더스 인수 지원에 나서지 않을 거라는 소식이 들리며 리먼 브라더스의 주가는 17% 하락했다. 리먼 브라더스가 무너지면 이는 금융 시스템 전반에 충격을 주게 되고, 이는 AIG까지 무너지는 연쇄효과를 낳을 게 뻔했다(AIG의 주가는 31% 하락했다.). 하지만 주목할 점은 시장 대부분이 금융 산업의 위기가 억제될 것으로 믿고 있었다는 점이다. 전체 시장은 유가 하락에 힘입어 0.4% 상승하며 금요일 장을 마감했다.

뉴스 &
브리지워터 일일논평(BDO)

2008년 9월 13일
리먼 브라더스 운명 안개 속, 바클레이 은행 인수 협상 중단
"구세주를 찾지 못해 어려움이 계속되고 있는 리먼 브라더스가 일요일 파산할 것으로 보인다. 만약 리먼 브라더스가 파산하면 월스트리트 역사상 최대의 파산으로 기록될 전망이다."
<뉴욕타임스>

2008년 9월 14일
메릴린치의 놀라운 몰락
"모기지 투자로 450억 달러 이상의 손실을 기록한 메릴린치는 뱅크 오브 아메리카와의 인수 협상을 통해 503억 달러에 보유 지분을 매각하기로 월요일 합의했다. 이 소식은 협상 과정에 참여한 한 관계자로부터 전해졌다."
<뉴욕타임스>

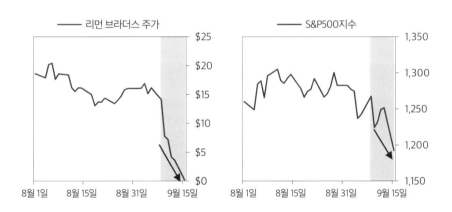

9월 12일 금요일 저녁, 골드만 삭스에서 뱅크 오브 뉴욕 멜론The Bank of New York Mellon에 이르기까지 월스트리트 주요 은행의 대표들을 연방준비제도 관계자가 불러 모았다는 보도가 나왔다. 리먼 브라더스의 구제에 주요 은행의 동참을 요청하기 위해서였다. 이에 선뜻 응하는 은행이 있을지는 지켜봐야 했다. 뱅크 오

브 아메리카, 바클레이 은행, HSBC는 관심이 있는 것으로 알려졌으나, 정부의 지원 없이는 인수할 의사가 없다고 밝혔다. 한편 지원은 없다는 재무부의 공개적인 입장에는 변함이 없었다.

폴슨 장관은 금융기관들로 콘소시엄을 구성해 리먼 브라더스의 악성 부채를 인수하도록 유도하면 리먼 브라더스의 인수가 쉬워질 수 있을 것이라고 기대했다. 왜냐하면 리먼 브라더스의 악성 부채 상당 부분을 콘소시엄이 이미 인수했기 때문에 인수자가 악성 부채를 인수하지 않아도 되기 때문이었다. 그러나 콘소시엄 구성에는 일부 진전이 있었지만, 인수자는 선뜻 나타나지 않았다. 폴슨 장관, 버냉키 의장, 가이트너 총재는 인수자가 나타나지 않아 패닉에 빠져 광란으로 치닫는 이 사태가 비은행 기업이 무너지는 방향으로 번지면 이를 막을 만한 권한이 연방준비제도에게는 없다고 말했다.[39]

버냉키 의장과 가이트너 총재는 리먼 브라더스의 파산을 막기 위해 자신들이 어떤 일을 할 수 있는지에 대해 폴슨 장관과 많은 대화를 나눴다. 하지만 베어스턴스의 경우처럼 연방준비제도의 자금 대여가 효과적일 것이라고 생각하지는 않았다. 법률상 대여는 '만족할 만한 기준을 충족해야 한다'는 조건이 요구되었는데, 이로써 대여 가능 금액의 규모가 제한되었다. 그 말은 리먼 브라더스를 구제할 수 있을 정도의, 또는 리먼 브라더스의 거래 장부를 보증해줄 수 있을 정도의 충분한 대여 자금을 제공할 수 없음을 뜻한다. 이런 제약에도 불구하고 리먼 브라더스의 파산을 막을 방안이 마련되면서 운명의 주말을 앞둔 몇 주가 흘러갔다. 그들은 자신들이 부여받은 권한을 창의적으로 적용해 최대한 많은 리스크를 부담할 의사가 있었지만, 법률적으로 허용된 범위 내에서만 가능했다. 그들은 더 많은 것을 얻기 위해 적극적으로 나서기는 했지만, 연방준비법 제13조3항(다양한 채무자들에 대한 자금 대여를 허용하는 조항) 때문에 연금술사처럼 기적을 만들어낼 수는 없었다. 대여는 주식과 달리 상환 의무가 있으므로 대여가 실제로 어떤 효과를 발휘하는지 고려해야 했다.

정책 입안자들에게 시장 교란 없이 리먼 브라더스를 매각할 수 있는 권한이 있다면 더 바람직할 것이라는 데 거의 모든 사람이 의견을 같이했다. 많은 사람이 바람직하다고 의견을 모은 방안이 한 가지 있었지만, 정치적·법적 제약으로 인해 실행되지 못했다. 이처럼 정치적 제약과 충분한 고려 없이 제정된 법적 제약이 걸림돌로 작용해, 바람직한 방안이 실행되지 못할 수 있다는 것을 보여주는 전형적인 본보기가 바로 리먼 브라더스 사태이다.

9월 14일 일요일 오후, 리먼 브라더스의 파산이 임박했다는 소식이 전해졌고, 결국 난리가 났다. 금융기관으로서 리먼 브라더스의 규모와 다른 금융기관과 맺고 있는 상호 연관성 때문에 그 충격은 예전의 다른 어떤 사건보다 컸다. 그리고 이에 따라 다른 금융기관으로 사태가 번져나갈 것이 분명했다. 리먼 브라더스도 구제하지 못하는 정부에게 금융 시스템 전체를 살릴 능력이 있는지 의심을 품기 시작했다. 리먼 브라더스의 파산이 특별히 공포스러웠던 이유는 리먼 브라더스의 규모가 크기도 했거니와 금융 시스템 전체와 어떻게 상호 연관되어 있는지 잘 모르고 있었기 때문이었다.

사태가 전염병처럼 확산될 수 있는 몇 가지 주요 경로가 있었다. 가장 중요한 (그리고 가장 불분명한) 경로는 파생상품시장에서 차지하는 리먼 브라더스의 위상이었다. 리먼 브라더스는 파산 당시, 신용부도스왑의 리스크에 대한 노출이 적게는 4조~6조 달러에 달했으며, 이는 전체 시장의 약 8%에 해당하는 규모였다. 이런 리스크 노출의 상당 부분이 상계 처리되지만(그리고 리먼 브라더스가 실제로 엄청난 금액의 순부채를 가지고 있는 것도 아니었지만), 리먼 브라더스의 파산은 고객들에게 서둘러 새로운 거래 파트너를 찾으라는 신호였다. 당시 리먼 브라더스의 순노출net exposure: long position-short position(매수-매도 포지션)이 얼마나 큰지, 그 포지션의 반대편에 있는 거래 파트너가 누구인지 아무도 몰랐다. 선을 넘어 거대하고 무시무시한 미지의 세계로 접어들고 있었다. 9월 11일, 우리는 BDO에 다음과 같이 썼다.

현재 상황은 불확실성이 엄청나게 크다. 갑자기 사라진 거래 파트너와 맺은 통화선물 계약을 청산하러 가면 어떤 일이 생길까? 아무 문제 없을 수도 있지만, 예상치 못한 상황이 여러분을 고통스럽게 만들 수도 있다. 증권사로부터 거래 이득을 회수할 수 없다면 어떻게 되겠는가? (우리는 꾸준히 모든 이로부터 거래 이득을 회수하고 있다.) 증권사가 무너졌을 때, 여러분은 일반적인 채권자라고 할 수 있을까? 리스크는 누구에게 전가할 것인가? 아마도 리먼 브라더스 다음은 메릴린치가 될 것이다. 이를 두고 여러분은 무엇을 할 것인가? 그리고 메릴린치 다음은 누구일까? 모든 사람이 이런 질문들을 던진다면, 거래를 줄이고 일부 기관들과의 거래 포지션에 집중하는 길로 가야 한다. 그러나 일부 기관들은 가장 유능한 금융기관이나 펀드 매니저와 거래할 수 있는 길을 제한할 유인이 있다. 이에 따라 유동성은 줄어들고, 거래 비용은 올라가고, 변동성은 커지게 되는 결과가 불가피하다. 변동성이 커지면, 사람들과 기업들은 가격이 급변하는 상황에서 거래하기 때문에 결과는 실물경제에 되먹임된다. 금융 부문의 자금 부족은 신용 성장의 둔화를 의미하므로 경제 성장을 저해하는 결과를 맞게 된다. 우리는 조만간 이 선을 넘을 것이다.

자산 규모 약 6,000억 달러에 달하는 리먼 브라더스의 파산은 미국 역사상 최대 규모의 파산이었다(지금도 그렇지만). 하지만 리먼 브라더스는 골드만 삭스와 비교하면 그 규모가 3분의 2밖에 되지 않았다. 그리고 J. P. 모건과 비교하면 4분의 1밖에 되지 않았다. 하지만 이들 금융기관들은 서로 얽혀 있었기 때문에 손실 문제와 유동성 문제가 매우 빠르게 확산되었다.

우리는 이런 위기 단계를 '눈사태'라 불렀다. 즉 금융 시스템의 한 구석(서브프라임 모기지)에서 발생한 조그만 문제가 자기 강화적 과정을 통해 더 큰 문제로 빠르게 커지는 단계를 말한다.

리먼 브라더스 붕괴 여파: 9월 15~18일

9월 15일 월요일 오전, 리먼 브라더스가 파산을 선언했고, 주식시장은 거의 5% 하락했다. 금융 부문이 큰 고통을 받으며 은행주와 보험주가 약 10% 하락했고, 어떤 산업도 그 여파를 피해가지 못했다. 신용 스프레드는 폭발적으로 증대됐고, 신용 흐름이 중단되었다. 그다음 주까지 시장, 정책 입안자, 브리지워터 모두 리먼 브라더스 파산의 파급 효과가 얼마나 큰지 알아내기 위해 애를 썼다. 하지만 복잡한 상호 연관성과 불투명한 리스크 노출로 인해 브리지워터에도 뾰족한 방법은 없었다. 파산할 가능성이 있는 금융기관을 모두가 피하는 상황에서 불확실성이 참담한 결과를 낳을 것이고, 그렇기 때문에 보호장치를 마련해야 한다는 점이 분명해졌다. 그러나 정책 입안자들은 리먼 브라더스를 살리지 못했을 뿐만 아니라, 살리겠다는 의지도 없었다. 그런데 어떻게 금융 시스템 전체를 살릴 수 있단 말인가?

리먼 브라더스가 파산하기 전날인 9월 14일 밤에 발표된 연방준비제도의 즉각적인 대응책 중 하나는 프라이머리 딜러 대출Primary Dealer Credit Facility, PDCF(예금은행들에만 허용해오던 재할인 창구를 투자은행과 증권사 등에까지 개방한 제도)의 전례 없는 확대였다. 이 제도는 주식, 서브프라임 모기지, 정크 본드 같은 고리스크의 투자 상품을 포함한 거의 모든 형태의 투자자산을 담보로 설정하여 투자은행에 자금을 대여해주는 제도이다. 연방준비제도의 이 조치는 매우 파격적이었다는 점을 시장이 알았어야 했다. 정상적인 상황이었다면 그랬을 것이다. 하지만 리먼 브라더스의 파산이라는 큰 사건에 묻혀 이 조치는 빛을 발하지 못했다(217쪽 상단 도표 참조).

폴슨 장관은 나중에 자신의 책에서 리먼 브라더스가 왜 파산했는지에 대해 거침없고 솔직하게 설명할 수 없어서 답답했다고 썼다. 위기를 겪는 정책 입안자들이 커뮤니케이션할 때 맞닥뜨리는 보편적인 문제가 바로 이런 것이다. 그는 책에서 다음과 같이 말했다.

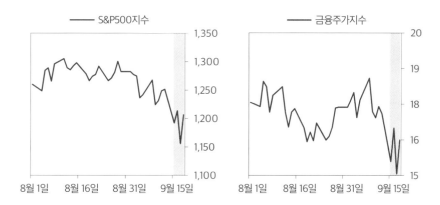

"나는 고통스럽게 눈을 가리고 있는 것 같았다. 공직자로서 이런 상황을 너무 많이 겪어왔다. 나는 원래 솔직한 성격이다. 결단력과 자신감으로 시장을 안정시키고 국민들에게 상황이 어떤지를 알게 하는 게 중요하다. …하지만 우리에게 힘이 없었다고 말하고 싶지는 않았다. 예를 들어, 실제로 없었던 것이 사실이지만 리먼 브라더스를 구할 법적 권한이 없었다고 말하고 싶지는 않았다. 모건 스탠리는 리먼 브라더스보다 재무 상황이 월등히 나았지만, 이미 공격을 받고 있었고 그 공세는 앞으로 극단적으로 강화될 것이다. 모건 스탠리를 잃는다면, 다음은 골드만삭스가 될 것이다. 둘 다 무너지면, 금융 시스템이 수증기처럼 증발하고 말 것이며, 결국에는 경제도 그렇게 될 것이다."[40]

정책 방향에 큰 의문을 품고, 나는 9월 15일자 BDO에 다음과 같이 썼다.

(BDO) 9월 15일: 우리는 지금 어디에 있는가

당분간 금융기관들이 감내해야 할 손실이 어느 정도인지 우리는 이미 파악하여 알고 있다. 우리는 이미 여러분에게 지난해 수차례 보낸 도표를 통해 그 손실에 관해 설명하고 알렸다. 그래서 이와 같은 문제들은 익히 잘 알고 있다. 우리가 이런 문제들을 '익히 알고 있고, 감내할 수 있다'고 말하는 이유는, 익히 알고 있다는 건 차치하고, 합리적인 정부 정책이 있다면 이런 문제들을 감내하는 게 가능하다고 생각하기 때문이다. 연방준비제도에 의한 유동성 공급, 의회의 협력을 얻은 재무부의 회계 규정 변경과 안전망 확충 같은 합리적인 정책이 있다면 이 정책을 적극적으로 알리고 신뢰를 공급해 시장 교란 없이 부채 구조조정이 원활히 진행될 수 있도록 하는 게 정부가 할 일이다.…

재무부와 연방준비제도의 접근 방식이 무엇인지 파악하려고 아직도 노력하고 있지만, 지난 며칠 동안 재무부와 연방준비제도는 우회적으로 좀 더 많은 것을 명확하게 해주었다. 안전망도 없는 상태에서 두려운 미지의 세계로 뛰어들겠다는 점을 명확히 한 것이다. 그래서 비장의 카드를 숨겨두고 있는 건지, 아니면 우리의 느낌대로 아무런 대책도 없는 것인지 지켜볼 것이다. 금리가 0%로 향해가고, 금융 중개기관들은 파산하고, 디레버리징은 한창 진행 중인 상황에서 전통적인 금융 정책이 효과가 없을 뿐더러 1990년대 일본 경제 위기, 1930년대 미국 대공황 때처럼 자기 강화적 요인들로 경제가 미지의 영역으로 향해가고 있는 것으로 보인다.

한편, 재정 붕괴의 사태가 경제 전체로 파급되어 경제의 추락을 유도하고 있다는 소식들이 전해졌다. 연방준비제도의 보고서는 8월에 산업 생산량이 급감했음을 알렸고, AIG는 신용등급이 하향 조정되어 추가 담보를 요구받을 가능성이 있음을 알렸다. 그리고 휴렛 팩커드는 2만 5,000개의 일자리를 감축해야 한다고 발표했다. 미국의 금융 시스템이 위기에 처해 있다는 사실이 분명한 상황에서 사태가 전 세계로 빠르게 확산되면서, 유럽과 아시아의 중앙은행들은 유동성 공급 조치를 새롭게 발표하는 등 경제 되살리기에 나섰다.

신용시장은 혼란에 빠져 있었다. 리먼 브라더스의 실패로 인한 복잡한 리스크와 채무 관계로 은행 간 대출은 작동을 멈추었고, 은행 간 금리인 리보Libor는 전 주보다 두 배 가까이 상승했다. 전염병은 모두에게 퍼지고 있었고, 유수의 기업이라고 해서 예외는 아니었다. GE 같은 우량기업의 임원들은 규제 당국에게 자신들도 기업어음시장에서 자금을 융통하는 데 어려움을 겪고 있다고 인정했으며, 현금 흐름에 문제가 생겨 채무불이행을 선언해야 할 수도 있다고 말했다. 우량 MMF^{Money Market Funds}조차 압박이 심해져 고객들이 현금화하는 비율이 늘었고, 이에 따라 손실도 커지고 있다고 말하기 시작했다. 장이 마감되면서 모건

2008년 9월 15일
월스트리트의 혼란으로 주식시장 하락
"금융업계의 위기가 경제 전체를 마비시킬 수 있다는 투자자들의 우려로 월요일 주가가 5% 가까이 하락했다. …리먼 브라더스는 파산을 신청하고, AIG는 난관에 봉착함에 따라 투자자들은 소비자들과 기업들이 자금을 차입하는 데 어려움을 겪게 될 것이라고 우려하고 있다."
〈뉴욕타임스〉

2008년 9월 16일
연방준비제도, 850억 달러 규모의 대출로 AIG 구제 예정
"연방준비제도는 금융 위기가 전 세계로 퍼질 것을 우려한 나머지, 기존 입장을 바꿔 840억 달러의 구제 금융을 제공하는 데 합의했다. 곤경에 처한 AIG는 구제 금융을 받는 대신 정부의 관리를 받게 된다. 재무부가 패니메이와 프레디맥을 인수한 지 2주 만에 이런 결정이 나오면서 이번 결정은 연방준비제도 역사상 가장 파격적인 민간 시장 개입으로 기록될 것이다."
〈뉴욕타임스〉

2008년 9월 16일
연방준비제도 재무상태표, 새로운 안전망
"금융 시스템이 광란으로 치닫고 눈사태가 시작되고 나서야, 안전망을 급하게 구축하기 시작하는 모습이다. 현재 연방준비제도는 안전망이 없는 상태이기 때문에 재무상태표를 활용해 안전망을 구축할 수밖에 없다. 우리라도 그런 처지에 놓이게 되면 똑같이 했겠지만, 연방준비제도가 현재 이런 처지에 놓여 있다는 것은 비극이다. 왜냐하면 연방준비제도는 이런 처지에 놓여서는 안 될 뿐만 아니라, 이렇게 늦은 단계에서 이런 조치를 취한다면 위기에서 빠져나올 수 있는지도 확실하지 않기 때문이다."

2008년 9월 17일
금융 위기, 새로운 국면 진입
"금융 위기가 위험이 도사리고 있는 새로운 국면으로 접어들었다. 전 세계 투자자들이 미국 국채 같은 안전 자산으로 자금을 분주히 옮긴 수요일, 신용시장은 정상적인 작동을 멈추었다. 이는 새로운 국면으로 진입했음을 알리는 신호탄이 되었다."
〈뉴욕타임스〉

스탠리에 대한 신용 스프레드는 금요일 리먼 브라더스보다 높은 수준으로 확대되었다.

하루 종일(9월 15일) 규제기관은 급격하게 추락하는 AIG의 사태를 파악하는 데 바빴다. AIG는 한때 자산이 1조 달러에 육박했던 최대 보험회사였다. AIG 문제의 핵심은 신용부도스왑이나 부채담보부증권CDOs 같은 채권에 대한 지급 보증 규모가 수천억 달러에 달한다는 점이었다. 채권을 보증한다는 말은 채권에 손실이 발생하면 AIG가 이 손실을 보상해야 한다는 뜻이다. 이런 식으로 지급이 보증된 상당수의 채권이 패키지화되어 서브프라임 모기지로 둔갑했기 때문에 AIG는 엄청난 규모의 손실에 노출되었다. 신용부도스왑 같은 채권 보증 계약에 의존하는 금융기관들이 많았기 때문에, AIG는 시스템적으로 중요한 금융기관이었다. 그런 AIG가 빠르게 파산을 향해가고 있었다. 9월 14일 일요일, AIG는 파산을 막기 위해 400억 달러의 자금이 필요하다고 밝혔다. 하지만 불과 하루 뒤인 9월 15일 월요일, 그 금액은 850억 달러로 늘어났다.[41]

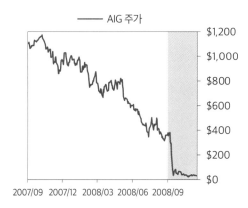

9월 16일 화요일, 연방준비제도는 두 가지 놀랄 만한 정책 행보를 보였다. 하나는 예상보다 과감한 AIG 지원 행보였고, 다른 하나는 그보다는 다소 소심한 금리 인하 행보였다. 금리를 결정하는 정례 회의에서 연방준비제도는 금리 인하를 바라고 있던 시장의 기대를 깨고 금리를 동결시켰다. 이번 금리 동결로 실망한 시장은 큰 타격을 입었다. 주목할 만한 것은 시장이 경기 침체를 눈앞에 두고 있는데도 연방준비제도는 인플레이션에 대한 우려를 표하면서, 성명서에 "성장률 하방 리스크와 인플레이션 상방 리스크는 모두 위원회의 중대한 관심사이다."라고 말했다는 점이다. 버냉키는 회고록에서 "지금 생각해보면, 그 결정은 분명히 잘못된 것이었다."라고 말하며, 그렇게 결정한 부분적 이유는 "리먼 브라더스 사태가 어떻게 귀결되는지 지켜보자는 분위기가 강했다."라고 말했다.[42]

하지만 더 중요한 것은 연방준비제도가 미국 중앙은행 역할의 한계를 다시 생각해보게 하는 발표도 했다는 것이다. AIG에 850억 달러의 긴급 자금을 제공할 것이라는 연방준비제도의 과감한 발표가 그것이었다. 9월 16일 화요일 오후, 급하게 작성된 계약서 초안에는 까다로운 계약 조건이 첨부되어 있었다. AIG가 최소 11.5%의 변동금리를 부담해야 하고, 정부에 AIG 지분의 80%를 넘겨야 한다는 조건이었다. AIG는 자금을 대여받기에 금융자산이 충분하지 않았기 때문에 AIG가 소유한 보험과 금융 서비스를 제공하는 계열사, 다양한 부동산 자산, 스키 리조트까지 거의 모든 자산을 담보로 제공하기로 약속했다. 연방준비제도의 자금 대여는 시장이 AIG가 지불 능력(투자 적격 등급의 신용등급을 보유하고 있는 보험 계열사의 가치 때문에)이 있다고 믿었기 때문에 가능했다. 이런 자산들이 담보로 제공되었다는 점이 연방준비제도의 결정에 중대한 영향을 미쳤다.[43]

그러나 그런 계약 조건에도 연방준비제도의 자금 대여는 상당히 큰 리스크가 있었다. 그 이유는 AIG가 담보물로 내놓은 계열사들이 평상시 연방준비제도가 담보로 인정해준 AAA 신용등급 채권 정도의 가치로 평가하거나 매각하기 쉽지 않았기 때문이다. 연방준비제도의 지원에도 불구하고 AIG의 위험은 여전히 남아 있었다. 가이트너 총재는 나중에 "20년간 공직 생활 중 AIG의 지원 결정이 가장 힘들었다."라고 말했다.[44]

9월 17일 수요일, AIG에 대한 구제 소식이 시장을 상승시키지는 못했다. 대신 주요 금융기관들의 주가가 두 자릿수로 하락하면서 AIG는 4.7% 하락했다. 기업어음 금리는 상승을 이어나갔고, 일주일 전 1.6%였던 3개월 만기 국채 수익률은 투자자들이 안전자산으로 대량 이탈하면서 0% 수준으로 하락했다. 이런 혼란을 거치는 과정에서 정부 규제기관들은 시장 안정화 조치를 연이어 발표했다. 증권거래위원회는 위기가 오면 일반적으로 취하는 조치인 공매자short sellers 규제 강화를 발표했으며, 은행 규제기관은 은행 재무상태표의 개선에 도움이 되는 회계 규칙 개정을 발표했다.

회계 기준, 특히 시가평가 회계 기준이 얼마나 중요한지 잠시 살펴보자. 은행은 '시가로 평가'해야 할 자산이 있다. 이는 은행은 자산들을 얼마에 팔 수 있는지 매일 확인할 수 있고, 그 가격에 따라 해당 자산의 가치를 평가한다는 말이다. 다른 방식으로 가치를 평가하는 게 허용되는 자산도 있는데, 이 경우, 자산에 따라 적용되는 내부 규정으로 가치를 평가한다. 시가로 평가되는 자산이 특가로 판매된다면 이 자산을 보유한 은행은 상당한 손실을 감수해야 한다. 그리고 이에 따라 자본금이 줄어들게 되면서 외부에서 자본금을 차입해오거나 자산을 매각해야 하는 상황으로 몰린다. 그 결과, 더 큰 유동성 압박이 가해지고 자산 가격은 더 하락하게 된다. 그렇게 되면 자산을 거래하는 사람들은 지레 겁을 먹게 된다. 은행이 자산을 시가로 평가하는 것이 아니라, 긴 기

간에 걸쳐 손실을 상각하는 것을 허용하는 방향으로 회계 기준이 변경되면 이런 문제를 미리 방지할 수 있게 된다. 물론 금융 위기가 왔을 때 손실을 감추기 위해 회계 규정을 바꾼다고 해서 투자 심리가 되살아나는 것은 아니다. 그러므로 규제기관은 이 점을 주의할 필요가 있다.

그러나 회계 기준이 바뀐다고 해서 근본적인 문제가 해결되는 것은 아니다. 여기서 근본적인 문제란 레버리지를 과도하게 활용한 미국의 가계와 금융기관들이 지나치게 많은 부채로 인해 채무불이행을 일으키고 있는 상태를 말한다. 이로써 금융기관들은 주식을 발행해 자본을 확충해야 하고, 부실화가 가속되고 있는 자산을 구매할 인수자를 찾아야 한다. 그래서 폴슨 장관은 자본금 확충과 인수자 물색 작업을 위한 자금과 권한을 의회에 요청했고, 재무부가 그런 역할을 수행할 수 있도록 했다.

정부, 구제 기금 마련: 9월 18~31일

폴슨 장관과 버냉키 의장 그리고 가장 중요한 바니 프랭크를 위시한 의회의 지도자들은 부실자산 구제 프로그램TARP을 통해 부실자산을 인수하는 것이 시장의 신뢰를 되살리는 최선의 방도라고 생각했다. 은행을 국유화하는 방식을 취하려 했으나, 미국에 그런 전례는 없었다. 다른 국가에서는 은행이 국유화된 적이 있었는데, 그 과정에서 은행들은 가혹한 조건을 감수하고 불리한 대우를 받아야 했다. 그런 이유로 은행들은 파산하기 직전이나 직후에도 자본금을 받아들여 국유화되기를 원치 않았다. 폴슨 장관도 국유화하는 방향으로 정책이 추진되어서는 안 된다고 생각하고 있었다. 왜냐하면 그렇게 하면 현금 흐름을 되살리려는 정책 목표에 도움이 되기보다는 해가 될 가능성이 더 크기 때문이었다.

자산 인수가 타당한 정책 추진 방향으로 보였다. 은행들이 처한 문제가 주로 복잡하고 유동성이 작은 모기지 증권들이 은행들의 재무상태표에 상당히 많이 포함되어 있었기 때문이었다. 정부가 자산 인수를 통해 은행에 시장을 다시 열어주면 가격이 오를 것이고, 자금이 풀리고 신뢰가 되살아나 은행 시스템에 자금이 재공급될 수 있다는 것이 자산 인수 방안을 지지하는 논리였다.

목요일에 부실자산구제프로그램이 시행될 가능성 소식이 월스트리트에 전해지자, 시장은 상승했다. 세부 정보가 시장에 알려지면서 이 반등세는 금요일까지 이어지며 주가는 4% 상승했다. 부시 대통령과 폴슨 장관은 연방정부가 부실자산을 사들이는 데 5,000억 달러를 투입할 준비를 마쳤다고 발표했으며, 의회 지도자들은 관련 법안을 신속하게 처리하겠다고 약속했다. 전 세계 중앙은행들을 대상으로 하는 1,800억 달러 규모의 통화

스왑 추진 계획을 발표했고, 이를 통해 해외 시장에서의 달러 유동성 경색에 대한 우려를 다소 완화하려고 했다. 증권거래위원회는 약 800종목의 금융주에 대한 공매도 금지 조치를 도입했다. 그리고 골드만삭스와 모건 스탠리는 자발적으로 은행지주회사로 전환하여 연방준비제도의 자금 대여 채널에 더 손쉽게 접근할 수 있게 되었고, 정부의 법적 권한하에서 보호받을 수 있었다.

재무부는 또한 부실화의 양상을 보이는 3조 5,000억 달러 규모의 MMF 시장을 지원하기 위한 기발한 신규 조치를 공개했다. MMF는 개인 투자자와 기관 투자자 모두에게 은행 예금의 대체 상품으로 인기가 매우 높았다. 투자자들 대부분은 이자율이 높다는 점 때문에 MMF를 선호했고, 미국연방예금보험공사 보호 결여에도 흔들리지 않았다. 고수익, 고리스크의 대출에 투자되기 때문에 MMF의 이자율이 높은 거라는 사실을 제대로 인지하지 못하는 투자자들이 대부분이었다. 또한 원금이 보장되지 않는데 보장된다고 잘못 인식하는 경우가 많아 투자금을 날릴 경우는 없다고 믿는 투자자들도 많았다.

기업어음을 인수해 운영 자금을 마련하는 기업들이 많았기 때문에 우량 MMF 시장은 기업들에 유동성을 공급해주는 중요한 원천이 되어왔다. 기업들이 보유하는 기업어음은 다양하고 신용등급도 높기 때문에 양도성 예금증서나 은행 예금처럼 리스크가 거의 없다고 인식되는 경우가 일반적이다. 그러나 리먼 브라더스가 파산했을 때 손실을 본 일부 MMF 운용펀드가 있었다. 예를 들어 리저브 프라이머리 펀드Reserve Primary Fund는 리먼 브라더스가 파산한 직후인 9월 16일 '예치금 가치 미만으로 펀드 가치가 하락Broke the buck'하는 사태가 초래됐다. 다른 MMF 운용펀드들도 손실을 기록할지 모른다는 우려 때문에 투자자들의 대량 투자금 인출 사태가 발생했다. 자금이 MMF 시장으로부터 빠져나가면서 MMF 운용펀드들은 보유 중인 기업어음을 현금화해야 했다. 그 결과, 많은 기업이 운영에 활용하고 있던 수천억 달러에 이르는 MMF 자금이 며칠 사이에 사라져버렸다.

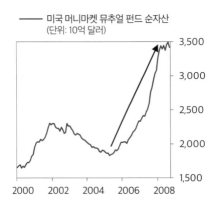

미국 머니마켓 뮤추얼 펀드 순자산
(단위: 10억 달러)

리저브 프라이머리 펀드가 손실을 기록한 후, 당시 재무부 소속이었던 켄 윌슨Ken Wilson은 아침 7시에 전화 한 통을 받았다. 노던 트러스트Nothern Trsut였다. 곧이어 블랙 록Black Rock, 스테이트 스트리트State Street, 뱅크 오브 뉴욕 멜론Bank of New York Mellon에서도 연이어 전화가 걸려왔다. 그들이 전화한 이유는 자신들의 MMF가 인출 사태를 겪고 있다고 보고하기 위해서였다. 한편 GE가 어음을 매각할 수 없다는 소식도 들렸다. 코카콜라의 CFO 무타르 켄트Muhtar Kent는 전화를 걸어와 어음 때문에 자금 융통의 길이 막혀 8억 달러의 분기 배당금을 이번 주말에 지급하지 못할 것 같다고 말했다. AAA등급의 산업 및 소비재 생산 기업마저 어음을 활용해 자금을 융통할 수 없게 되었다. 사태가 매우 빠르게 월스트리트에서 메인스트리트(금융계에서 산업계로)로 확산되고 있었다.

MMF 시장의 인출 사태를 중단시키기 위해 폴슨 장관은 MMF 시장에 대한 전면적인 지급 보증을 시행하기로 결정했다. 유일한 문제는 MMF 운용펀드들은 상당한 규모의 지원 자금이 필요했고, 재무부는 바로 현금을 마련할 수 없다는 것이었다. 이 문제를 해결하기 위해 재무부 관계자들은 500억 달러의 외환안정기금Exchange Stabilization Fund, ESF을 활용해 지급을 보증하자는 기발한 아이디어를 내기도 했다. 이 아이디어는 리먼 브라더스가 파산한 4일 후인 9월 19일 금요일에 제기되었다. 재무부 관료들은 이제까지 한 번도 활용해본 적 없는 이 기금을 사용했다가는 곤욕을 치를 수도 있었다. 경제 전체가 무너지면 달러 통화에도 좋지 않은 결과를 초래하기 때문에 폴슨 장관은 자문단에 외환안정기금을 활용하여 450억 달러를 마련해, 사용 가능한지 의견을 달라고 요청했다.[45] 3조 5,000억 달러에 달하는 MMF 시장의 규모를 감안할 때, 450억 달러면 충분한지 오히려 폴슨 장관에게 묻는 동료들도 있었다. 폴슨 장관은 자신도 알 수는 없었지만, 그렇다고 더 좋은 아이디어가 있는 것은 아니었다.

재무부는 너무 신속하게 움직이는 바람에 연방예금보험공사의 대표인 쉴라 베어Sheila Bair로부터 항의 전화를 받아야 했다. 재무부가 자신과 의견 조율도 하지 않았을 뿐 아니라, 지급 보증 때문에 모든 자금이 은행 예금에서 MMF 시장으로 옮겨가고 있다는 내용의 항의였다. 이 지적은 일리가 있었다. 그래서 재무부는 9월 19일 기준으로 지급 보증의 어려움에 닥친 MMF 운용펀드에 한해 적용된다고 분명히 밝혔다. 지급 보증은 믿을 수 없을 정도로 효과가 좋아서, 시장은 즉각 반전되는 모습을 보였다. 폴슨 장관은 그 이유가 지원이 아니라 보증이라고 말하면 투자자들이 훨씬 더 안심하는 효과가 있기 때문이라고 했다.

외환안정기금은 원래 달러로부터 자금이 이탈하는 사태를 방어하기 위해 마련된 제도였다. 하지만 그 규정

이 다양한 해석이 가능해서 다른 급박한 용도로 전환할 수 있었다. 대통령의 재가만 있어도 될 정도로 절차도 빨리 마무리 지을 수 있었다. 지뢰밭 같은 정치적 난관과 규제상 걸림돌을 극복하고 필수 과업을 달성해내는 데 필요한 민첩한 판단력과 기발함이 바로 이런 것이다.

조율을 통해 포괄적인 방향으로 정책이 전환되면서 투자자들은 안심할 수 있었다. 9월 18일자 BDO가 그 점을 잘 보여준다.

(BDO) 9월 18일: 훌륭한 조치!

드디어 재무부, 연방준비제도, 의회가 안전망을 구축하기로 의견의 일치를 보았다!!!

하룻밤 사이에 연방준비제도는 1,800억 달러의 유동성을 추가로 공급했다!

모건 스탠리는 현상 유지가 가능해지면서 문제가 곧 해결될 것으로 보인다. 골드만삭스도 문제가 적지 않았지만, 이번 조치로 해결될 것이다.

그러나 9월 18일 이후 등장한 낙관적인 분위기는 부실자산 구제 프로그램의 구체적 사항들이 알려지면서(아니, 오히려 명확히 알려지지 않으면서), 자취를 감추기 시작했다. 9월 20일 토요일, 부시 행정부가 제시한 3페이지 분량의 공식 법률안은 의회에 통보된 불변의 최종안이 아니라 의회에 개략적 윤곽을 제시하기 위한 것이었다. 부실자산구제 프로그램이라고 불리게 될 이 법안은 7,000억 달러를 들여 모기지 관련 자산을 인수한다는 개략적인 내용만 담겨 있을 뿐, 어떻게 자산을 인수할 것인지, 인수 이외에 어떤 다른 조치를 취할 것인지에 대한 구체적 내용은 거의 없었다. 필요한 자금의 규모에 비하면 그 규모도 코끼리 비스킷처럼 매우 작았다. 처음 법안이 공개되었을 때, 우리는 고객들에게 법안에 대해 설명하면서 부실자산 인수의 효과가 그다지 크지 않을 것 같다는 취지로 BDO에 다음과 같이 썼다.

(BDO) 9월 25일: 제안된 법률안 실망스러워

7,000억 달러의 모기지(다른 자산과 함께)를 인수하는 것은 우리에게 전혀 도움이 되지 않을 것이다. 이런 모기

지가 시장가격으로 매수된다고 해도 모든 사람의 재무 상태를 실질적으로 바꾸지는 못할 것이다. 그리고 모기지는 인수할 필요성이 있는 자산 일부에 지나지 않으므로, 이 조치는 현존하는 문제 대부분을 해결하지 못할 것이다. 그렇다고 프리미엄을 더해 인수한다면 직접적인 보조금이 되어 도덕적으로 바람직하지 못한 일이 될 것이다. 이 말은 7,000억 달러로 인수할 수 있는 자산의 총량이 줄어들게 되어 문제를 해결하지 못하게 됨을 뜻한다.

엎친 데 덮친 격으로, 입법자들은 법안이 재무부에 부여한 무소불위의 권한을 탐탁지 않게 생각해, 법안의 의회 통과가 확실치 않게 되었다. 월요일 장이 열렸을 때, 주식시장은 매도세를 보이며 3.8% 하락했고, 달러 환율은 주요 통화 대비 약세를 보였다.

저조한 경제 실적 발표와 꽁꽁 얼어붙은 신용시장의 암울한 분위기와는 대조적으로, 부실자산 구제 프로그램 법안의 의회 통과는 9월 22일 월요일부터 일주일 내내 부침을 보였다. 가장 중요한 것은 지원해주기를 원하는 측과 그렇지 않은 측 사이의 정쟁이 월요일부터 수요일까지 이어지며 시간이 낭비되고 있었다는 점이었다. 버냉키 의장과 폴슨 장관이 화요일 의회 증언을 통해 의회가 즉각적인 행동에 나설 것을 촉구하자, 부시 대통령은 수요일 부실자산 구제 프로그램 법안을 지지해달라는 대국민 연설을 했다. 그런데도 의회에서는 진전이 거의 없었다. 주택 소유자 지원 방안뿐 아니라 재무부 권한의 한계에 대한 좀 더 명확한 규정까지 포함된, 보다 포괄적인 법안이 필요한 것 아니냐는 논쟁 때문에 입법 시도가 추진력을 받지 못하고 있었다. 은행 임원들의 보수는 뜨거운 쟁점이 되었다. 찬성과 반대가 팽팽히 맞선 다른 쟁점들도 큰 논란을 빚었지만 진전이 거의 없었다.

이런 정치적 논쟁이 포퓰리즘적 속성을 띠게 되는 것은 디레버리징 과정에서 나타나는 전형적인 양상이다. 의회 지도자 대부분이 이 법안을 지지했지만,

2008년 9월 18일
미국 정부, 금융 위기 타개를 위한 대규모 구제 방안 제시
"재무부 장관과 연방준비제도 이사회 의장은 화요일 의회 지도자들과 함께 미국 역사상 최대 규모의 구제 대책이 될 법안에 대한 논의를 시작했다. 세부 사항은 아직 확정되지 않았지만, 이 구제 방안은 은행을 비롯한 금융기관들로부터 부실 모기지를 매우 낮은 가격에 인수할 수 있는 권한을 정부에 부여할 것으로 보인다."
〈뉴욕타임스〉

2008년 9월 18일
훌륭한 조치!
"재무부, 연방준비제도, 의회가 안전망을 구축하는 데 드디어 의견의 일치를 보았다. 하룻밤 사이에 연방준비제도는 1,800억 달러의 유동성을 추가로 공급했다. 규제기관은 공매도를 금지하는 조치를 취했다. 모건 스탠리는 현상 유지가 가능해지면서 문제가 곧 해결될 것으로 보인다. 골드만삭스도 문제가 적지 않았지만, 이번 조치로 해결될 것이다."

2008년 9월 21일
재무부의 최근 조치는 매우 실망스러워
"부실자산 구제 프로그램이라고 불리는 재무부의 최근 조치는 1) 재무부에 부여하는 권한이 방대하다는 점, 2) 구체적인 사항이 결여되어 있다는 점에서 이례적이다. 이런 의미에서 이 구제 방안으로는 시장의 신뢰를 되살릴 수 없다. 여러 조치가 발표되어 도입되거나, 도입되지 않는 과정을 겪으며 오히려 우리의 자신감을 약화시켰다."

2008년 9월 22일
구제 방안 안개 속, 시장 하락세
"역사상 최대 규모의 구제 방안을 놓고 새로운 우려가 제기되면서 월요일 주식시장이 가파르게 하락했다. 한편 월스트리트의 건전성을 불안하게 바라보고 있는 투자자들은 약세를 보이는 달러를 버리고 상품시장으로 서둘러 옮겨가는 모습을 보였다."
〈뉴욕타임스〉

2008년 9월 22일
시장의 메시지
"월요일 시장의 움직임은 미국의 정책 입안자들에게는 재앙이었다. 주식과 국채 가격은 하락했고, 달러는 약세를 보였고, 상품 가격은 치솟으면서 달러자산이 찬밥 신세가 되었다. 이런 시장의 움직임은 기축통화로서의 달러에 대한 신뢰가 상실됐다는 것을 의미한다. 이 상황이 지속되면 미국 경제와 금융 시스템은 더욱 큰 리스크에 처하게 될 것이다."

2008년 9월 24일
연방준비제도 이사회 의장, 전방위적 경제 활동 둔화세 언급
"벤 버냉키 연방준비제도 이사회 의장은 수요일, 금융기관들이 정부로부터 7,000억 달러의 지원을 받지 못하면 미국 경제는 절름발이 신세가 되어 제대로 작동하지 않을 것이라고 말했다."
〈뉴욕타임스〉

초·재선 의원들은 이 법안이 거의 무상으로 지급되는 지원금과 같아서 많은 문제를 초래할 것이라고 주장했다. 누가 비용을 부담해야 하는지에 대한 논쟁은 디레버리징 과정에 나타나는 전형적인 현상으로 매우 바람직하지 않다. 응급병동의 응급의가 누가 진료비를 낼 것인지를 따지는 것과 같다. 환자를 구하는 데 우선 집중한 뒤 누가 진료비를 낼 것인지는 나중에 정해도 된다.

부실자산 구제 프로그램이라는 법안을 제의하는 것만으로도 리스크가 컸다. 통과하지 못하면 시장의 반응이 매우 부정적이 될 것이다. 매우 어려운 상황이었으므로 최대한 빨리 법안을 통과시켜야 했다. 대선을 불과 몇 주 앞둔 상황이었을 뿐 아니라, 부실자산 구제 프로그램의 전례 없는 규모와 범위를 놓고 보수와 진보 가릴 것 없이 포퓰리즘적 정쟁(政爭)이 뜨거운 상황이었기 때문이다. 의결 정족수를 감안하면 법안의 통과를 위해 민주당, 공화당 양당의 협조가 필요한 상황이었다. 그런데 이때까지만 해도 양당이 모두 협조한다는 것은 신규 법안 처리에서 매우 드문 일이었다(그리고 그 이후로는 더 드문 일이 되었다.). 대통령 후보나 부통령 후보 중 어느 한쪽이 법안을 반대하면 법안 통과는 거의 불가능했다. 공화당 대통령 후보인 맥케인McCain과 부통령 후보인 페일린Palin은 처음에는 구제 법안에 대해 반대 입장을 취하며 법안의 앞날을 장담할 수 없게 만들기도 했지만, 결국 법안을 지지했다(폴슨 장관은 이 두 후보와 거의 매일 통화했다.). 법안 통과에 유리하게 작용한 긍정적 요인은 의회가 행동하게 하려면 일반적으로 위기 상황이어야 하는데, 당시 금융 위기가 가장 극심한 단계에 있었다는 점이다. 법안 통과에 불리하게 작용한 방해 요인은 규제기관에 그토록 광범위한 긴급 권한이 왜 필요한지에 대한 법안 통과 회의론과 이런 상황을 두고 의회가 손 놓고 있지는 않을 것이라 믿고 의회에 맡겨두고 지켜보자는 신중론이 첨예하게 맞서고 있었다는 점이었다.

금융시장은 의회가 자신에게 주어진 과업을 제때 해낼 거라는 측과 그렇지 않을 거라는 측의 희비가 엇갈릴 때마다 요동쳤다. 은행 지주회사로 변경하겠다

고 발표한 후 줄어들던 골드만삭스와 모건 스탠리 사이의 신용부도스왑 스프레드는 그 주 내내 확대되었다. 우량 MMF 시장에서 국채시장으로의 자금 유출은 기업어음시장을 계속 압박했다. 9월 25일 목요일 밤, 연방예금 보험공사는 워싱턴 뮤추얼의 경영권을 장악했고, 워싱턴 뮤추얼의 파산은 미국 역사상 최대 규모의 은행 파산으로 기록되었다. 그 후 연방예금보험공사는 1조 9,000억 달러를 도입해 J. P. 모건에 워싱턴 뮤추얼의 자산을 매각했다(연방예금보험공사는 며칠 뒤 와초비아의 경영권도 장악하게 된다.). 9월 26일 금요일자 BDO에는 다음과 같이 적혀 있다. "매일 혼란스러운 일이 너무 많이 일어나 무슨 말을 해야 할지 알 수 없었다. 매일 전해지는 온갖 뉴스로 퍼즐 맞추기를 하며 우리가 간파한 전체적인 그림은 현재 디레버리징 사태가 눈사태 단계에 접어들었다는 것이다."

9월 28일 일요일 오전, 의회에서의 정치적 교착 상태가 깨질 조짐을 보였다. 폴슨 장관이 하원 대변인인 낸시 펠로시^{Nancy Pelosi}와 민주당 소속의 상원 다수당 대표인 해리 라이드^{Harry Reid}를 옆에 세우고 7,000억 달러의 구제 금융 법안을 통과시키기로 타결되었다고 발표했던 것이다.

그러나 9월 29일 월요일 오후, 법안은 표결에 부쳐졌지만 부결되었다. 주식시장은 8.8% 하락하며 1987년 이래, 일일 최대 하락 폭을 기록했다. 전 세계에 반향을 일으키며 시장은 소용돌이치며 폭락했다. 유가는 10달러나 하락했는데, 그 이유는 불황으로 유류 수요가 줄어들 것이기 때문이었다. 한편 중앙은행들은 서둘러 충격에 빠진 금융기관들에 긴급 자금을 대여했다. 은행 간 대출시장은 얼어붙었고, 단기 국채 금리는 0%에 육박하는 수준으로 떨어졌다.

위기를 성공적으로 관리하는 데 가장 중요한 요소가 현명하고 지적 능력이 뛰어난 지도자에게 과업을 수행할 수 있는 권한을 주어야 한다는 점이 다시 불거졌다. 의회의 의결이 필요하다는 점은 재무부가 필요한 권한

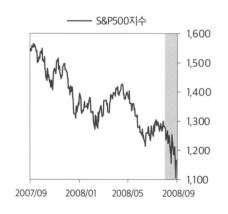

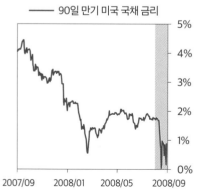

(BDO) 9월 29일: 신뢰성 테스트

미국이 소비 생활을 영위할 수 있게 해주는 자금 확보가 이루어지는 국제 금융 시스템은 신뢰를 기반으로 작동한다. 최근의 상황 변화로 이런 신뢰가 약화되었음이 분명해 보인다. 과반에 이르는 의원들의 반대로 구제 법안이 오늘 하원을 통과하지 못하면서 미국의 지도자들이 전 세계의 주목을 받았다. 미국이 위기를 타개하기 위한 과업을 완수할 수 있을지에 대한 의문이 더 강해졌다. 결국 미국의 신뢰성이 시험받는 상황에서 국제 금융시장을 좌지우지하는 중국과 OPEC 같은 국가들이 미국 정부가 신뢰할 만한지를 시험하는 신뢰성 테스트의 통과 여부를 결정할 것이다.

구제 법안이 통과되었다 하더라도 금융 시스템의 신뢰를 필요한 수준으로 유지하기는 어려웠을 것이다. 리더십도 없고 과정도 혼란스럽다는 점을 워싱턴이 잘 보여주면서, 현재 어려움이 커지고 있다. 뿐만 아니라 신뢰 상실에 따른 리스크도 커지고 있다. 여전히 잃을 것이 많다.

재무부 관계자들과 의회 지도자들은 구제 법안을 통과시키기 위해 부단히 노력했다. 그 과정은 고통스러웠다. 공화당과 민주당을 설득해 협력하게 하는 일은 평상시에도 매우 어려운 일이다. 하지만 치열한 경쟁이 벌어지고 있는 대통령 선거를 한 달 앞둔 시점에 부실자산 구제 프로그램이 논의되고 있었다. 공화당은 자신들이 자유시장의 원칙뿐 아니라 은행을 구제하기 위해서는 재정적 지원을 아끼지 말아야 한다는 신념까지 파기하는 듯한 인상을 주기를 원치 않았다. 민주당은 선거를 코앞에 두고 집권 여당의 자리를 내줘야 할지 모르는 공화당에게 입법 성과를 넘겨주게 될까 봐 우려하고 있었다. 오바마 후보와 맥케인 후보 모두, 상대가 월스트리트 구제 방안에 대해 반대 입장을 취해 포퓰리즘적인 선동을 시도할 것을 우려했다. 그렇게 되면 법안이 통과될 가능성이 거의 없다고 폴슨 장관은 걱정했다.[46]

그러나 정치만이 문제가 아니었다. 재무부가 부실자산 구제 프로그램을 통과시키기 위해 의회의 협조를 구하고 있을 때, 미국 역사상 최대 규모인 은행 두 곳이 파산했다(워싱턴 뮤추얼과 와초비아). 이에 유럽 중앙은행들은 앞장서서 자국의 은행들을 구제해야 했다. 재무부 관계자들은 7,000억 달러로 부실자산을 인수하기에는 부족할 수 있다고 생각했다. 그러나 7,000억 달러의 자본금이 은행에 투입되면 레버리지를 활용할 수 있으므로

그 몇 배에 달하는 금액을 활용해 부실자산을 인수할 수 있었다.

재무부는 부실자산 구제 프로그램을 통해 자본금을 투입하지는 않을 것이라고 말했지만, 필요하다면 그럴 수 있는 권한을 부여받기 위해 노력했다. 관건은 얼마나 신속하고 효과적으로 은행에 자본금을 투입하느냐는 것이었다. 재무부는 건전한 은행과 건전하지 않은 은행을 구분한 후 지원할 은행에 오명을 씌워 더 많은 논란을 일으키면서 시간을 낭비하기보다는 매우 매력적인 조건으로 우선주를 인수하겠다는 방안을 내놓았다. 이렇게 되면 700개의 은행에 자본금을 신속하게 투입할 수 있게 된다.

폴슨 장관이 추진하는 일이 인기가 없었던 이유는 일반 국민들은 은행들에 응징을 가하기를 원했기 때문이었다. 충분히 이해는 가지만, 내 견해로는 폴슨 장관이 추구하는 방향은 필요한 것이었고, 적절한 측면도 있었다. 그 방향이 국민들에게도 바람직했던 이유는 부실자산 구제 프로그램을 통해 투입되는 자금이 대공황과 유사한, 때에 따라서는 더 안 좋을 수 있었던 비극적 종말을 막았기 때문이었다. 그 자금이 500억 달러에 가까운 수익과 함께 회수되었다는 점은 말할 필요도 없다. 인기가 없는데도 국민들에게 이득을 줄 뿐 아니라 옳은 일을 하려는 의지를 보이는 것은 영웅적인 행동이지만, 저평가되는 경향이 있다. 경기장에서 뛰어보지도 않고 관중석에 앉아 맥주 캔을 던지며 비난만 하는 사람들이 너무도 많다. 이렇게 되면 비극적 결말을 피할 수 없다. 선수가 매우 현명하고 용감해 인기가 떨어지는 것을 무릅쓰고 옳은 플레이를 하지 않는다면 말이다.

오랜 협상 끝에 부실자산 구제 프로그램은 의회를 통과했다. 매우 드물고, 중대한 초당적 협력이 도출되었다는 점에서 이례적인 성과였다. 여러분이 상상할 수 있듯이, 불확실성이 매우 컸기 때문에 모든 사람들이 마음을 졸였다. 이런 경우 대부분이 그렇듯이, 조율을 통해 올바른 일을 하기 위한 대응 조치를 도출하기 위해서는 벼랑 끝까지 몰릴 필요가 있다. 정책 입안자들이 위기를 막을 수 있는 조치를 일찍 취한다면 좋겠지만, 그렇게 하는 것은 정치 제도가 작동하는 방

식에는 부합하지 않는다. 많은 국가가 이런 극적인 과정을 거치는 것을 보면서, 나는 정치 체제가 일반적으로 격렬한 싸움을 벌인 후에야, 말 그대로 재앙이 닥치기 불과 몇 시간 전이 되어서야 옳은 결정을 내리는 속성이 있다고 자신 있게 말할 수 있다.

그러나 법안이 통과된 10월 3일, 이 법안으로는 충분치 않다는 공통된 의견이 투자자들 사이에 광범위하게 퍼지고 있었다. 그리고 10월 3일까지 주식시장은 1.4% 하락했다.

2008년 10월

정책 입안자들은 10월 초 며칠 동안 가능한 짧은 시간 안에 가능한 많은 일을 서둘러 해야 했다. 경기가 하루가 다르게 악화되는 상황에서 거의 모든 규제기관이 주요 정책 기조를 변경하는 작업에 들어갔다. 무언가를 방지하기 위한 정책 기조 변경도 있었고, 특정한 정책 효과를 얻기 위해 무언가를 희생시키려는 정책 기조 변경도 있었다. 그리고 누군가에게 혜택을 제공하기 위한 정책 기초 변경도 있었다.

연방예금보험공사는 예금 보장 한도액을 늘리는 정책 기조 변경 작업에 들어갔다. 연방예금보험공사의 애널리스트들은 와초비아의 공황형 뱅크런에서 명확히 드러났듯이, 보장 한도를 늘릴 필요가 있다는 점을 알고는 있었다. 하지만 한편으로는 한도를 너무 많이 늘리면 보장 한도가 낮은 외국 은행 예금자들이 미국으로 몰려 유럽과 아시아의 유동성을 잠식할 것이라고 우려했다. 그래서 절충안이 낙점되었다. 즉 보장 한도를 현행 10만 달러에서 25만 달러로 늘리는 방안이었다. 10월 3일 금요일에 승인된 부실자산 구제 프로그램 법안에 관련 내용을 포함시켰다. 이번 보증 한도 증액으로 어려움을 겪고 있는 은행에 대한 압박이 완화되기에 충분하기를 바라면서 외국 은행 예금자들이 미국으로 몰려들어 해외 예금보험 규제기관을 자극해 예금보험 전쟁이 벌어지지 않기도 바랐

2008년 10월 8일
비유동성 공급
"정부로 인해 유동성 압박이 심해지고 있다. 증권회사들은 보유자산을 통해 자금을 융통할 수 없고, 헤지펀드는 차입할 수 없고, 기축통화인 달러에 대한 외국인들의 신뢰를 잃어가는 상황이다. 현금 확보에 대한 욕구는 모든 형태의 리스크, 심지어 국채 수익률 곡선의 리스크까지도 압도하고 있다."

기와 다른 점이라면 정책 입안자들이 중대한 결정을 내린 속도가 매우 빨랐다는 것이다. 1930~1933년의 불황 때는 정책 입안자들의 대응 속도가 매우 느렸다. 그 원인은 위기의 양상이 그때가 더 나빴기 때문이 아니라, 더 나쁘지 않았기 때문이었다. 정책 입안자들이 더 빨리 움직였다면 2008년 금융 위기는 실제보다 훨씬 덜 고통스러웠을 것이다.

　다음 도표를 보고 양적 완화 소식이 전해졌을 때 무슨 일이 벌어졌는지 이해하기 바란다. 이 소식에 30년 만기 모기지 금리가 거의 1%나 하락했다(10년 만기 국채 수익률은 0.22% 하락).

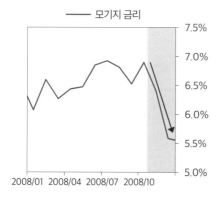

　그에 반해 주식시장은 7.5%밖에 하락하지 않은 채 11월을 마감했다. 정부의 조치들이 소 잃고 외양간 고치는 격으로 확실치 않았기 때문이었다.

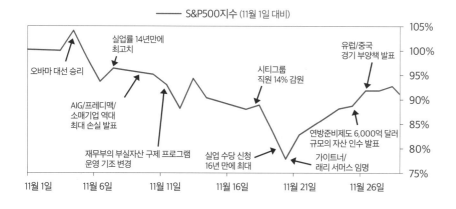

양적 완화 발표에 대해 고객들에게 보낸 BDO에 다음과 같이 썼다.

**뉴스 &
브리지워터 일일논평(BDO)**

2008년 11월 20일
재무부 인선(人選) 소식에 주가 폭등
<뉴욕타임스>

2008년 11월 21일
재무상태표 문제
"연방준비제도가 은행에 자본금을 투입하겠다는 조치가 발표된 이후 신용시장의 여건이 나아지긴 했지만, 그 조치는 충분하지 않다. 구체적으로 신용시장에 부는 거대한 매도세를 막기에는 충분치 않다는 뜻이다. 자금 융통이 가능했을 때는 차익 거래라는 이름으로 당연시되었던 기초적 금융 거래조차 와해되었다는 점에서 시장이 작동을 멈추었음이 분명해졌다. 그리고 그 영향이 시장에 지속되고 있음도 분명해졌다. 경제는 경제 여건에 합당한 수준의 금리로 새로운 신용을 구할 때까지 자유 낙하할 것이다. 만약 그런 수준의 금리를 수용한다 해도 새로운 신용은 구할 수 없을 가능성이 크다. 신용을 내주지 않으려는 핑계로 활용할 수 있는 시장 교란 요인이 많기 때문이다. 시장은 차익 거래라는 이름으로도 재무상태표를 통해, 즉 레버리지를 활용해 신용을 창출할 의사가 전혀 없다. 그러므로 새로운 경제 활동에 의한 자금 조달은 훨씬 더 줄어들게 될 것이다."

2008년 11월 23일
영국, 경기 부양책 발표 임박
<뉴욕타임스>

2008년 11월 25일
미국 정부, 8,000억 달러 대여 계획 상세 내용 공개
"패니메이와 프레디맥이 지급을 보증한 모기지와 연계된 부채를 6,000억 달러까지 인수하겠다고 연방준비제도가 발표하면서 모기지 시장이 흥분의 도가니에 빠졌다. 30년 만기 고정 금리형 모기지 금리는 약 1% 내려가며 5.5%에서 6.3%로 하락했다."
<뉴욕타임스>

2008년 11월 26일
유럽과 중국, 경제 살리기 재시동
<뉴욕타임스>

2008년 11월 28일
주식시장, 5거래일 연속 상승하며 일주일 마감
"월스트리트가 상승하며 금요일 장을 마감했다. 이번 주 증시는 5거래일 연속 상승으로는 75년여 만에 최대 폭의 상승세를 보였다. 투자자들은 소매 기업이 추수 감사절에 판매가 부진했다는 점도 크게 개의치 않는 분위기였다. 주식시장은 추수 감사절 다음 날인 오늘, 평소보다 3시간 일찍 장을 마감했다. 이번 상승세가 시작된 11월 21일 기준으로 다우지수는 16.9%, S&P500지수는 19.1% 상승했다."
<뉴욕타임스>

(BDO) 11월 25일: 우리가 더 큰 충격과 공포를 기대하는 이유와 그 의미

우리가 연방준비제도와 재무부를 대변할 수는 없지만, 연방준비제도와 재무부 관계자들은 미국이 현재 처해 있는 디레버리징형 불황이 어떤 것인지 잘 이해하고 있는 것 같다. 솔직히 말해 연방준비제도와 재무부의 상황 인식이 우리와 크게 달라 보이지 않는다. 그래서 우리가 연방준비제도와 재무부의 입장이라고 해도 비슷한 조치를 취했을 것이다. 이런 맥락에서 우리는 연방준비제도와 재무부를 위시한 행정부의 조치가 좀 더 충격과 공포를 줄 필요가 있다고 생각한다.

오늘 연방준비제도가 발표한 조치는 증권 인수 규모를 늘리고, 신용 스프레드를 줄이기 위해 투입 자금을 늘리고, 시스템에 유동성을 공급하는 기존의 기조와는 변함이 없음을 명확히 보여주었다. 우리는 연방준비제도와 재무부가 위기를 무사히 피해갈 수 있다면 어떤 일이라도 할 것이라고 보기 때문에 더 강력한 무언가를 기대한다.

대대적인 정책 발표가 주요 국가들로부터도 날아들었다. 주요 국가들의 경기도 침체 양상을 보였기 때문이었다. 예를 들어 영국 정부는 300억 달러 규모의 경기 부양책을 발표했다. 판매세 감면 등을 통해 주택 소유자, 연금 수령자, 영세 사업자를 지원하겠다는 내용이었다. 중국은 금리 인하를 단행했다. 유럽연합은 2,580억 달러의 재정 정책을 발표했다. 일본 중앙은행을 비롯한 각국의 중앙은행들은 긴급 대출 조치를 강화했다. 일본 중앙은행의 경우, 담보만 제공하면 상업은행들에 자금을 무제한으로 대여해주는 새로운 긴급 대출 제도를 시행했다. 또한 12월에는 세계 경기가 둔화됨에 따라 선진국 전반에서 금리가 인하되었다.

연방준비제도가 익일물 금리를 사상 최저 수준(0~0.25% 사이)으로 인하하며 금리는 사실상 0%에 이르렀다. 버냉키 의장은 "이 결정은 역사에 길이 남을 것이

뉴스 & 브리지워터 일일논평(BDO)

2008년 12월 17일
OPEC, 추가 감산 합의
〈뉴욕타임스〉

2008년 12월 17일
연방준비제도 금리 인하에 달러시장 약세
〈뉴욕타임스〉

2008년 12월 18일
2008년, 왜 투자 손실을 본 투자자들이 많은가, 그리고 미래를 위한 교훈
"우리가 보기에는 투자자 대부분이 투자 손실을 본 이유는 다음과 같다.

1. 투자자들이 종목 고유의 리스크보다 시스템 리스크에 더 많이 노출되었다.
2. 시스템 리스크에 대한 노출은 경기가 안 좋을 때도 좋은 실적을 내는 자산(예: 국채)보다 경기가 안 좋을 때 좋지 않은 실적을 내는 자산(예: 주식, 사모펀드, 부동산, 신용 리스크가 있는 채권 등)에 더 영향을 미친다.
3. 리스크 프리미엄과 유동성 프리미엄이 큰 폭으로 증가했다(경기가 안 좋을 때 나타나는 현상).
4. 종목 고유의 리스크라고 하더라도 시스템 리스크의 영향을 받는 경향이 있다. 예를 들어 평균적인 헤지펀드는 주식과의 상관관계가 70% 정도 되므로 주가가 많이 내려가면 헤지펀드의 가치도 떨어지는 것은 당연한 일이다."

2008년 12월 18일
신용카드 사용자 보호를 위한 법률 추진
〈AP통신〉

2008년 12월 19일
자동차 구제책 발표 후 주가 폭등하다 하락세로 돌아서
〈뉴욕타임스〉

2008년 12월 22일
인디맥, 부정 행위 드러나
〈뉴욕타임스〉

2008년 12월 23일
11월 주택 판매, 예상보다 빠른 하락세
〈뉴욕타임스〉

2008년 12월 24일
연방준비제도, GMAC 은행으로 승인
〈뉴욕타임스〉

2008년 12월 24일
실업 수당 신청, 26년 만에 최대
〈로이터〉

2008년 12월 29일
미국 정부, GMAC 지분 인수 합의
〈뉴욕타임스〉

2008년 12월 30일
GM 지원 확대 소식에 주가 상승
〈로이터〉

선진국 중앙은행 정책 금리

■ 2008년 12월 초　　■ 2008년 12월 말

전 세계 중앙은행들이
12월 금리 인하를 단행했다.
미국과 일본의 금리는
0%에 육박했다.

| | 미국 | 유럽연합 | 일본 | 영국 |

(세로축: 0.0% ~ 3.5%)

2008년 12월 30일
GMAC, 자동차 대출 절차 간소화
"GMAC는 신용 점수가 621점 이상인 채무
자에 대해서는 즉시 대출이 가능하도록
대출 절차를 간소화한다고 밝혔다. 경영
난의 여파로 두 달 전부터 시행했던 최소
700점 기준을 이번에 낮춘 것이다. 그리
고 GM은 저금리 상품을 출시할 예정이며
일부 차종에 대해서는 무이자 판매를 시
행할 것이라고 밝혔다."

<뉴욕타임스>

다."라고 말했다.[56] 금리 인하 발표 후 주식시장은 반등했고, 달러는 약세를 보였다. 부채 위기와 유동성 위기의 양상을 반전시키려면 '화폐 찍어내기', 부채 인수, 정부의 통 큰 보증이 필요하다는 점이 명확했기 때문이었다.

부실자산 구제 프로그램의 자금이 자동차 제조업체에 제공될 가능성이 커졌다는 점도 시장에 긍정적인 영향을 주었다. 자금 지원이 자동차 제조업체에 도움이 된다는 것 때문만은 아니었다. 시스템을 살리기 위해 더 강력한 조치를 취할 수 있음이 자동차 업계에 대한 자금 지원을 통해 잘 드러났기 때문이었다. 부실자산 구제 프로그램이 제정된 목적은 금융기관의 구제였다. 폴슨 장관은 부실자산 구제 프로그램의 자금을 자동차 산업을 위해 사용할 의사가 없다고 수차례 말했다. 반면 부시 행정부는 자동차 제조업체가 파산하기를 원치 않는다는 점을 분명히 했고, 자동차 제조업체의 파산을 막기 위해 부단히 의회의 협조를 구했다. 그리고 의회가 승인해준 250억 달러 중 일부를 사용할 수 있는 권한을 부여받았는데, 250억 달러는 연료효율표준을 충족하는 자동차 제조업체가 구조조정을 추진할 경우 원활히 진행되도록 의회가 행정부에 승인해준 긴급 대여 자금이었다. 자동차 제조업체에 대한 지원과 관련해 실질적인 진전이 있었다. 자동차 제조업체 지원을 위한 법안이 하원을 통과한 것이다. 하지만 12월 중순, 법안은 상원에서 계류 중이었다. 부시 대통령은 퇴임 직전인 12월 19일, 크라이슬러와 GM에 긴급 대여금으로 134억 달러를 제공한다는 계획을 공식적으로 발표했다. 12월 말에 이르러, 정부는 자동차 제조업체에 대한 구제 금융을 갑작스럽게 확대하여 자동차 산업을 추가로 지원했다. 이 덕에 주식시장은 상승했다.

부실자산 구제 프로그램의 자금은 금융기관에 한해 제공될 수 있었기 때문에 자동차 제조업체 산하의 금융 계열사를 통하면 지원받을 수 있는 길이 있었다. 게다가 GM의 금융 계열사인 GMAC는 정부의 지원을 받을 수 있는 은행으로 구조를 개편할 수 있는 승인을 받았다. 때문에 GMAC는 신용 상태가 안 좋은 채무자에게 신규 대출을 해주는 작업에 착수할 수 있었다. 그런 뒤 부시 대통령이 퇴임하기 직전, GM은 자동차 제조업체들에게 자본금을 제공하고, 자동차 제조업체들의 금융 계열사에게 자금을 대여해주는 방법으로 자동차 업계를 도왔다. 시장은 오바마 대통령 당선인이 약속한 재정 지출을 통한 경기 부양책에 긍정적인 반응을 보였다. 대통령직 인수인계 과정에서 오바마 당선인 측과 부시 대통령 측 모두 모범적인 정치적 행보를 보이며 서로 존중해주었다. 버냉키와 가이트너가 경제팀의 수뇌부 자리를 유지하게 되었다는 것도 긍정적이었다.

이런 모든 조치가 대단한 것이기는 했지만, 경제 전체가 회복되기에는 상처가 너무 깊은 것은 아닌지 생각

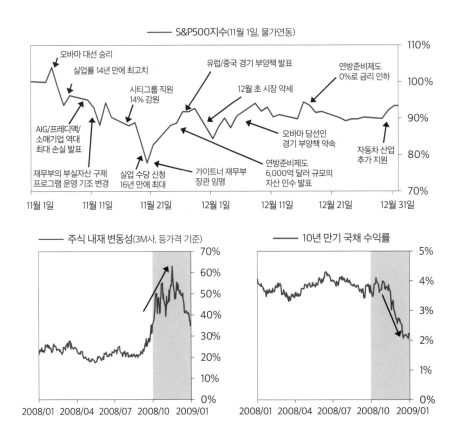

해볼 필요가 있었다. 경기 부양책과 자동차 산업 지원책의 진전이 희망적인 분위기를 만들면서 주식시장은 반등하긴 했다. 하지만 변동성(불확실성)이 매우 큰 상황에서 12월이 마감되었다.

브리지워터는 투자자들에게 큰 수익을 안겨주며 2008년을 마감했다. 2008년에 상당한 손실을 기록한 투자자들이 대부분이었다는 점과 큰 대조를 이루었다. 굉장한 한 해였다! 얼마나 다행인가!

1권에서 설명한 템플릿이 있었다는 점과 1930년대의 대공황 때의 디레버리징(기타 디레버리징)을 잘 이해하고 있었다는 점이 큰 도움이 되었다. 다음의 도표는 1925년부터의 금리와 통화량(M0)을 보여준다. 1930년대 대공황과 2008년 금융 위기가 포함되어 있다. 두 시기 모두에서 '화폐 찍어내기'가 있었다. 1900년 이후 이런 일이 벌어진 경우가 이 두 시기만은 아니라는 점을 명심하기 바란다. 그리고 두 시기 모두 '화폐 찍어내기', 즉 양적 완화 이후 시장과 경제가 바닥을 쳤다.

양적 완화는 심각한 심장 마비 증세를 보인 환자를 살리기 위해 다량의 아드레날린을 주사하는 것과 같다. 2008년 말 내가 품었던 유일한 의문은 아드레날린 주사 같은 당시 경제 처방 조치들이 효과가 있을지, 아니면 너무 늦은 것은 아닌지 하는 것이었다.

추악한 디레버리징에서 아름다운 디레버리징으로: 2009년

당시 미국 경제 상황을 간략하게 요약해볼 필요가 있다. 거의 모든 경제지표가 굉장히 빠르게 하락하고 있었다. 일례로 1월의 어느 날에는 일자리 감축 소식이 여러 산업 분야의 다양한 기업들로부터 한꺼번에 쏟아져 나왔다. 모두 합해 6만 2,000개의 일자리 감소였다. 경제 성장이 저조했을 뿐 아니라, 파산 위기에 몰린 주요 금융기관이 최소 다섯 곳에 달했다. 패니메이, 프레디맥, AIG, 시티그룹, 뱅크 오브 아메리카였다. 다섯 곳 모두가 리먼 브라더스보다 규모가 컸다. 검증되지 않은 새로운 행정부가 이 사태를 지휘할 예정이었다. 당시 경제 상황을 우리가 어떻게 보고 있었는지에 대해 BDO에 다음과 같이 썼다.

(BDO) 1월 9일: 미국 경제는 여전히 자유낙하 중

신용 위축의 영향으로 미국 경제가 여전히 자유낙하 중이다. 현재 가장 타격을 심하게 받은 부문은 고용 부문이다. 처음에는 금융 부문이 고통을 받다가, 그다음은 소비자 수요 부문, 지금은 고용 부문으로 옮아갔다. 고통받는 부문이 수요 부문에서 고용 부문으로 완전히 옮아가게 된 계기는 4분기 기업 매출이 비용보다 더 빨리 낮아져 기업 이윤을 압박하며 끌어내렸기 때문이다. 4분기 기업 실적이 아직 발표되지는 않았지만, 기업 이윤이 압박받고 있다는 소식이 전해질 것은 거의 확실하다. 그렇게 되면 기업들은 최대 비용 항목인 인건비를 줄이려 할 것이다. 11월과 12월 임금 삭감이 매월 50만 건으로 급증하는 양상은 기업들이 영업 이익을 유지하려는 시도로 볼 수 있다.

신용 부족으로 인한 고용 부문의 위축은 다른 경제 위축 현상보다 그 중요성이 훨씬 크다. 신용 부족은 기업들이 현금 흐름을 내부에서 창출해야 한다는, 즉 부채를 통한 자금 조달로는 현금 부족을 해결할 수 없음을 의미한다. 이는 곧 직원을 해고해야 하는 압박이 가중된다는 것을 의미한다.

오바마 대통령이 1월 20일 취임하자 시장은 새로운 행정부의 경제 정책 기조에 촉각을 곤두세웠다. 가이트너 신임 재무부 장관이 2월 10일 발표한 금융시장 안정화 방안은 오바마 행정부 금융 정책의 향후 기조를 알려주는 중요한 시금석으로 여겨졌다. 가이트너 장관은 연설을 통해 어떻게 '미국의 은행을 정상화하고 강화할지'에 대해 개략적으로 밝혔다.[57] 즉 미국의 주요 은행을 대상으로 스트레스 테스트를 실시한 후, 추가 자본금 투입이 필요한 금융기관이 어디인지 가려내어 공적 자금과 민간 자금을 병용해 정부가 자본금을 지원하겠다는 방안이었다. 투자자들은 가이트너 재무부 장관이 제시한 방안이 구체적으로 어떤 것인지 확신할 수 없었다. 국유화인지, 주주들이 손실을 부담하는 것인지, 아니면 세금 납부자인 국민들이 부담하는 것인지 확실히 알 수 없었다. 장님 코끼리 만지기 식의 추측들이 난무하면서 투자자들의 인식은 최악의 상황을 상정하는 데 이르렀다. 가이트너 장관이 연설을 시작하자 S&P500지수는 3% 하락했고, 결국 4.9% 하락한 채 그날 장을 마감했다.

오바마 행정부가 국유화 방안을 검토하고 있다는 소식이 계속 퍼지면서 재무부, 연방예금보험공사, 통화감독청, 저축은행감독청Office of Thrift Supervision, OTS, 연방준비제도는 공동 성명을 발표해[58] 국유화가 최후의 수단임을 확인하며 "금융기관들이 민간 부문에 의해 잘 관리될 때, 경제가 제 기능을 발휘할 수 있다. 때문에 자본 지원 프로그램Capital Assistance Program의 강력한 전제는 은행이 예전처럼 민간 부문에 의해 운영될 필요가 있다는 데 있다."라고 말했다. '강력한 전제'만으로는 충분치 않았는지 S&P500지수는 그날 3.5% 하락했다.

같은 달인 2월의 어느 날, 가이트너 장관은 재무부와 연방준비제도가 공동으로 '스트레스 테스트'를 실시한다는 구체적인 방안을 발표했다. 이 방안에 따라 연방준비제도는 경제가 크게 위축될 경우(구체적으로는 국내총생산 3.3% 감소, 실업률 8.9% 상승, 주택 가격 22% 하락할 경우), 미국의 주요 은행들이 버텨낼 수 있는지를 평가했다. 스트레스 테스트를 실시한 후 은행이 이를 버텨낼 자본이 없는 것으로 판명되면, 우선 민간 시장을 통해 자본금을 보충하고 그게 여의치 않을 경

2009년 1월 16일
뉴욕 증시 상승 마감, 새로운 은행 구제책 발표 영향
"연방 정부가 뱅크 오브 아메리카에 추가로 200억 달러를 투입한다는 소식에 고무된 투자자들이 있는 반면, 뱅크 오브 아메리카와 시티그룹의 큰 손실로 더 많은 지원이 필요할 것이라는 암울한 전조가 금융시장, 더 넓게는 경제 앞에 놓여 있다고 보는 투자자들도 있다."
〈뉴욕타임스〉

2009년 1월 20일
오바마 당선인, 44대 대통령으로 취임
〈뉴욕타임스〉

우 공적 자금을 활용할 수 있도록 했다. 물론 제아무리 가이트너 장관이라고 해도 자본금 부족분을 어떻게 채울지에 대한 연방준비제도의 평가가 끝나야 자금을 제공할 수 있었다. 우리는 18개월 동안 은행의 보유자산에 대한 시가평가 후, 시나리오별로 분석하여 정기적으로 손실 추정치를 측정했다. 우리의 추정치는 합리적이라고 자신할 수 있었다. 그래서 우리는 연방준비제도의 스트레스 테스트가 정확히 어떤 것인지, 스트레스 테스트가 숫자를 정직하게 반영하고 있는지, 숫자들을 잘 처리하고 있는지 알기를 원했다.

가이트너 장관의 금융시장 안정화 방안과 함께 오바마 행정부는 경제 되살리기와 신용시장의 정상화를 목표로 한 일련의 재정 정책도 발표했다. 발표된 모든 정책을 자세히 들여다보지는 않겠지만, 가장 의미가 큰 두 건의 정책에 대해서는 세부 내용을 들여다볼 필요가 있다.

- 2월 17일, 오바마 대통령은 미국 경제부흥 및 재투자법American Recovery and Reinvestment Act, ARRA에 서명했다. 이 경기 부양책의 총 규모는 7,870억 달러로 세금 감면 2,880억 달러, 주 정부를 포함한 지방 정부 지출 1,440억 달러, 인프라 구축 1,050억 달러를 각각 배정했다. 나머지 2,500억 달러는 연방 정부 지출로 배정되었다. 주목할 만한 점은 세금 감면이 며칠 내로 국민들에게 환원되어 사실상 즉각적인 효과가 나타나는 부양책이라고 할 수 있었다. 반면 인프라 구축의 경우는 사업을 검토하고 기획해야 하므로 효과를 내는 데 몇 년이 필요한 정책으로 단기적 효과는 작았다.
- 2월 18일, 정부는 주택 위기를 해결하기 위해 2,750억 달러 규모의 계획을 발표했다. '모기지를 리파이낸싱하거나 주택 압류를 방지할 수 있도록 최대 900만 명의 주택 소유자들을 지원'하는 것을 목표로 한다. 즉 주택소유자 지원 및 안정화 대책Homeowner Affordability and Stability Plan은 750억 달러를 직접 지원하여 위기에 처한 주택 소유자들이 본인 소유의 주택에서 계속 거

주할 수 있게 하는 정책이었다. 이 정책은 또한 대출 조건을 더 저렴하게 조정할 수 있는 유인을 대출기관에게 주는 방안도 포함되어 있었다. 이에 더해 패니메이와 프레디맥에 2,000억 달러를 추가로 지원하는 방안도 포함되어 있다.

2월 동안, 미국의 정책 입안자들은 다른 정책들을 확대 발표했다. 대표적으로 자산 담보부증권 대출창구Term Asset-Backed Securities Loan Facility, TALF를 꼽을 수 있다. 자산 담보부증권 대출창구는 연방준비제도의 정책으로, 비소구non-recourse 금융의 형태로 AAA등급의 자산 담보부증권을 보유한 금융기관에 최대 1조 달러를 대여해 소매 대출을 활성화하는 것을 목표로 했다. 4월 말에 종료되는 다양한 유동성 공급 프로그램을 연장하는 성격의 방안이기도 했으며, 3월 5일부터 개시될 예정이었다. 이런 부양책들에도 불구하고 시장은 다음 도표에서 볼 수 있듯이 하락을 이어나갔다.

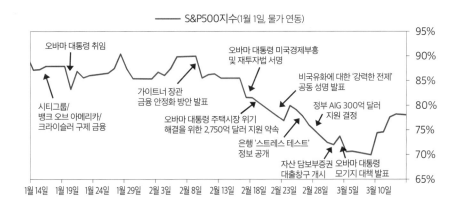

금융 부문과 경제 전체에 취약성이 지속되고 있다는 소식들이 계속 쌓여가고 있었다. 3월 1일 일요일, AIG가 4분기에 620억 달러의 손실(미국 기업 역사상 최대의 분기 손실)을 기록했음을 발표한다는 소식이 전해졌다. 또한 같은 날 재무부와 연방준비제도가 AIG에 추가로 300억 달러의 자본금을 투입하는 데 합의하고

2009년 2월 20일
국유화의 시작?
"우리가 보기에 국유화가 최선의 방안으로 보이기는 하지만, 여전히 많은 위험성을 품고 있다. 국유화의 목표는 금융 시스템의 기초를 유지하면서도 금융기관의 자본금 구성을 수용 가능한 범위에서 재조정하는 것이다."

AIG의 대출 조건을 완화하려 한다는 소식도 전해졌다. 월요일, 시장은 폭락했다. AIG 소식에 따른 파급 효과에 대한 우려가 촉발되었을 뿐만 아니라, 2월 경제 실적 통계 발표로 인해 경기 위축 양상이 가속화되고 있음이 드러났기 때문이었다. 월간 자동차 판매가 5.8% 하락하면서 1980년대 초 이래 최저 수준으로 하락했다. 그리고 전체적으로 65만 1,000개의 일자리가 줄었다.

다음 주는 전 주와 비슷하게 좋지 않은 상황으로 시작됐고, 더 심화되는 경향을 보였다. 3월 9일 월요일, 세계은행은 매우 비관적인 전망이 담긴 보고서를 발표했다. 워런 버핏Warren Buffet은 "경제가 낭떠러지로 떨어졌다."라고 말했다. 주식시장은 1% 하락했고, 투자 심리가 매우 비관적이어서 매도세는 끝나지 않을 것처럼 보였다. 그 당시에는 그런 사실을 몰랐지만, 미국 주식시장의 최저점과 달리 약세의 최고점이 형성된 시기였다.

화요일, 주식시장은 38% 폭등한 시티그룹에 힘입어 6.4% 반등했다. 수익성을 회복했다는 시티그룹 CEO와 직원 성명, 금융 규제 개선에 대한 버냉키 의장의 연설에 대한 호평, 주식 공매도 제한 규정을 의회가 다시 제정하려 한다는 소식 등이 급등세에 영향을 주었다.

정책 입안자, 조정으로 반격 시작: 2009년 3~4월

막후에서는 금융 시스템을 지원하고 신용 위축을 보완하기 위한 자금 제공을 목표로 하는 '충격과 공포'의 정책들을 연방준비제도와 재무부 정책 입안자들이 조율을 통해 기획하고 있었다. 이런 정책들은 전에 있었던 완화 정책들보다 훨씬 더 공격적이었고, 정책 발표의 대공세라는 큰 그림에 따라 순서대로 발표되었다. 정책이 어떤 식으로 발표되느냐에 따라 시장에 미치는 영향을 확대할 수 있으므로 그 중요성이 컸다.

첫 번째 정책 발표는 3월 18일에 있었다. 시장을 놀라게 하기 위해 연방준비제도는 양적 완화를 위해 모기지 담보부증권 인수액을 7,500억 달러, 부채 인수액을 1조 달러로 확대한다고 발표한 것이다. 이때 미국 국채 인수액도 이후 6개월 동안 3,000억 달러로 확대한다고 발표했다. 양적 완화의 확대에 더해 연방준비제도는 자산 담보부증권 대출창구를 통해 받을 수 있는 담보의 범위를 다양한 금융자산으로 확대하면서 '예외적으로 낮은 금리가 유지되는 기간을 연장할 수 있을 것'이라고 기대감을 드러냈다.

1조 달러가 넘는 규모의 정책이 발표되면서 시장은 크게 움직였다. 국채 수익률이 0.48% 하락하며(수십 년 만에 최대 규모의 수익률 변동이었다.), 국채시장이 반등했다. 그리고 주식시장도 반등했고 금시장도 반등했지만, 달러는 약세를 보였다. 다음 도표는 정책 발표 후 시장이 얼마나 크게 움직였는지를 보여준다.

2009년 3월 18일
연방준비제도, 경제 회생 위해 1조 달러 투입 계획
"연방준비제도는 수요일 경제 체력을 강화하기 위한 노력에 박차를 가한 가운데, 국채와 모기지 증권을 인수하는 방법을 통해 금융 시스템에 1조 달러를 추가로 투입할 것이라고 밝혔다. 연방준비제도는 이미 금리를 0%에 가까운 수준으로 낮추어 금리 정책을 활용할 수 없었다. 때문에 경제에 더 많은 자금을 공급하는 방안으로 증권 인수 같은 대안 정책에 크게 의존하고 있다. 이런 정책 기조의 전환은 신용을 구하기 불가능한 상황에서 상당한 양의 자금을 창출하려는 연방준비제도의 새로운 시도로 풀이된다."
<뉴욕타임스>

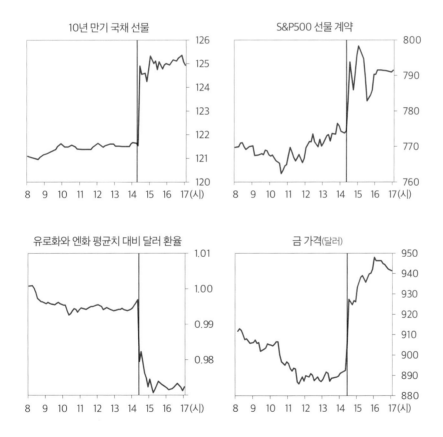

그런 뒤 3월 23일, 가이트너 장관은 은행으로부터 5,000억 달러에서 최대 1조 달러의 부실자산 인수를 목표로 정책을 확대한다고 발표했다. 이 프로그램의

핵심은 민관합작 투자사업Public-Private Investment Partnership, PPIP이었는데 민간 투자회사에 인센티브를 제공해 은행의 부실자산을 인수하도록 유도하려는 것이었다. 사실상 이를 통해 투자회사들은 부실자산에 투자하여 연방준비제도로부터 자금을 대여받아 레버리지로 활용할 수 있었다. 그리고 투자자산이 초기 가치보다 낮아지더라도 초기 투자금보다 더 많은 손실이 발생하지 않는다는 보증도 정부로부터 받을 수 있었다. 연방준비제도와의 공조를 통한 또 다른 시도로 가이트너 장관은 주거용 부동산 모기지 담보부증권과 상업용 부동산 모기지 담보부증권에 자금을 제공하기 위해 자산 담보부증권 대출창구를 확대할 수도 있다고 발표했다. 또 회수 불능으로 분류된 증권을 이 프로그램 안으로 끌어들일 방안을 관련 기관들과 검토하고 있다고도 말했다. 이 발표가 있었던 날, S&P500 지수는 18% 상승한 금융주에 힘입어 7.1% 상승했다.

3월 24일, 연방준비제도와 재무부는 금융 규제를 개편하는 방안을 발표했다. 그리고 보험회사, 투자은행, 투자 펀드뿐 아니라 '대마불사'의 은행을 장악하기 위해 정부의 권한을 확대하는 방안도 발표했다. 이틀 뒤 가이트너 장관은 보험회사, 헤지펀드, 사모펀드에 대한 규제 및 감독 권한을 강화하는 것은 물론이고, '대마불사'라는 꼬리표가 달린 기업이면 형태와 상관없이 규제 권한을 확대하는 금융 규제 개편안을 발표했다. 경기 부양을 위한 대책은 아니었지만, 이 시도는 시장으로부터 긍정적인 평가를 받았다.

3월 말, 서머스 국가경제위원회 의장과 가이트너 재무부 장관은 현명한 금융 전문가인 스티븐 래트너Steven Rattner가 이끄는 팀과 함께, 래리 서머스 의장이 '충격 완화적 파산cushioned bankruptcy'라고 표현한 파산 상태로 GM과 크라이슬러를 몰아넣는 방안을 마련했다. 충격 완화적 파산에 처하면 노조와 채권자들은 부채를 삭감하는 방안을 협상해야 한다. 또한 차량 품질 보증에 따른 GM의 의무를 정부가 대신 떠맡는 것은 물론이고, 그 외 미국 정부의 방대한 지원을 통해 GM은 구조조정을 진행하면서도 정상적으로 운영할 수 있었다. 정작 자동차 제

**뉴스 &
브리지워터 일일논평(BDO)**

2009년 3월 18일
전형적이지만 불가피한 중앙은행의 자산 인수
"오늘 발표된 연방준비제도의 대책은 놀랍다기보다 불가피하고 필수적 조치이자 불황의 과정에 흔히 등장하는 전형적인 조치이다. 사실 우리의 계산에 따르면 연방준비제도가 인수해야 할 국채의 규모는 1조 5,000억 달러에서 2조 달러에 이른다.
크게 보면, 사태가 전형성을 띠기 전에 연방준비제도가 이런 조치들을 취하고 있다는 점을 제외하고는, 현재 벌어지고 있는 것들은 불황의 시기에 등장하는 전형적인 조치들이다. 그 전형성에 대해서는 '진행 상황을 이해하기 위한 템플릿'에도 개략적으로 제시되어 있다. 연방준비제도의 책임자들은 부채 구제를 위한 전형적인 방안을 모두 동원하여 부채 구조조정을 미연에 방지하고 신용 창출 단계로 직행하고자 분명히 노력하고 있다. 정부 관계자들도 마찬가지다. 화폐를 찍어내어 통화량을 늘리는 방안뿐 아니라 자산 담보부증권 대출창구, 민관합작 투자사업처럼 신용 창출을 유도하는 방안들과 함께 회계 규정과 행정 규제의 적용을 유예하는 방안까지 연방준비제도의 대책에 포함될 것이다."

2009년 3월 20일
금융주, 주식시장 하락세 주도
"금요일 주식시장이 하락했다. 정부의 구제 금융을 지원받은 회사들이 지급한 상여금을 환수하려는 의회의 시도가 어떤 결과를 가져올지 투자자들이 우려했기 때문이다. …목요일, 하원은 50억 달러 이상의 구제 금융을 지원받은 회사들에게 올해 지급된 상여금에 90%의 세율을 적용하는 법안을 통과시켜 점점 액수가 늘어나고 있는 AIG의 상여금 지급에 제동을 걸었다. 상원은 다음 주 하원의 법안과는 별도로 자체적인 상여금 과세 방안을 채택할 예정이다."
〈뉴욕타임스〉

2009년 3월 22일
미국 정부, 부실자산 인수할 투자자 모집 나서
"일요일, 오바마 행정부의 관계자들은 부실자산 인수에 시큰둥한 반응을 보이는 민간 투자자들을 설득하는 작업에 착수했다. 이를 통해 정부는 많게는 1조 달러어치의 부실 모기지 또는 모기지 관련 자산이 은행으로부터 인수될 수 있도록 민간 투자자들을 유도할 방침이다."
〈뉴욕타임스〉

2009년 3월 23일
미국 정부, 은행 부실자산 인수 방안 확대
"악성 주택대출과 모기지 관련 증권으로부터 은행들을 해방하려는 오바마 행정부의 신규 대책은 기대했던 것보다 규모도 크고 민간 투자자에 대한 배려도 커 긍정적인 측면이 있다. 그러나 세금을 부담하는 일반 국민들을 위태롭게 하는 부정적인 측면도 있다. …종합적으로 말해, 팀 가이트너 재무부 장관이 월요일 공개한 세 가지 프로그램은 은행에 부담을 주고 신

조업체들은 파산에 이르면 정상적인 운영이 불가능할 것이라고 생각했다. 하지만 래리 서머스 의장은 충분한 지원이 있으면 자동차 제조업체들이 파산해도 정상적인 운영이 가능하다고 생각했기 때문에, 부채가 전액 상환되어야 할 이유도 없다고 생각했다.

그런 뒤 4월 2일, 두 가지 중요한 정책 발표가 나왔다. 하나는 기대보다 더 큰 규모로 IMF의 자금을 늘리기로 합의했다고 G20이 발표한 것이었다. 구체적으로 G20 국가들은 IMF의 현행 유동성 자금 규모인 2,500억 달러를 5,000억 달러로 늘리는 것을 목표로, 우선 2,500억 달러를 즉시 출자하기로 합의했다. IMF의 자금 여력을 급격히 확대하고, 동시에 대여 조건을 융통성 있게 개정하면 많은 신흥 개발도상국가의 긴급한 유동성 수요를 진정시킬 수 있을 것으로 기대했다. 이 내용이 발표된 후 신흥 개발도상국가 통화가 치솟으며 강세를 보였다.

나머지 하나는 재무회계기준심의회Financial Accounting Standards Board, FASB가 발표한 회계 규정 개정안이었다. 재무회계기준심의회가 시가평가 회계 규정을 완화하기 위해 몇 주 전에 통과시킨 두 가지 개정안이었다. 주요 내용은 모기지 증권의 가치를 보고하는 데 은행에 더 많은 재량권을 주는 것이었다. 시장은 이 변경안을 환영했다. 하지만 우리는 이 변경안이 은행이 일정 기간에 걸쳐 손실을 상각할 수 있게 하는 데에는 거의 영향을 미치지 않고, 다만 보험회사의 회계적 압박이 (전부는 아니고) 일부 완화될 것으로 생각했다.

신용 위기에 대한 정부의 합동 대응은 전례가 없는 것이었다. 당시 우리는 정부의 조치들을 '거대한 폭주'라고 표현했다. 당시 우리 고객들에게 공유되었던 다음 표는 2009년 4월까지 발표된 미국 정부의 자산 인수와 지급 보증을 모두 합한 금액이다. 주목할 것은 모든 부채의 3분의 2인 약 29조 달러를 정부가 보증하고 있었다는 점이다.

부시 대통령은 자신을 보좌하는 경제팀이 무엇을 해야 하는지 가장 잘 안다고 생각하고, 해야 할 일을 할 수 있도록 지원하는 등 불간섭주의적인 접근 방식

용시장을 마비시키고 경제 회복을 더디게 만드는 부동산 자산을 최대 2조 달러까지 인수하는 것을 목표로 하고 있다."
〈뉴욕타임스〉

2009년 3월 23일
은행 관련 대책, 뉴욕 증시 수개월 만에 최대 상승 이끌어
〈뉴욕타임스〉

2009년 3월 26일
가이트너 장관, 금융 법규 폭넓은 개정 발표 예정
"오바마 행정부가 목요일 금융 규제 개편에 관한 세부 사항을 발표할 예정이며, 현재 규모도 가장 크고 정부의 규제도 가장 덜 받는 월스트리트의 헤지펀드와 신종 금융 상품 중개기관을 정부의 엄격한 감독하에 두는 내용 등이 포함될 것이라고 정부 관계자가 밝혔다."
〈뉴욕타임스〉

2009년 3월 27일
13개 은행 대표, 오바마 정부에 협조 다짐
"13개 은행의 CEO들이 90분간의 회동을 마치고 은행 시스템과 경제를 살리려는 정부의 노력에 협조할 것이라고 다짐했다. 벚꽃이 만개한 화창한 봄날이었던 어제, 정부 관계자와 은행의 대표들은 한 목소리로 '우리는 모두 한마음 한 뜻'임을 과시했다."
〈뉴욕타임스〉

2009년 3월 27일
3월 자동차 판매, 회복 기미 보여
〈뉴욕타임스〉

2009년 4월 2일
은행 법규 개정 희망으로 주가 상승
"금융 위기가 최악의 상황을 벗어나고 있다는 희망에 주식시장이 목요일 상승했다. 정부의 지도자들이 새로운 대규모 구제책을 약속하고, 규제기관들이 금융 규제와 회계 법규의 개정 작업에 착수한 것이 이 같은 희망을 키웠다. …회계기준심의위원회가 표결을 통해 시가평가 회계 기준을 완화하기로 함에 따라 모기지 담보부증권의 가치를 평가할 때 기업들의 재량권이 더 커지게 되었다."
〈뉴욕타임스〉

2009년 4월 2일
은행, 자산평가 재량권 커져
"불투명한 회계 기준이 금융 위기를 더 악화시킨다고 은행들의 원성을 샀던 회계 기준이 화요일 개정되어 모기지 증권의 가치를 평가하는 데 기업들의 재량권이 더 커지게 되었다. …금융 위기 동안 다수의 증권, 특히 서브프라임 주택 모기지 담보부증권의 시장가격이 몇 분의 일 수준으로 하락했다. 그로 인해 은행들은 지난해 수천억 달러의 평가손실을 기록해야 했다."
〈뉴욕타임스〉

을 취했다. 하지만 오바마 대통령은 사실이나 수치 등 세부 사항을 직접 자세히 들여다보고 관련 논의에 적극적으로 가담하는 등 간섭주의적인 접근 방식을 취했다. 오바마 대통령은 국가 안보 일간 브리핑처럼 경제 브리핑을 매일 시행하도록 정례화했다. 또한 매일 오전 경제팀과 회동하여 취임 후 몇 달 동안 지속되는 금융 위기에 대한 논의를 이어갔다. 래리 서머스에 따르면, 오마바 대통령은 경제팀이 보낸 자료를 한 글자도 빼놓지

정부 보증(단위: 백만 달러)

항목	자산 인수	경성(硬性) 보증	명시적 보증	연성(延性) 보증
정부 기관	40,000	577,000	6,400,891	
패니메이	20,000		3,491,169	
프레디맥	20,000		2,740,721	
기타		577,000	169,001	
은행	1,080,546	8,757,623	884,973	924,280
연방준비제도 유동성 프로그램	570,900			
우선주	285,646			
필요 자본금	224,000			
임시 유동성 보증 프로그램(TLGP)		201,645		
우량 부채에 대한 연성 보증				924,280
연방 주택은행(FHLB) 명시적 보증			884,973	
연방 예금보험공사(FDIC) 예금 손실		8,555,978		
자산 인수/보증	3,684,750	415,000		
자산 담보부증권 대출창구(TALF) & 민관합작 투자사업(PPIF)	4,700	0		
은행 자산 보증	0	415,000		
단기 부채시장	3,255,650	0		
연방준비제도 자산 인수	424,400	0		
기타	463,285	140,193		5,700,000
AIG	121,000			
GE 캐피털	3,500	36,693		
기타 금융기관	10,000			5,700,000
자동차 제조업체	19,785	3,500		
해외 기업	309,000	100,000		
기타	5,268,581	9,889,816	7,285,864	6,624,280
누적 합계	5,268,581	15,158,397	22,444,261	29,068,541

⇩

총부채의 3분의 2를 정부가 보증

않고 모두 다 읽고, 접근 방식이 어떤 것인지, 경제팀이 왜 해당 접근 방식을 권고하는지, 어떤 대안들이 기각되었는지 등을 잘 이해하고 있었다고 했다. 시장과 경제 발전이 그 무엇보다 더 중요한 시기였기 때문이다.

하락 장세를 맞은 투자자들의 대응 방식은 매우 다양했는데, 크게 세 가지 유형으로 구분할 수 있었다. 1) 투자로 피해를 본 후 두려움이 커져 리스크를 줄이는, 즉 고리스크의 자산을 매각하여 피해가 커진 투자자 유형, 2) 투자로 피해를 보았지만 결국에는 상황이 나아질 거라는 막연한 믿음으로 고리스크의 자산을 계속 보유하거나 그런 자산을 추가로 구매한 투자자 유형, 3) 상황을 잘 이해하여 비싼 가격에 팔고 싼 가격에 매수하는 전략을 매우 잘 실행한 투자자 유형이다. 이 세 번째 유형에 속하는 투자자는 극소수에 불과했다.

브리지워터의 경우, 이 시점까지 투자 실적이 매우 좋았다. 하지만 그렇다고 해서 이 단계에서 베팅을 감행하지는 않았다. 우리는 2007년 버블 때에는 시장 가격에 과소 계상된 요소들과 향후 벌어질 가능성이 있는 상황 사이에 큰 격차가 있다고 보았다. 지금은 시장가격이 끔찍한 여건들을 과소평가하고 있고, 어떤 결과가 펼쳐질지 특정 짓기 힘들다. 정책 입안자들은 올바른 조치를 취하고 있었다. 하지만 그런 조치가 효과가 있을지, 그리고 리스크 노출의 수면 밑에는 무엇이 도사리고 있는지 여전히 불분명했다.

얼마 뒤 같은 4월, 우리는 화폐 찍어내기와 경기 부양을 위한 정부 지출이 대규모로 단행되고 있는 것과 관련해 "전염병이 자주 찾아오지 않는 것처럼, 불황이 발생하는 것도 흔한 일은 아니다. 그런 의미에서 우리가 되새겨볼 수 있는 사례가 그렇게 많지는 않았지만, 되새겨본 사례를 통해 알게 된 것은 위기에 대한 처방이 이렇게 대대적인 규모로 내려진 적은 없었다는 것이다."라고 썼다.

이런 위기 상황에서는 모든 것을 바로 잡을 수는 없는 법이다. 특히 일반인이 볼 때 그렇다. 재무부의 조치에 대해 대중적으로 큰 논란이 있었다. 특히 자본금을 제공하는 재무부의 조치가 퍼주기식 지원은 아닌지, 그리고 은행 관계자들

**뉴스 &
브리지워터 일일논평(BDO)**

2009년 4월 2일
IMF 자금 및 회계 기준 변경에 관한 G20 합의
"목요일 보도된 IMF 출자에 관한 G20 합의안과 시가평가 회계 기준 변경은 일반적으로 시장의 압박을 진정시키는 목표를 지향하는 조치들이다. IMF의 발표는 굉장한 조치이지만 재무회계기준위원회(FASB)의 개정안이 회계 일선 담당자들에게 주는 효과는 제한적이다. …우리가 보기에 발표된 내용 중 가장 중요한 부분은 IMF 자금을 즉시 확대하기로 한 것이다. 이와 비슷한 IMF 자금 확대 발표가 미국에서도 조만간 나올 것으로 보인다. 우리는 미국에서 나올 자금 확대 규모가 1,000억 달러 정도일 것으로 기대하고 있다. 미국에 의해 1,000억 달러가 추가되면 IMF 자금이 3,500억 달러 규모로 증가하게 된다. …우리는 재무회계기준위원회가 어제 통과시킨 개정안을 검토하는 중이다. 개정안에 대한 검토가 마무리되면 생각이 바뀔지도 모른다. 하지만 은행이 일정 기간 동안 손실을 상각할 수 있게 하는 데에는 변경안이 거의 영향을 미치지 않고, 다만 보험회사의 회계적 압박이 (전부는 아니지만) 일부 완화될 것이라는 것이 현 단계에서 할 수 있는 우리의 생각이다."

은 왜 처벌을 받지 않는지에 대해 논란이 매우 뜨거웠다. AIG가 재무부로부터 구제 금융을 지원받은 후 예전에 주기로 약정된 상여금이기는 했지만 큰 금액의 상여금이 지급되었다는 뉴스가 보도되었다. 그러자 가이트너 장관이 상여금의 존재를 알고도 왜 지급을 묵인했는지가 논란이 되었다. 이 보도는 안 그래도 금융기관에 대한 구제 금융으로 분노해 있는 국민들을 더욱 분노하게 만들었고, 재무부가 계획하고 있던 추가 지원 대책의 앞날을 예측하기 어렵게 만들었다.

이것은 전형적인 반응이다. 경제적 고통이 커지면서 포퓰리스트들에게서 "이런 혼란의 주범인 은행 관계자들을 처벌해야 한다."는 요구가 나타난다. 그로 인해 정책 입안자들이 금융 시스템과 경제를 살리는 데 필요한 조치를 취하기 어려워진다. 이런 상황이 오면 은행 관계자들은 투자와 대출을 멈추고 '은행 관계자로서 본연의 임무'를 포기하는 선택을 하게 할 수 있다. 위기 상황에서 은행 관계자들이 그런 선택을 한다면 위기는 더 악화될 것임이 분명하다.

금융 위기 자체뿐만 아니라 금융 위기가 처리되는 방식은 이후 포퓰리즘을 발흥하게 하는 환경을 조성한다. 하지만 시스템을 살리는 것이 완벽하게 잘잘못을 따지는 것보다 훨씬 더 중요하다. 래리 서머스는 이에 대해 전쟁 의학에 비유해 다음과 같이 말했다. "절대 완벽할 수 없다. 잘못했음을 나중에 알게 될 수 있다. 아무리 최선을 다해 노력해도 상처가 깔끔하게 치료되지 않고 흉측해 보일 수 있다." 백번 옳은 말이다. 나는 포퓰리즘적 방식으로 정책 입안자를 재단하는 것은 공평하지 않다고 생각한다. 정책 입안자들은 자신들이 해야 할 일을 한다는 사실, 그리고 가능한 많은 사람을 돕는다는 사실만으로도 그들이 영웅적 대접을 받기에 충분하다고 생각한다.

논란이 가장 뜨거웠던 3월 중순, 의원들과 대중 매체는 가이트너 장관의 사임을 요구했다. 그가 자신의 임무를 매우 역량 있게, 지혜롭게, 그리고 세심하게 수행했음에도 말이다. 의원들과 대중 매체가 사임을 쟁취해냈거나 은행 시스템

**뉴스 &
브리지워터 일일논평(BDO)**

2009년 4월 3일
상여금 잔치 벌인 패니메이와 프레디맥, 거센 비난 직면
<뉴욕타임스>

2009년 4월 5일
재무부 장관, 부실 은행의 은행장 해고 가능성 열어두고 있다고 밝혀
<뉴욕타임스>

2009년 4월 6일
전 세계 중앙은행, 통화 스왑 확대
"미국, 유럽, 영국, 일본의 중앙은행들이 합의안을 발표하고 2,870억 달러의 유동성을 연방준비제도에 공급할 수 있다고 월요일에 밝혔다. …합의안에 따르면 연방준비제도는 통화 스왑을 통해 미국 내 금융기관에 외환 유동성 공급을 확대할 수 있다."

2009년 4월 6일
신용시장, 회생 기미 보여
<뉴욕타임스>

2009년 4월 7일
연방준비제도 회의록, 신용시장 작동 중지에 따른 우려 표명
"미국과 세계 전역에서 경기가 위축되면서 연방준비제도는 지난달 1조 달러가 넘는 자금을 경제에 투입해야 했다는 내용의 연방준비제도 회의록이 수요일에 공개되었다. …가장 최근에 있었던 회의에서 공개시장 위원회의 위원들은 지속적인 경기 침체를 우려했고, 신용시장을 진정시킬 수 있는 최선의 방안을 논의했다."
<뉴욕타임스>

2009년 4월 21일
가이트너 재무부 장관 발언에 주식시장 반등
"월스트리트가 사상 최대의 손실을 기록하며 금융주가 10% 이상 폭락한 하루 뒤인 화요일, 주식시장이 크게 상승한 채 장을 마감했다. 대다수의 은행에 자본금이 확보되었다는 팀 가이트너 재무부 장관의 긍정적 발언에 힘입어 은행주가 반등했다. …의회 감독 패널에 보낸 서면 증언을 통해, 가이트너 장관은 압도적으로 많은 은행이 필요한 수준을 넘어 충분한 자본금을 현재 보유하고 있다고 밝혔다."
<뉴욕타임스>

2009년 4월 22일
규제기관, 스트레스 테스트 관련 시중 은행 면담 예정
"연방 규제기관들이 금요일 주요 은행들과의 면담 일정을 비밀리에 조율했다. 면담을 통해 스트레스 테스트 예비 결과를 공개할 것으로 보인다."
<뉴욕타임스>

에 자본금을 제공하는 재무부의 과감하고 필수적인 정책 시도를 좌초시켰다면, 경제에 악영향을 주어 그 후유증은 매우 컸을 것이다.

가이트너 장관은 일반 국민들의 공분을 다스리기 어려웠다는 점을 자신의 저서에 다음과 같이 썼다.

"일반 국민들의 공분이 근거가 없는 것은 아니었다. 오바마 대통령이 왜 그런 공분을 끌어안기를 원했는지 이해가 안 되는 것도 아니었다. 그러나 그런 공분을 해소시키는 방법을 몰랐을 뿐이다. 경기가 한창 좋았을 때부터 지급되고 있던 상여금을 몰수할 수 있는 법적 권한이 우리에게는 없었다. 사기업에게 상여금으로 얼마를 주라고 정할 수 있는 권한이 우리에게 없었다. 부실 자산 구제 프로그램에 따라 금전적 지원을 받는 기업들을 감독할 수 있는 권한은 있었지만, 국민들의 공분으로부터 도망치겠다는 생각으로 유능한 인재들이 은행에서 대거 이탈하는 사태를 방지하는 동시에 일반 국민들이 수용할 수 있는 수준으로 상여금을 줄 수는 없었다. 어찌 됐든, 나는 일반 국민들의 공분이 해소될 수는 없다고 생각했다. 나는 국민들이 상여금에 대해 험한 말을 내뱉으면 뱉을수록 상여금은 줄어들어 결국에는 금융 산업의 사치를 근절시킬 수 있다는 공허한 기대가 국민들 사이에서 더 퍼지는 건 아닌지 우려를 금할 수 없었다."[59]

오바마 대통령이 가이트너 장관을 강력하게 지지하면서 논란은 결국 사그라들었다. 그러나 가이트너 장관이 행동에 나서지 않는 동안, 상여금 과세 법안이 3월 19일 하원을 통과했다. 구체적으로 이는 정부 구제 금융을 50억 달러 이상 지원받은 기업이 지급한 상여금에 대해 90%의 세율을 적용할 수 있는 법안이었다. 과세 대상이 주로 AIG로 한정되어 있기는 했지만, (이번 과세를 정부의 입 닦기식 태도 돌변으로 여기는) 금융기관 임원들 사이에 정부 지원에 대한 불신 풍조가

**뉴스 &
브리지워터 일일논평(BDO)**

2009년 4월 24일
월스트리트, 구체적 스트레스 테스트에도 침착 유지
"투자자들은 5월 4일까지는 주요 은행을 대상으로 시행되는 정부의 스트레스 테스트 결과를 알 수가 없다. 그럼에도 월스트리트는 금요일 동요하지 않고 침착함을 유지하는 모습을 보였다. 규제기관들이 구체적인 은행 평가방식 일부를 공개한 후지만 주가가 하락하지 않는 모습이 월스트리트의 분위기를 잘 대변해주었다. 어떤 재무비율과 어떤 분석 기법을 활용해 자본금 확충 필요성을 판단할지 등 일부 세부 사항은 아직 확정되지 않았다. 그럼에도 불구하고 주식시장은 상승하는 모습을 보였다. 투자자들은 19개의 금융기관 대부분이 자본금 확충이 잘 되어 있어 민간 투자자나 정부의 대규모 자본금 투입이 필요 없을 것으로 내다보는 분위기였다."
〈뉴욕타임스〉

2009년 4월 24일
세계 금융 리더를 회담, 조심스럽게 경제 회복의 '그린슈트'를 예상
"미국을 비롯한 선진국 재무장관들은 지난 6개월 동안 가장 좋은 분위기 속에서 회담을 마치고 글로벌 경제 위기가 진정세에 접어든 조짐을 보이기 시작했다고 금요일에 밝혔다. …공동 성명서를 통해 재무장관들은 성장 저조 등으로 전망이 어두울 것을 우려하면서도 경제 활동이 올해 말부터 증가하기 시작할 것이라고 강조했다."
〈뉴욕타임스〉

2009년 4월 28일
정부, 2차 모기지 시장 개선 대책 수립 예정
"오바마 행정부는 주택 압류를 줄이기 위해 500억 달러 규모의 주택시장 대책을 확대하려는 가운데, 2차 모기지 또는 피기백론(piggyback loan: 미국에서 주택을 구입할 때 착수금 용도로 대출되는 자금으로, 대략 집값의 10~20%가량을 피기백론으로 지급한다.)의 대출 조건을 개선하는 등 고전을 면치 못하고 있는 주택 소유자들을 지원하기 위한 새로운 주택시장 프로그램을 화요일에 발표했다. …새로운 프로그램을 통해 재무부는 2차 모기지 상품의 월별 상환액을 크게 줄이거나, 대출 전체를 탕감해주기로 한 대출기관을 대상으로 현금 인센티브와 보조금을 제공할 예정이다."
〈뉴욕타임스〉

2009년 5월 1일
시티그룹, 신규 자본금 투입 필요
〈뉴욕타임스〉

2009년 5월 1일
연방준비제도, 신규 대여 프로그램 6월 개시
"연방준비제도는 시장에서 고대하고 있던 대여 프로그램을 드디어 6월에 개시하기로 했다. 이에 대해 연방준비제도는 신규 대여 프로그램을 통해 상업용 부동산 대출을 유도할 계획이라고 금요일에 밝혔

커지면서 긴장감이 고조되었다.

다행히도 시장과 경제 모두에서 바닥이 다져지고 있었다. 상황이 더 악화되었다면 자본주의와 민주주의 시스템이 파산을 선고해야 하는 위기에 처할 수 있었지만, 상황은 더 악화되지 않았다. 다른 조건이 같다면, 재화와 투자자산의 가격은 구매율이 줄면 떨어지고 매도율이 줄면 올라간다. 그래서 고점은 구매율이 유지될 수 없을 때(즉 사람들이 가격이 상승할 것이라고 생각할 때) 형성되고, 바닥은 매도율이 유지될 수 없을 때(즉 사람들이 가격이 하락할 것이라고 생각할 때) 형성되는 것이 일반적이다. 대대적인 정책 발표를 전후로 몇 주 동안 압박이 완화되었고, 경제 반등의 기미가 나타나기 시작했다. 이에 따라 시장은 반등했다. 4월 첫째 주에 연이어 발표된 경제 실적을 통해 경제 위축 현상이 3월에도 지속되고 있었지만, 위축의 속도가 예상보다 더 둔화되고 있는 것으로 나타났다. 이런 현상은 261쪽 상단의 도표에서도 확인할 수 있다. 도표를 보면, 주요 경제지표들이 수십 년 만에 가장 빠른 속도로 위축되는 현상을 이어나가고 있었다. 하지만 위축되는 양상이 완만해지거나, 심지어는 방향을 틀어 상승하는 양상으로 뒤바뀌기까지 했다.

4월 중순까지 전 세계의 주식시장과 상품시장은 3월에 기록한 신저가를 벗어나며 반등했다. S&P500지수는 25% 상승했고, 유가는 20% 이상 상승했다. 그리고, 은행의 신용부도스왑 스프레드는 약 30% 정도 하락했다. 시장의 이런 움직임이 긍정적이기는 했지만, 전체적인 수준을 볼 때 최저점에서 크게 벗어나지는 못한 수준이었다. 긍정적인 움직임이 한계를 보인 원인은 그 긍정적인 움직임이 매수의 증가에서 비롯됐다기보다는 매도세가 줄어든 데에서 비롯되었기 때문이었다(261쪽 하단 도표 참조).

분명한 문제는 바닥이 다져지고 있는지, 아니면 추가적인 하락 장세가 몰아닥칠 것인지였다. 어쨌든 하락 장세임에도 시장이 하락과 반등을 반복하는 것은 전형적인 현상이고, 그런 사례는 지금까지 비일비재하다. 예를 들어 S&P500

다. …이 프로그램의 구체적인 목표는 상업용 부동산 대출의 문턱을 낮춰 사무실 단지나 쇼핑몰 같은 상업용 부동산의 채무불이행을 방지하고, 건설 연한이 오래된 부동산 매각을 더 원활하게 만드는 데 있다고 연방준비제도는 밝혔다. …이 프로그램은 소비자와 영세 소상공인 및 영세 기업 대상의 대출을 활성화하는 것을 목표로 3월에 도입된 자산 담보부증권 대출창구의 일환으로 추진되고 있다."
<뉴욕타임스>

2009년 5월 4일
기성 주택 판매 두 달 연속 증가
<뉴욕타임스>

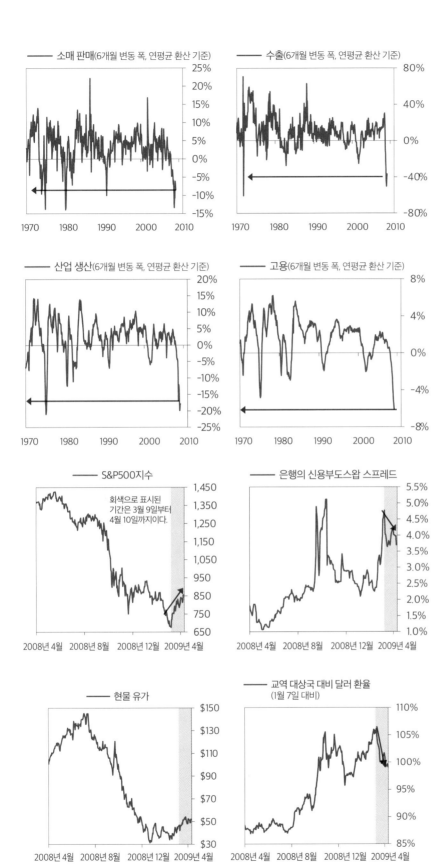

소매 판매(6개월 변동 폭, 연평균 환산 기준)

수출(6개월 변동 폭, 연평균 환산 기준)

산업 생산(6개월 변동 폭, 연평균 환산 기준)

고용(6개월 변동 폭, 연평균 환산 기준)

S&P500지수

회색으로 표시된 기간은 3월 9일부터 4월 10일까지이다.

은행의 신용부도스왑 스프레드

현물 유가

교역 대상국 대비 달러 환율
(1월 7일 대비)

뉴스 &
브리지워터 일일논평(BDO)

2009년 5월 6일
은행주, 스트레스 테스트 결과 앞두고 상승
"대형 은행 일부는 수십억 달러의 추가적인 자본금이 필요할지도 모른다. 그런데도 뉴욕 증시는 컵에 물이 반밖에가 아니라 반이나 차 있다고 보기로, 즉 이 정도면 금융 시스템에 큰 문제가 없다고 보기로 한 것 같다. …정부가 19개 주요 금융기관을 대상으로 실시한 스트레스 테스트 결과를 공개할 준비를 마친 것으로 알려진 가운데, 투자자들은 주요 은행과 지방 은행 등 은행주 매수에 나섰다. 투자자들은 더 깊은 경기 침체를 버티려면 더 많은 자본금이 필요할 것이라는 점을 인정하면서도, 현재로서는 은행들의 재무 상태 건전성에 큰 문제가 없다고 보고 있는 것으로 풀이된다."
〈뉴욕타임스〉

2009년 5월 7일
스트레스 테스트 결과, 금융기관 간 극명한 차이 드러내
"오바마 행정부가 목요일 공개한 스트레스 테스트 결과를 통해 미국 은행 산업의 문제점이 드러났다. 그리고 금융기관 사이에도 극명한 차이가 존재한다는 점도 처음으로 드러났다. …광범위하게 말해, 스트레스 테스트 결과는 은행 산업의 재무 상태가 많은 사람이 우려했던 것보다 건전한 상태임을 보여주었다. 전체 예금의 3분의 2가 예치된 19개의 금융기관 중 9개 기관은 정부로부터 재무 상태가 매우 양호하다는 판정을 받았다."
〈뉴욕타임스〉

2009년 5월 7일
유럽의 중앙은행들, 신용 정책 또다시 완화
〈뉴욕타임스〉

2009년 5월 8일
은행 평가 마무리, 월스트리트 환호
"19개 금융기관에 대한 정부의 스트레스 테스트 결과를 투자자들이 긍정적으로 평가하는 것으로 보인다. 또한 실업률 증가 속도가 완만해지고 있음을 보여주는 통계 수치까지 발표되면서 금요일 주식시장은 상승세를 보였다."
〈뉴욕타임스〉

2009년 5월 8일
실업률 8.9% 기록, 실업률 증가세 완만
〈뉴욕타임스〉

2009년 5월 8일
스트레스 테스트 받은 은행 두 곳, 투자자 물색 나서
"은행 스트레스 테스트 결과가 발표된 하루 뒤인 어제 금요일, 주요 은행인 웰스 파고와 모건 스탠리는 큰 어려움 없이 수십억 달러의 자본금을 유치하며 정부가 제시한 추가 자본금 대여 요건을 충족했다. 이 은행들 외에도 뱅크 오브 아메리카도 자본금 유치에 나선 가운데 수십억 달러 규모의 신주 발행 계획 작업에 서둘러 돌입했다."
〈뉴욕타임스〉

지수가 2008년 10월 말 일주일 동안 19% 반등했지만, 다시 하락하며 반등에 의한 회복을 모두 상쇄한 것도 모자라 신저가를 경신했다. 그 직후, 2009년이 오기 직전 6주 동안 24% 반등했지만, 다시 하락하며 신저가가 다시 경신되는 동일한 양상이 반복되었다.

2009년 5월 18일
가이트너 장관, 신규 정책 찬성… 임원 보수 상한제는 반대
"팀 가이트너 재무부 장관은 정부로부터 구제 금융을 지원받는 금융기관 소속의 임원 보수에 상한제를 도입하는 것은 적절치 않지만 금융기관 전체를 대상으로 과도한 리스크 노출을 제한하는 정책은 도입할 필요가 있다고 월요일에 말했다."
<뉴욕타임스>

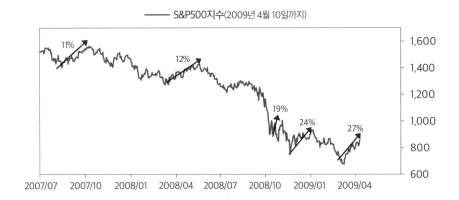

은행 스트레스 테스트

회복 기미를 보이기 시작한 미국 경제가 회복을 지속해나갈 수 있을 것인가의 여부를 판가름하는 핵심 관건 중 하나는 은행의 건전성이었다. 희소식들이 연이어 전해지고 있었음에도 불구하고, 자본금 투입의 필요성과 악성 자산 같은 걸림돌이 은행들의 앞길을 여전히 가로막고 있는 건 아닌지 명확하지 않았다. 우리는 수개월 동안 수치를 분석해 나름대로 테스트를 진행했고, 그 결과 문제가 심상치 않다는 결론을 이미 확인했다. 그런데 2월, 연방준비제도가 스트레스 테스트를 실시할 예정이라고 가이트너 장관이 밝힌 것이다. 이 소식을 듣고 나는 수치들을 대충 주물러 실제보다 좋아 보이게 만들려는 의도인지, 아니면 정부가 문제를 적절히 해결할 수 있음을 과시하려는 의도인지 알 수 없었다.

5월 7일, 연방준비제도는 스트레스 테스트 결과를 발표했다. 이에 대해 나는 다음과 같이 썼다.

(BDO) 5월 7일: 찬성합니다!

규제기관들이 스트레스 테스트를 위해 활용한 수치와 우리가 활용한 수치가 거의 동일하다! 규제기관들이 이번 스트레스 테스트를 위해 어떤 작업을 했는지, 테스트 결과가 이렇게 나온 수치적 근거가 무엇인지 등을 매우 잘 설명해주었다. 우리는 금융기관의 손실액을 추정하는 작업을 약 2년 전에 이미 진행했기 때문에 규제기관들이 우리가 진행했던 것과 동일한 작업을 진행했다는 것을 알 수 있었다. 그리고 규제기관들의 수치가 우리의 수치와 기본적으로 동일하다는 것도 알 수 있었다. 예를 들어 규제기관의 추정치와 우리의 추정치 사이의 차이점은 본질의 문제가 아니라 개념 규정의 문제이다. 규제기관들의 손실 추정치는 향후 2년간 발생할 손실인 반면, 우리의 손실 추정치는 자산의 내용 연수, 즉 자산이 수명을 다할 때까지 발생할 손실이다. 손실이 처음 2년간뿐만 아니라 그 이후에도 발생할 것이므로 당연히 총손실(우리의 추정치)이 2년간 발생할 손실(규제기관의 추정치)보다 클 것이다. 우리는 자본금 부족이 최대치를 보이는 시점(이윤이 손실보다 작은 시점)이 2년이 끝나가는 시점이라는 사실을 알고 있다. 하지만 규제기관이 왜 그런 식으로 추정치를 산출했는지 왈가왈부하지는 않을 것이다. 아무튼 개념 규정의 차이로 총손실 추정치가 차이를 보이는 것이 대부분 설명된다. 이를 통해 우리는 경제 여건을 규제기관보다 더 비관적으로 보고 있다고 할 수 있다. 이런 점들이 조정된다면 우리의 견해는 규제기관의 견해와 같다. 얼마나 다행인가! 지난 2년 동안 처음으로, 우리는 은행 시스템의 문제가 얼마나 큰지를 규제기관들이 제대로 이해하고 있다고 자신 있게 말할 수 있게 되었다.

금융 위기 내내 우리의 BDO를 매일 읽었던 팀 가이트너 장관은 5월 7일자 BDO를 오바마 대통령에게 보여주었다. 그는 자신의 회고록에서 당시를 다음과 같이 회고했다.

**뉴스 &
브리지워터 일일논평(BDO)**

2009년 5월 20일
연방준비제도, 부채 인수 확대 검토
"연방준비제도가 금리 인상을 자제하고 신용시장 정상화에 나선 가운데 수요일 공개된 회의록에 따르면, 지난달 모기지와 국채 인수 프로그램의 확대 여부를 놓고 논의를 진행한 것으로 알려졌다."
〈뉴욕타임스〉

2009년 5월 20일
가이트너 장관, 은행 수십억 달러의 자본금 유치 밝혀
"팀 가이트너 장관은 정부가 스트레스 테스트 결과를 공개한 이후 미국의 주요 은행들이 재무 구조 개선 작업에 착수한 결과 약 560억 달러의 자본금을 유치했다고 수요일에 밝혔다."
〈뉴욕타임스〉

2009년 5월 21일
장기 실업 수당 신청 증가, 해고율은 감소
〈뉴욕타임스〉

2009년 5월 21일
재무부, GMAC 추가 지원 계획
〈뉴욕타임스〉

2009년 5월 21일
미국 정부, 금융소비자보호원 설립 저울질 중
〈뉴욕타임스〉

2009년 5월 26일
5월 소비자 신뢰지수, 가파른 상승
〈뉴욕타임스〉

2009년 6월 1일
오바마 대통령, GM의 미래 낙관
"100년의 역사를 자랑하는 GM이 창사 이래 최대 위기에 처하며 월요일 파산을 신청했다. 오바마 대통령은 GM의 파산 신청에 대해서는 최대한 말을 아끼며 GM이 정부의 추가 지원을 통해 생존 가능한 기업으로 변모할 기회를 다시 얻게 될 것이라고 강조했다."
〈뉴욕타임스〉

2009년 6월 4일
경제 회복 희망, 주식시장 상승 이끌어
"경제 상황이 여전히 저조한 상태이지만, 투자자들은 목요일 경제 회복을 관망하며 인플레이션으로 눈을 돌리기 시작했다. …경제 안정을 바라고 있는 투자자들은 실업 수당 신청이 높은 상태가 지속되고는 있지만, 지난주에 신규 실업 수당 신청이 최근 들어 최초로 감소했다는 고용 실적 발표에서 희망을 키워가는 모습을 보였다."
〈뉴욕타임스〉

2009년 6월 4일
실업 수당 신청 소폭 감소, 20주 만에 최초 감소
"실업 수당 신청 인원수가 지난주 소폭 감소하며 20주 사이 처음으로 감소세를 보였다. 그리고 신규 실업 수당 신청 건수도 감소했다고 정부가 목요일에 밝혔다. … 소폭 감소일 뿐 경제가 건전할 때보다는"

"다음 날 아침, 나는 일간 경제 브리핑을 진행하기 위해 대통령 집무실로 들어갔다. 세계 최대 헤지펀드인 브리지워터의 보고서를 들고서였다. 래리 서머스 의장을 포함한 많은 전문가가 브리지워터의 BDO가 민간 부문 경제 분석으로는 가장 날카롭고 믿을 만하며, 은행에 관해서는 가장 암울한 견해를 제시하는 경제 분석 중 하나라고 인정하고 있었다. 경제팀과 보좌관들이 보는 앞에서 나는 5월 7일자 BDO를 대통령께 건넸다.

나는 골 세레머니를 하지는 않았지만, 우리 입장에서는 분명 좋은 날이었음에 틀림이 없었다."[60]

우리는 문제가 무엇이고 그런 문제를 해결하기 위해 무엇을 해야 할지를 놓고 정부와 같은 생각을 하고 있었다. 얼마나 다행인가!

아름다운 디레버리징의 시작: 2009년 6~12월

2009년 하반기, 정책들(양적 완화를 통한 유동성 공급, 재정 정책을 통한 자본금 공급, 거시 건전성 정책을 통한 기타 지원 대책 같은) 덕에 리스크는 줄고, 고리스크의 자산 구매 수요와 가격은 증가하면서 경제는 회복되기 시작했다. 그런 의미에서 '아름다운 디레버리징'을 낳았던 예전의 경제 여건 변화와 유사했다.

이 시기에 전해진 긍정적인 소식 모두를 상세히 다루지는 않겠지만, 두 가지 논점을 집중적으로 다룰 것이다. 첫째는 빠른 속도로 증가하는 중앙은행의 통화량으로부터 촉발되는 인플레이션 우려는 구체화되지 않았다는 점이다. 다시 말해, 화폐를 대량으로 찍어내면 인플레이션이 가속화될 거라는 잘못된 믿음이 살아나지는 않았다는 것이다. 연방준비제도의 '화폐 찍어내기', 즉 통화량의 증

여전히 상당히 높은 수준의 실업 수당 신청이 유지되고 있다는 고용 실적 발표이다. 하지만 이번 고용 실적 발표가 구직자들에게는 조금이나마 희망을 주고 있다."
<뉴욕타임스>

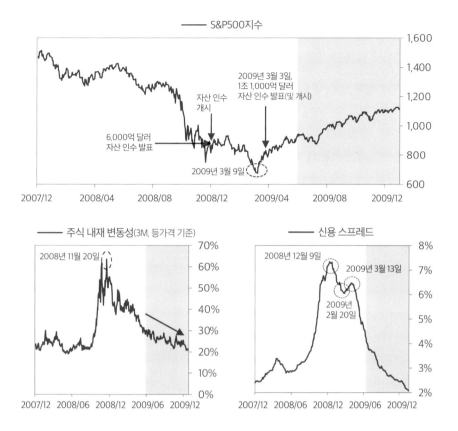

가는 신용 위축 사태에 따른 신용 공백을 메우는 역할을 하는 한, 인플레이션을 가속하지는 않는다.

2009년 여름, 우리는 고객들에게 다음과 같이 설명했다.

- 리플레이션Reflation이 반드시 인플레이션을 유발하지는 않는다. 왜냐하면 리플레이션은 그 영향이 어디까지 미치느냐에 따라, 그리고 재팽창된 통화가 어디로 가느냐에 따라 디플레이션Deflation을 억제하는 역할만을 할 수도 있기 때문이다.

- '인플레이션'이란 말은 지나치게 단편적인 면이 있다. 왜냐하면 '인플레

뉴스 &
브리지워터 일일논평(BDO)

2009년 6월 5일
실업률 9.4% 상승에도 불구, 경기 회복 희망 커져
"5월 일자리가 34만 5,000개 감소하면서 5월 실업률이 9.4%로 상승했다. 하지만 일자리 감소가 예상보다 훨씬 적은 것으로 드러나면서 경기 회복에 대한 희망이 커졌다. …경제 전문가들은 금요일 발표된 노동부의 월간 고용 보고서를 경제 정상화의 조짐으로 해석하기에는 불확실한 부분이 많고, 오히려 수백만의 가계가 실직이나 근무 시간 감소와 사투를 벌이고 있다는 사실이 고통이 확대되고 있음을 보여주는 명백한 증거라고 말했다."
<뉴욕타임스>

2009년 6월 9일
정부, 10대 은행 정부 지원 프로그램 졸업 허용
"오바마 행정부가 정책 입안자로서 은행 구제 조치에 전기를 마련했다. 위기가 한창일 때 지원해주었던 정부 지원금을 10대 은행이 상환할 수 있도록 화요일에 허용한 것이다. 금융업계가 사태를 해결하기 위해 노력한 결과이기도 하다. …아메리칸 익스프레스, 골드만삭스, J. P. 모건 체이스, 모건 스탠리를 위시한 10대 은행 지주회사들은 도합 683억 달러를 상환할 계획이다."
<뉴욕타임스>

2009년 6월 10일
연방준비제도, 저조한 경제에도 희망적 요소 발견
<뉴욕타임스>

2009년 6월 12일
소비자 신뢰지수, 9개월 만에 최고치
<뉴욕타임스>

2009년 6월 15일
더딘 경기 회복 우려로 주가 후퇴
"올봄 경기 반등의 희망이 주가를 끌어올렸다. 그러나 경기 회복이 더디고 오랜 시간이 걸릴 것이라는 전망이 나오면서 투자자들은 월요일 매도세로 돌아섰다. … 새롭게 발표된 두 편의 보고서를 통해 미국 경제가 고난의 시기를 더 보내야 할 수도 있다는 전망이 나오면서 부정적 분위기가 되살아났다."
<뉴욕타임스>

2009년 6월 17일
금융 규제 개혁
"이번 금융 위기의 원인에는 여러 가지가 있겠지만, 위기가 통제 불능의 상태로 치달아 금융 시스템의 안정성을 위협하는 것을 방지하기 위해 정부가 노력을 아끼지 않을 것이라는 데 이제는 의심의 여지가 없다. 금융기관에 대한 감독상, 규제상의 허점과 공백으로 인해 정부는 시스템을 위협할 정도로 증대되는 리스크를 모니터하고 방지하고 관리하는 역할을 제대로 수행하지 못했다. 어떤 정부 기관도 금융 시스템과 경제 전체를 보호하는 일이 자신에게 주어진 임무라고 생각하지 않았다. …우리는 이제 금융 시스템의 신뢰를 회복하기 위해 나서야 한다. 평범한 가정

선'은 서로 다르게 움직이는 여러 가지 가격의 평균치를 내포하는 개념이기 때문이다. 즉 인플레이션의 상황에서 모든 자산의 가격이 오른다고 볼 수는 없다는 것이다. 예를 들어 경제가 침체 상태에 있을 때, 통화를 재팽창하면 통화 가치 하락으로 이득을 보는 자산(예: 국제 교역 상품, 금 등)의 가격은 상승한다. 하지만 생산 활동에 투입되는 노동력이나 자산(예: 부동산, 생산 설비 등)의 가격은 거의 상승하지 않는다.

둘째는 의회와 오바마 행정부가 금융 산업의 규제와 감독을 대폭 강화하는 방향으로 눈을 돌렸다는 점이다. 다음의 내용을 보면, 새로운 법률과 규제가 얼마나 신속하게 제정되었는지 알 수 있을 것이다.

6월 17일: 오바마 대통령은 연설을 통해 포괄적인 금융 산업 개혁을 위한 입법안을 제안했다. 이 입법안은 금융 개혁법인 도드-프랭크법Dodd-Frank Act의 제정으로 이어진다. 이 입법안은 규제 강화(강력한 규제 권한을 연방준비제도에 부여하는 방식), 기존 규제기관의 통합, 금융 소비자 보호 강화, 신용평가기관 규제 강화, 은행 폐업과 관련된 법규 재정비 등을 위시한 규제 강화 요소들을 포함하고 있었다. 이 법안은 2010년이 되어서야 통과된다.

6월 24일: 증권거래위원회는 MMF 운용펀드가 포트폴리오의 일정 부분을 유동성이 큰 투자 상품으로 보유하도록 의무화하는 MMF 시장 규제 방안을 제안했다. 또한 규제 방안은 MMF 운용펀드들이 고우량 증권만 보유하도록 제한하는 내용도 담고 있었다.

6월 30일: 재무부는 소비자금융보호청Consumer Financial Protection Agency을 창설하는 법안을 의회에 제출했다. 당시 연방준비제도, 통화감사원장

과 기업에 피해가 지속되고 있다는 사실이 하루빨리 우리가 금융 규제 개혁을 실행에 옮겨 경제를 회복의 궤도에 진입시켜야 하는 이유이다."
<미국 재무부 보도자료>

2009년 6월 24일
증권거래위원회, MMF 규제 강화를 위한 법규 개정안 제의
<증권거래위원회 보도자료>

Comptroller of the Currency, 저축기관감독청Office of Thrift Supervision, 연방예금보험공사, 연방거래위원회Federal Trade Commission, 신용협동조합감독청National Credit Union Administration 등으로 분산되어 실행되고 있던 모든 소비자 보호 프로그램을 금융소비자보호원이 통합하여 관장하게 했다.

7월 23일: 연방준비제도는 규제 Z(대출의 진실)의 개정을 제안했다. 개정의 적은 클로즈드엔드모기지closed-end mortgages(위약금을 내지 않으면 대출기관을 변경하지 못하도록 하는 모기지)와 주택 자산 신용을 대상으로 소비자 공시 규정을 개선하려는 것이었다. 변동 금리 대출을 대상으로 연이율annual percentage rate과 월별 상환 금액을 채권 구매자에게 알려주는 것을 의무화하는 내용도 담고 있었다.

10월 22일: 연방준비제도는 28개 은행의 인센티브를 포함한 임원 보수체계를 검토하자고 제안했다. 검토 목적은 보수체계가 리스크 대비 적절한지 알아보고 소규모 은행에도 유사한 검토를 진행하려는 것이었다. 이 제안은 부실자산 구제 프로그램의 임원 보수 특별 감독관[61]이 '정부의 과도한 지원을 받는 7개 금융기관 소속 중 보수가 가장 많은 상위 25명'에 대한 임원 보수 판정 결정을 내린 날과 같은 날에 나왔다.

12월 11일: 하원은 금융안정위원회Financial Stability Council 및 소비자금융보호청 창설에 관한 법안을 통과시켰다.

위기가 악화되는 것을 막는 방향으로 법률을 개정하는 작업은 대형 부채 위기 사이클의 마지막 단계에 나타나는 전형적인 현상이다. 오랜 시간(예: 25년)이 흘러 후유증이 사라지고 새로운 도취감에 사로잡히면, 이런 법률들은 점점 더

2009년 7월 2일
실업률 9.5% 기록, 경기 회복 희망에 찬물
"6월 일자리 46만 7,000개가 감소하여 6월 실업률이 9.5%로 상승했다. 1930년대의 대공황 이래 가장 오랫동안 지속되고 있는 경기 침체가 아직 끝나지 않았음을 새삼 깨우쳐주었다."
〈뉴욕타임스〉

2009년 7월 8일
IMF, 경제 전망 상향 조정
〈뉴욕타임스〉

2009년 7월 16일
가이트너 장관, 금융시장 회복 기미 언급
〈뉴욕타임스〉

2009년 7월 16일
다우지수 9,000포인트 넘어서며 장 마감, 1월 이래 처음
〈뉴욕타임스〉

2009년 8월 6일
신규 실업 수당 신청, 예상 밖 감소
"정부는 실업 수당을 신청한 신규 해고자 수가 지난주 줄었다고 목요일에 밝혔다. …노동부는 8월 1일을 마지막 날로 하는 일주일간, 실업 수당 신규 신청이 상향 조정된 예상 건수인 58만 건보다 낮은 55만 건을 기록하며 감소세를 보였다고 밝혔다. …톰슨 로이터의 조사에 따르면, 55만 건은 애널리스트들이 예측한 58만 건을 크게 하회하는 수준이다."
〈뉴욕타임스〉

2009년 8월 7일
주식 시장, 2008년 이후 최대 강세장을 기록
〈뉴욕타임스〉

2009년 8월 12일
연방준비제도, 경기 침체 거의 끝나간다고 예측
"미국 역사상 최대의 금융 구제 대책이 시행된 지 2년이 다 되어간다. 연방준비제도는 경기 침체가 끝나감에 따라 평시 운영 체제로 운영 태세를 전환할 것이라고 밝혔다."
〈뉴욕타임스〉

2009년 9월 19일
상원 의장, 은행 감독을 위한 새로운 방안 추진
〈뉴욕타임스〉

2009년 11월 16일
연방준비제도 이사회 의장, 실업률 계속 높을 것으로 예측
〈뉴욕타임스〉

2010년 1월 4일
제조업 실적 호조로 월스트리트 상승
〈뉴욕타임스〉

무시된다. 그리고 새로운 형태의 기관이 나타나 새로운 형태의 레버리지 기법을 만들어내고, 결국 유사한 방식으로 새로운 부채 위기가 탄생하게 된다.

2010년 1월 6일
서비스 부문, 소폭 성장
<AP통신>

2010년 1월 8일
소비자 대출, 11월 또 감소
<AP통신>

2010년부터 2011년 중반까지

2010년이 시작되자, 금융시장은 (2009년 최저가 대비 약 65% 상승한) 강세를 보였다. 연방준비제도의 양적 완화 덕분에 유동성은 풍부해졌고, 재정 정책과 규제 환경의 변화 덕에 금융시장이 더 안전해졌기 때문이었다. 그러나 채무자의 상당수는 더 취약해지고 더 조심스러워지고, 대출 기준은 엄격해졌기 때문에 경제는 난항을 겪었다.

이제 시장은 정상으로 돌아가려는 정책을 과소평가하기 시작했다. 신용시장에는 연방준비제도가 일 년에 두세 차례 긴축 정책을 시행할 거라는 점이 이미 가격에 반영되어 있었다. 구체적으로 말해, 침체에서 벗어나 경기가 회복되려면 어느 정도 수준의 긴축 정책이 필요한지를 표준적인 경기 사이클 개념을 적용해 예측하고, 그 예측을 신용시장의 가격에 반영한 것이다. 그러나 주어진 경제 여건이 유별났다. 실업률은 제2차 세계대전 이후 최고치와 큰 차이가 없었고, 임금 성장은 거의 없었다. 주택 가격은 예전의 최고 수준을 크게 밑도는 수준에서 큰 변화가 없었는데, 그 말은 중산층 채무자가 소유한 상당수의 주택 가격이 구매 가격보다 낮은 상태에 있음을 의미했다. 신용 기준은 엄격해졌고, 재무적으로 문제가 없는 채무자들은 레버리지를 활용하려 하지 않았다. 레버리지를 활용하려는 사람들은 모두 재무적으로 사형 선고를 받은 사람들이었고, 경제 상황이 정상적으로 호전되기를 기대하기 어려웠다.

이 시기를 전후하여, 전 세계 중앙은행들과 정부들 대부분이 맹렬한 속도로 추진되던 경기 부양 정책의 속도를 늦추고 있었다. 연방준비제도는 1조 2,500억

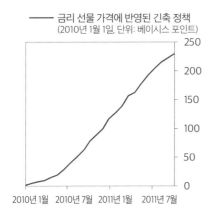

금리 선물 가격에 반영된 긴축 정책
(2010년 1월 1일, 단위: 베이시스 포인트)

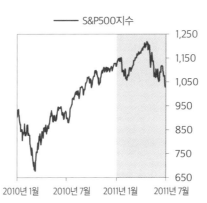

S&P500지수

달러의 모기지 담보부증권을 인수한 후 1차 양적 완화를 3월에 종료했다. 미국 경제부흥 및 재투자법 같은 구제 프로그램에 따른 재정 정책의 확장은 2010년 후반기가 되어서야 최고조에 달할 예정이었다. 중국을 비롯한 일부 국가들이 금리를 인상한 것처럼, 긴축 정책을 취하는 해외 국가들이 많았다.

중요한 것은 양적 완화의 속도 조절 또는 양적 완화의 중단이 긴축 정책과 동등한 것인지, 즉 금리 인상과 별반 다르지 않은 것인지 투자자들에게 명확하지 않았다는 점이었다. 경제에 많은 통화를 공급해 경제를 부양하는 것만으로도 충분하다고 생각하는 사람들도 있었다. 2조 달러 이상의 화폐를 찍어낸 연방준비제도가 확실히 그런 부류에 속했다. 그러나 신용 성장이 둔화된 상태에서 자산 가치를 계속 올리고, 자산 인수자에 제공되는 대출을 계속 늘리려면 통화를 늘리는 게 중요한 것이 아니라 통화가 흐르게 하는 것이 중요하다. 이렇게 통화가 흐르게 해주는 정책 수단이 바로 자산 인수 프로그램이다. 하지만 당시에는 연방준비제도의 경기 부양책이 과도하고 무책임하다고 믿는 사람들이 많았다. 우리는 그렇게 보고 있지 않았기 때문에 선진국 경제가 다른 사람들이 생각하는 것만큼 신속하게 긴축 정책을 취할 것이라는 데 의문을 품었다. 우리는 이 내용을 2월 17일자 BDO에 다음과 같이 썼다.

(BDO) 2월 17일: 긴축 정책 임박

중앙은행의 화폐 찍어내기와 금융자산 인수, 중앙정부의 재정 적자는 재정적으로 무책임한 행동이므로 반드시 억제되어야 한다는 것이 유권자, 중앙은행 관계자, 선출직 공무원 사이에 확립된 견해이다. 우리는 보편적으로 수용되는 이런 견해가 아무리 좋게 봐줘도 미숙한 것이고, 정말로 나쁘게 보면 위험한 것이라고 생각한다. …상세한 검토 끝에 우리가 얻은 결론은 민간 부채가 큰 폭으로 증가하지 않거나 선진국 통화와 개발도상국 통화 사이의 환율이 크게 조정되지 않는 한, 일반적인 견해대로 확장 정책을 억제하고 긴축 정책으로 전환해서는 안 된다는 것이다. 그런데 민간 부채가 큰 폭으로 증가하거나 환율 조정이 필요한 수준으로 이루어질 가능성은 별로 없어 보이므로 긴축 정책으로 가서는 안 되는 것이다.

동시에 우리는 유럽의 재무 상태 예측 작업을 실시하여 부채 위기가 유럽에서 태동하고 있음을 간파했다. 부채 위기가 태동하고 있다고 판단한 원인은 1) 채무자가 현상을 유지하기 위해 만기를 연장해야 하는 부채와 2) 재무상태표를 이미 확장한 은행들로부터 제공되어야 하는 대출 사이에 부조화, 즉 격차가 있기 때문이었다. 2월, 포르투갈, 아일랜드, 이탈리아, 스페인 그리고 특히 그리스처럼 많은 부채가 있는 유럽 국가 중 일부가 부채 상환을 버거워하고 경제 여건까지 악화되는 이중고의 상황에 맞닥뜨렸다. 이런 유럽의 어려움으로 인해 세계 시장의 변동성이 매일 출렁거린다는 소식이 전해졌다. 그럼으로써 문제의 소지가 그리스(그리고 잠재적으로 포르투갈)로 전이되어 유럽의 금융 시스템은 물론이고, 세계 경제까지 더 악화될 것으로 평가하는 사람들이 대부분이었다. 2월 초 고객들에게 보낸 BDO에 우리는 문제가 더 악화될 것으로 보고 있다며 다음과 같이 썼다.

큰 혼란이 빚어지고 있는 것 같다. 구체적으로 1) 금융시장의 가격 변화를 보고 있는 사람들은 가장 낙관적이고, 2) 경제 활동의 변화와 시장 가치의 수준을 보고 있는 사람들은 약간 낙관적이고, 3) 경제 활동의 수준과 경제 활동의 동인을 보고 있는 사람들은 가장 비관적이다."

(BDO) 2월 4일: 긴축+과도한 부채=고리스크

우리는 유럽의 채무국들(포르투갈, 아일랜드, 이탈리아, 그리스, 스페인)이 안고 있는 과도한 부채 문제가 예전에 신흥 개발도상국들이 겪은 최악의 부채 위기에 필적할 만하다고 판단한다.

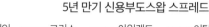

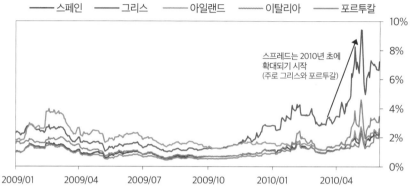

5년 만기 신용부도스왑 스프레드

스프레드는 2010년 초에 확대되기 시작 (주로 그리스와 포르투갈)

그러나 유럽의 부채 위기는 이야기가 다르다. 이를 자세히 다루지는 않겠지만, 정책 입안자들은 실제로 부채 위기가 발생해야 자신들이 부채 위기에 처했음을 인정하는 사람들이다. 때문에 동일한 절차와 경로를 통해 사태가 잇따라 벌어졌다는 사실에 주목할 필요가 있다. 위기가 왔을 때 유럽 국가들은 긴축 정책 같은 디플레이션을 유발하는 정책 수단에 크게 의존하는 초보적인 실수를 반복했다. 화폐를 찍어내지도 않았고, 고통이 견디지 못할 수준에 이를 때까지 시스템적으로 중요한 금융기관이 채무불이행을 범하는 것을 막지도 않았다.

5월부터 7월까지, 2010년 초부터 4월 말까지 반등세를 보이던 미국의 주식시장은 15% 이상 하락했다. 유럽 문제가 미국으로 전염되지 않을까 하는 우려와 미국 경제 실적이 더 취약해지지 않을까 하는 우려가 하락의 주요 원인으로 작용했다.

미국 경제의 그런 취약성은 연방준비제도가 0% 금리 정책 기조를 유지할 수도 있음을 실감하게 해주었다. 미국 국채 수익률이 이후 4개월 동안 1% 이상 하락했다. 2010년 여름, 경제 회복의 속도가 둔화되었다. 노동시장과 관련된 소식들은 실업 수당 신청은 조금 개선되었을 뿐이지만, 실업률은 역대 최고 수준과 차이가 없어 여전히 높은 수준이었다. 경제는 여전히 매우 부진했다. 경제 활동이 매우 취약한 상태가 지속되면서 경제 여건은 심각한 상태였다.

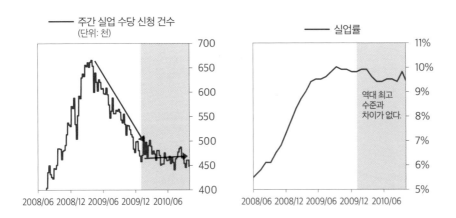

2010년 8월, 버냉키 의장은 잭슨홀 경제 심포지엄의 연설에서 추가적인 양적 완화 가능성에 대해 말하면서, 필요하다면 양적 완화가 중요한 정책 옵션으로 고려될 수 있다고 했다. "추가적인 금융 정책의 확장이 필요하다면, 연방준비제도가 장기 증권을 더 많이 보유할 수 있게 하는 방안이 최우선으로 고려되어야 할 것"이라고 말했다.[62] 버냉키 의장은 양적 완화가 효과가 있었으며 "경제 안정과 회복에 크게 이바지했다."라고 믿고 있다는 점도 강조했다. 다음 도표에서 볼 수 있듯이, 10년 만기 손익 분기 인플레이션이 버냉키 의장의 연설이 있었던 8월까지 수개월 동안 0.5% 하락했다. 이는 낮은 인플레이션이나 디플레이션이 지속될 수 있다는 우려가 반영된 것으로 볼 수 있었다. 그러나 버냉키 의장이 추가적 양적 완화가 단행될 가능성이 크다는 신호를 주자, 시장은 큰 폭으로 반등했다. 실물 경제는 즉각적인 시장 반응보다 늦게 반응하는 게 당연하지만, 성장률이 상승하는 데는 오랜 시간이 걸리지 않았다(273쪽 상단 도표 참조).

2010년 10월 초, 빌 더들리Bill Dudley 뉴욕연방준비은행 총재는 경제 여건이

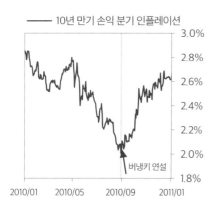

— 10년 만기 손익 분기 인플레이션

2010/01 2010/05 2010/09 2011/01

버냉키 연설

— 생산자 물가지수
— 소비자 신뢰지수

2010/01 2010/04 2010/07 2010/10 2011/01

버냉키 연설

'전체적으로 불만족스러운 수준'이라고 표현하며 '추가적 조치가 필요하다'라고 주장했다. [63] 더들리 총재는 이어 미국 경제의 성장을 이끄는 근본 요인에 대한 평가도 내렸는데, 이 평가는 우리의 당시 견해와 크게 다르지 않았다. 10월 1일자 BDO에 "소비자들은 소득 성장이 둔화된 상황, 금융 위기 전보다 자산 가격이 낮은 상황, 자산의 가치가 줄어 차입 능력이 매우 낮아진 상황, 부채 수준은 높아진 상황, 소득이 낮아진 상황이다. 그러므로 가계는 금리가 낮아지면 저축을 줄이거나 차입에 나서는 등의 반응을 보여야 하는데, 그렇게 하고 있지 않다."라고 썼다. 그리고 10월 6일자 BDO에 나는 다음과 같이 썼다.

(BDO) 10월 6일: 다음 조치는 양적 완화 강화와 평가절하

현재는 매우 전형적인 상황이다. 대부분의 경우 디레버리징은 상황에 따라 다르기도 하지만, 기본적으로 동일해 유사한 경로와 절차를 거치며 발생한다. 우리는 예전부터 BDO와 '현재의 진행 상황을 이해하기 위한 템플릿'을 통해 설명해왔기 때문에 디레버리징의 경로나 절차를 다시 논하지는 않을 것이다. 하지만 현 상황에 유의미하다고 우리가 생각하는 몇 가지 사항을 여러분에게 다시 한번 강조할 것이다.

모든 디레버리징의 원인은 민간 부문의 신용 성장이 감소한다는 데 있다. 신용 성장이 감소하면, 신용 감소분을 보충하기 위해 중앙은행은 통화량을 늘리고 중앙정부는 재정 적자가 확대된다. 우리 중 상당수가 재정에 관한 한 보수적이고 채무자와 채권자를 지원하기 위해 통화량을 늘리는 것이 윤리적으로 문제가 없다고 생각한다. 하지만 부채형 디레버리징에 따른 문제가 클 경우 긴축 정책이 그런 문제들을 효과적으로 해결했던 전례가 없었다는 점을 인정하는 것은 중요하다. 부채를 줄이려고 시도할 때 긴축 정책은 효과가 없고 고통이 너무 크다는 이유로 모든 정부가 폐기해왔다. 이런 유형의 디레버리징은 차입과 지출이 줄어드는 하강 국면에서는 자기 강화적 결과를 가져오고, 부채와 지출이 늘어나는 상승 국면에서는 버블을 초래하는 결과를 가져온다. 우리가 연구해왔던 모든 디레버리징은 대부분 불과 수백 년 사이에 발생했는데 그때마다 통화량 증가, 재정 적자, (금, 상품, 주식 대비) 통화의 평가절하라는 결과를 불러왔다.

양적 완화는 추가적인 경기 부양책이 뒤따를 때 큰 효과를 냈다. 유럽의 부채 문제가 지속되고 있었음에도 미국의 경제와 시장은 긍정적인 분위기로 2010년을 마감했다. 1차 양적 완화와 2차 양적 완화 사이 소강 상태가 지난 후 성장률은 증가했고, S&P500지수는 2010년을 통틀어 13% 회복됐다. 인플레이션에 대한 기대는 부양책이 필요한 이상 부양 정책 기조를 유지할 거라는 연방준비제도의 판단이 알려지면서 안정된 양상을 보였다.

(BDO) 3월 15일: '최적 지점'을 넘어선 정책 전환

앞서 말했듯이, 미국 경제는 금융 정책, 재정 정책, 신용 성장의 개선에 힘입어 위축 후 폭발적으로 성장이 이뤄지는 국면을 지나고 있음이 매우 분명하다. 이번 경기 회복은 1) 국내(또는 유럽과 일본) 경기의 침체, 2) 신흥 개발도상국 수요의 과열과 함께 발생하고 있기 때문에 인플레이션 압박이 거의 없을 것이다. 또한 있다고 하더라도 신흥 개발도상국의 수요가 큰 품목의 가격이 상승하는 형

2010년 11월 12일
외환시장 우려로 주가 및 상품 가격 모두 하락
"글로벌 문제에 대한 우려와 중국 경제 성장 둔화 가능성으로 금요일 주가, 상품 가격 모두 하락했다. …투자자들은 유럽 금융시장의 압박 조짐에 우려를 보였을 뿐만 아니라 중국의 10월 인플레이션율이 예측보다 크게 상승해 4.4%에 이를 가능성이 크면 중국 정부가 경기 둔화를 위해 긴축 정책을 실행할 수 있다는 점에도 우려를 드러냈다."
〈뉴욕타임스〉

태로 나타날 것으로 보인다. 경기 사이클의 맥락에서 보면, 2010년과 2011년은 적당한 침체와 낮은 인플레이션 압력이 공존하는 시기인 경기 회복의 첫 2년 사이에 전형적으로 나타나는 경기 사이클의 '최적 지점sweet spot'처럼 보인다. 하지만 이번 경기 회복은 디레버리징의 과정에서 발생하고 있으므로 연방준비제도의 통화량 증가와 중앙정부의 재정 정책의 확장에 더 크게 의존해 발생하고 있다.

이 시점에 이르러서는 금융 시스템을 지원하는 정부의 프로그램들이 광범위한 효과를 내고 있음이 분명해졌다. 다른 나라와 비교해, 미국의 금융 시스템은 다음의 상황을 겪었다.

- 금융 시스템의 자본금 구조 개편(부실자산 구제 프로그램 지원금 상환) 속도가 비교적 빨랐다.
- 긴급 신용 프로그램을 전개하는 속도가 빨랐다.
- 다양한 프로그램을 통해 지원된 지원금의 수익성이 전체적으로 양호했다.

2008년 미국 금융 위기에 대한 구체적 사례 검토를 여기서 마무리할 것이다. 왜냐하면 2011년 2분기 실질 국내총생산이 위기 이전의 수준으로 회복되었기 때문이다. 이 시점이 경기 회복이 종료되는 시점은 절대 아니었다. 여전히 부진한 양상이 많이 관찰되었고, 자기 강화적 상승 사이클도 있었다.

다음 페이지의 그래프는 2006년부터 리먼 브라더스 사태가 발생한 지 10주년인 2018년까지의 실업률, 국내총생산 증가율, (최대 생산 능력에 대비 경제가 부진한 정도를 보여주는) GDP 갭, S&P500지수를 보여준다. 각 그래프의 회색 수직선은 2011년 2분기의 시점이다. 그다음의 부채 수준 그래프는 1920년부터 2028년까지의 실적 및 예측 국내총생산 대비 부채 비율을 보여준다. 연금이나 의료보험에 따른 채무는 포함되어 있지 않은데도 국내총생산 대비 부채 비율이 매우 높은 걸 알 수 있다. 그러나 이 문제는 다른 기회를 통해 설명할 수 있기를 바란다.

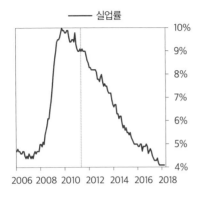

실업률

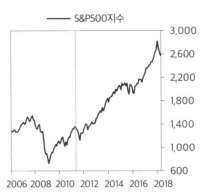

S&P500지수

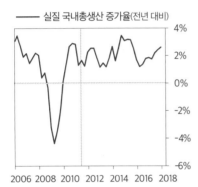

실질 국내총생산 증가율(전년 대비)

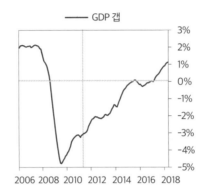

GDP 갭

부채 비율(국내총생산 대비)

정부

── 실제 부채 수준   ─ ─ 예상 부채 수준

비금융 부문 기업

── 실제 부채 수준   ─ ─ 예상 부채 수준

2011년 2월 25일
유가와 공급 관련 우려 완화로 주식시장 상승
<AP통신>

2011년 3월 3일
고용 실적 호조로 뉴욕 증시 상승
<뉴욕타임스>

2011년 3월 10일
국제적 분화의 강화
"여러분도 알다시피, 전 세계를 채무자와 채권자로 나눌 수 있다. 다시 채권자 그룹과 채무자 그룹을 금융 정책의 권한이 독립되어 있는지, 종속되어 있는지로 나눌 수 있다. 우리는 금융 정책이 종속된, 즉 독자적으로 통화량을 늘릴 수 없는 채무자 그룹에 속하는 국가는 오랫동안 어려움을 겪으며 경제적 취약성을 드러낼 것이라고 생각한다. 또 통화량 증가를 멈출 수 없는 채권자 그룹에 속하는 국가는 환율에 종속되어 있으므로 오랫동안 과열 양상을 경험할 것으로 생각한다. 우리는 또한 이런 압박이 향후 18개월 동안 더 강해져 이런 국가 간 연결고리에 균열이 생기면서 큰 변화가 일어날 것으로 생각한다. 이런 시각이 신용 스프레드, 수익률 곡선, 외환, 상품, 주식 등에 대한 우리의 투자 포지션에 영향을 준다."

2011년 3월 15일
일본 위기에 무게 둔 주식시장, 하락 마감
<뉴욕타임스>

2011년 3월 20일
다우지수, AT&T의 T-Mobile 인수 소식에 1만 2,000포인트 이상 상승
<뉴욕타임스>

가계
—— 실제 부채 수준   — — 예상 부채 수준

금융 기업
—— 실제 부채 수준   — — 예상 부채 수준

3부 참고문헌

어소시에이티드 프레스, "연방준비제도 이사회 의장, 인플레이션 우려로 인해 금리 인하 중단 의사 내비쳐" 뉴욕 타임스, 2008년 6월 4일
https://nyti.ms/2BC431y

벤 버냉키, "최근에 발생한 금융 위기와 경제 위기의 원인" 증언(금융 위기 조사 위원회), 2019년 9월 2일
https://www.federalreserve.gov/newsevents/testimony/bernanke20100902a.htm

벤 버냉키, 《행동하는 용기》, 도서출판 까치, 2015년 10월

벤 버냉키, "경제 전망 및 통화 정책" 연설 (캔자스시티 연방준비은행 경제 심포지움), 2010년 8월 27일
https://www.federalreserve.gov/newsevents/speech/bernanke20100827a.htm

연방준비제도 이사회, 재무부, 연방예금보험공사, 통화감독청, 저축은행감독청 공동 성명, 2009년
https://www.federalreserve.gov/newsevents/pressreleases/bcreg20090223a.htm.

줄리 크레스웰 & 비카스 바자즈, "32억 달러 규모의 베어스턴스 구제 방안" 뉴욕 타임스, 2007년 6월 23일
https://nyti.ms/2hanv9c.

페드로 니콜라치 다 코스타, "버냉키 의장, 미국 경제 심각한 위협 직면 언급" 로이터 통신, 2008년 10월 15일
https://www.reuters.com/article/us-financial-fed-bernanke/bernanke-says-u-s-economy-faces-big-threatidUSTRE49E6Y820081015.

윌리엄스 더들리, "전망, 정책 선택 그리고 우리의 권한", 연설 (뉴욕 시립대 언론 대학원 주최 경제 기사 편집장과 기자를 위한 가을 정기 컨퍼런스), 2010년 10월 1일
https://www.newyorkfed.org/newsevents/speeches/2010/dud101001.

래리 엘리어트 & 질 트레이너, "신용 경색이 발생 이후 10년 동안 발생한 세계의 변화" 가디언, 2017년 8월 3일
https://www.theguardian.com/business/2017/aug/02/day-credit-crunch-began-10-years-on-world-changed.

데이비드 엘리스 & 벤 루니, "은행, 구조화투자회사 구제 방안 거부" CNNMoney.com, 2007년 12월 21일
https://money.cnn.com/2007/12/21/news/companies/super_siv/index.htm?postversion=2007122116.

연방준비제도 이사회, "2106년 소비자 금융 실태 조사 도표집", 2017년 10월 16일
https://www.federalreserve.gov/econres/files/BulletinCharts.pdf.

팀 가이트너, "금융 안정화 방안 도입 중" 연설, 2009년 2월 10일

https://www.treasury.gov/press-center/press-releases/Pages/tg18.aspx

팀 가이트너, 《스트레스 테스트》, 도서출판 인빅투스, 2015년 6월

앨런 그린스펀 & 제임스 케네디, "주택 순자산의 원천과 활용 방안" 금융 및 경제 대담 시리즈, 2007년
https://www.federalreserve.gov/pubs/feds/2007/200720/200720pap.pdf.

월트 루켄, "재승인: 토론을 시작하자" 선물 및 파상상품 법규 보고서, 2004년
https://www.cftc.gov/sites/default/files/idc/groups/public/@newsroom/documents/speechandtestimony/opafdlrlukkenarticle.pdf186

에릭 시리 외(外), "통합된 감독 기관에 의한 리스크 관리 방안 검토" 금융 경제학자 검토 보고서, 2007년 1월 4일
https://fcic-static.law.stanford.edu/cdn_media/fcic-docs/2007-01-04%20SEC%20Risk%20Management%20Review%20of%20Consolidated%20Supervised%20Entities.pdf

마이크 니자. "폴슨 장관, 경제 회복 시작됐다고 언급," 뉴욕 타임스, 2008년 5월 17일
https://nyti.ms/2BBJJgD.

헨리 폴슨, 《벼랑 끝에서 서서On the Blink(국내 미출간)》", 2010년

톰 라움 & 다니엘 와그너, "가이트너 장관, AIG 구제안 재촉" 더 포스트 앤 쿠리어(잡지), 2010년 1월 27일
https://www.postandcourier.com/business/geithner-grilled-on-aig-bailout/article_e0713d80-bbf1-5e81-ba9d-377b93532f34.html.

로이터 통신, "베어스턴스 소속 펀드 2곳, 가치 거의 없어" 뉴욕 타임스, 2007년 7월 17일
https://nyti.ms/2fHPu2b.

로이터 통신 "폴슨 장관, 달러 시장 개입 방안 배제 안 해" 뉴욕 타임스, 2008년 6월 10일
https://nyti.ms/2BAWQid.

세릴 게이 스톨버그 & 스티븐 와이즈만, "부시 대통령, 유럽 방문 길에 달러 가치에 대해 긍정적으로 발언" 뉴욕 타임스, 2008년 6월 10일
https://nyti.ms/2o1glHj.

래리 섬머스, "스탠포드 경제 정책 연구소 경제 서밋 개회사" 연설(스탠포드 대학교), 2008년 3월 7일
http://delong.typepad.com/larry-summers-stanford-march-7-2008.pdf

미국 인구조사국, "판매된 신규 주택의 층수"

https://www.census.gov/const/C25Ann/soldstories.pdf.

미국 재무부, 부실자산구제프로그램 인원 보수에 대한 최초 판결을 위한 특별 조사관 보도자료, 2009년

https://www.treasury.gov/press-center/press-releases/Pages/tg329.aspx.

다이앤 바자 외(外), "채무 불이행, 과도기, 회복: 2017년 기업 채무 불이행 연례 조사 및 신용 평가 방법의 변천" 스탠다드 앤 푸어스, 2018년 4월 5일

http://media.spglobal.com/documents/RatingsDirect_DefaultTransitionandRecovery2017AnnualGlobalCorporateDefaultStudyAndRatingTransitions_38612717_Apr-17-2018.PDF.

3부 미주

1. 연방준비위원회, "2016 Survey of Consumer Finances Chartbook, 통계자료집" 835페이지
2. 그린스펀, 케네디Greenspan and Kennedy, "Sources and Uses of Equity, 논문" 16-17페이지
3. 미국 인구조사국, "Number of Stories, 통계자료집"
4. 헨리 폴슨, 《On the Blink, (국내 미출간)》" 45, 50-52페이지
5. 헨리 폴슨, 전게서 57-58페이지
6. 버냉키, "Causes of the Recent Financial and Economic Crisis, 의회 증언"
7. 증권거래위원회SEC, "Re: Risk Management Reviews, 보고서"
8. 버냉키, 전게서(前揭書)
9. 로이터, "2 Bear Stearns Funds, 기사"
10. 크레스웰, 바자즈Creswell and Bajaj, "$3.2. Billion Move to Rescue Fund, 기사"
11. 버냉키, 《행동하는 용기The Courage to Act》 도서출판 까치" 156페이지
12. 버냉키, 전게서 156페이지
13. 가이트너Geithner, 《스트레스 테스트Stress Test》 도서출판 인빅투스" 9페이지
14. 버냉키, 전게서 160페이지
15. 엘리스 & 루니Ellis and Rooney, "Banks to Abandon 'Super-SIV' Fund, 기사."
16. 엘리엇 & 트리너Elliott and Treanor, "The Day the Credit Crunch Began, 기사."
17. 바자Vazza 외 공저. "Default, Transition, Recovery, 논문"; 앤드류스Andrews, 《Mortgage Relief Impact, (국내 미출간)》"
18. 루켄Lukken, "Reauthorization, 논문" 3페이지
19. 버냉키, 전게서 194페이지
20. 버냉키, 전게서 194페이지
21. 버냉키, 전게서 208, 215-6페이지
22. 버냉키, 전게서 208페이지
23. 폴슨, 《On the Blink, (국내 미출간)》" 93페이지
24. 버냉키, 전게서 218페이지
25. 가이트너, 전게서 166-7페이지
26. 폴슨, 전게서 132-5페이지
27. 폴슨, 전게서 132-5페이지
28. 스톨버그/와이즈만Stolberg and Weisman, "Bush Talks Up Dollar, 기사"; 로이터Reuters, "Paulson Won't Rule Out, 기사"
29. AP통신, "Fed Chairman Signals an End, 기사"
30. 폴슨, 전게서 142페이지
31. 폴슨, 전게서 57페이지
32. 폴슨, 전게서 4페이지
33. 폴슨, 전게서 162페이지
34. 폴슨, 전게서 167페이지
35. 폴슨, 전게서 1페이지
36. 폴슨, 전게서 147페이지
37. 폴슨, 전게서 219페이지
38. 폴슨, 전게서 185페이지
39. 폴슨, 전게서 209페이지, 가이트너 전게서 96페이지
40. 폴슨, 전게서 225페이지
41. 폴슨, 전게서 229페이지
42. 버냉키, 전게서 280페이지
43. 버냉키, 전게서 281페이지
44. 라움/와그너 공저Raum and Wagner, "Geithner Grilled on AIG, 기사"
45. 폴슨, 전게서 252-3페이지
46. 폴슨, 전게서 233페이지
47. 폴슨, 전게서 342페이지
48. 폴슨, 전게서 353페이지
49. 폴슨, 전게서 353페이지
50. 폴슨, 전게서 369페이지
51. 폴슨, 전게서 357-8페이지
52. 다 코스타Da Costa, "Bernanke Says U.S. Economy, 기사"
53. 폴슨, 전게서 396페이지
54. 폴슨, 전게서 399-400페이지
55. 서머스Summers, "SIEPR Economic Summit, 연설문" 1페이지
56. 버냉키, 전게서 378페이지
57. 가이트너Geithner, "Introducing the Financial Stability Plan, 연설문"
58. 연방준비위원회 이사회Board of Governors of the Federal Reserve, "Joint Statement, 공동 성명서"
59. 가이트너Geithner, 전게서 291페이지
60. 가이트너Geithner, 전게서 349-50페이지

61. 미국 재무부US Treasury, "The Special Master for TARP, 정책 자료"

62. 버냉키Bernanke, "Economic Outlook,연설문"

63. 더들리Dudley, "The Outlook, 연설문"

옮긴이 **송이루**

호주 맥쿼리대학교 금융경제학과와 연세대학교 대학원 경제학과를 졸업했다. 외국계 은행과 증권사를 거쳐 영어 강사가 되었다. 바른번역 글밥 아카데미를 수료한 후 현재 번역가와 리뷰어로 활동하고 있다. 옮긴 책으로는 《속마음을 꿰뚫어 보는 기술》이 있다.

옮긴이 **이종호**

서강대학교 경제학과를 졸업하고 국제금융, 해외 자본 유치, 해외 IR업무를 담당하며 직장 생활을 하였다. 현재는 독일에서 자동차업계에 몸담고 있으며 번역가 모임인 바른번역의 회원으로도 활동하고 있다. 역서로는 《모든 악마가 여기에 있다》《또래압력은 어떻게 세상을 치유하는가》 등이 있다.

옮긴이 **임경은**

부산대학교 경제학 학사 및 서강대학교 경제대학원을 석사 졸업하였다. 오랫동안 공직에 종사하다가 현재 바른번역 소속 번역가로 활동하고 있다. 역서로는 《2019 세계 경제 대전망(공역)》이 있다.